Poun (2   2)

15. 7. 2024

Paul Kirchhof

Geld im Sog der Negativzinsen

Geld im Sog der Negativzinsen

von

Paul Kirchhof

2021

C.H.BECK

www.beck.de

ISBN 978 3 406 77869 8

© 2021 Verlag C.H.Beck oHG
Wilhelmstraße 9, 80801 München
Druck und Bindung: CPI Ebner & Spiegel GmbH,
Eberhard-Finckh-Straße 61, 89075 Ulm
Satz: Fotosatz Buck
Zweikirchener Straße 7, 84036 Kumhausen
Umschlaggestaltung: Maria Seidel, atelier.seidel.de

chbeck.de/nachhaltig

Gedruckt auf säurefreiem, alterungsbeständigem Papier
(hergestellt aus chlorfrei gebleichtem Zellstoff)

Vorwort

Geldwirtschaft ist ein System des Vertrauens. Der Geldeigentümer erwartet, dass er jederzeit den Wert seines Geldes in tatsächliche Wirtschaftsgüter eintauschen, er sein Kapital als Ertragsquelle nutzen, er die im Geld angelegte Gestaltungs- und Ansehensmacht in Anspruch nehmen darf. Doch diese Selbstverständlichkeit ist in Frage gestellt, wenn die gegenwärtige Zinspolitik der Europäischen Zentralbank dem Sparer jährlich ein Stück seines Sparvermögens nimmt und die Ertragsfähigkeit dieses Kapitals versiegen lässt. Dieser Eingriff in Finanzmarkt und Geldeigentum betrifft eine Vielzahl privater Haushalte, die als Sparer die Gesetzmäßigkeiten des Finanzmarktes erleben und mittragen. Das politische System muss diesem Zugriff auf das Sparvermögen deshalb besonders sensibel und wehrhaft begegnen.

Der Wert des Geldes hängt von Preisen und Löhnen, Versicherungen und Sozialleistungen, öffentlicher Finanz-, Verschuldungs- und Währungspolitik ab. Der Staat und seine Verfassung können deshalb den Wert des Geldes nicht garantieren. Sie haben jedoch eine eigene Institution zur Sicherung des Wertes von Geldeigentum eingerichtet. Die Zentralbank hat den Auftrag, die Preisstabilität des Geldes zu gewährleisten.

Wenn nun die Europäische Zentralbank mit ihrer Zinspolitik den Sparer hindert, in Freiheit und Vernunft zu sparen, der „Nullzins" ihm die Ertragsfähigkeit des Sparkapitals nimmt, der „Negativzins" die gesparte Kapitalsubstanz mindert und der EZB zuführt, so droht aus dem Garanten des stabilen Geldes ein Gegner zu werden. Die EZB wandelt sich vom Stabilisator des Euro zur Stütze von Staaten, Banken und Unternehmen. Sie betreibt durch Eingriffe in die vom Markt angebotenen Anlageformen Wirtschaftspolitik, stellt so ihre eigenen Rechtsgrundlagen, damit ihre Unabhängigkeit und Existenz, in Frage.

Stabilitätspolitische Lenkung sieht die Menschen in der Anonymität von Gruppen, die man in Schwarmbewegungen durch wirtschaftliche Anreize zu einem bestimmten Verhalten veranlassen kann. Der einzelne Grundrechtsberechtigte versteht sich aber nicht als Adressat einer Globalsteuerung, sondern als selbstbestimmte Person, die ihr Leben eigenverantwortlich gestaltet. Er beteiligt sich durch Arbeit und Kapitalbildung an der Erwerbswirtschaft, widmet sich aber auch anderen Zielen und Inhalten seines Daseins. Ökonomische Freiheit erlebt er in der Vielfalt von Anlagemöglichkeiten am Kapitalmarkt ebenso wie in der Sicherheit des Sparens mit geringem Risiko und minimalem Erwerbsaufwand. Wenn eine stabilitätspolitische Intervention ihm sein Sparkapital nimmt und ihn auf andere Ertragsquellen wie Aktien, Fonds oder festverzinsliche Wertpapiere verweist, rechtfertigt sich der Eingriff in das Spareigentum nicht durch diese Alternativen. Wenn ein Berufsanfänger Maurer werden will und der Staat würde ihm das verbieten, wäre die Berufsfreiheit verletzt, auch wenn er stattdessen Schreiner werden kann.

Geld ist „geprägte Freiheit", bietet die Eintrittskarte, jederzeit am Geldmarkt teilzunehmen, und enthält den Berechtigungsausweis für die Beteiligungssumme. Geld bietet den verlässlichen Vergleichsmaßstab, der jedes Wirtschaftsgut mit einem Preisschild versieht, den Tauschentscheidungen des Marktes und der Anwendung des verfassungsrechtlichen Gleichheitsmaßstabes eine gediegene Vergleichsgrundlage gibt. Wenn die EZB aber auf eine jährliche Inflation von zwei Prozent hinwirkt, mindert sie eine Darlehensschuld ohne Tilgung jährlich um zwei Prozent, verringert aber auch den Gläubigeranspruch um den gleichen Wert. Das Handwerk oder die Naturwissenschaft könnten mit einem ähnlich labilen Metermaß nicht arbeiten.

Zinsen sind die Früchte überlassenen Kapitals. Kapital „arbeitet". Der Sparzins gibt Kapitalerträge an die große Allgemeinheit privater Haushalte weiter, macht so die Struktur des Ertragskapitals für jedermann verständlich und einsichtig, begründet das Allgemeininteresse an dieser Einkommensquelle. Wenn nun die Zinspolitik dieses Ertragssparen verhindert, wird ein Großteil der Marktbeteiligten, die ihr Kapital durch Arbeit erwerben, von diesem Markt ausgeschlossen. Sie sind mit dem modernen Finanzmarkt des Risikokapitals nicht vertraut, haben die risikoarme Anlageform gewählt, wollen in dieser Sicherheit ihren Kapitalerträgen keine weitere Zeit und Aufmerksamkeit widmen.

Die EZB gewährleistet in ihrer gegenwärtigen Stabilitätspolitik günstige Kreditbedingungen für Staaten. Die Staaten sind entgegen dem Europarecht und Verfassungsrecht schon vor der Pandemie zu hoch verschuldet, nähern sich für die Zeit nach der Pandemie einer umverteilenden Haftungsgemeinschaft in der Europäischen Union, in der die stabilen Volkswirtschaften die instabilen finanzieren. Doch das Recht beharrt auf der allgemeinen Lebenserfahrung, dass ein Ausweg aus einer Krise nur gefunden werden kann, wenn derjenige, der die Störung verursacht hat, auch für deren Beseitigung einstehen muss.

Die Wirtschaft finanziert den Staat, nicht der Staat die Wirtschaft. In einem freiheitlichen Gemeinwesen verzichtet der Staat strukturell auf eigene Staatsunternehmen, damit auf eigene erwerbswirtschaftliche Erfolge, und finanziert sich durch steuerliche Teilhabe am Erfolg privaten Wirtschaftens, den dort erzielten Gewinnen und Umsätzen. Der steuerfinanzierte Staat findet deshalb in der finanziellen Belastbarkeit seiner Bürger eine Grenze für seine Staatsleistungen. Er ist dem Parlament verantwortlich, das Steuern bewilligt und zu Ausgaben ermächtigt, nicht einem Finanzmarkt, dessen Maßstab das Wachstum des Bruttoinlandsproduktes ist, nicht das Wachstum an Lebensqualität. Je mehr der Staat durch überhöhte Schulden in Abhängigkeit vom Kreditgeber, dem Finanzmarkt, gerät, desto schwächer wird die parlamentarische Demokratie, desto bedeutungsloser das Wahlrecht des Bürgers.

Wenn die EZB mit einer Politik des billigen Geldes – einer extremen Mehrung der Geldsumme – den Finanzmarkt flutet, empfangen Staaten steuerunabhängige Erträge, im Pandemieprogramm nun auch Unternehmen anstrengungsloses Einkommen. Damit wird das Wirtschaftssystem auf den Kopf gestellt. Der Unternehmer muss dieses Einkommen nicht mehr verdienen, sondern empfängt es bei Wohlverhalten von der EZB. Der Staat muss in seinem Haushalt nicht mehr Staatsleistungen und Steuererträge zum Ausgleich bringen, sondern finanziert sich durch Anleihen, die faktisch keine Zinsen kosten, die Verschuldung eher prämieren, die zur Rückzahlung ohne ernstlichen Rückzahlungswillen verpflichten.

EZB und Schuldnerstaaten entfernen sich von geltendem Recht, wenn Staaten jenseits der rechtlichen Obergrenze der Verschuldung von 60 % des BIP weitere Schulden eingehen, wenn das europäische System der Zentralbanken durch die jeweilige nationale Zentralbank den Staat finanziert, wenn das eherne Prinzip der Finanzautonomie der Mitgliedstaaten der Europäischen Union von einer eigenständigen Finanzmacht der Union mit eigener Besteuerungs- und Verschuldungskompetenz überlagert werden würde. Die Missachtung des stabilisierenden und mäßigenden Rechts schafft ein Inflations- und Zerstörungspotential, das den Euro gefährdet. Die gegenwärtige Ruhe am Geldmarkt ist trügerisch. Wer im Winter sein Auto auf dem zugefrorenen See parkt, sollte an die Eisschmelze im Frühjahr denken.

Die Begründungen für überhöhte Staatsschulden, die Übermaßprojekte finanzieren sollen, sind vielfältig, widerlegen aber nicht die Einsicht und Tugend verantwortlicher Eltern. Diese bauen ein Elternhaus, das sie später ihren Kindern – unentgeltlich – vererben werden. Sie fordern nicht wegen der zukunftswirksamen „Investitionen" eine gegenwärtige Mitfinanzierung durch ihre Kinder, sondern verstehen den Generationenvertrag als Weitergabe aller – ideellen wie wirtschaftlichen – Werte von der Großelterngeneration auf die Elterngeneration und von dieser auf die Kindergeneration jeweils nach den Regeln des Erbrechts. Die Eltern wirtschaften für ihren eigenen Erfolg und freuen sich, diesen an ihre Kinder weitergeben zu können.

Wenn in diesem Umbruch von Geld, Kredit und Zins die EZB das Sparen missbilligt und den Missbilligungstatbestand mit einer Geldsanktion verknüpft, steht ein solcher Eingriff in die Eigentümerfreiheit des Sparers allenfalls dem Parlament, nicht einer unabhängigen Zentralbank zu, die ihre Stabilitätspolitik mit den Instrumentarien lenkender Entscheidungsimpulse – der Leit-Zinsen –, nicht faktischer Entscheidungsverbote betreiben soll.

Der Sparer ist durch die europäische Zinspolitik in seinen Grundrechten, insbesondere der Eigentumsgarantie und dem Gleichheitssatz, betroffen. Das Spareigentum wird vom Grundgesetz als eine konkrete, individuelle Rechtsposition gegen den Zugriff Dritter abgeschirmt. Es sichert einen Freiraum ökonomischer Entfaltung. Inhalt dieser Eigentümerfreiheit ist insbesondere das Recht, sein Eigentum in der Substanz der eingebrachten Sparsumme für die zukünftige Verwendung aufzubewahren und als Ertragsquelle zu nutzen.

Wenn die EZB mit ihrer Nullzinspolitik die nach den Bedingungen grundrechtlicher Freiheit erschlossene Ertragsquelle des Spareigentums zum Versiegen bringt, verändert sie nicht die allgemeinen Erwerbschancen des Sparers, sondern nimmt dem Spareigentum die verfassungsrechtlich gewährleistete Nutzbarkeit des Privateigentums. Wäre der Sparer ein Winzer, erzielte er Gewinn und Umsatz, wenn Käufer den angebotenen Wein erwerben. Diese Erwerbschancen hängen von der Freiheit der Nachfrager und der Offenheit des Marktes ab, können rechtlich nicht garantiert werden. Würde die EZB jedoch alle seine Rebstöcke so zuschneiden, dass Trauben nicht mehr wachsen, den Winzer also von seinen Kunden und seinem Markt fernhalten, hätte sie nicht seine Erwerbschancen verändert, sondern die Nutzbarkeit seines Betriebes zerstört. Würde die EZB darauf hinweisen, der Winzer möge doch eine Brauerei gründen oder Fruchtsäfte produzieren, so rechtfertigten diese Alternativen die Eigentumsverletzung nicht.

Wenn die EZB erwartet, dass die Geschäftsbanken eine Einlagelast („Negativzins") an ihre Kunden weiterreichen, darf die Bank diese Last in ihren Verträgen vereinbaren. Für die EZB aber gilt diese Vertragsfreiheit nicht. Sie entzieht mit dem „Negativzins" dem Geldeigentümer als freiheitsverpflichtetes Unionsorgan Eigentumssubstanz und gewinnt einen entsprechenden Eigentumszuwachs. Ein solcher Eingriff wäre nur bei einem entsprechenden Geldausgleich zulässig. Ein Ausgleich von Geld gegen Geld aber hebt sich auf. Die EZB muss einen solchen Eingriff unterlassen. Der „Negativzins" bedroht Sparer und Banken substantiell.

Die EZB ist eine besondere Institution der Gleichheitsgewähr. Gleichheit wird grundsätzlich als Gleichheit „vor dem Gesetz" durch das Parlament garantiert, ist in dem Stabilisierungsauftrag für den Euro aber der Zentralbank mit ihrem exklusiven Sachverstand für die Stabilisierungspolitik und einer entsprechenden Unabhängigkeitsgarantie vorbehalten. Diese Gleichheit des Geldwertes eröffnet eine Vergleichsperspektive von größter Allgemeinheit. Euro ist gleich Euro. Jeder Euro-Eigentümer hat einen Anspruch auf den gleichen Geldwert, die gleiche Sicherheit im Geld. Der Sparer darf nicht mit einem „Negativzins" belastet werden, wie der Aktionär nicht mit einer „Negativdividende" beeinträchtigt werden dürfte. Die Missbilligung des Sparens bedarf einer stabilitätspolitischen Rechtfertigung. Das Sparen darf nicht als Anlageform für die Bevölkerung mit kleinem Vermögen gegenüber der Aktie und der Immobilie als Anlageform für Personen mit höherem Geldeigentum benachteiligt werden. Eine das Sparen sanktionierende Stabilitätspolitik verletzt auch die Regeln der Kapitalbildung nach Marktbedingungen. Ein stabiles allgemeines Geld gibt allen Marktteilnehmern eine gleiche Wirtschaftsgrundlage. Der Markt behindert nicht bestimmte Sparformen.

„Negativzinsen" der EZB negieren für den Spareigentümer die Freiheitsfunktion des Geldes, die ihm die Summe des gesparten Geldes und dessen Nutzbarkeit als Ertragsquelle sichert, und die Gleichheitsgewähr, die einem allgemeinen Geldwert eigen ist. Die Geldwirtschaft und die ökonomische Freiheit jedes Menschen brauchen Kapitalerträge, setzen auf ein Sparpotenzial, das Unternehmen zur Investition und damit zu höherem wirtschaftlichen Erfolg überlassen wird und den Sparer an dieser Kapitalnutzung beteiligt.

Dieses Buch wendet sich vor allem an Regierung und Parlament, deren Integrationsverantwortung besonders gefordert ist, wenn die Europäische Union nach eigenständiger Finanzmacht strebt. Es sucht in dieser Strukturdebatte, die eine Verfassungsdebatte sein muss, die Faszination des Europagedankens in der Sicherheit von Recht und Geld neu zu entfalten. Der Negativzins darf nicht zu einem Dauerzustand werden.

Inhaltsübersicht

Vorwort 5

A. Sparen im Sog einer Niedrigzinspolitik 13
    I. Anliegen des Geldeigentümers 13
    II. Die Zinspolitik der EZB 18
    III. Die Verantwortlichkeit der Währungspolitik gegenüber dem
       Sparer 29

B. Geld 33
    I. Geld als individualnütziges, gemeinschaftsabhängiges
      Wirtschaftsgut 33
    II. Negation des Spareigentums 38
    III. Der Sparvertrag 45
    IV. Staatsschulden 56
    V. Globalpolitik weicht ins Unvorstellbare aus 74

C. Auftrag und Befugnisse des ESZB 99
    I. Kompetenzen und Befugnisse zu Individualeingriffen 99
    II. Ziele 119
    III. Haushaltsdisziplin der Mitgliedstaaten 136

D. Der Schutz des Eigentums 147
    I. Deutscher und europäischer Grundrechtsschutz 147
    II. Freiheit als Grundlage des Wirtschaftens 149
    III. Inhalt der Eigentumsgarantie 154
    IV. Freiheit und Eigentum in der Tradition des europäischen
       Rechts 160
    V. Der Negativzins als unzulässiger Eigentumseingriff 165
    VI. Der Nullzins als Eingriff in die Ertragsfähigkcit des Eigentums 191
    VII. Der monetär gesteuerte Bürger 193

E. Der Gleichheitssatz 195
    I. Gesetzliches Vergleichen 195
    II. Das Vergleichsziel 201
    III. Der institutionelle Gleichheitsauftrag des ESZB 206

F.   Ergebnisse in Thesen. 215

G. Nachweise 221

H. Anlagen 257

A.

Sparen im Sog einer Niedrigzinspolitik

I. Anliegen des Geldeigentümers

1. Einkommen und Kapitalbildung

Der Mensch sucht im Beruf durch Erwerbsanstrengung Einkommen zu erzielen, daraus den Lebensbedarf für sich und seine Familie zu decken, sodann Kapital als ökonomische Grundlage individueller Freiheit zu bilden. Er bildet Sparvermögen, erwirbt Wohneigentum und schafft sich eine finanzielle Risikoreserve für Zeiten der Not und des Alters. Ein freiheitliches Gemeinwesen setzt voraus, dass der Einzelne in Selbstverantwortung und nach ökonomischer Einsicht Kapital bildet. Würden die Menschen nicht aus eigener Kraft Einkommen erwerben, bewahren und nutzen, sondern staatliche Leistungen erwarten, würden der Finanz- und Steuerstaat sowie die Soziale Marktwirtschaft an ihrer eigenen Freiheitlichkeit scheitern. Freiheitsrechte anerkennen eine selbstverantwortete Freiheit, die dem Einzelnen dient und die Gemeinschaft trägt.

Gleiches gilt für die Verwendung des eigenen Einkommens. Der Erwerbende bestreitet aus seinem Einkommen zunächst den alltäglichen Lebensbedarf, sucht sodann Geldvermögen zu bilden, um dieses jederzeit frei in der Geldwirtschaft einzusetzen. Gespartes Geld ist das Eintrittsticket für die Teilhabe am Wirtschaftsleben. Aus seinem Eigenkapital und einem Kredit erwirbt der Mensch Eigentum als Grundlage seines Privatlebens, gründet ein Unternehmen oder bildet anderes Ertragskapital. An diesen Investitionen ist auch dem Staat gelegen, weil nachhaltige Güter freiheitlicher Lebensgestaltung entstehen, der individuelle Lebensverlauf einen stetigen Mittelpunkt erhält, das Eigentum den Menschen am Ort des Eigenen verwurzelt, er der Friedlichkeit, Umweltverträglichkeit und Lebensqualität seiner Nachbarschaft besonders verbunden und dafür mitverantwortlich ist.

Bürger[1] – das Wort stammt von burga, die Burg – ist derjenige, der in seine Burggemeinschaft Wehrfähigkeit und Wehrbereitschaft einbringt, den „Burgfrieden" nicht stört und das wertvollste Gut der Burg, das Wasser, nicht verschmutzt. In einem modernen Verfassungsstaat ist Bürger der Staatsangehörige, der wirtschaftlich zum Gemeinwesen etwas beiträgt – Einkommen erzielt und Kapital bildet –, der Friedlichkeit und Zusammenhalt der Rechtsgemeinschaft ideell und materiell stützt, der das wertvollste Gut des Verfassungsstaates – das Prinzip des Rechts – mitträgt und demokratisch mitentscheidet. Das Sparkonto ist gespartes Einkommen, nutzbares Kapital, Vertrauen in Recht und Geld.

Der Mensch sucht individuell für Risiken vorzusorgen. Sparkonten und Privatversicherungen erlauben ihm über die Sozialstandards hinaus, bei Krankheit, Arbeitslosigkeit und Alter, sein Leben in ähnlichem Wohlstand wie bisher fortzusetzen. In aktuellen Krisenlagen wie der gegenwärtigen Pandemie oder bei wachsender Ungewissheit über die zukünftige Entwicklung wird er vorsorglich mehr sparen. Das ist vernünftig und Inhalt seiner Eigentumsfreiheit, entlastet die Allgemeinheit von späterer Nothilfe.

2. Geldanlage in einer Niedrigzinsphase

Dieses eigenverantwortliche Wirtschaften kann der Staat nicht verbindlich anordnen und erzwingen, wohl aber durch freiheitsgerechte Rahmenbedingungen ermöglichen, anregen und fördern. Er schafft die rechtlichen, geldpolitischen und strukturellen Grundlagen, bietet Organisations- und Finanzhilfen, wird auch vermehrt zur Ergänzung der Märkte und in Notlagen als Ausgleichs- und Überbrückungshelfer in Anspruch genommen. Der Staat garantiert Freiheit und schafft Freiheitsvoraussetzungen.

Ersparnisse sind der Teil des Einkommens, den der Einkommensbezieher noch nicht verwendet, insbesondere nicht konsumiert hat, für den er sich vielmehr die Verwendungsentscheidung als ein Stück zukünftiger Freiheit vorbehält. Er lässt das Geld dauerhaft bei der Bank auf einem Konto liegen, um später einmal Sachvermögen zu bilden oder Geldanlagevermögen aufzubauen, sein Geld insbesondere in Anleihen, Zertifikaten, Aktien, Fonds und Versicherungen anzulegen. Diese Berechtigung des Geldeigentümers, Geld und damit Freiheit aufzubewahren, wurde im vergangenen Jahrzehnt wesentlich verengt.[2] Nach der Finanzmarktkrise 2007/2008 veränderte sich das Umfeld für die Geldanlage privater Haushalte durch einen Rückgang des Zinsniveaus. Der Zinssatz für die Hauptrefinanzierungsgeschäfte fiel innerhalb von acht Monaten um mehr als 3 Prozentpunkte auf 1,0 %. Heute stellt die Europäische Zentralbank (EZB) den Geschäftsbanken Mittel zum Nulltarif oder zu einem Subventionstarif bereit und fordert für das Aufbewahren von Liquidität bei der EZB Einlage„zinsen", die von Geschäftsbanken an die Kunden – als „Negativzinsen" – weitergereicht werden können. Eine Politik, die das Sparen behindert oder verhindert, erlebt der Sparer als Problem seiner Freiheit und seiner Vernunft. Die in den vergangenen Jahren betriebene Niedrigzinspolitik verengt die ökonomische Freiheitskultur in Deutschland und Europa.

Die Ursachen für den Niedrigzins sind vielfältig. Die Menschen in Deutschland werden älter, nutzen ihr Einkommen deshalb weniger für eigene Erwerbsinitiativen, treffen vermehrt Vorsorge für Arbeitslosigkeit, Krankheit und Alter, richten sich auf steigende Lebensführungskosten in der Zukunft ein, erwarten insbesondere Mehrkosten in der Medizin und beim Wohnen, empfinden auch eine noch unvertraute Digitalentwicklung als teure Zukunft. Die bei der Verfügung über Arbeitseinkommen ersichtliche Risikoscheu der Anleger führt zu freiheitsrechtlich gerechtfertigten Entscheidungen. Arbeitnehmer meiden kurslabile Anlageformen, insbesondere Aktien, und suchen ein Sparvermögen ohne längere rechtliche Bindung. Unternehmen haben erhebliche Eigenliquidität entwickelt, vermindern ihren Kapitalbedarf aber auch durch Digitalisierung[3], durch Nutzung von Löhnen und Preisen im Ausland, durch technischen Fortschritt auch in der Investitionsgüterindustrie und wegen eines zurückhaltenden Marktvertrauens.[4] Sie sehen auf ihrem Markt kaum noch Entwicklungsmöglichkeiten, zahlen deshalb Kredite zurück. Sie weichen in Billigstandorte aus, organisieren damit kein inländisches Wachstum. Auch Importpreise fallen. Die Maschinenproduktion und die Digitalisierung veranlassen Grundsatzfragen einer rentierlichen Preisgestaltung und der Zurechnung von Erträgen. Die Bereitschaft, Kredite zu angemessenen Zinsbedingungen nachzufragen, schwindet. Die Zinsen hängen immer weniger von der verfügbaren Geldmenge und einer einzelnen Volkswirtschaft ab.

Diese Entwicklung verstärkt die EZB und wendet sie ins Unausweichliche, ins Normative. Eine „lockere" Geldpolitik der Zentralbanken verteilt eine Geldmenge, die beim Empfänger nicht auf einen kurzfristig zu befriedigenden Bedarf trifft, deshalb die Spareignung verstärkt. Die Geldmenge führt den Banken Geldmittel zu, für die sie keine oder nur geringe Zinsen zahlen müssen. Damit schwindet der Bedarf der Banken, Liquidität durch Spareinlagen zu gewinnen. Leitzinssenkungen bis zu einem Negativzins nehmen dem Sparer die Ertragsfähigkeit seines Eigentums und richten sich gegen die Freiheit des Geldeigentümers, sein Geld durch Sparen zu nutzen.

Alternative Anlagen in Immobilien und Aktien werden durch die Geldmengenpolitik verteuert, durch Bürokratie- und Transferkosten erschwert. Wenn das Europäische System der Zentralbanken (ESZB) die Zentralbankgeldmenge drastisch ausweitet und dieses Geld an Anleger weiterreicht, die ihren Konsum nicht mehr steigern, sondern das Geld in raren Gütern – Grundstücken, Kunst, Gold –, aber auch in Aktien anlegen, so entsteht bei wachsender Kaufkraft und gleichbleibend verfügbarer Menge der begehrten Güter auf diesen Märkten eine Inflation. Am Grundstücks-, Aktien- und Kunstmarkt steigen die Preise. Schwankende Goldpreise belegen die Unsicherheit beim Aufbewahren von Geldeigentum.

Die Anlage in Aktien oder anderen Wertpapieren wird durch die rechtlichen Anforderungen des Anlegerschutzes behindert. Der Kleinanleger sieht sich einer Vielzahl unterschiedlicher Informationsblätter mit einem ihm sprachlich nicht zugänglich gemachten Inhalt gegenüber. Er erlebt eine Sprachaufzeichnung der mit ihm geführten Telefongespräche und eine umfassende Dokumentation der Beratungen ohne Sinn- und Funktionserschließung. Er muss die Kenntnis von Datenschutzvorkehrungen bestätigen, obwohl er sie nie gelesen hat. Er verzichtet schließlich auf derart erschwerte Anlagen. Die Anleger werden nicht geschützt, sondern verschreckt. Kleinere Banken und Sparkassen werden durch die regulatorische Überforderung entmutigt und verzichten auf eine Werbung für Wertpapieranlagen.

Im Ergebnis schrumpfen trotz steigender Unternehmensgewinne, Vermögenseinkommen und Arbeitnehmerentgelte[5] die Zinseinnahmen der privaten Haushalte aus Einlagen, Rentenpapieren, Versicherungen und angelegtem Geldvermögen stark.[6] Seit 2019 übersteigt die Inflation den Nominalzins. Das Geldvermögen erleidet Wertverluste. Die Inflationsrate 2017 stieg auf 1,7 %; der Realzins sank im selben Jahr mit minus 0,8 % ins Negative. 2019 übersteigt die Inflation wiederum den durchschnittlichen Nominalzins und mindert den Wert des Geldvermögens.[7]

Diese Einbußen beim Geldvermögen verringern die Gestaltungsräume der Geldeigentümer, wenn private Haushalte auf Zinseinkünfte als zusätzliche jährliche Einkommensquellen setzen oder als ein Instrument des Vermögensaufbaus nutzen. Lohnkonten und anderes erarbeitetes Vermögen verlieren Jahr für Jahr an Wert. Auch viele private Stiftungen, die Ausgaben für ihren Stiftungszweck hauptsächlich aus den Erträgen des Stiftungskapitals bestreiten, sehen sich der Ertragsfähigkeit ihres Vermögens und damit der Nutzerfreiheit des Eigentümers beraubt. Die private Altersvorsorge wird durch einen negativen „Realzins" in ihrer Substanz betroffen. Der Vermögensaufbau wird nicht mehr über den Zinseszinseffekt unterstützt. Wenn das private Geldvermögen in den letzten Jahren trotzdem kräftig gewachsen ist, beruht dieses vor allem auf zusätzlichen Ersparnissen der Bürger.[8]

3. Sparen – angewiesen auf Geld, Kredit und Zins

Der Sparer erwirbt und bewahrt Geld. Dieses Geld ist für sich genommen kein Wert, sondern repräsentiert in der Münze, dem Geldschein, dem Kontostand, der Kreditkarte das Versprechen einer Währungsgemeinschaft, er könne den im Geld ausgedrückten Wirtschaftswert jederzeit in reale Güter eintauschen. Dieses Einlösungsversprechen der Zentralbanken und Geschäftsbanken ist Grundlage des Vertrauens, auf das die Geldwirtschaft und jeder einzelne Geldeigentümer baut.

Wird dieses Vertrauen durch Minderung des Geldwertes enttäuscht, verliert der Sparer einen Teil seines Eigentums und die Geldwirtschaft ihre Grundlage. Wäre die Preisstabilität in der Euro-Gemeinschaft nicht mehr gewährleistet, wäre die Währungspolitik des ESZB gescheitert, die Europäische Union (EU) eines ihrer Existenzanker beraubt. Der Sparer verlöre Vertrauen in den Euro, in die Europäische Union, wohl auch in das Recht. Der innere Frieden wäre gefährdet. Ein vertrauenswürdiger Euro stützt das Freiheitsrecht des Geldeigentümers, sein Geld wirtschaftlich nutzen zu können. Deshalb gehört zur Gewährleistung des Geldeigentums, den Wert des eigenen Geldes aufbewahren – sparen – zu können, dieses Sparkapital sodann als Ertragsquelle zum Erzielen eines Zinses einsetzen zu dürfen. Würde dem Sparer diese Ertragsquelle und damit ein jährlicher Zinsanspruch genommen, fehlte ihm ein wesentliches Stück seiner Teilhabe am Wirtschaftsgeschehen. Sein Sparkapital bliebe im Gegensatz zu dem Kapital im Übrigen strukturell ertraglos. Er verlöre seine Freiheit, sein Geldvermögen nach seinem Bedarf zu nutzen, es risikoarm, für einen sicheren, wenn auch bescheidenen Zins einzusetzen.

Die aktive Nutzung seines Geldkapitals überlässt der Sparer in der Regel seiner Bank, damit diese sein Kapital mit ihrem Sachverstand am Markt einsetzt, dadurch Gewinne erzielt und ihm für die Kapitaleinlage einen Zins zahlen kann. Würden die Banken im Rahmen der üblichen Bankgeschäfte nicht mehr um Spareinlagen werben, weil sie anderswo hinreichend Liquidität erreichen können, so verlöre der Sparer den wirtschaftlich sinnvollen Zugang zur sozialen Marktwirtschaft mit Hilfe seiner Bank. Die Brücke zwischen privater Vermögensbildung und marktwirtschaftlicher Kapitalnachfrage wäre gesperrt.

Der Sparer erwirbt sein Einkommen als Sparpotential durch Arbeit. Er erlebt, dass Geldvermögen durch individuelle Anstrengung und Leistung erworben werden muss. Sollte das ESZB eine expansive Geldpolitik betreiben, den anstrengungslosen Erwerb von Geld anbieten oder zumindest das Interesse der Geschäftsbanken an Sparkapital ersticken, so verlöre das freiheitliche Wirtschaftssystem seine Kernbedingung, dass Geldvermögen grundsätzlich durch Anstrengung und Leistung erworben werden muss, der Markt Einkommen nicht anstrengungslos gewährt. Der Sparer fände am Markt als einziger Geldeigentümer keine Ertragsquelle mehr, fragte kritisch nach dem Wert seines Kapitals, dem Erfolg seiner Erwerbsanstrengungen, der Richtigkeit dieser einen Erwerb durch Leistung rechtfertigenden Marktwirtschaft.

Das Grundgesetz und das Europarecht kennen die Gemeinschaftsabhängigkeit des Geldeigentums, die Sensibilität des Auftrags, Preisstabilität zu gewährleisten. Deswegen schafft das Recht eine unabhängige Bundesbank und eine unabhängige EZB, deren vorrangiger Auftrag es ist, den Geldwert des Euro in der Preisstabilität zu sichern. Diese institutionelle Wertsicherungsgarantie festigt das Vertrauen, den Euro jederzeit in einen realen Wirtschaftswert in Höhe des Einlösungsversprechens tauschen, jeden Euro in der Hand jedes Euro-Eigentümers nutzen zu können.

II. Die Zinspolitik der EZB

1. Unabhängige Zentralbankpolitik, Haushalts- verantwortung der Staaten

Wenn das Europäische System der Zentralbanken (ESZB) eine gesamtwirtschaftliche Entwicklung zum Nullzins bewusst verstärkt, die Nutzbarkeit des Spareigentums verhindert und durch einen Negativzins die Substanz des Sparvermögens mindert, bedarf dieses einer besonderen Rechtfertigung. Dabei ist insbesondere zu prüfen, ob die EZB bei dieser Zinssenkung ihren Auftrag und ihre Kompetenzen überschreitet, ob das Ziel dieser Politik, das Sparen zu erschweren und andere Anlageformen zu begünstigen, vertretbar ist, wo die Grenzen einer „Geldpolitik" liegen, die derzeit die EZB für sich selbst definiert. Die Wahrung des Rechts ist gerade für eine Zentralbank unverzichtbare und unverrückbare Legitimationsgrundlage ihres Tuns, weil sie – ähnlich dem Richter – Unabhängigkeit beansprucht, die entsprechend dem richterlichen Vorbild eine Unabhängigkeit zur Erfüllung des gesetzlichen Auftrags gewährt, nicht die Befugnis begründet, sich von der Verbindlichkeit des Gesetzes loszusagen. Unabhängigkeit eröffnet dem Richter wie der Zentralbank einen Entscheidungsraum für das Gesetz, nicht gegen das Gesetz. Die EZB und die nationalen Zentralbanken sind unabhängig, um die ihnen von den Unionsverträgen und der Satzung übertragenen Aufgaben, Befugnisse und Pflichten frei von fremden Einflüssen wahrzunehmen (Art. 130 AEUV), das vorrangige Ziel der Preisstabilität (Art. 127 Abs. 1 S. 1 AEUV) ungeachtet der stabilitätspolitischen Vorstellungen von Parlamentsmehrheiten und Regierungen mit dem ihnen eigenen Sachverstand zu verfolgen. Das Parlament gewährt der EZB in Selbstbeschränkung seines demokratischen Auftrags Unabhängigkeit. Die EZB hat bei dieser Durchbrechung des parlamentarischen Prinzips[9] umso sensibler die Grenzen ihres Auftrags zu achten.

Bei der Vereinbarung des Maastricht-Vertrages war bewusst, dass eine Währungsunion ohne Wirtschaftsunion nach aller historischen Erfahrung ein Risiko ist, insbesondere einen Verschuldungsanreiz für Mitgliedstaaten verstärken könnte.[10] Dementsprechend wurden als Schutzmechanismen gegen diese Gefahren die Nichtbeistandsklausel (Art. 125 AEUV), das Verbot, die Ausgaben des Staates durch ihre Zentralbanken zu finanzieren (monetäre Staatsfinanzierung, Art. 123 AEUV) und eine in Zahlen präzisierte Grenze für die Höhe des öffentlichen Schuldenstandes in den Mitgliedstaaten geregelt.[11] Der Streit, ob die Geldwertstabilität das Primärziel der EZB sein sollte, oder ob vorrangig die Volkswirtschaften der Mitgliedstaaten einander angenähert werden sollten, ist durch Art. 127 AEUV entschieden. Die Preisstabilität ist „das vorrangige Ziel des Europäischen Systems der Zentralbanken". Die Mitgliedstaaten – vielleicht abgesehen von Deutschland – haben nie ernstlich erwogen, ihre Souveränität aufzugeben, sondern wollen „im Einklang mit den bestehenden Verträgen einige ihrer Befugnisse gemeinsam ausüben"[12]. Solange nicht ein anderes Konzept des „Europäischen Hauses" einvernehmlich von den Mitgliedstaaten getragen wird, hängt die Zukunft des Euro davon ab, dass diese Regeln für eine zentrale Geldpolitik bei gleichzeitiger dezentraler Wirtschaftspolitik als Maßstab für die Finanz-, Verschuldens- und Bankenpolitik beachtet werden.

2. Die Leistungsbilanzkrise

a) Autonome Wirtschaftskraft

Die gegenwärtige Finanzschwäche einiger Eurostaaten hat ihre Ursache außerhalb des Aufgabenbereichs des ESZB in der unterschiedlichen Leistungs- und Wettbewerbsfähigkeit der Eurostaaten. Einige Staaten können den Leistungserwartungen ihrer Bürger weniger entsprechen und sind im Wettbewerb untereinander weniger konkurrenzfähig. In einem zusammenwachsenden Europa bemessen die Unionsbürger die Forderungen an ihren Staat aber immer mehr nach dem leistungsfähigsten Euroland, überfordern so ihr Heimatland und drängen auf eine Vereinheitlichung der Lebensverhältnisse im Euroraum. Zugleich erleben die Volkswirtschaften der Mitgliedstaaten, dass ihre Produkte unterschiedlich nachgefragt, ihre Preise unterschiedlich attraktiv und ihre Kreditkosten unterschiedlich hoch sind. Diese Unterschiede in der Wirtschafts- und Finanzkraft sind von jedem Staat durch Restrukturierung seines ökonomischen und politischen Systems zu verringern (Art. 125 AEUV). Sie sind Auftrag auch einer gemeinsamen Wirtschaftspolitik von Mitgliedstaaten und EU, aber nicht Auftrag der Währungspolitik.

Die Leistungsbilanzkrise hat sich 2010 zunächst als Schuldenkrise bemerkbar gemacht, als Griechenland, Spanien und Portugal finanzierbare Kredite nicht mehr angeboten wurden. Viele Staaten der Eurogemeinschaft drängten auf „Rettungsschirme", die Kredite an finanzschwache Länder vergeben, für deren Risiko aber alle Staaten haften sollten. Eine solche gemeinsame Risikovorsorge soll die Kreditzinsen einander annähern. Insbesondere Frankreich fordert seitdem Eurobonds, die Anleihen finanzieren, für die alle Eurostaaten gesamtschuldnerisch – jeder für die volle Summe der Gesamtschuld – haften.

Damit wäre der europarechtlich fundierte Grundsatz außer Kraft gesetzt, dass kein Staat für die Verbindlichkeiten des anderen Staates haftet, politisches Entscheiden und Einstehen für diese Entscheidung in derselben Hand sein, eine Finanzschwäche zunächst durch Restrukturierung des Schwachen behoben werden soll (Art. 125 AEUV). Deutschland leistet gegen eine Haftungsgemeinschaft entschiedenen Widerstand. Doch die Stetigkeit der Begehren nach gemeinsamer europäischer Haftung droht das Prinzip der finanzpolitischen Eigenständigkeit der Mitgliedstaaten faktisch zu lockern, schwächt die Verantwortlichkeit der mitgliedstaatlichen Parlamente für ihre

Verschuldenspolitik, hemmt die Bereitschaft, gewohnte Fehlstrukturen aufzubrechen und neue Rahmenbedingungen der Freiheit zu schaffen. Je mehr sich die Auffassung verbreitet, die EU könne fast beliebig Geld bereitstellen, desto mehr erlahmt die parlamentarische Debatte über die Finanzierung der Staaten und die demokratische Meinungsbeteiligung der Staatsbürger.

b) Verantwortlichkeit der Mitgliedstaaten für europäische Finanzhilfen

Bundesregierung und Bundestag haben als Garanten der Verfassungsstaatlichkeit und in ihrer Verantwortung gegenüber den Bürgern zu gewährleisten, dass die europäischen Organe nur die Zuständigkeiten ausüben, die ihnen vom deutschen Gesetzgeber mit Wirkung für Deutschland übertragen worden sind.[13] Zugleich müssen diese Staatsorgane im Integrationsprozess sicherstellen, dass die Grundstruktur der deutschen Verfassungsstaatlichkeit erhalten bleibt, im Finanzwesen insbesondere die haushaltspolitische Gesamtverantwortung des Deutschen Bundestages gewahrt ist und der Bundestag dem Volk gegenüber verantwortlich für alle wesentlichen Einnahmen und Ausgaben entscheidet.[14]

Bundesregierung und Bundestag haben dabei insbesondere zu prüfen, ob

- die geplanten Finanzhilfen von den Ermächtigungen durch die Unionsverträge gedeckt sind, und ob
- dauerhafte Mechanismen begründet werden, die auf eine Haftungsübernahme für Willensentscheidungen anderer Staaten hinauslaufen.

Der Staatsbürger bestimmt über die Staatsgewalt, auch wenn sie gemeinsam mit anderen Staaten in der Europäischen Union ausgeübt wird. Er hat deshalb gegenüber den Staatsorganen einen Anspruch, dass diese

- über die Einhaltung des Integrationsprogramms wachen,
- am Zustandekommen und an der Umsetzung von Maßnahmen, die die Grenzen des Integrationsprogramms überschreiten, nicht mitwirken,
- bei offensichtlichen und strukturell bedeutsamen Kompetenzüberschreitungen von Organen aktiv auf die Beachtung des Rechts und der dort gesetzten Grenzen hinwirken.[15]

Diese Maßstäbe sind vom Bundesverfassungsgericht ins öffentliche Bewusstsein gerückt worden, als das ESZB in der Eurokrise begann, Staatsanleihen zu kaufen, um wirtschaftlich schwache Staaten wie Griechenland, Portugal und Italien zu stützen. Eine Staatsanleihe ist ein festverzinsliches

Wertpapier, in dem ein Staat Schuldner der Anleihe ist und mit dem Kredit eine Lücke zwischen Staatseinnahmen und Staatsausgaben verringern oder schließen, damit Steuererhöhungen oder eine Senkung der Staatsausgaben vermeiden will. Gläubiger der Staatsanleihen – das ESZB, andere Staaten, Banken, Versicherungen, Fonds, natürliche Personen – tragen das im Schuldnerstaat angelegte Kreditrisiko, bestimmen als Gläubiger den Zins und gewinnen Einfluss auf ihren staatlichen Schuldner.

Im Jahr 2010 wird die Europäische Finanzstabilisierungsfazilität (EFSF)[16] gegründet, eine von der EU unabhängige Institution, die zur Kreditaufnahme am Markt ermächtigt ist und bedürftigen Ländern – vor allem Griechenland – Darlehen bis zu einem Gesamtvolumen von 440 Mrd. Euro gewähren darf. Diese Staatsanleihenkäufe sind durch eine Garantie der Eurostaaten in Höhe von 750 Milliarden Euro gesichert.[17] Dieses Haftungsversprechen ist eine völkerrechtliche Vereinbarung, die auf die EU zurückwirkt und zumindest wegen des Umfangs der Finanzhilfe von struktureller Bedeutung für das Budgetrecht der mitgliedstaatlichen Parlamente ist und deshalb anfangs als Regelbruch verstanden, bald aber faktisch vollzogen worden ist.[18] Als die Geldquelle da war, interessierte sich kaum noch jemand für die Rechtsfrage. Die Geldquelle wurde zur Normalität. Die EFSF wurde 2013 weitgehend vom ESM abgelöst.

Mit dem Instrument des Europäischen Stabilitätsmechanismus (ESM, Euro-Rettungsschirm)[19] wurde 2012 eine internationale Finanzinstitution geschaffen, die unter Verantwortung der Europäischen Kommission, der Europäischen Zentralbank und des Internationalen Währungsfonds Mitgliedern mit schwerwiegenden Finanzierungsproblemen Finanzhilfen (Kreditlinien, Darlehen, Ankauf von Staatsanleihen) gewährt.[20] Dieser „Stabilitätsmechanismus" (Art. 136 Abs. 3 AEUV) wird aktiviert, wenn dies unabdingbar ist, um die Stabilität des Euro-Währungsgebietes insgesamt zu wahren. Die Gewährung „aller erforderlichen Finanzhilfen" wird „strengen Auflagen" unterliegen.[21] Der Europäische Stabilitätsmechanismus wird von den Euro-Mitgliedstaaten durch einen gesonderten völkerrechtlichen Vertrag außerhalb der bisherigen Struktur des Unionsrechts eingerichtet, steht aber in einem Ergänzungs- und Näheverhältnis zum Recht der Europäischen Union, ist ein zwischenstaatliches Organ ohne eigene Hoheitsgewalt, an dem die Mitgliedstaaten teilnehmen. Er wird von der Kommission in Absprache mit der EZB ausgeführt und unterliegt den Bindungen des Unionsrechts über die Währungspolitik und die Stabilität des Euro.[22] Ein Stabilitätsmechanismus wie der ESM schafft eine Struktur, in der die Unterschiede zwischen

„weichen" Steuerungsinstrumentarien und imperativen Rechtsetzungs- und Aufsichtsakten verschwimmen.[23]

Der ESM hat einen Schutzschirm aufgespannt, der finanzschwachen Mitgliedstaaten den weiteren Zugang zum Markt für Staatsanleihen zu günstigen Konditionen erschließen soll. Wenn ein Mitgliedstaat kaum noch verschuldungsfähig ist, kann der ESM Finanzhilfen anbieten, wenn das betroffene Land strenge Auflagen zur Verbesserung der eigenen finanziellen Tragfähigkeit erfüllt und eine Refinanzierung durch den Finanzmarkt möglich ist.[24]

Mit Beschluss vom 6.9.2012[25] sieht das ESZB in seinem „Outright Monetary Transactions"-Programm (OMT) vor, dass Staatsanleihen ausgewählter Mitgliedstaaten in unbegrenzter Höhe aufgekauft werden können, wenn und solange diese Mitgliedstaaten zugleich an einem europarechtlich geprägten Reformprogramm teilnehmen. Zwar wird dieses Programm bisher nicht in Anspruch genommen. Es wirkt jedoch maßstabsbildend, schafft weitere Distanz zu den Ermächtigungen der Unionsverträge, widerspricht der ökonomischen Vernunft eines Verbotes, Staatsanleihen durch die EZB aufzukaufen, und schwächt das Prinzip der Finanzautonomie der einzelnen Staaten (Nichtbeistands-Klausel), die selbst Reformimpulse für Strukturverbesserungen setzen sollen.[26]

Seit März 2015 beginnt das ESZB mit einem erweiterten Programm zum Kauf europäischer Staatsanleihen (Public Sector Asset Purchase Programme, PSPP).[27] Das Programm soll die Geldmenge ausweiten, die Inflationsrate in der Eurozone „einem Niveau von 2 % annähern" und die Finanzierungsbedingungen für Wirtschaft und Privathaushalte verbessern.[28] Die nationalen Notenbanken kaufen beim PSPP nur noch Anleihen ihres Staates. Der Staatsanleihenkauf wird durch einen Aufteilungsschlüssel für die einzelnen Euro-Länder begrenzt, der nach dem Anteil am Kapital der EZB bemessen ist. Der Anteil des Eurosystems an der Gesamtmenge einzelner Wertpapiere wird auf 25 %, später auf 33 % begrenzt. Das Programm soll Kredite für Wirtschaft und Privathaushalte verbilligen, dadurch Konsum und Investitionen fördern.[29] Das Programm für Staatsanleihen[30] erreicht ein Gesamtvolumen von inzwischen mehr als 2 Billionen Euro.[31] In diesem Ausmaß wirkt es als finanzwirtschaftliche Intervention, die vorrangig wirtschaftspolitisch zu deuten ist. Sie stellt den für die EZB verbindlichen Rechtsrahmen geldpolitischer Ziele strukturell in Frage.

Das Bundesverfassungsgericht hat das PSPP-Programm beanstandet, weil nicht hinreichend verständlich gemacht worden sei, dass die Wirkungen dieses Anleihenkaufprogramms im Rahmen des Rechts bleiben. Das PSPP übernehme risikobehaftete Staatsanleihen in großem Umfang und verbessere dadurch die wirtschaftliche Situation der Banken. Zu den Folgen des PSPP gehörten aber auch ökonomische und soziale Auswirkungen auf nahezu alle Bürger, die nicht erörtert worden sind. Betroffen seien insbesondere Aktionäre, Mieter, Eigentümer von Immobilien, Sparer und Versicherungsnehmer. Für das Sparvermögen ergäben sich deutliche Verlustrisiken.[32] Bundesregierung und Bundestag müssen auf die Wahrung vertragskonformer Zustände hinwirken.[33]

c) Der Wiederaufbaufonds

Im Juli 2020 hat der EZB-Rat – die Staats- und Regierungschefs der 27 EU-Mitgliedstaaten, der Präsident des EU-Rates und die Präsidentin der EU-Kommission – ein Finanzierungsprogramm beschlossen[34], in dem die EU erstmals ermächtigt wird, in erheblichem Umfang Kredite am Kapitalmarkt selbst aufzunehmen und die Mittel den einzelnen Mitgliedstaaten zur Verfügung zu stellen. Am 14.12.2020 nahm der Rat mit dem „Eigenmittelbeschluss" den Vorschlag zur Finanzierung dieser Maßnahmen an.[35] Der Wiederaufbaufonds hat ein Gesamtvolumen von 750 Mrd. Euro, soll über EU-Anleihen finanziert werden. Er wird in Höhe von 390 Mrd. Euro – erstmals – als Zuschüsse, in Höhe von 360 Mrd. Euro als Darlehen vergeben. Die Finanzmittel sollen zwischen 2021 und 2023 Regionen und Wirtschaftsbereichen gewährt werden, die besonders durch die Pandemiefolgen geschädigt worden sind. Alle Schulden des Wiederaufbaufonds trägt der EU-Haushalt. Doch die Mitgliedstaaten übernehmen bis zur Hälfte ihres Anteils am EU-Haushalt die Haftung. Der Wiederaufbaufonds organisiert so einen Haftungsverbund, bei dem Mitgliedstaaten gegenseitig für ausstehende Verbindlichkeiten eintreten müssen, ohne dass es einer erneuten Einwilligung ihrerseits bedarf. Sie haften mit ihren zukünftigen Beiträgen zum EU-Haushalt für die Schulden des Fonds. Die Wahrscheinlichkeit einer derartigen Haftung bei Zahlungsunfähigkeit eines Mitglieds mag aktuell gering, praktisch am ehesten bei Austritt eines Mitglieds gegeben sein. Doch die Rechtserfahrung lehrt, dass die Unwahrscheinlichkeit von heute die Realität von morgen sein kann.

Das Bundesverfassungsgericht hat in einem Eilverfahren einen Antrag auf Erlass einer Einstweiligen Anordnung gegen den Vollzug des deutschen Eigenmittel-Ratifizierungsgesetzes abgelehnt, dabei aber betont, dass die im Eigenmittelbeschluss bereitgestellten Mittel ausschließlich zur Bewältigung der Folgen der Covid-19-Krise und nur zeitlich befristet[36] eingesetzt werden dürfen.[37] Zudem setze eine zusätzliche Kreditaufnahme durch die Europäische Union einen neuen einstimmigen Beschluss des Rates und eine Ratifizierung durch den Deutschen Bundestag voraus.[38] Das Verfahren in der Hauptsache habe im Einzelnen festzustellen, ob die Ausgestaltung des Eigenmittelbeschlusses 2020 den verfassungsrechtlichen Anforderungen genügt.[39] Im Hauptsacheverfahren liegen dann auch schon Erfahrungen mit dem tatsächlichen Vollzug des Notprogramms vor.

Bundesregierung, Bundestag und Bundesrat sind dem deutschen Wähler verantwortlich, dass diese Kreditaufnahme eine einmalige Ausnahme anlässlich der Covid-19-Pandemie bleibt, dass die bereitgestellten Mittel ausschließlich zur Bewältigung der Folgen dieser Pandemie verwendet werden und dass jegliche Mechanismen unterbunden werden, die einen Haftungsverbund begründen könnten.

Ein solcher Haftungsverbund begünstigte ein die Union überforderndes Verhalten ausgabefreudiger Mitgliedstaaten, setzte die falschen Impulse für die Haushalts- und Stabilisierungspolitik, schwächte den inneren Zusammenhalt in der EU, wenn diese Finanzierungsmaßnahmen sich stabilitäts- und strukturpolitisch als wirkungslos oder wirkungsarm erwiesen.[40] Zudem drängen die EU[41] und einige Mitgliedstaaten auf eine wachsende Verteilungsmacht der Europäischen Union. Die Erfahrung lehrt, dass ein praktiziertes, Erwartungen schaffendes Notprogramm sich verstetigt und auch nach der Notsituation einen stets vorhandenen Finanzbedarf befriedigen soll.[42]

3. Finanzhilfen nur bei Strukturverbesserungen

Finanzhilfen an notleidende Banken und leistungsschwache Staaten lenken die Aufmerksamkeit der Geldpolitik auf Staatsfinanzen und Bankwirtschaft, vernachlässigen die Stabilisierung des Euro zugunsten von Sparern und Kleinanlegern. Diese Ausrichtung der Stabilitätspolitik wäre allenfalls vertretbar, wenn sie mit Bedingungen und Auflagen zur Stabilisierung der Krisentatbestände für jedermann verbunden sind.[43]

a) Geldmehrung ohne Auflagen

Finanzieren sich die Eurostaaten dauerhaft über ihre Zentralbanken, besteht die Gefahr, dass zu viel Geld in Umlauf kommt. Die EZB bietet mit den Staatsanleihen den Staaten Übergangslösungen. Der Staat kauft Zeit. Die Politik allerdings nutzt die Kredite als Handlungsermächtigung, um in den jeweiligen Staaten die Leistungserwartungen der Bürger zu befriedigen. Ist der Staatskredit nicht mit der Auflage verbunden, die wirtschaftlichen und politischen Strukturen zu erneuern und zu verbessern, kann die Finanzzuweisung der EZB zur Folge haben, dass die Regierungen immer weniger Strukturen bereinigen. Die Strukturhilfe der Zentralbank wirkt als Hemmnis für die Restrukturierung eines Staates.

Wenn so zu viel Geld in Umlauf kommt, stellt sich auch die Frage, wie die Zentralbank ihr Geld wieder dem Markt entziehen kann. Sie müsste Staatsanleihen wieder verkaufen, damit aber sinkende Kurse und steigende Zinsen hinnehmen. Zentralbanken und Banken müssten erhebliche Wertberichtigungen auf Anleihebestände vornehmen, träfen aber vor allem auf den Widerstand der Staaten, deren Politiker und Bürger sich an das anstrengungslos entgegengenommene Geld gewöhnt haben, diese Quelle der Geldzuwendungen nicht versiegen lassen wollen. Auch eine Steuererhöhung oder eine Verminderung der Staatsausgaben wird an der Erfahrung der Staatsbürger und Politiker scheitern, dass Staatsanleihen bequemer sind als eine konsolidierende Finanzpolitik, die aktuell die Bürger belastet. Die gegenwärtige Politik extremer Geldvermehrung läuft Gefahr, einen Prozess in Gang zu setzen, der mit den Instrumenten der EZB nicht mehr zu bremsen ist.

b) Verlängerung der Erfolglosigkeit im Markt

Die systemverändernden Wirkungen von Anleihekäufen und Negativzinsen zeigen sich exemplarisch auch darin, dass sie die Erfolglosigkeit nicht wettbewerbsfähiger Marktteilnehmer verlängern. Das Wettbewerbssystem spornt zur Leistung, zur Verbesserung, zur größtmöglichen Bedarfsbefriedigung an. Es baut auf das Prinzip, dass der Schwache im Wettbewerb verdrängt wird, aber durch die mit einer Insolvenz verbundene Entschuldung auch die Möglichkeit eines Neuanfangs gewinnt.[44] Der „Negativzins" bietet dem überschuldeten Marktteilnehmer nunmehr die Chance, seine zinsbelasteten Schulden durch zinslose Darlehen bei den Geschäftsbanken zu ersetzen oder durch subventionierte Unternehmenskredite und Staatsanleihen abzulösen. Dieser Anreiz verlängert den Misserfolg der erfolglosen Unternehmen. Die Erneuerung der Ressourcen – der Arbeitskräfte und des verfügbaren Kapitals – unterbleibt. Die Erwerbsanstrengung, die im Entgelt anerkannt wird, und die Haushaltsdisziplin, die in der vorrausgehenden Besteuerung ihr Maß findet, gehen als Systemanker der Wirtschaft und der Europäischen Union verloren.

c) Demokratisch-rechtsstaatlicher Tabubruch

Dieser langsame, stetige Übergang von der Geldstabilisierungspolitik zur Steuerung der Haushaltspolitik der Mitgliedstaaten führt zu einem Systemwechsel, der die für die Mitgliedstaaten wie die Union[45] gemeinsamen Werte von Demokratie und Rechtsstaatlichkeit berührt. Ausgangspunkt des demokratischen Staatenverbundes der Europäischen Union ist die Wählerentscheidung in den Mitgliedstaaten. Diese wählen ihre Parlamente, damit diese über ihre mitgliedstaatlichen Haushalte je nach den Bedürfnissen, der Finanzkraft und den politischen Zielen ihres Landes entscheiden und ihr Land auch vor einer Überforderung durch die EU schützen. Diese Fiskalpolitik der Mitgliedstaaten gehört zu den unverzichtbaren Kerninhalten des Demokratieprinzips und des Parlamentsvorbehalts. Die Fiskalpolitik der Mitgliedsländer darf nicht aus der Haushaltsverantwortlichkeit ihrer Parlamente gelöst werden. Sie steht nicht unter dem Einfluss der EZB.[46]

Deswegen wäre es ein Tabubruch, eine die Rechtsgrundlage der Europäischen Union betreffende Zäsur, wenn die Notenbanken in einem langsamen Gewöhnungsprozess an Niedrigzinsen und Käufen von Staatsanleihen die Staaten veranlassen würden, diesen Empfang von billigem und anstrengungslosem Geld als Normalität zu betrachten. Damit würde eine Voraussetzung der Eurogemeinschaft zerstört: die Solidität der öffentlichen Finanzen in den Mitgliedstaaten, die jeder Mitgliedstaat für seinen Haushalt gewährleistet.

d) Abstand halten!

Zudem würde die EZB sich selbst überfordern, ihre Gestaltungskraft überschätzen. Mittelfristig werden die Staaten mit ihrer Haushaltspolitik die Notenbank beherrschen. Je mehr die EZB die Finanzierung finanzschwacher Staaten zu ihrer Aufgabe macht, desto weniger wird sie die an diese

Finanzquelle gewöhnten Staaten sich selbst überlassen können, wenn sie im Rahmen ihres Auftrags zur Gewährleistung der Geldwertstabilität Anleihen verkaufen und Zinsen anheben müsste. Wenn ihre Geldpolitik die Zahlungsfähigkeit schwacher Eurostaaten sicherstellen soll, wird die EZB eine stetige Inflation als gewollte Normalität zu ihrem Politikziel machen. Die EZB sähe sich gehalten, die Zinssätze niedrig zu halten, auch wenn die Preisstabilität höhere Zinsen fordert. Sie würde den Marktwert von Staatsschulden stützen, auch wenn eine Entschuldungspolitik geboten ist. Sie verzichtete auf den Anleiheverkauf, auch wenn die Geldwertstabilität den Verkauf der Anleihen verlangt. Bundesbankpräsident Jens Weidmann nimmt deshalb ein Prinzip des Pandemie-Schutzes auf und fordert „Abstand halten!" für die Haushaltspolitik der Staaten und die Stabilitätspolitik der EZB.[47]

Auch hier finden der demokratische Rechtsstaat und eine demokratische supranationale Rechtsgemeinschaft im Bürger den Maßstab für Legitimation und Rechtfertigung hoheitlichen Handelns. Wer seinen Staat mit Steuern ausgestattet hat, erwartet, dass diese Steuererträge an die Allgemeinheit seiner Rechtsgemeinschaft zurückgegeben werden. Wer durch seine Ersparnisse und seine Krisen- und Altersvorsorge den Staat entlastet, darf fordern, dass die dadurch gewährleistete Stabilitäts- und Solidargemeinschaft nicht durch Zugriff der Schuldnerstaaten verfremdet wird. Jeder Unionsbürger ist durch die Geldpolitik der EZB betroffen, weil er Geldeigentümer ist, Geld spart und sich auf die Geldwirtschaft einlässt. Er lebt in der Gewissheit, dass die Geldwertstabilität in Form der Preisstabilität nicht differenziert nach Gruppen von Schuldnern und Gläubigern, sondern allgemein wirksam für jedermann gewährleistet wird. Geldpolitik dient jedem Euro gleichermaßen.

e) Wertpapiere und Geldsparwerte

Wenn die Zentralbank dennoch das Sparen – die freiheitlich für die Zukunft vorbehaltene Kaufkraft und Produktivität – in den aktuellen Konsum zu drängen sucht, will sie Preisstabilität durch eine bewusste Entwertung der Ertragsfähigkeit gesparten Geldkapitals erreichen. Dadurch wird die einheitliche Gewährleistung der Preisstabilität in eine Förderung der Wertpapierwerte und eine Minderung der Geldsparwerte aufgespalten. Diese der Stabilisierung des Euro widersprechende Zinsinterventionen müssen jetzt – in Phasen einer weiterhin prosperierenden Wirtschaft – abgebaut und zurückgenommen werden.

f) Sinkende Zinssätze

Wenn die EZB die Zinssätze für die Einlagemöglichkeiten beim ESZB negativ definiert, die Banken also ihre Überschüsse bei den Nationalbanken ihres Landes nur gegen ein Entgelt verwahren lassen können, so lenkt die EZB mit einem Zins den Tagesgeldsatz am Geldmarkt und bestimmt damit die Banken in ihrem alltäglichen Geschäft. Die Zinssätze der Einlagefazilitäten bestimmen traditionell den Ertragsrahmen für überlassenes Geldkapital. Anfang 2014 betrug der Zins -0,10 %, ist inzwischen schrittweise bis auf -0,50 % gesenkt worden.[48]

Die deutschen Banken haben bisher die Zinssätze für Einlagen privater Haushalte größtenteils dennoch nicht unter die Nulllinie gesenkt, weil für die privaten Haushalte die Nulllinie möglicherweise eine stärkere „psychologische Schranke darstellt", außerdem die Banken einen Reputationsschaden als Folge der Einführung negativer Einlagezinssätze für private Haushalte befürchten.[49] Gleichzeitig verringerten sich die Kreditzinssätze im Einklang mit der allgemeinen Zinsentwicklung weiter. Infolgedessen sanken die Zinsmargen der deutschen Banken im Kredit- und Einlagengeschäft mit dem Privatsektor.[50]

Rückläufige Zinsmargen mindern die Bereitschaft der Banken zur Kreditvergabe, wirken damit der geldpolitischen Intention entgegen, durch zusätzliche Kredite die Wirtschaft zu beleben. Die Ertragslage der Banken wird aber dadurch verbessert, dass in einem zweistufigen System für die Verzinsung von Reserveguthaben ein bestimmter Anteil der von den Geschäftsbanken bei dem ESZB gehaltenen Überschussliquidität von der Negativverzinsung ausgenommen oder attraktiver verzinst wird.[51]

III. Die Verantwortlichkeit der Währungspolitik gegenüber dem Sparer

1. Schutz des Geldeigentums in seiner Substanz und als Ertragsquelle

Die Gewährleistung der Geldwertstabilität durch das ESZB ist darauf angelegt, die Stabilität jedes Euro zu sichern, richtet sich in dieser Allgemeinheit an jeden Geldeigentümer, unterscheidet nicht nach bestimmten

Gruppen von Sparern, Aktionären oder Fondsbeteiligten. Geldwertpolitik schafft die Grundlagen für das Währungsvertrauen von jedermann in den gleichen Geldwert jedes Euro.

Doch die Null- und Negativzinspolitik ist ausdrücklich auf die Sparer ausgerichtet, die aus dem Sparen verdrängt und in andere Anlageformen geführt werden sollen. Diese Maßnahme ist gruppenbezogen, trifft nur einen umgrenzten Teil von Geldeigentümern, greift in deren Rechte ein. Damit ist der Grundrechtschutz thematisiert. Die Eingriffe in die Nutzungsfreiheit des Geldeigentümers (Nullzinspolitik) und in die Eigentumssubstanz (Negativzins) müssen vor der Eigentumsgarantie gerechtfertigt werden. Zudem stellt sich die Frage nach der Gleichbehandlung aller Geldeigentümer. Die EZB hat den Auftrag, die Preisstabilität des Euro in Jedermanns Hand zu gewährleisten. Ein stabiles Geld kommt allen Geldeigentümern zugute. Es schützt in einer Phase wachsenden Geldvermögens[52] und schwankender Sparquoten[53] privater Haushalte eine Allgemeinheit der Sparenden, gewährleistet in der „Preis"-Stabilität die Kaufkraft von Konsumenten und Investoren, schützt das Einlösungsvertrauen all derer, die im Geld die Grundlagen ökonomischer Handlungsfreiheit finden. Die Geldwert- und Preisstabilitätspolitik einer Zentralbank erfüllt den Auftrag, den Wert des allgemeinen Zahlungsmittels „Euro" zu gewährleisten. Dieser Schutz gilt auch dem privat gesparten Euro und seiner Ertragsfähigkeit. Kapital muss „arbeiten". Kann es strukturell keine Erträge bringen, verliert es an Wert.

2. Staatsgerichtete Globalpolitik

Die Stabilitätspolitik der EZB dient der Allgemeinheit von Euro-Eigentümern, verfolgt ein gesamtwirtschaftliches Ziel und wird zunehmend auf Staaten ausgerichtet. Der Blick auf die Grundrechtsbetroffenen fehlt nahezu völlig.

Das Europäische Programm zum Ankauf von Wertpapieren des öffentlichen Sektor (Public Sector Asset Purchase Programme)[54] zielt auf eine Ausweitung der Geldmenge, damit auf eine geldpolitische Lockerung und eine maßvolle Inflation, so dass Unternehmen und private Haushalte Finanzmittel günstiger aufnehmen können.[55] Derartige Maßnahmen der Union dürfen „inhaltlich wie formal nicht über das zur Erreichung der Ziele der Verträge erforderliche Maß hinausgehen" (Art. 5 Abs. 4 EUV). Dieses Prinzip einer Verhältnismäßigkeitskontrolle zieht eine kompetenzrechtliche Grenze, die dem handelnden Organ vor seiner Entscheidung mit rechtsstaatlich formalisierter Sicherheit sagt, was sein Auftrag ist und wo die Grenzen seiner Tätigkeit liegen. Die Verhältnismäßigkeitsprüfung fordert im Kompetenzrecht nicht die grundrechtlich geläufige Geeignetheits-, Erforderlichkeits- und Zumutbarkeitsprüfung, sondern die bewusste Einschätzung, ob die Handlungen der Organe geeignet sind, die zulässigerweise verfolgten Ziele zu erreichen und sich auf die Maßnahmen zu beschränken, die zur Erreichung dieser Ziele geeignet und erforderlich sind.[56] Für die Abgrenzung der Währungspolitik in der Kompetenz der EU und der Wirtschaftspolitik in der Kompetenz der Mitgliedstaaten müssen insbesondere die wirtschaftlichen Auswirkungen eines Vorhabens – hier des PSPP – zulasten der mitgliedstaatlichen Kompetenzen gerechtfertigt und eine eigenständige Disposition des ESZB über seine Kompetenzen vermieden werden[57].

Das Bundesverfassungsgericht[58] hat im Rahmen einer langjährigen Maßstabsuche mit der EZB und dem EuGH die Maßstäbe für das langfristige ESZB-Anleihekaufprogramm verdeutlicht und vertieft. Anleihekäufe gehören zum Instrumentarium jeder Notenbank. Ausgaben des Staates werden beim Kauf von Staatsanleihen von privaten Anlegern finanziert. Werden die Anleihen unmittelbar von den nationalen Zentralbanken finanziert oder wirtschaftlich vorbestimmt, liegt in dieser staatlichen Selbstfinanzierung durch ihre Zentralbanken die Gefahr der Maßstabslosigkeit und damit der Maßlosigkeit. Wenn immer mehr Geld in Umlauf gerät, der Staat unbeschwert immer mehr Geld verteilen kann, ist die Entwicklung zu einer maßlosen Inflation eingeleitet. Dabei sind die Sparer besonders schutzlos betroffen, weil sie ihr Geld auf Dauer und ohne erhebliches Risiko anlegen, auch von der Marktbeobachtung, der Risikovorsorge und eigener Schutzinterventionen entlastet sein wollen. Die deutschen Verfassungsorgane haben sich im Rahmen ihrer Integrationsverantwortlichkeit schützend und fördernd vor die Rechte ihrer Bürger zu stellen.[59]

Das Europäische Pandemie-Notprogramm (PEPP)[60] entfernt sich noch deutlicher von einer erkennbaren Verantwortlichkeit für die Grundrechtsbetroffenen, weil es zwar für eine „außergewöhnliche Notsituation"[61] eine vorübergehende Ausnahme von den Grenzen einer Staatsverschuldung vorsieht, das Finanzierungsprogramm dann aber von den dem PSPP geläufigen Bedingungen und Auflagen löst, die bisher eine Neustrukturierung des Schuldnerstaates gefordert haben und damit auch den Sparern zugutegekommen sind.

Diese Globalprogramme blicken auf den Finanzmarkt und dessen Reaktionen auf Rettungsschirme, schaffen Verantwortlichkeiten gegenüber Schuldnerstaaten, beobachten die Entwicklung der Jahres- und Gesamtverschuldung eines Staates. Der Grundrechtsbetroffene bleibt außerhalb des alltäglichen Blickfeldes der EZB. Deshalb wird eine rechtliche Analyse der Zinspolitik der EZB dem betroffenen Grundrechtsträger besondere Aufmerksamkeit widmen.

B.
Geld

I. Geld als individualnütziges, gemeinschafts-
abhängiges Wirtschaftsgut

1. Teilhabe am Geldmarkt

a) Einlösungsversprechen und Einlösungsvertrauen

Geld entsteht, wenn eine Münzanstalt eine Münze prägt, eine Druckerei einen Geldschein druckt, eine Bank ihrem Kunden eine Geldsumme auf dem Konto gutschreibt, der Zahlende sich durch Kreditkarte oder digital Zugang zum Geldmarkt öffnet. Wenn so auch private Unternehmen Geld schaffen können, darf diese Geldschöpfung nicht dem Belieben der privatwirtschaftlich tätigen Unternehmen überlassen bleiben. Geld steht unter der Kontrolle der EZB. Die EZB bestimmt die Ausgabe von Euro-Banknoten, lenkt die Geldmenge, die Art des umlaufenden Geldes, die Kreditbedingungen – die Währungspolitik.[62] Sie gewährleistet die Stabilität des Euro (Art. 127 Abs. 1 S. 1 AEUV).

Geld entsteht durch das Versprechen einer Bank, dem Geldeigentümer jederzeit eine bestimmte Summe Tauschkraft bereitzustellen, und durch das Vertrauen des Bankkunden, dass dieses Versprechen eingelöst werde. Geld ist die Eintrittskarte zur Teilnahme am Geldmarkt und ein Berechtigungsausweis für die Beteiligungssumme. Diese Vertrauensbasis ist das Fundament moderner Geldwirtschaft, stützt sich auf die Leistungsfähigkeit der sie tragenden Volkswirtschaften, die Haushaltsdisziplin der beteiligten Staaten, das Konsum- und Investitionsverhalten der Teilnehmer am Euro-Geldverkehr, insbesondere aber auf die stabilisierende Wirkung des Rechts und die Stabilitätspolitik der EZB.

b) Das klassische Symbol: Der Geldschein

Das klassische Symbol für Geld ist der Geldschein, ein Stück Papier, etwa 8 Cent wert, das aber eine viel höhere Tauschkraft zum beliebigen Einsatz verheißt. Symbol bedeutet Zusammenfügen. Früher zerbrachen Vertragspartner, die sich oder ihre Vertreter später verlässlich wiedererkennen wollten, eine Tonscherbe. Jeder behielt einen Teil, konnte diesen dann bei einem späteren Zusammentreffen als Erkennungsmerkmal mit dem anderen zusammenfügen. Wer einen Geldschein in die Hand nimmt, sieht eine Zahl, verbunden mit dem Wort Euro und einem kleinen Hinweis auf die EZB, im Übrigen eine skizzenhafte Darstellung von Gebäuden, Landkarten oder auch menschlichen Gesichtern. Dieser Text ist wenig aussagekräftig, ist für eine vertragliche Einlösungsgarantie zu unbestimmt. Die 50 könnte die Dauer der Wertgarantie oder die Zahl einlösungsbereiter Banken bezeichnen. Wollte die EZB die Aussage dieses 50-Euro-Scheines sprachlich verdeutlichen, könnte sie auf dem Geldschein zusagen, gegen Vorlage dieses Geldscheines dem Inhaber den Kauf von 50 Äpfeln oder eine Bahnfahrt von 50 km oder die ärztliche Behandlung einer Grippe zu garantieren. Doch diese Präzisierung wäre verfehlt. Die EZB verspricht nicht bestimmte Leistungen. Der 50-Euro-Schein soll gerade zum beliebigen Erwerb von Gütern und Dienstleistungen befähigen, darf also den Gegenstand des Erwerbbaren nicht definieren.

Der Geldschein von 50 Euro gewinnt seinen Sinn als Kaufkraft, als Vergleichsmaßstab, als Ertragsquelle und als Instrument, Werte aufzubewahren, nur durch Interpretation nach Üblichkeit und Vertrauen. Wir müssen den fragmentarischen Text „50 Euro" als Garantieversprechen der EZB verstehen, der Inhaber könne dieses Papier jederzeit und grundsätzlich überall gegen einen Wirtschaftswert von 50 Euro eintauschen. Dieser Sinn des Geldscheines berechtigt den Eigentümer, mit dem Schein jederzeit beliebige Güter zu erwerben. Dieser Symbolgehalt des Geldscheines ist die Grundlage unseres Wirtschaftens, die eine Geldwirtschaft ist.

c) Buchgeld

Banken können Buchgeld schaffen. Für die Sicherung des Preisniveaus sind Geldmengen, die ausschließlich auf Konten von Banken und Zentralbanken verbleiben, nicht sonderlich erheblich. Doch die von den Nichtbanken – privaten Haushalten, Unternehmen oder Staaten – gehaltene Geldmenge wird kurz- bis mittelfristig für die Nachfrage von Gütern und Dienstleistungen verwendet, wirkt sich also unmittelbar auf das Bruttoinlandsprodukt und die Preisentwicklung aus.[63] Gewährt eine Bank ihren Kunden einen Kredit oder kauft sie einen Vermögenswert und schreibt sie den entsprechenden Betrag auf deren Bankkonto gut, schafft sie Buchgeld (Giralgeld). Verwendet der

Kunde den Kredit für Zahlungsvorgänge, wird der Betrag von einer Bank auf die andere übertragen und dieser bargeldlose Zahlungsvorgang zwischen Banken verrechnet. Das Geld wirkt noch nicht unmittelbar auf dem Gütermarkt, bleibt aber dort stets einsetzbares Nachfrage- und Inflationspotential. Erst wenn der Geldeigentümer das Einlösungsversprechen in Anspruch nimmt, aus seiner Tauschfähigkeit ein Tausch wird, beginnt der Gütermarkt.

2. Unsicheres Eigentum

a) Nominal- und Realwert

Geld ist ein Wirtschaftsgut, dessen Wert nominal auf einem Geldschein oder einem Kontostand benannt ist, dessen Realwert aber von Wirtschaftssubjekten und Hoheitsinstitutionen abhängt. Die Vertragspartner vereinbaren einen in Geld ausgedrückten Preis, weil er ihnen subjektiv gerecht erscheint. Die Tarifvertragsparteien verständigen sich auf einen Lohn, der in gegenseitiger Annäherung kompromissbereit definiert wird. Am Finanzmarkt bestimmt ein Computer mit einem Algorithmus-Programm den Geldwert der in Sekundenschnelle vollzogenen millionenfachen Finanztransfers. Staaten und Staatengruppen tauschen ihre unterschiedlichen Währungen und beeinflussen damit den Wert der Tauschwährung.

Geld ist ein individualdienliches Wirtschaftsgut, das dem einzelnen Berechtigten als gefestigte Rechtsposition zugeordnet wird, über die er frei verfügt und die er gegen Dritte verteidigen darf. Dieses Geld hat wegen seiner Gemeinschaftsabhängigkeit zwar einen festen Nominalwert, aber einen schwankenden Realwert. Sein Wert entsteht und entwickelt sich in der Gemeinschaft. Geldeigentum ist wegen seiner Gemeinschaftsabhängigkeit[64] in seiner Werthaltigkeit unsicheres Eigentum.

b) Institutionelle Einmaligkeit: EZB sichert Werthaltigkeit des Geldeigentums

Deswegen wird dieses Geldeigentum – als einzige Form des Eigentums – von einer eigens dafür bestimmten Institution in seinem Wert garantiert. Das Grundgesetz und das Europarecht sehen eine Währungs- und Notenbank vor, die in richterlicher Unabhängigkeit vorrangig die Preisstabilität zu sichern hat.[65] Diese Stabilitätsverpflichtung schützt insbesondere die Sparer und Anleihegläubiger, weil diese ohne jeden weiteren Schutz auf diese Geldwertstabilität angewiesen sind. Sie schirmt die Sparer gegenüber dem Einfluss von Staaten ab, denen bei hoher Verschuldung an einer inflationsbedingten Minderung des Geldwertes und damit ihrer Schulden gelegen ist. Sie mäßigt die Bestrebung insbesondere des Finanzmarktes, der das Sparen als Bildung zukünftiger Investitions- und Konsumkraft zugunsten der aktuellen Investitionen und Konsumnachfragen verdrängen will. Sie weist auch Einflüsse von Unternehmern und Gewerkschaften zurück, die eine Politik kreditfinanzierter Konjunkturbelebung und Wachstumserwartung betreiben, um durch diese Geldpolitik bessere Geschäftsbedingungen für Unternehmer und geringere Arbeitslosigkeit zu erreichen.

Das Europarecht wendet sich mit klaren Einzelvorschriften[66] auch gegen eine Geldpolitik, die finanzschwache Staaten und Banken finanziert, dabei die Anliegen der Geldeigentümer vernachlässigt. Während das Sacheigentum durch Gesetz – vor allem das Bürgerliche Gesetzbuch – als vorgefundenes Wirtschaftsgut (das Haus, das Handwerkszeug, das Kleidungsstück) ausgestaltet und gesichert wird, stützt sich das Geldeigentum auf den gesetzlichen Auftrag und die gesetzlichen Befugnisse des ESZB, die Menschen mit hinreichend gutem Geld zu versorgen und dadurch ein Geldeigentum zu garantieren, das Werte bewahrt, tauscht und vergleicht.

Der Geldwert ist stabil, wenn sein Wert sich nicht verändert. Diese Preisstabilität wird idealtypisch erreicht, wenn Inflation und Deflation vermieden werden, der Geldwert als langfristig ungeschmälerte Kaufkraft strikt konstant bleibt[67], gilt herkömmlich aber bei einer Inflation im Rahmen eines Vertretbarkeitsraums bis zu 2 % als erreicht.[68] Mit der Ankündigung dieses Stabilitätszinses verfolgt die EZB drei Anliegen: Zunächst stärkt sie das Vertrauen in den Euro, weil sie eine Obergrenze der Inflation bestimmt. Sodann sucht sie einen Sicherheitsabstand zur Deflation. Schließlich sagt sie den Geldschuldnern eine regelmäßige – maßvolle – Minderung ihrer Schulden zu.

In diesem Rahmen verfolgt sie eine Niedrigzins-, sodann eine Nullzins-, schließlich eine Negativzinspolitik. Diese Maßnahmen können Teil einer Stabilitätspolitik sein, verlieren diesen Charakter aber, wenn sie eingesetzt werden, um dem Sparer die Ertragsfähigkeit seines Sparkapitals zu entziehen, damit eine dem freien Geldeigentümer zustehende und geläufige Anlageform aus dem Markt zu verbannen. Die EZB bietet nicht mehr der Allgemeinheit der Geldeigentümer einen sicheren Geldwert, sondern schließt eine Gruppe von Geldeigentümern von dem Zugang zum Geldmarkt aus.

Die EZB erklärt ausdrücklich, sie wolle die Sparer von der Sparanlage in andere Anlageformen – die Investition und den Konsum – drängen. Aus dem Schutz des Geldeigentums wird eine aktiv gestaltende Wirtschaftspolitik. Die individuelle Freiheit des Spareigentümers und seine Vernunft zur Vorsorge für unsichere Zeiten und Lebensrisiken werden behindert. Der Garant des Spareigentums wird dessen Gegner. Der Sparer gerät in Not.

In einer Wirtschaftsordnung, in der ein Lohn- und Sozialversicherungsanspruch, ein Mietzins oder ein Kapitalertrag dem Einzelnen die ökonomische Grundlage seiner Freiheit bietet, schützt die Eigentumsgarantie der Verfassung auch das Geldeigentum.[69] Doch der Geldwert ist gegenstandslos, entwickelt sich in ständiger Abhängigkeit von Markt, Volkswirtschaften, sozialen Leistungen der Staaten und Sozialversicherer, von der Haushalts- und Verschuldenspolitik der Staaten und vom Recht. Geldeigentum braucht deshalb als einzige Eigentumsform einen institutionellen Wertgaranten, die Zentralbank. Die Zentralbank ist Garant eines wesentlichen Verfassungsgutes.

c) Geldpolitik und Staatsschulden

Die EZB betreibt derzeit eine Politik, die stetig die Geldmenge vermehrt und dem Gesamtvolumen des verfügbaren Geldes kaum Grenzen setzt. Dieses von der EZB vermehrte Geld wird nicht verdient, nicht in einem Leistungstausch als Entgelt empfangen, auch nicht durch steuerliche Teilhabe am Erfolg privaten Wirtschaftens beschafft. Es wird vom Bankensystem selbst hervorgebracht. Diese Geldschöpfung entspricht dem Auftrag einer Zentralbank. Sie versorgt die Wirtschaft mit hinreichend Geld und dient der Stabilität der Währung. Wenn sie aber Staatshaushalte finanziert, Banken vor einer Insolvenz bewahrt, die Strukturen des Finanz- und Wirtschaftssystems ändert, stützt sie nicht den allgemeinen Wert des Euro, sondern gestaltet Wirtschaftspolitik.

Die EZB stellt neues Geld den privatwirtschaftlich tätigen Akteuren des Marktes – den Unternehmern, Investoren, Konsumenten und Sparern – in der Regel nicht als Zuschuss zur Verfügung, sondern überlässt es als Kredit. Das System der europäischen Zentralbanken – die EZB und die mitgliedstaatlichen Zentralbanken – mehrt also nicht das Geld in der Hand der Berechtigten, sondern gewährt Geld auf Zeit, begründet Rückzahlungs- und Zinslasten, schafft Abhängigkeiten.

Diese Kreditlasten verändern vor allem die Handlungsmöglichkeiten der Staaten, die nicht mehr nur ihren Parlamenten verantwortlich sind, sondern auch den Willen der Kreditgeber berücksichtigen müssen. Deshalb setzt das Recht dem Staatskredit klare Grenzen. Doch viele Mitgliedstaaten haben die Obergrenze eines Staatskredits von 60 %[70] überschritten und entfernen sich weiter von dieser Obergrenze.[71] Der Kauf von Staatsanleihen trifft auch auf das Verbot der Staatsfinanzierung durch die EZB[72], um die Gesetzmäßigkeiten des Marktes als Schuldenbremse zur Wirkung zu bringen. Nimmt ein Staat zu viele Schulden auf, verliert er das Vertrauen der Kreditgeber, büßt Bonität ein. Die Zinsen steigen. Die Notenbanken aber senken mit ihren Anleihekäufen künstlich die Zinsen auch für Staaten mit geringer Bonität, wirken damit der marktwirtschaftlichen Schuldenbremse entgegen.

d) Minderung des Spareigentums

Veranlasst die EZB zudem die Banken, das bei ihnen gesparte Geld mit einem Niedrigzins, dann mit einem Nullzins und schließlich mit einem „Negativzins" zu belasten, wird dem Geldeigentümer faktisch eine öffentliche Last für sein Sparen aufgebürdet. Ihm zerfällt sein nutzbares Eigentum durch hoheitlichen Eingriff zu einem ertraglosen Wertzeichen. Zwischen Geldeigentümer und Markt stellt sich die EZB, breitet die Arme aus und schneidet ihm den Zugang zu einem Markt ab, in dem er sein Eigentum nutzen – verzinsen – könnte. Er verliert einen Kerninhalt seines Privateigentums, das Recht, sein Eigentum als Ertragsquelle zu nutzen. Beim Negativzins wird der Wertspeicher „Geld" einer regelmäßigen Wertminderung unterworfen. Geldeigentum wird bei einer Sparanlage jährlich um 0,5 % vermindert. Dem Sparer wird Eigentum entzogen. Er verliert Geld. Die EZB gewinnt Geld. Das kommt einer Enteignung nahe.[73]

II. Negation des Spareigentums

Das gesparte Geldeigentum ist eine wesentliche ökonomische Grundlage individueller Freiheit für den Sparer. Der Sparer legt das Geld bei seiner Bank ein, um es jederzeit in beliebige Güter einzutauschen, das Geld für die Zukunftsvorsorge, für Investitionen und späteren Konsum oder für andere Zwecke aufzubewahren, es als Ertragsquelle zu nutzen, Vertrauen anderer in die eigene Finanzkraft zu begründen und die Unabhängigkeit des Eigentümers zu genießen. Der „Negativzins" und der „Nullzins" verweigern dem Sparer diese Rechte aus seinem Eigentum, negieren seine Berechtigungen.

1. Geld als Zahlungsmittel

a) Einlösungsvertrauen

Geld erwartet und schafft Vertrauen, ist der Ausweis für einen wirtschaftlichen Wert, den eine Bank einzulösen versprochen hat. Schon in den Anfängen einer Tauschwirtschaft beschränkten die Menschen sich nicht mehr darauf, zwei Güter zu tauschen, die jeweils der andere Vertragspartner benötigte – einen Jagdspeer gegen ein Boot. Der eine Vertragspartner erhielt vielmehr ein Symbol, das er weiter eintauschen konnte. Muscheln, Salz, Federn, Tierfelle oder Vieh, später Edelmetalle dienten als Beweismittel, dass der Inhaber dieses Wertzeichens berechtigt sei, für den im Zeichen ausgewiesenen Wert ein konkretes Wirtschaftsgut zu erwerben. Geld entsteht als Mittel der „Wertübertragung".[74]

Anfangs repräsentierten Kurantmünzen in ihrem Metallgehalt und Gewicht vollwertig den auf der Münze aufgeprägten Nennwert. Dieses Geld war die erste Form „geprägter Freiheit"[75], die dem Empfänger einen verlässlichen Wert zu beliebigem Tausch gab. Doch bald wurden Münzen mit geringerem Metallgehalt in Umlauf gebracht. Das „schlechte" Geld verdrängte das „gute". Aus der gemünzten wurde eine erhoffte Freiheit. Mit dem Einführen der Banknoten löste sich das Geld gänzlich von einem Materialwert. Aus dem Beweismittel wird ein Ausweis. Mit dem bargeldlosen Zahlungsverkehr wird das Geld zu einer Buchgröße in Bankbilanz und Kontostand oder zu einer Speichergröße im digitalen Geldverkehr, deren Wertgrundlage das Vertrauen in die Einlösbarkeit des versprochenen wirtschaftlichen Wertes ist.[76] Ein Sparer trägt nicht mehr einen Geldschein in der Hand, sondern verfügt über ein Passwort, das ihm den Zugang zu seinem Konto erschließt.[77] Er überlässt seiner Bank sein Geld, damit es dort sicher, wertbeständig und ertragreich bewirtschaftet werde. Dieses Einlösungsvertrauen,[78] die Sicherheit, das Geld werde ihm vertragsgemäß zur Verfügung gestellt und nicht in einer bestimmten Verwendungsart gebunden, ist das Grundvertrauen, auf das die Geldwirtschaft baut. Geld verschafft jedermann den gleichen Zugang zum Markt.

Das Geld steuert die Marktteilnehmer in einen Friedenskonsens des vertraglichen Einvernehmens. Wenn mehrere auf ein knappes Gut zugreifen wollen, erhält derjenige das Gut, der am meisten Geld bezahlt. Diese Offenheit für das Höchstgebot ist Bedingung einvernehmlichen, friedlichen Tausches. Wird ein Geldeigentümer – der Sparer – am Mitbieten gehindert, wäre das Friedenskonzept gestört. Nur ungebundenes Geld löst die Verteilungskonflikte im Freiheitsbereich der Wirtschaft, erübrigt damit hoheitliche Eingriffe und entlastet die Politik. Insofern ist Geld „der Triumph der Knappheit über die Gewalt".[79]

b) Geld ohne Herkunft und ohne Zukunft

Jeder Gegenstand ist schon bei seiner Entstehung auf einen bestimmten Zweck angelegt. Der Baum wird gepflanzt, um Früchte zu ernten. Die Violine wird gebaut, um Töne hervorzubringen. Brot wird gebacken, um es zu essen. Geld verleugnet seine Herkunft. Wer Geld entgegennimmt, weiß nicht, ob dieses durch Arbeit erworben, an der Börse leichter Hand mitgenommen, vom Bettler empfangen oder beim Banküberfall geraubt worden ist. Sein Wert ist unabhängig davon, ob und wie der Eigentümer sein Geld verdient hat. Das allgemeine Zahlungsmittel verspricht jedem Empfänger den gleichen, im Zahlungsmittel benannten Wert, vermittelt dem Eigentümer die Freiheit zur Teilhabe am Wirtschaftsleben[80], symbolisiert das Recht, eine nahezu unendliche Vielzahl von Gegenständen und Dienstleistungen erwerben zu können.

Deshalb bleibt auch die Frage offen, wie der Empfänger das Geld verwenden wird. Er kann mit dem Geld Brot kaufen oder ein Auto erwerben, eine Reise machen oder eine Eintrittskarte bezahlen, eine Steuerschuld begleichen oder wohltätig spenden. Geld verschweigt seine Zukunft. Auch hier entfaltet das Geld seine Wirkung als allgemeines Zahlungsmittel. Der Empfänger verpflichtet sich zu nichts, weder individualwirtschaftlich noch gesamtwirtschaftlich. Er muss nicht investieren oder konsumieren. Er darf sparen. Er ist frei. Eine Finanzpolitik, die das Sparen erschweren und verhindern will, verfälscht die Funktion des Geldes als allgemeines, für Bedingungen und Auflagen nicht zugängliches Wirtschaftsgut.

2. Geld als Wertspeicher

Solange der Sparer sein Geld bei seiner Bank aufbewahrt, sich die Freiheit seiner entgeltbereiten Nachfrage vorbehält, geht er im Vertrauen auf den Geldwert davon aus, dass das Geld auf Dauer Freiheit zum beliebigen Tausch verkörpert, im Wert gleichbleibt. Wird Geld aktuell zum Zahlungsmittel, tauschen die Beteiligten nach ihren aktuellen Wertvorstellungen. Dient das

Geld dazu, Werte aufzubewahren, symbolisiert das Geld einen Wert in der Zeit und trotz der Zeit. Dieses Geld birgt Verlustgefahren.[81] Es kann allgemein nur zum Nominalwert[82] eingelöst werden[83]. Doch dieser Vorbehalt einer Geldentwertung[84] darf die Funktion des Wertaufbewahrens – des „gestreckten Tausches" – nicht gefährden[85]. Das Geld muss aktuelles Tauschmittel bleiben, einen Wert bewahren und Unsicherheiten ausgleichen.

Für eine auf Investition und Konsum drängende Stabilisierungspolitik ist das vom Sparer gesparte und von einer Bank gehortete Geld vor allem Konsum- und Investitionskapital. Kapital ruht nicht um des Ruhens willen, sondern bereitet eine Investition oder einen Konsum vor. Der Sparer spart für den Bau eines Hauses, also für eine langfristige, für die Verwurzelung der Menschen in einer Rechtsgemeinschaft erhebliche Investition. Er bildet Kapital, um ein Auto zu kaufen oder eine Reise zu finanzieren, also zu konsumieren. Die Banken sind, auch wenn sie Geld horten, ihrem Geschäftsmodell nach darauf angelegt, dass sie Kapital für den Erwerb einsetzen, also die Wirtschaft beleben. Die „Zinspolitik" der EZB, die Investition und Konsum zu fördern verspricht, verkennt die Notwendigkeit, Investitions- und Konsumkraft in der Hand von jedermann zu bilden.

Es ist Aufgabe der Zentralbanken, „die Preisstabilität zu gewährleisten", also die Stabilität des Geldwertes im Verlauf der Zeit auch für das ruhende Geld zu sichern.[86] Wenn die EZB aber eine Inflation von etwa 2 % zum Stabilitätsziel erklärt, macht der Stabilitätsgarant zu einem vertretbaren Grenzwert zu dem ihm als Ziel aufgegebenen Mittelwert. Mit dieser Umdeutung ihres Auftrages kann die EZB viel Geld schöpfen und verteilen. Doch die Menschen könnten im Empfinden, der Geldwert sei nicht mehr stabil, für ihre Zukunft vermehrt vorsorgen und sparen. Die Geldvermehrung wird dann die Inflation kaum steigern. Die EZB sähe sich erneut berechtigt, die Geldmenge weiter zu vermehren, damit die Gefahr für den Geldwert zu erhöhen. Die EZB würde die Tauschkraft des Geldes als zeitübergreifenden Wertspeicher vermindern und mit der Lockerung des Stabilitätsauftrags unmittelbar den Sparer im Wert seines Spareigentums treffen.

3. Geld als Ertragsquelle

Kapital soll dem Kapitalgeber einen Ertrag bringen. Kapital in privater Hand ist Privateigentum, das von Art. 14 GG in seiner Substanz wie in seiner Nutzbarkeit – Ertragsfähigkeit – verfassungsrechtlich geschützt ist.[87] Wie

41

zur Berufsfreiheit der Lohn, so gehört zur Kapitalfreiheit der Kapitalertrag. Der Ertrag eines auf einem Sparkonto angelegten Geldeigentums ist der Zins. Die Ertragsfähigkeit des Spareigentums im Sparzins ist als Inhalt der Eigentümerfreiheit verfassungsrechtlich gesichert.[88] Allerdings ist der Zins ein klassischer Anknüpfungstatbestand für die währungspolitische Steuerung des ESZB. Zinslenkungen, die von dem ESZB veranlasst sind, gehören als Inhalts- und Schrankenbestimmung des Eigentums zu den währungspolitischen Maßnahmen, die dem Inhaber der Währungshoheit zustehen. Doch wenn ein „Nullzins" die Ertragsquelle des Spareigentums zuschüttet, dieses Eigentum durch hoheitlichen Eingriff nicht mehr ertragsfähig ist, die EZB zwischen Eigentümer und Markt hoheitlich Barrieren errichtet, kann das gesparte Geld strukturell nicht mehr als Ertragsquelle dienen. Damit ist eine Kernfunktion gerade des gesparten Geldes zerstört.

4. Unabhängigkeit durch Geld

Geld macht unabhängig. Ein Sparguthaben gibt die Gewissheit, finanziellen Bedürfnissen, Verantwortlichkeiten und Vorhaben jederzeit entsprechen, den eigenen Raum ökonomischer Freiheit verändern und erweitern zu können. Bargeld öffnet Türen, bietet den Platz in Restaurant und Bahn, ist die Eintrittskarte für Sport und Kultur. Ein Guthaben lässt den Berechtigten gelassen mit Forderungen umgehen, zuversichtlich Renovierungs- und Reparaturbedarf erfüllen, über Modebedürfnisse und Konventionsentwicklungen selbstbewusst entscheiden. Die Verfügungsbefugnis über Geld macht den Berechtigten zum umworbenen Kunden, zum begehrten Kooperationspartner, zum angesehenen Mitglied einer erwerbsbezogenen Gesellschaft. Wer Geld hat, bewahrt sich auch die Freiheit, sich vom Erwerbsleben, seinen Regeln und Bedrängnissen, fernzuhalten.

Geld ruht in der Regel in Darlehensverhältnissen, die Menschen in Schuldner und Gläubiger teilen, in Abhängigkeit bringen und Unabhängigkeit mehren. Zwar ist die Schuldknechtschaft dem modernen Recht fremd. Doch die Abhängigkeit durch unerfüllbare Zahlungspflichten kann Existenzgrundlagen vernichten, Freiheitsräume verengen und zerstören, das Denken und Handeln auf ein ökonomisches Ziel verengen.

Deshalb gehört das Sparen zur Selbstverständlichkeit erfahrener und bedachter Lebensgestaltung. Die Unabhängigkeit durch Geld macht einen wesentlichen Teil des Geldwertes aus. Den zu schützen, ist Aufgabe des ESZB. Die Sparer sind in diesem Geldvertrauen der EZB besonders anvertraut.

5. Macht durch Geld

Geld dient zunächst der Finanzierung der individuellen Lebensbedürfnisse, der Gestaltung der finanziellen Grundlagen von Privatheit und persönlicher Erwerbstätigkeit. Wenn das Geldeigentum diesen Bedarf der Eigenfinanzierung übersteigt, wird es zu einem Instrument der Macht. Wer frei verfügbares Kapital besitzt, kann damit Menschen zu einem bestimmten Verhalten veranlassen, sich an Unternehmen und damit an der Unternehmensführung beteiligen, Einfluss auf Institutionen und Staaten, auf Politik und Kultur gewinnen.

In der modernen Staatlichkeit und derzeit ersichtlich im Staatenverbund der Europäischen Union wird das Geld zu einem zentralen, oft bevorzugten Handlungsmittel. Der Staat befiehlt nicht, sondern verlockt durch Leistungssubventionen und Steuervergünstigungen. Er beteiligt sich durch Zuwendungen oder Kredite an bestimmten Vorhaben. Er honoriert staatlich erwünschtes Verhalten. Er lenkt mit dem „goldenen Zügel". Staaten gewinnen durch Finanzierung Einfluss auf andere Staaten, Herrschaft über Wähler, denen sie nicht verantwortlich sind. Die EU bemüht sich derzeit insbesondere aufgrund der Ratsbeschlüsse vom Juli 2020[89] nachdrücklich, zu einer Finanzmacht zu werden, die eigene Geldquellen besitzt, sich in der Verteilung dieses Geldes weitgehend von den Mitgliedstaaten löst, Unternehmen und Mitgliedstaaten mit den Verlockungen des Geldes lenkt.

Das ESZB beschafft sich die Macht des Geldes selbst. Wenn die EZB verlauten lässt, „Geld ist da", und dieses als Aussage zu verstehen ist, Geld sei unabhängig von vorherigen Steuerzahlungen und in fast beliebiger Höhe verfügbar, werden die Rechtsstaaten diese Macht bändigen müssen. Wenn das Europarecht sodann aus guten Gründen die Geldpolitik der EZB durch die Unabhängigkeitsgarantie gegen parlamentarische Einflüsse abschirmt, darf das nicht dazu führen, dass eine Institution die eigene Macht begründen und erweitern kann, ohne demokratisch rechenschaftspflichtig, rechtsstaatlich gemäßigt, in der Verteilungspolitik auf Gleichheit in der Freiheit verpflichtet zu sein. Das Geld scheint eine ungebundene, oft auch eine ungebärdige Macht zu bieten. Verfassungsrecht und Unionsrecht binden diese Macht des Geldes in ein rechtliches Konzept der Mäßigung und Verantwortlichkeit – auch im Dienst der Freiheit des Sparers.

6. Geld als Produktivitätsimpuls

Die EZB produziert nicht, sondern sucht die Produktivität durch Geld zu steuern. Sie gewährleistet den stabilen Euro im Maß der Geldwertstabilität. In diesem Auftrag stellt sie dem Markt eine hinreichende Menge Geld zur Verfügung, führt dem Markt aber auch zusätzlich Geld zu, um Investitionen zu ermöglichen. Vermehrt sie jedoch das Geld, ohne dass der Markt dieses durch mehr Produktivität und Konsum aufnähme, so wird das Investitions- und Sparkapital in seinem Wert, in seiner Nachfragekraft, vermindert. Primärwirkung dieser Geldschöpfung ist stets, dass der Empfänger dieses neuen Geldes ohne eigene Gegenleistung Geld erhält, damit eine weitere Ertragsquelle und zusätzliche Gestaltungsmacht gewinnt. Deswegen begrenzen die Unionsverträge[90] die Währungspolitik der EZB auf die Gewährleistung der Preisstabilität und einen unterstützenden Beitrag zur allgemeinen Wirtschaftspolitik der Union. Die der EZB zustehende Wertschöpfung dient nicht der Finanzierung von Staatshaushalten, nicht der Umverteilung unter autonomen Mitgliedstaaten der Union, nicht der Förderung von Banken und schon gar nicht der Verschiebung von Insolvenzen in eine ungewisse Zukunft, deren Ende rechtlich nicht definiert ist. Die Geldwertschöpfung ist ein Handlungsinstrument im Rahmen der Geldwertstabilisierung. Die EZB hat bei dieser Politik das erwerbswirtschaftlich erworbene Spareigentum zu achten, das staatlich gewährte Eigentum als Teil der Stabilisierungspolitik zu verantworten.

7. Geld als Vergleichsmaßstab

Das Geld ist auch Mittel der Wertschätzung. Wenn ein Verkäufer den Wert seines Angebots messbar machen will, Wirtschaftsgüter im Betriebsvermögen eines Unternehmens bewertet werden oder der Wertverzehr bei abnutzbaren Wirtschaftsgütern jährlich bestimmt wird, ein Dienstleistungsunternehmen die Kraft seiner Dienstleister einschätzt, dient das Geld als Grundlage dieser Bewertungen, macht die einzelnen Güter und Dienstleistungen in ihrer wirtschaftlichen Bedeutung vergleichbar. Im Geldvergleich erhalten unbenannte Werte ein Preisschild.

Dieses Vergleichsmaß soll im Laufe der Zeit gleichbleiben. Wird ein Grundstück vermessen, so sind die 100 Meter von heute auch 100 Meter von morgen. Würde dieses Maß vom Maßstabgeber jährlich um zwei Meter verringert, die 100 Meter von heute in zehn Jahren als nur noch 80 Meter sein, so würden die Beteiligten diesen Maßstab als untauglich verwerfen. Wirtschaft und Gesellschaft brauchen ein gleichbleibendes Metermaß, um Häuser zu bauen, ein Auto zusammenzufügen, die Digitaltechnik fortzuführen, der Forschung ihre Rechengrundlagen zu belassen.

Wenn aber die EZB eine zweiprozentige Verringerung des Maßstabes für Geld zum Ziel ihrer Tätigkeit erklärt, wählt sie bewusst einen Maßstab, der verringert werden soll. Sie trifft dabei auf weniger Befremden und Gegenwehr. Die Verringerung des Geldwertes als Vergleichsmaß bietet die Möglichkeit, Schulden ohne Rückzahlung zu verringern, neue Schulden ohne oder mit geringer Zinslast aufzunehmen, die Geldeigentümer zu einem baldigen Tausch von Geld in andere Güter zu drängen. Empfänger von Staatshilfen scheinen bereit, die Staatsverschuldung weniger als Last zu empfinden und mehr als Zukunftschance. Die Schulden sollen die Investitionen von morgen finanzieren, den „Technologievorsprung" von Deutschland und der Europäischen Union gegenüber anderen Regionen sichern, in der Generationenfolge eine bessere Zukunft vorbereiten. Ob diese Perspektive empirisch glaubwürdige Prognose oder leichtfertige Erwartung ist, inwieweit der Staat eigenverantwortlich planen oder der Unternehmer Eigenrisiken kalkulieren sollte, wird zu prüfen sein. Für den Sparer ist der Maßstab des Geldes in der modernen Wirtschaft, die eine Geldwirtschaft ist, ähnlich wichtig wie das Metermaß.

III. Der Sparvertrag

1. Überlassung von Tauschkraft auf Zeit

In einem Darlehensvertrag überlässt der Sparer seiner Bank Kapital, damit diese mit dem Geld arbeite und einen Teil ihres wirtschaftlichen Erfolges an den Sparer als Zins weitergebe. Das Sparen von Geld ist eine Form der Kapitalbildung, die Kapitalerträge an die Allgemeinheit privater Haushalte weitergibt, sie in die Geld- und Kreditwirtschaft einbezieht, im Kreditzins die Kreditwirtschaft verständlich und einsichtig macht. Die Zinspolitik der EZB zerstört diese Struktur des Darlehens, obwohl Kredit und Zins wesentliche Mittel ihres Handelns sind. Wenn der Negativzins als Instrument der Währungspolitik der EZB dem Sparer von seiner Bank im Rahmen des Sparvertrages überbracht wird, muss dieser hoheitliche Entzug von Geldeigentum in zwei Blickrichtungen verhältnismäßig sein. Er muss für das Ziel der Geldwertstabilität tauglich und erforderlich sein, zugleich aber dem vertragsrechtlichen Erfordernis eines angemessenen Ausgleichs zwischen Sparer und Bank genügen. Da der Sparer in keinem Rechtsverhältnis zur EZB steht, bemisst sich die Nutzung seines Spareigentums allein nach seinem Sparvertrag. Der vertragsrechtlich vereinbarte Interessenausgleich bestimmt den Vertragsinhalt, seine Kündbarkeit, seine Änderbarkeit, die Bedeutung der Allgemeinen Geschäftsbedingungen und die Haftung.[91] Von diesen zivilrechtlichen Vertragsmaßstäben sind die währungsrechtlichen Vertragsvorgaben zu unterscheiden. Die EZB erwartet von der Bank, dass sie den Negativzins als einen für die Währungspolitik geeigneten, erforderlichen und zumutbaren Lenkungsakt dem Sparer überbringt. In dieser Unterscheidung zwischen vertraglicher Angemessenheit und währungsrechtlicher Verhältnismäßigkeit werden der eigentumsrechtliche Freiheitsraum des Sparers und der währungspolitische Gestaltungsraum der EZB ersichtlich.

a) Früchte überlassenen Kapitals

In einem Darlehensvertrag verpflichtet sich der Darlehensnehmer, das ihm überlassene Kapital am Ende der vereinbarten Zeit zurückzugewähren. Bei Gelddarlehen ist die im Vertrag bezeichnete Geldwertsumme – der Tauschwert – zurückzuzahlen.[92] Als Entgelt für die Kapitalüberlassung wird in der Regel ein von der Darlehenshöhe und Darlehensdauer abhängiger Zins vereinbart.[93] Diese Zinsen sind für den Sparer Früchte seines überlassenen Sparkapitals.

Der in jüngster Zeit verwendete Begriff der „negativen Zinsen" vertauscht Gläubiger und Schuldner. Der Darlehensgeber soll eine Vergütung zahlen. „Negativzins" ist ein Begriff des Währungsrechts, nicht des Zivilrechts. Diese Zinsen mögen vertraglich vereinbart werden. Sie verkehren aber grundlegend die Interessenlage von Darlehensgeber und Darlehensnehmer. Der Sparer soll nun ein Entgelt dafür zahlen, dass die Bank sein Geld entgegennimmt und bewirtschaftet. Durch den Nullzins verliert der Sparer die Nutzbarkeit des überlassenen Kapitals. Er spart bei seiner Bank, weil ihm der häusliche Sparstrumpf zu unsicher, das Schließfach zu aufwändig erscheint, er unter den Banken kein Angebot findet, um dem Negativzins auszuweichen oder er schlicht bei seiner vertrauten Bank bleiben will.

Negativzinsen muten dem Sparer zu, einen Teil seiner Kapitalsumme abzugeben. Der Vertrag zielt auf eine Zahlungspflicht des Sparers, auf eine Minderung seiner Kapitalsubstanz zugunsten des Kapitalnehmers.[94] Der-

artige Lasten fallen nicht unter den für den Darlehensvertrag allein maß-
geblichen Zinsbegriff.[95] Das Darlehensrecht kennt keine Entgeltpflicht des
Darlehensgebers. Ein „Kapitalverwahrentgelt" könnte allenfalls zusätzlich
zum Darlehensvertrag in einem Verwahrungsvertrag vereinbart werden.[96]

b) Die Zinsvereinbarung

Nach § 1 Abs. 1 Nr. 1 KWG ist der Gegenstand des Einlagengeschäfts die
Annahme fremder Gelder als Einlagen ohne Rücksicht auf die Verzinslich-
keit.[97] Die Bank verlangt die Verfügungsfreiheit über die Gelder, um die
empfangenen Beträge im Rahmen des Kreditgeschäfts wieder zu vergeben.
Der Kunde gibt die Sorge für das Geld ab, behält die Möglichkeit jederzei-
tiger Verfügung über den Gegenwert, nimmt in der Regel eine verringerte
Liquidität hin, um durch Zinsen eine Rendite zu erwirtschaften.

Die praktische Bedeutung der zivilrechtlichen Einordnung der Spareinlage als Darlehens- oder Verwahrungsvertrag war bislang gering, da die
Regel für den unregelmäßigen Verwahrungsvertrag (§ 700 BGB) grundsätzlich auf die Darlehensvorschriften verweist und die davon ausgenommenen
Fragen der Fälligkeit und des Erfüllungsortes im Sparvertrag eindeutig
geregelt werden. Entscheidend ist die vertragliche Zuordnung jedoch für
die Frage der Zulässigkeit von „negativen Zinsen" im Einlagengeschäft der
Kreditinstitute: Während der Darlehensvertrag nach §§ 488 ff. BGB bereits
begrifflich keine „negativen" Zinsen kennt, lässt der Verwahrungsvertrag
grundsätzlich die Erhebung eines Verwahrentgelts zu.[98] Diese vertragsrechtliche Rechtfertigung ist notwendig, weil der Negativzins zwar von der EZB
veranlasst ist, aber der vertragsbeteiligten Bank einen Gewinn bringen kann.

Ein Darlehensvertrag unterscheidet sich von einem unregelmäßigen Verwahrungsvertrag nach einer jüngeren Entscheidung des BGH allein durch
das vertragliche Pflichtenprogramm.[99] Bei einem unregelmäßigen Verwahrungsvertrag geht der Hinterleger (Sparer) keine Verpflichtung zur Hinterlegung (zur Spareinlage) ein. Er will die überlassene (vertretbare) Sache sicher
aufbewahren und daneben jederzeit über sie verfügen können. Eine unregel-
mäßige Verwahrung scheidet aus, wenn im Rahmen eines Sparvertrags der
Sparer zur (regelmäßigen) Erbringung der Spareinlage verpflichtet ist. Die
Verpflichtung, einen Geldbetrag in der vereinbarten Höhe zur Verfügung
zu stellen, ist gem. § 488 Abs. 1 S. 1 BGB die vertragstypische Pflicht des
Darlehensgebers. Ist der Sparer im Rahmen seines Sparvertrags nicht zur
Zahlung monatlicher Sparbeiträge verpflichtet, liegt ein unregelmäßiger

Verwahrungsvertrag vor. Eine Verpflichtung des Sparers zur Erbringung der Sparbeiträge wäre nicht interessengerecht, da er typischerweise weder von der Bank auf deren Erbringung verklagt werden will, noch bereit ist, wegen nicht (rechtzeitig) erbrachter Beiträge auf Schadensersatz zu haften.[100]

Im Rahmen des § 700 BGB ist die Kapitalverwahrung eine Hauptleistung der Bank, die Gegenstand einer Preisabrede sein kann. Die sog. Negativzinsen werden in diesem vertraglichen Rahmen so verstanden, dass der Zinssatz 0 % beträgt und ein Kapitalverwahrungsentgelt vereinbart wird.[101] Bei Anleihen kann ein Ausgabekurs unter 100 % vorgesehen werden.[102] Bei besonderem Sicherheitsbedürfnis können Verwahr- und Versicherungsvertrag kombiniert werden.[103]

c) Veränderung des Darlehensvertrages durch hoheitliche Einlagelast

Ein Vertrag im Rahmen der gesetzlich definierten Vertragsfreiheit kann somit auch neuartige Entgeltvereinbarungen vorsehen, rechtfertigt aber nicht einen von der EZB hoheitlich erzwungenen Negativzins. Ein Negativzins wird vertraglich überbracht, muss aber in seinem währungsrechtlichen Ursprung als hoheitlicher Eingriff gerechtfertigt werden. Ein Negativzins, der die Darlehenssumme regelmäßig zugunsten des Vertragspartners mindert und ihn zugleich von der Zinszahlung entlastet, überbringt derzeit eine von der EZB bestimmte Einlagelast. Doch diese währungsrechtliche Fremdbestimmung beruht nicht auf dem Einvernehmen der Vertragspartner. Deshalb ist zu prüfen, ob das ESZB die Aufgabe und Befugnis hat, einen Negativ- und einen Nullzins vorzugeben, ob diese Maßnahmen mit der grundrechtlichen Garantie des Geldeigentums als Ertragsquelle und als Substanzwert zu vereinbaren sind und ob die Einlagelast allein für Sparer dem Gleichheitssatz entspricht.[104]

Für die Gegenwart bereits geschlossener zivilrechtlicher Darlehensverträge stellt sich bereits die rechtsstaatliche Frage, ob und inwieweit eine hoheitliche Maßnahme rückwirkend privatrechtsgestaltend den zivilrechtlichen Vertrag ändern kann. Grundsätzlich gelten und wirken hoheitliche Maßnahmen nur für die Zukunft. Deswegen erwartet auch die Zinspolitik der EZB nur zukünftige Beachtung. Die EZB kann nicht fordern, die Geschäftsbank möge gestern einen Zins erheben, der Sparer möge gestern zahlen. Doch kann die Einlagelast auf Dauerrechtspositionen wie einen bestehenden Darlehensvertrag belastend einwirken, muss dann in dieser „unechten Rückwirkung" gerechtfertigt werden.[105] Wenn der Sparer einen Darlehens- oder einen Verwahrungsvertrag vertraglich vereinbart hat, hat er eine „verfestigte Rechtsposition" gewonnen, die grundsätzlich Bestandsschutz beansprucht und allenfalls bei besonders gewichtigen Gemeinwohlanliegen in schonenden Übergängen verändert werden darf.[106] Die Gleichheit vor dem Gesetz gewinnt im Tatbestand der gefestigten Rechtsposition die Kraft nachhaltiger Gleichheit, kann rückwirkend nur nach strengen Verhältnismäßigkeitserwägungen gelockert und in zukünftiges neues Recht überführt werden.[107]

d) Vertragliche Überbringung einer hoheitlichen Einlagelast

Der Sparer gibt jedenfalls in der herkömmlichen Gestaltung eines Sparvertrages mit regelmäßigen Zinsverpflichtungen sein Geld nicht zur Aufbewahrung ab, sondern nutzt es als Ertragsquelle. Will er sein Geld lediglich verwahren oder wäre er bereit, auch nach Wegfall des Zinses und einer Belastung mit einem Negativzins sein Geld der Bank zu überlassen, so verzichtet er im Rahmen seiner Eigentümerfreiheit auf das Recht, sein Sparvermögen zu nutzen und dessen Substanz ungemindert zu erhalten. Doch der hoheitlich auferlegte, vertraglich überbrachte Negativzins schließt nicht auf Initiative und nach Willen des Sparers ein Sparen als Erwerbsquelle und als Substanzerhalt aus, sondern ist darauf angelegt, den sparenden Vertragspartner fremdbestimmt zu belasten. Sie wirkt ähnlich einer überwälzbaren Steuer. Allerdings unterscheidet sich die Einlagelast von der abgabenrechtlichen Inpflichtnahme des Unternehmens als Vollstreckungshelfer bei der Umsatzsteuer.[108] Die Umsatzsteuer muss überwälzt, an den Staat abgeführt und in der Rechnung offen ausgewiesen werden. Der Negativzins darf überwälzt werden, verselbständigt sich als Vertragsinhalt. Die Bank kann auf die Überwälzung ganz oder teilweise verzichten, aber auch höhere Zahlungen vereinbaren, die nicht vollständig an die EZB weitergegeben werden müssen.

Diese Einlagelast setzt nicht voraus, dass real „Kosten" entstehen, für die eine Bank vom Einleger einen Ausgleich fordern könnte. Sie finanziert auch nicht den Zugang zu den Einlagesicherungssystemen[109], wird nicht nach dem Einlagerisiko bemessen und nicht als Marktpreis für das Überlassen von Geld verstanden. Der „Negativzins" ist kein Versicherungsentgelt, sondern eine vereinbarte, weitergegebene öffentlich-rechtlich veranlasste Last, die das Sparen als Ertragsquelle versanden lassen soll und nach Vorgaben der EZB überbracht wird.

2. Negation des Sparzinses

Sparzinsen sind die vereinbarten Früchte des überlassenen Kapitals, eine Vergütung für das Recht, fremdes Kapital vorübergehend zu nutzen. Diese Zinsen werden als Entgelt für die Kapitalüberlassung vereinbart oder auch gesetzlich bestimmt.[110] Dieser Zinsbegriff ist Grundlage des Zivilrechts, bestimmt herkömmlich den Gegenstand der „Zinspolitik" der EZB, ist Inhalt der Allgemeinvorstellungen von einem Entgelt für Kapitalüberlassung. Der „Negativzins" ist die Umkehrung dieses Tatbestandes, eine Provokation, die Schuldner und Gläubiger gegeneinander austauscht.

Der Modellfall für die Überlassung von Geldkapital ist der Darlehenszins, für die Überlassung von Sachkapital der Mietzins. Das Kapital gibt dem Eigentümer das Recht zum Besitz, zur Nutzung, zur Verwaltung und zur Verfügung.[111] Überlässt ein Geldeigentümer sein Kapital einem anderen zur Nutzung und Verwaltung, so lässt er sich den gewährten Vorteil, einen Teil der Eigentümerrechte als Nichteigentümer auf Zeit auszuüben, entgelten.

a) Die Entwicklung der Sparzinsen

Die Sparzinsen werden seit Jahren weniger und verharren auf einem niedrigen Niveau.[112] Private Haushalte erleiden immer höhere Zinseinbußen.[113] Die Banken bemessen ihre Zinssätze nach der Laufzeit des Kredits, der Art des Kredits und der Art der Geldanlage, vor allem aber nach dem Leitzins der EZB. Inzwischen hat die EZB aufgrund ihrer marktbestimmenden Macht den Einlagezins auf -0,5 % gesenkt.

Zinsen sinken, weil die Menschen im erwerbsfähigen Alter weniger werden, sich damit die Investitionsbereitschaft verringert und das Produktivitätswachstum mindert[114], eine mit wachsendem Alter zunehmende Sparneigung nach knapp werdenden sicheren Anlagemöglichkeiten sucht.[115] Mit steigendem Lebensstandard entsteht ein Überhang an Finanzmitteln, der gespart wird[116]. Der private Sparwille scheint strukturell ausgeprägter als der private Investitionswille.[117] Damit sinkt der Zins. Es wirkt also ein realer Zinssatz, der das Angebot an Kapital und die Nachfrage nach Kapital zur Deckung bringt.[118] Diese Entwicklung verstärkt der normative Zinssatz der EZB. Der Leitzins der EZB nimmt dem Sparer Ertragsfähigkeit und Substanz seines Geldkapitals. Die EZB als Garant der Geldwertstabilität steht vor der Frage, ob sie den Sparerwillen des Geldeigentümers respektiert, oder ob sie diesen Eigentümerwillen brechen will. Nach dieser Grundsatzfrage

beurteilt sich auch die wachsende Staatsverschuldung. Soll sie den strukturellen Überschuss des privaten Sparwillens über den privaten Investitions-
willen kompensieren[119], unter Bedingungen der Prosperität und bei sehr
niedrigen Zinsen eine Inflation fördern, die Darlehensschuldner begünstigen
und die Darlehensgläubiger benachteiligen, oder folgt sie den Regeln einer
gegenwartsgerechten staatlichen Haushaltswirtschaft und den rechtlichen
Schranken der Staatsverschuldung.

b) Zinspolitik und politische Steuerung der Zinsursachen

Die Zinspolitik der EZB ist gegenwärtig darauf angelegt, fallende Preise – eine Deflation – zu vermeiden. Eine Deflation mindert Produktivität
und Wachstum, erschwert Unternehmen und Privaten, Schulden zurückzuzahlen. Sie erhöht faktisch bestehende Schuldenlasten, kann damit das
Wirtschaftswachstum und die Funktionsfähigkeit der Gesamtwirtschaft
schwächen. Die EZB erklärt nunmehr nahezu 2 % Inflation pro Jahr im
Kampf gegen die Deflation zu ihrem Stabilitätsziel. Doch die Deflation
hat Ursachen jenseits des geldpolitisch gestaltbaren Marktes. Damit werden
Grundsatzentscheidungen erforderlich, wie bei alternder Bevölkerung in
Deutschland qualifizierter Nachwuchs gesichert werden kann, die Trennung
von Wirtschaftswachstum und höheren Löhnen ausgeglichen, die Wahl
kostenwirksamer und steuerlich billigerer Unternehmensstandorte gelenkt
werden soll. Die Wirtschaft wird mit modernen Maschinen, der Digitalisierung und Künstlicher Intelligenz immer kostengünstiger und schneller produzieren, damit ein anderes Wachstum organisieren. Diese Grundsatzfragen
sind nicht unabhängigen Organen wie Zentralbank und Gericht überlassen,
sondern von dem unmittelbar demokratisch verantwortlichen Parlament
zu beantworten. Die EZB sucht mit der Geldpolitik Fehlentwicklungen bei
der Geldschöpfung und Kreditvergabe entgegenzuwirken, aber auch mit
ökonomischen Analysen auf Fehlentwicklungen im Finanzsystem hinzuwei-
sen.[120] Dabei ist die Geldpolitik eigener Auftrag der EZB, die Systemanalyse
Entscheidungshilfe für die Finanz- und Haushaltspolitik der Staaten.

3. Folgen des Negativzinses

Die Wirkungen der „Negativzinspolitik" sind als gesamtwirtschaftli-
cher Impuls gemeint, verändern aber auch das von Grundrechten geprägte
Rechtsverhältnis zwischen Sparer, Bank und Zentralbank.

a) Kein verlässliches Wertaufbewahrungsmittel mehr

Der Sparer bewahrt sich im Geldeigentum zukünftige ökonomische Freiheit auf und erschließt sich eine Ertragsquelle. Wenn der Negativzins ihm den Ertrag verweigert und sein Sparkapital vermindert, ist dieser Verlust der Hauptfunktion des Geldeigentums nicht auf die Entwicklung der allgemeinen Wirtschaftsbedingungen (Inflation, Nachfragebereitschaft, Fremdwährungen) zurückzuführen, sondern beruht auf einem hoheitlichen Eingriff, dessen Belastungswirkung den Sparer trifft. Das Geld vermittelt weniger Freiheit und verliert an Einlösungsvertrauen und Substanz. In der abstrakten Zielsetzung einer Inflations- oder Wachstumsrate bleibt der Wille des Geldeigentümers unbeachtet. Er soll sein Verhalten den Vorgaben der EZB unterwerfen, obwohl er zur freien Verfügung und Nutzung seines Geldeigentums berechtigt ist und seine Freiheit auch in ökonomischer Vernunft ausübt.

b) Lenkung in ungewollte Anlegergruppen

Wenn die Zentralbank den Geldwert stabilisiert, beobachtet sie stets ein Wirtschaftsgeschehen, das nicht strikt nach Rationalität, Statistik und Messbarkeit abläuft, sondern weitgehend von den Erwartungen, den Hoffnungen und Befürchtungen, den Leidenschaften und Enttäuschungen der Marktbeteiligten abhängt. Geldwertstabilisierung ist Verhaltenslenkung, ist Psychologie.

Doch wer täglich erfährt, dass der Mensch gelenkt, durch wirtschaftliche Anreize zu einem bestimmten Verhalten veranlasst werden kann, läuft Gefahr, den Menschen nicht mehr als Individuum zu verstehen, das in Freiheit durch Erwerbsanstrengung sein Einkommen mehrt, durch Gründermut ein selbständiges Unternehmen schafft, durch Weitsicht für Alter und Krisen vorsorgt. Der Mensch wird zu einem Datum in einer gesamtwirtschaftlichen Betrachtung, die nicht das Schicksal von Einzelnen gestaltet, sondern Schwarmbewegungen von Unternehmern, Arbeitnehmern, Konsumenten, Versicherten oder Sparern kanalisieren und leiten will.

Der Sparer hat sich entschlossen, Geld nicht heute auszugeben, sondern für zukünftige Finanzvorhaben oder für unsichere Zeiten aufzubewahren. Dieser Entschluss ist Ausdruck seiner freiheitlichen Entscheidung, also gerechtfertigt, zudem ein Akt ökonomischer Vernunft. Doch die Europäische Zentralbank nimmt ein Instrument zur Minderung der Staatsschulden auf, das insbesondere zum Abbau der im Zweiten Weltkrieg aufgetürmten Staatsschulden genutzt wurde: die „finanzielle Repression" durch Negativzinsen und steuerähnliche Lenkung, die bei hoher Staatsschuld Finanz- und Bankenkrisen wirksamer vermeiden konnte als ein freier Finanzmarkt.[121] Anleger werden durch Rechtspflichten oder durch verlockende Finanzangebote veranlasst, ihre Finanzmittel nicht selbstbestimmt, sondern in Risikopapieren und Niedrigzinskonzepten anzulegen. Der Sparer schafft sich mit seinem Sparguthaben Finanzstabilität und Investitionskraft, wird aber gedrängt, ungewollte Risiken einzugehen und Staatsschulden zu verbilligen. Dieses Konzept der Staatsfinanzierung beruht auf der Einschätzung, die Gegenwehr der Bürger gegen Steuererhöhungen und Minderungen der Staatsleistungen sei energischer und wirtschaftlich schädlicher als der Widerstand gegen eine Fremdbestimmung des Finanzmarktes. Diese Alternative allerdings sollte nicht durch wirtschaftliche Einschätzungen entschieden werden, sondern durch demokratische Entscheidungen der Betroffenen – durch die Fortentwicklung des Europarechts in den Parlamenten der Mitgliedstaaten.

Die Sparguthaben werden mit einer öffentlich-rechtlichen, vertraglich überbrachten Zahlungspflicht belastet, die Sparen zur wirtschaftlichen Torheit macht. Die EZB steuert sie durch Eingriff in individuelle Rechtspositionen, muss sich in diesen Wirkungen an den Grundrechten messen lassen. Sie bemäntelt den hoheitlichen Eingriff in das Geldeigentum mit der Deklaration als „Zins", obwohl der Hoheitseingriff das Kapital vermindert und den Kapitalertrag verhindert. Der Zins wird in sein Gegenteil verkehrt. Die allgemein verbreitete Anlageform des Sparens wird erschwert, nahezu verboten.

c) Keine Teilhabe des Sparers am Wirtschaftsgeschehen

In diesem Eigentumseingriff liegt ein Systembruch. Während die EZB bisher die Wirtschaftsbeteiligten kollektiv zu einem wirtschaftlich vernünftigen oder zumindest vertretbaren Handeln verlockt, nimmt sie nunmehr den Sparern die Freiheit, mit dem Sparguthaben am Wirtschaftsgeschehen teilzuhaben. Aus gesamtwirtschaftlichen Bedingungen zu individuellem Wirtschaften werden Zwangsakte gegenüber dem einzelnen Sparer, die diesen aus vertrauten Formen vernünftiger Zukunftsvorsorge vertreiben. Das Zivilrecht bietet dem Sparer den entgeltlichen Darlehensvertrag als einen der geläufigen Vertragstypen an. Das Bankenrecht eröffnet den Banken die Ertragsquelle des Kreditgeschäftes. Die Gesamtwirtschaft stützt sich auf ein gespartes Kapitalpotential, das von den Berechtigten jederzeit zur Investition oder zum Konsum eingesetzt werden kann. An dieser Rechtslage ändert sich nichts. Doch die EZB beansprucht, die Struktur des Bankenwesens und der Einlagepflichten so einzusetzen, dass eine gewichtige Gruppe von Geldeigentümern aus der individuellen Eigentümerfreiheit verdrängt und in eine von ihnen nicht gewünschte Anlage getrieben wird. Der Negativzins ist kein Zins, aber negativ – für die Freiheit, für das Bankensystem, für die Zukunftsvorsorge, für die Alltagsklugheit eines „Notgroschens", für die Vertrautheit mit geläufigen Geldanlagen und damit das Geldvertrauen.

d) Inflationswirkung

Wenn die Geschäftsbanken die Einlagelasten, die sie für ihre Einlagen an die EZB entrichten müssen, an ihre Kunden weitergeben, vermindert sich im Laufe der Darlehensgewähr der Wert der überlassenen Geldsumme. Der Sparer kann bei Rückgewähr seines Geldes für dieses weniger Waren und Dienstleistungen erwerben, als bei Hingabe des Geldes. Zwar steigt während der Dauer des Darlehensvertrages nicht der Preis für Waren und Dienstleistungen wie bei der herkömmlichen Inflation. Die Wirkung ist aber noch gravierender: Nicht der allgemeine Wert des Geldes sinkt, sondern eine als Darlehen hingegebene Geldsumme wird verringert. Der Wertverlust trifft den Einzelnen nicht in der Abhängigkeit von der allgemeinen Geldentwicklung, sondern individuell und ohne Aussicht auf Werterholung durch hoheitlichen Eingriff. Der Negativzins dient als Instrument, um die Sparguthaben einer Sonderentwicklung zusätzlicher Instabilität zu unterwerfen. Der Sparer verliert mehr an Investitions- und Konsumkraft als die Allgemeinheit der Geldeigentümer.

e) Gewinn bei EZB und Schuldnern, Entsolidarisierung der EU

Das Geld, das die Geschäftsbanken und die Sparer bei der EZB belassen müssen, verbleibt bei der EZB als verfügbares Geldeigentum in öffentlicher Hand, dem kaum ein Aufwand für Gegenleistungen gegenübersteht. Im Gegensatz zur originären Geldschöpfung durch die EZB entzieht der „Negativzins" der privaten Hand Geldeigentum und übergibt es der öffentlichen Hand. Die „negativen Zinsen" erschließen dem Darlehensnehmer eine neuartige Erwerbsquelle, verbessern das Geschäftsergebnis der EZB.[122] Die Geschäftsbanken werden zu Gewinnhelfern der EZB. Die Sparer müssen steuerähnlich die öffentliche Hand finanzieren.

„Negativzinsen" haben zur Folge, dass der Darlehensnehmer einen geringeren Geldbetrag zurückzahlen muss, als er empfangen hat. Für die private wie für die öffentliche Hand wirkt dieser „Zins" nicht mehr als Schuldenbremse, sondern als Schuldenanreiz. Negative Zinsen bieten insbesondere Staaten den Vorteil, sich in einem Darlehensvertrag ohne Zinslast und einer zahlungslosen Tilgungschance neu zu verschulden.

Werden diese Verschuldungen entgegen den Unionsverträgen teilweise unter Mitbelastung anderer Mitgliedsstaaten aufgenommen, muss der finanzwirtschaftlich solidere Staat die Schulden des anderen Staates mitfinanzieren. Die europäische Rechtsgemeinschaft verliert inneren Zusammenhalt. Wer Geld empfängt, beklagt, er erhalte zu wenig. Wer Geld zahlen muss, wehrt sich gegen eine zu hohe Zahllast. Würde die Europäische Union zu einer solchen Schuldenunion, würde die EU als Solidargemeinschaft auf Dauer geschwächt.

Die Mitgliedstaaten der Eurogemeinschaft wirtschaften unter unterschiedlichen Bedingungen, die geografische, historische, kulturelle und politische Ursachen haben. Ein Leistungsgefälle kann auch im Wirtschaftsrecht und in der Wirtschaftsmentalität der einzelnen Staaten angelegt sein. Der eine Staat stützt eine Industriewirtschaft, der andere eine Agrarwirtschaft. Der eine fördert die Digitalisierung, der andere den Tourismus. Der eine investiert in Bildung, der andere in Infrastruktur. Und alle Staaten kombinieren diese Wirtschaftstypen unterschiedlich. Wenn die Europäische Union sich nun als Solidargemeinschaft versteht und diese Unterschiede schonend ausgleichen will, darf sie nicht ein Land verpflichten, dem anderen Land Geld zuzuweisen. Sie muss vielmehr darauf hinwirken, dass die Ursachen der Ungleichheiten – der Grad der Industrialisierung, die Ausbildung der Arbeitnehmer, Freude an der Arbeit, das Wirtschafts- und Steuerrecht, die Effizienz einer Staatsverwaltung, die rechtsstaatlichen Strukturen – verändert werden. Diese Strukturerneuerung und Neuverteilung von Ressourcen obliegt ersichtlich den Staaten und ihrem Europäischen Staatenverbund. Schlichte Geldzuweisungen ohne strukturierende Bedingungen und Auflagen gefährden den Integrationsauftrag.

Zudem mussen die individuellen Erwerbsbedingungen und Erwerbsanstrengungen wertend verglichen werden. Kürzere Wochen- und Lebensarbeitszeiten rechtfertigen geringeren wirtschaftlichen Erfolg. Mehr Freizeitkonsum statt Investitionen sind Ausdruck eines verständlichen Lebensstils, der aber nicht vom investierenden Nachbarn finanziert werden wird. Geringere Bereitschaft zum Recht, zum inneren Frieden, zu unbefangener und unparteilicher Verwaltung und Gerichtsbarkeit schreckt Ansiedler und Investoren ab, muss dann aber auch Prosperitätseinbußen bei demjenigen belassen, der diese verursacht hat. Es wäre verhängnisvoll – und glücklicherweise für die Europäische Union auch realitätsfremd –, wenn sich das Bild verbreiten würde, die Union benachteilige den Erwerbstätigen voll Initiative und Tatendrang. Das geltende Recht errichtet einen klaren Schutzschild im Vorfeld derartiger Entwicklungen, wenn es die Finanzautonomie der Mitgliedstaaten gewährleistet[123], auch der monetären Staatsfinanzierung und der Staatsverschuldung klare Grenzen setzt.[124]

IV. Staatsschulden

Der Zins ist ein wesentliches Instrument der Geld- und Wirtschaftspolitik, weil Geld, wenn es nicht als Zahlungsmittel dem Gütertausch dient, als Kredit vergeben wird. Zinspolitik ist ein Hauptinstrument der Währungspolitik. Wenn Kredite an Staaten vergeben werden, verändert sich das Recht und die Wirkungsweise des Kredits grundlegend. Der Staat finanziert sich strukturell durch Steuern, entwickelt seine Entscheidungen und Kontrollmechanismen in einem parlamentarisch-rechtsstaatlichen System, ist nicht dem Markt und den Banken verantwortlich. Wenn der Negativzins dazu dient, die Kredite der Banken zu verbilligen und die staatliche Nachfrage nach Krediten zu prämieren, so zerstört der Niedrigzins die Rechtsstrukturen staatlichen Entscheidens, Finanzierens und Verantwortens. Die Strukturgrenze zwischen freiheitsberechtigtem Bürger und freiheitsverpflichtetem Staat wird brüchig. Der Sparer gewinnt in seinem Sparvermögen als wertgesicherte Geldsumme und individuelle Ertragsquelle selbstbestimmte Individualität, trifft jetzt aber rechtlich unvermittelt auf das staatliche Begehren nach Finanzmacht, das privates Sparen als Störung staatlicher Kreditnachfrage abwehrt.

Die Gefahren der Staatsverschuldung sind in Verfassungsgeschichte und Verfassungsgegenwart bewusst. Das Recht ist stets bemüht, den Staatskredit zu unterbinden oder jedenfalls zu begrenzen. Allerdings lehrt die wechselvolle Entwicklung dieses Rechts auch, dass seine Verbindlichkeit und Durchsetzung stets neu errungen werden muss.

1. Rechtfertigung des Staatskredits

a) Besonderheit des staatlichen Kreditnachfragers

Die Hauptgefahr droht dem Geldwert durch die staatliche Verschuldung.[125] Wird der Staat zum Schuldner, trägt er die Folgen des Kredits anders als ein Unternehmer. Der Staat kann mit dem gewonnenen Kapital seine Jahreserträge nicht verbessern, sondern nimmt den Kredit als rechtsgebundene, gemeinwohlverpflichtete Organisation, die sich grundsätzlich aus Steuererträgen finanziert. Sein Kredit erbringt nicht wachsende Erwerbserträge. Der demokratische Staat lebt in der Gegenwart von Haushaltsperioden, allenfalls von Wahlperioden, in denen er dem Bürger viel geben und ihn wenig belasten will. Deshalb erscheint der Kredit dem Staat, dem Bürger und dem Wähler als ein Geschenk der Gegenwart. Die Kreditlasten sind in die ferne Zukunft und damit aus dem Blickwinkel der aktuellen Politik gerückt. Die Bürger wissen, dass der steuerfinanzierte Rechtsstaat ihnen grundsätzlich nur das geben kann, was er ihnen vorher steuerlich genommen hat, sind aber für die Verführung zugänglich, gegenwärtig die Kreditsumme ausgeben und die Kreditlasten vernachlässigen zu können. So überfordern die Bürger ihren Staat.

Jede finanzerhebliche Maßnahme des Staates muss vor dem Parlament, nicht gegenüber einem Markt verantwortet werden. In dieser rechtsstaatlichen Eigenständigkeit und demokratischen Parlamentsverantwortlichkeit bewahrt der Staat seine Autonomie, schützt sich insbesondere vor der Gefahr, durch überhöhte Verschuldung vom Finanzmarkt abhängig zu werden, seine Handlungen nicht auf die betroffenen Bürger, sondern auf die Erwartungen seiner Kreditgeber ausrichten zu müssen.

b) Tendenz zur Maßlosigkeit

Ein Darlehen gibt dem Darlehensnehmer Geld, das wie jedes andere Geld beliebig verfügbar ist, aber Schulden hinterlässt. Das gilt auch für den Staatskredit. Er vermehrt die Haushaltsmittel des Staates, ermöglicht dem Staat Ausgaben, die nicht von seinen Steuerzahlern finanziert oder von Leistungsempfängern entgolten werden müssen. Damit stellt sich die Frage, von wem der Staat eine solche Gunst entgegennehmen und in welcher Höhe er diese Finanzquelle nutzen darf. Sodann sind die belastenden Primärwirkungen des Staatskredits – die Rückzahlungs- und Zinspflicht – zu rechtfertigen. Bei den Staatsanleihen ist weiter zu bedenken, dass jeder Kredit für den Darlehensgeber grundsätzlich eine Ertragsquelle ist, der Kredit also Erwerbschancen zuteilt. Auch dieser Vorteil und die Auswahl der Begünstigten müssen gerechtfertigt werden.

Die historische Erfahrung lehrt, dass die Staaten meist einen Finanzbedarf haben, der ihre Einnahmen übersteigt und sie auch für Übermaßprojekte Kredite aufnehmen. Schulden dienten vor allem der Finanzierung von Kriegsausgaben und Kriegsfolgekosten, von Hofhaltung und Prunkbauten. Der Staatskredit birgt in sich eine Tendenz zur Maßlosigkeit von Kreditnehmer und Kreditgeber. Der Stadtstaat Genua erhielt Darlehen von Bankiers zu einem Zins von 25 %, später von 100 %.[126] Philipp II. von Spanien musste Ende des 16. Jahrhunderts Wucherzinsen bezahlen und erklärte dreimal den Staatsbankrott.[127] Selbst große Finanzhäuser wie die Fugger, die Staaten mit Kapital versorgten, konnten den wachsenden Ansprüchen der Fürsten und Staaten im 16. Jahrhundert nicht mehr gerecht werden und gerieten insbesondere durch die französischen, portugiesischen und zahlreichen spanischen Staatsbankrotte in Zahlungsschwierigkeiten.[128]

Werden die versprochene Verzinsung und die Rückzahlung ohne Einwilligung des Gläubigers verringert oder beendet, kennt die Geschichte durchaus die Möglichkeit eines teilweisen oder vollständigen Staatsbankrotts,[129] üblicherweise in Verbindung mit Verfassungsänderungen und großen Reformen anderer Art.[130] Während aber bis zum 18. Jahrhundert die Folgen eines solchen Bankrotts die Herrscher persönlich trafen oder sich auf einen Staat beschränkten, schädigt die moderne Verkettung von Volkswirtschaften und die Vergemeinschaftung von Märkten und Währungen sowie der Gläubiger von Staatsanleihen auch Staaten, die für die Überschuldung nicht verantwortlich sind.[131]

Der Kampf um das Budgetrecht, die Publizität und die materielle Begrenzung der Staatsverschuldung entwickelte sich als Element demokratischer Teilhabe an der Herrschaft, aber auch als Schutz der Steuerpflichtigen vor einer Vorbelastung ihrer finanziellen Zukunft.[132] Der Ruf nach Mitentscheidung und materieller Begrenzung wurde entschiedener, als die Kredite nicht mehr von Herrschern persönlich, sondern für Rechnung und Haftung des Gemeinwesens – des „Staates" – entgegengenommen wurden. Im neuzeitlichen Staat wurde die Steuer zur Regelfinanzierung, der Staatskredit deshalb generell materiellen Grenzen und einem Parlamentsvorbehalt unterworfen.[133] Schließlich setzen Grundgesetz und Unionsvertrag mit Verschuldungsverbot und in Zahlen präzisierten Verschuldungsgrenzen dem Staatskredit klare Schranken. Diese rechtsverbindlichen Vorgaben könnten der Schlussstein einer Kultur finanzwirtschaftlichen Maßes sein. Allerdings veranlasst die reale Verschuldung jenseits der rechtlichen Schuldengrenzen derzeit die Frage nach der Gestaltungsmacht des Rechts gegenüber den politischen Bequemlichkeiten einer Verschuldung.

c) Rechtfertigungsbedürftigkeit des Staatskredits

Der Mensch will möglichst viel Geld erwerben. Es ist nie genug. Die Regeln des Gelderwerbs kennen weder für die einzelne Person, noch für ein Unternehmen, noch für den Staat eine Obergrenze. Dennoch ist Geld nur ein Wert, wenn es ein rares Gut bleibt. Deshalb ist von Anfang an umstritten, ob ein Staat überhaupt Kredite aufnehmen darf. Die Rechtfertigungen des Kredits sind reich an Fantasie, geprägt von dem Konflikt zwischen leeren Kassen und dem Traum vom Schlaraffenland, vom Willen zum Sparen und den Wachstumserwartungen, von der Hoffnung auf die stetig sprudelnde Quelle des anstrengungslos erreichbaren Geldes und der Sorge um eine inflationäre Geldvermehrung. Oft siegt die Geldbegierde über die mäßigende Vernunft. Den Klassiker einer literarischen Problemskizze bietet Goethe in seinem Faust II.[134] Der Kaiser ist Eigentümer von Grund und Boden in seinem Reich. Seine Untertanen haben ihre Wertgegenstände zum Schutz gegen Raub und Krieg im Boden vergraben. Diese Wertgegenstände beleiht der Kaiser als Sicherheit für das von ihm geschaffene Papiergeld.

„SCHATZMEISTER :
Erinnre dich! hast selbst es unterschrieben;
Erst heute Nacht. Du standst als großer Pan,
Der Kanzler sprach mit uns zu dir heran:
„Gewähre dir das hohe Festvergnügen,
Des Volkes Heil, mit wenig Federzügen."
Du zogst sie rein, dann ward's in dieser Nacht
Durch Tausendkünstler schnell vertausendfacht.
Damit die Wohltat allen gleich gedeihe,
So stempelten wir gleich die ganze Reihe,
Zehn, Dreißig, Funfzig, Hundert sind parat.
Ihr denkt euch nicht, wie wohl's dem Volke tat.
Seht eure Stadt, sonst halb im Tod verschimmelt,
Wie alles lebt und lustgenießend wimmelt!
Obschon dein Name längst die Welt beglückt,
Man hat ihn nie so freundlich angeblickt.
Das Alphabet ist nun erst überzählig,
In diesem Zeichen wird nun jeder selig."
..."

„MEPHISTOPHELES:
Ein solch Papier, an Gold und Perlen statt,
Ist so bequem, man weiß doch, was man hat;
Man braucht nicht erst zu markten, noch zu tauschen,
Kann sich nach Lust in Lieb' und Wein berauschen.
Will man Metall, ein Wechsler ist bereit,
Und fehlt es da, so gräbt man eine Zeit.
Pokal und Kette wird verauktioniert,
Und das Papier, sogleich amortisiert,
Beschämt den Zweifler, der uns frech verhöhnt.
Man will nichts anders, ist daran gewöhnt.
So bleibt von nun an allen Kaiserlanden
An Kleinod, Gold, Papier genug vorhanden.

KAISER:
Das hohe Wohl verdankt euch unser Reich;
Wo möglich sei der Lohn dem Dienste gleich.
Vertraut sei euch des Reiches innrer Boden,
Ihr seid der Schätze würdigste Kustoden.
..."

Traditionell wird der Kredit gutgeheißen, weil er wirtschaftlichen und technischen Fortschritt finanzieren und damit sowohl die Gegenwart wie die Zukunft begünstigen könne. Andererseits greift der Staatskredit auf eine Finanzkraft der Zukunft zu. Er schädigt damit die nachfolgende Generation, verdrängt die Nachfrage von privaten Unternehmen und Haushalten, finanziert auch unproduktive Arbeit.[135] Zudem ist der Staatskredit die Ursache für Kriege. Der Kredit ermöglicht Kriege. Staaten, die durch Kredit zahlungsunfähig werden, suchen in Eroberungen einen Ausweg.[136] Die Papiergeldbankrotte der französischen Revolutionszeit haben durch falschen Umgang mit Geldmenge und Zins die Assignatenwirtschaft[137] herbeigeführt, eine Art Staatsanleihe, die zu einem allgemeinen Zahlungsmittel wurde, das durch Enteignung von Kirchengütern verzinst und gesichert werden sollte, aber bald an Wert verlor. Diesen „Mummenschanz" hatte Goethe vor Augen.

Die Erfahrung mit Finanznotstand und Staatsbankrott überschuldeter Staaten – Argentinien, Italien, Mexiko und Kolumbien[138] – und die modernen Schuldenkrisen in Asien (1997), in Russland (1998) und schließlich in Gesamteuropa führten zu Finanzkrisen und waren Ergebnis von Finanzkrisen.[139] Die jüngste, bis heute unbewältigte griechische Staatsschuldenkrise zeigt, dass Strukturprobleme, verbunden mit der Illusion stetig finanzierbarer und verlängerbarer Darlehenslasten, Griechenland und seine „Retter" an die Grenze der Zahlungsfähigkeit bringen. Zunächst wurde für Griechenland ein Rettungsschirm aufgespannt, um eine Staateninsolvenz zu vermeiden. Dann kam es faktisch zu einer Insolvenz. Heute erreicht die griechische Staatsschuld trotz weiterer Finanzhilfen die Höhe von 200 % des BIP.[140]

d) „Herzloser Hochmut" oder zukunftsgerechtes Lenkungsinstrument

Die Staatsverschuldung ist lange als Ausdruck „eines herzlosen Hochmuts" verstanden worden, „das Vermögen der künftigen Generationen vorweg zu verschleudern".[141] Die Bundesrepublik verfolgte deshalb in der Zeit des Wiederaufbaus nach dem Zweiten Weltkrieg eine „Politik der geschlossenen Hand". In einer Phase extremen öffentlichen Finanzbedarfs entwickelte sich ein ausgeprägter Wille zu haushaltspolitischer Gediegenheit. Der damalige Bundesfinanzminister Fritz Schäffer verfolgte mit dieser maßvollen Finanzpolitik drei Ziele: Er strebte einen ausgeglichenen, ohne Kredit finanzierten Etat an. Er wollte nach der nationalsozialistischen Misswirtschaft das Vertrauen der Bürger in eine staatliche Finanzpolitik zurückgewinnen, dazu beitragen, die neue Währung nach zwei Inflationen stabil zu halten. Schließlich suchte der Minister den wirtschaftspolitischen Wiederaufbau durch eine Finanzpolitik abzusichern, die jede Form der Staatswirtschaft zurücknahm und staatliche Anreize für private Investitionen schuf.[142] Diese Finanzpolitik hat zum deutschen „Wirtschaftswunder" beigetragen. Ein demokratisch-rechtsstaatliches Gemeinwesen mit wachsender Prosperität und erneuerter kultureller Tiefe ist fast ohne Kredit und mit einem „Juliusturm" des Sparens für eine spätere Bundeswehr herangewachsen.[143] Doch bald war auch der Juliusturm ausgekehrt.[144] Das Gefühl des reicher werdenden Staates hat Menschen verführt, kurzfristig finanzierbare, aber langfristig nicht gesicherte Ausgaben von kaum beherrschbarer Dynamik zu beschließen.[145] Prosperität scheint zu wachsenden Staatseinnahmen zu drängen und den Weg zur Kreditfinanzierung zu öffnen.[146]

Die Bereitschaft zur Staatsverschuldung veränderte sich grundlegend, als der Staatskredit nicht mehr nur Finanzierungsinstrument, sondern auch Lenkungsinstrument wurde. Der Staat solle einer Rezession mit erhöhten Staatsausgaben – einer erhöhten Nachfrage – begegnen, die vorübergehend durch Staatsverschuldung finanziert werden. Nach Überwindung der Rezession könne der Staat durch erhöhte Steuererträge, die nach der Konjunkturbelebung zu erwarten seien, die Schulden wieder tilgen.[147] In dieser antizyklischen Lenkungspolitik finanziere ein Staatskredit sich selbst. Doch die Erwartung, der Staat werde nach Wiederherstellen des gesamtwirtschaftlichen Gleichgewichts die Kredite tilgen, die Staatsschulden also wieder in den Rhythmus demokratischer Wahlperioden und jährlich ausgeglichener Haushalte zurückführen[148], wurde grundlegend enttäuscht. Die öffentliche Hand hat die Kredite auch in konjunkturell guten Zeiten kaum getilgt. Der Staat blendet die zukünftigen Lasten gegenwärtiger Verschuldung und weiterer Neuverschuldung aus dem Themenbereich seiner Politik aus. Der Bürger gewöhnt sich an die Kreditfinanzierung von Gegenwartsaufgaben ohne gegenwärtige Kreditlasten. So bedient sich der Staat des Staatskredits, um die Gegenwart im Übermaß zu finanzieren, die Zukunft im Übermaß durch Kreditverpflichtungen zu belasten. Der Haushalt wird nur noch formell durch Schuldenaufnahmen ausgeglichen, ist materiell eine Flucht in die Zukunft.[149] Verfassungsrechtliche Bindungen werden missachtet, eine Kultur des Maßes verfehlt.

Die „Gegenrevolution der Geldtheorie"[150] wendet ein, die öffentliche Verschuldung steigere die Zinsen, verdränge private Investitionen, neutralisiere so die beschäftigungssteigernden Wirkungen vermehrter Staatsausgaben oder verringerter Besteuerung oder verkehre sie ins Gegenteil. Der Staat biete als Kreditnachfrager oft größere Sicherheiten, steche auch deshalb die private Kreditnachfrage aus. Der internationale Zustrom von Geldkapital führe zu einer Aufwertung der inländischen Währung, verschlechtere damit die Exportchancen und steigere die Importe.[151] Wenn hohe Arbeitslosigkeit und eine gesamtwirtschaftliche Schwäche durch zu hohe Kosten und schwache Wirtschaftsstrukturen bedingt seien, könne die Belebung der Nachfrage dank Staatsverschuldung diese Probleme nicht lösen. Die Staatsverschuldung finanziere sich nicht selbst, verführe vielmehr zum leichten Geld, das die heute noch wehrlosen Steuerzahler von morgen belaste. In der Gegenwart eines weltweiten Wirtschaftens, einer immer mehr von Löhnen unabhängigen Maschinenproduktion, in der Digitalisierung der Nachfrage auf dem Finanz- und dem Verbrauchermarkt, auch in dem steigenden Bedürfnis nach Wertsicherung in Immobilien und Kunstwerken wird das Lenkungsinstrument staatlicher oder auch europäischer Finanzkraft immer fragwürdiger.

2. Staatsverschuldung nur als Ausnahme

Die Verfassungen der Neuzeit sind deshalb bemüht, die staatliche Kreditaufnahme für den Regelfall auszuschließen, sie allenfalls als außerordentliches Finanzierungsinstrument zuzulassen. Die Paulskirchenverfassung erlaubt Anleihen „in außerordentlichen Fällen",[152] die Verfassung des Deutschen Reiches von 1871[153] „in Fällen eines außerordentlichen Bedürfnisses". Nach Art. 87 der Weimarer Reichsverfassung dürfen Geldmittel im Wege des Kredits „nur bei außerordentlichem Bedarf" und in der Regel „nur für Ausgaben zu werbenden Zwecken" beschafft werden.[154] Das Grundgesetz hat diese Verfassungsmaßstäbe zunächst – in bewusster Anlehnung an Art. 87 WRV – übernommen. Doch der Begriff der „Ausgaben für werbende Zwecke" ist im Laufe der Zeit immer weiter ausgedehnt und schließlich weit über seine ursprüngliche Bedeutung der „rentablen" Ausgaben hinaus erstreckt worden.[155] Gleichwohl waren die Staatsschulden in der Nachkriegszeit aus heutiger Sicht nicht übermäßig. Der dramatische Anstieg der Verschuldung begann Mitte der 70er Jahre.[156]

3. Verschuldung in Höhe der Investitionssumme

Das 20. Gesetz zur Änderung des Grundgesetzes[157] betonte stärker die wirtschaftspolitische Funktion des Budgets und begrenzte nunmehr die Einnahmen aus Krediten durch die Summe der im Haushaltsplan veranschlagten Ausgaben für Investitionen. Ausnahmen waren zulässig zur Abwehr einer Störung des gesamtwirtschaftlichen Gleichgewichts.

Diese Kreditobergrenze soll verhindern, dass der Staat durch Staatsverschuldung „die Sorgen einer fernen Zukunft" zuschiebt.[158] Das Grundgesetz sucht mit der Bindung der Kreditsumme an die Investitionssumme im Staatshaushalt eine generationenübergreifende Gerechtigkeit herzustellen: Der Verzicht auf gegenwärtigen Konsum zugunsten einer künftigen Wertschöpfung gibt den Investitionsvorteil an die zukünftige Generation weiter, darf diese deshalb auch zur Investitionsfinanzierung heranziehen.[159]

Doch der Gedanke, die nachfolgende Generation müsse gegenwärtige Investitionen finanzieren, weil sie auch ihr zugutekommen, ist grundsätzlich verfehlt und wird insbesondere vom privaten Sparer nicht geteilt. Jede Generation bemüht sich, ihre Lebensverhältnisse zu verbessern und die Ergebnisse ihres Fortschritts an ihre Kinder weiterzugeben. Wenn die Eltern ihr Haus bauen, die medizinische Forschung neue Erkenntnisse hervorbringt, das menschliche Zusammenleben auf mehr Humanität, die politische Ordnung auf mehr demokratische Teilhabe angelegt ist, wenn auch familiäre Zuwendung und sozialer Ausgleich besser gelingen, haben die Menschen der Gegenwart daraus ihren Vorteil. Doch jede Generation baut auf das

Fundament, das die vorangegangene Generation um ihrer selbst willen geschaffen hat. Dieser Fortschritt wird nicht von der nächsten Generation finanziert, sondern von ihr an die übernächste Generation weitergegeben. Würden Eltern ihre Kinder zur Finanzierung des Elternhauses heranziehen, weil diese das Familiengut später erben, erschiene dies kleinmütig, wäre ein Missverständnis des Generationenvertrages. Wir erben von unseren Eltern, pflegen und mehren das Ererbte, geben es als Erbe – unentgeltlich – an die nächste Generation weiter. Dieses gilt auch für den Staat. Generationengerechtigkeit fordert Kontinuität über drei Generationen: Die Elterngeneration erbt von den Großeltern und vererbt an ihre Kinder. Für diese Weitergabe des Geerbten stellt sich die Frage einer Tauschgerechtigkeit nicht, weil die Erblasser das Erbe hinter sich lassen, nicht mehr tauschen wollen und können.

Außerdem sind die Elterninvestitionen keineswegs stets auf die Begünstigung ihrer Erben angelegt. Wenn wir gegenwärtig Hochhäuser in Beton bauen, Straßenbau und Energieversorgung auf unseren heutigen Bedarf ausrichten, die Freizeiteinrichtungen nach derzeitigen Verhaltensgewohnheiten gestalten, Denkmäler im heutigen Stil und Erinnerungswillen errichten, könnten die Ergebnisse für unsere Kinder oft mehr aufgedrängte Begünstigung als tatsächliche Bereicherung sein. Die praktische Handhabung des Tatbestandes „Investition" finanziert z. B. ein Sportstadion, das seine bisherige Nutzbarkeit durch veränderte Sportgewohnheiten verloren hat, eine Forschungseinrichtung, die in zehn Jahren ihr Ziel erreicht hat, eine Autobahn, deren Erneuerungskosten bald die Investitionskosten übersteigen. Der Wertverzehr, dem diese Güter unterliegen, wird bisher kaum durch entsprechende Abschreibungen berücksichtigt. Die Investitionsgüter werden zu Zukunftslasten. Zudem kann der Staat zwar investieren – in Straßen, Universitäten, Krankenhäuser –, wird aber aus diesen Investitionen kaum Gewinne erzielen wie ein Unternehmer. Staatstätigkeit ist grundsätzlich nicht auf Erwerb angelegt.

In einer Demokratie rechtfertigen sich die jährlichen Haushaltsentscheidungen aus der Gegenwartsverantwortung, die den zukünftigen Parlamenten die Entscheidung vorbehalten, welche öffentlichen Begünstigungen und Belastungen ihre Gegenwart tragen soll. Ein kreditfinanzierter Vorgriff auf die Zukunft darf die Finanzentscheidungen der nachfolgenden Generation nicht bevormunden. Jede Generation gestaltet ihre Gegenwart selbst – auf den Schultern ihrer Eltern, denen sie vertrauen, von denen sie aber nicht durch einen nachwirkenden Kredit belastet werden. Der Parlamentsvorbehalt für den jeweiligen Jahreshaushalt sichert eine Gleichheit in der Zeit.

4. Konjunktursteuerung

a) Das „gesamtwirtschaftliche Gleichgewicht"

Die Reform der Finanzverfassung 1967/1969[160] stellt die Haushaltswirtschaft von Bund und Ländern in den Dienst einer staatlich steuernden Finanzpolitik. Der Staatshaushalt muss den „Erfordernissen des gesamtwirtschaftlichen Gleichgewichts" Rechnung tragen (Art. 109 Abs. 2 GG). Das Haushaltsgrundsätzegesetz fordert eine „konjunkturgerechte Haushaltswirtschaft" (Art. 109 Abs. 4 GG). Die Begrenzung der jährlichen Kreditsumme durch die jährliche Investitionssumme kennt eine Ausnahme „zur Abwehr einer Störung des gesamtwirtschaftlichen Gleichgewichts" (Art. 115 Abs. 1 S. 2 Hs. 2 GG). Diese verfassungsrechtliche Ermächtigung, durch neue Kredite eine Störung des gesamtwirtschaftlichen Gleichgewichts abzuwehren, war verfassungspolitisch ein Dammbruch. Aus der Ausnahme wurde die Regel. Die Störung des gesamtwirtschaftlichen Gleichgewichts wurde durch das Stabilitätsgesetz[161] in einem vierpoligen Zielkonflikt definiert, der vom Parlament ein ständiges ökonomisches Prognostizieren, Wägen und Gewichten gegenläufiger Ziele erwartet. Der Gesetzgeber brachte seinen Jahreshaushalt nicht mehr durch Jahreseinnahmen und Jahresausgaben zum Ausgleich, sondern suchte seine Entscheidungsgrundlagen in den Prognosen von Wachstumszielen, Inflationsraten und Börsenkursen. Die Regel – das Junktim von Kredit- und Investitionssumme – bleibt unbeachtet, weil die Ausnahme – die Störung des gesamtwirtschaftlichen Gleichgewichts – als Regel auch bei Hochkonjunktur gehandhabt wurde.

Diese antizyklische Budgetpolitik (§ 6 StabG) erwartet vom Staat, dass er in wirtschaftlichen Krisen Kredite aufnimmt, um zusätzliche Staatsausgaben oder Steuersenkungen zu finanzieren, damit die Investitionen, die Nachfrage, die Beschäftigung, das Sozialprodukt zu mehren. Der Staat gewährleistet nicht mehr nur den rechtlichen Rahmen für die Freiheiten der Unternehmer und Konsumenten, sondern gestaltet aktiv die Wirtschaftspolitik. Das marktwirtschaftliche System setzt auf die Initiative und Wagnisbereitschaft, auf die persönliche Verantwortlichkeit und langfristige Unternehmensbindung des Unternehmers, kann aber auch bei flexiblen Preisen und Löhnen nicht immer wachsende Produktivität und Vollbeschäftigung sichern. Deswegen sucht der Staat bei Unterbeschäftigung und mangelnder Inlandsnachfrage durch Staatsnachfrage Investition und Konsum zu beleben, darf dabei aber nicht – wachstumsmindernd – dem Markt durch Steuererhöhung

Finanzkraft entziehen. Er muss seine Konjunkturanreize durch Kredit finanzieren. Diese gesamtwirtschaftliche Steuerung verfolgt allgemeinwirtschaftliche Ziele, verliert aber die Anliegen der privaten Sparer aus dem Blick. Der Geldwert des Sparguthabens und seine Ertragsfähigkeit entschwinden in die Unbegreifbarkeit eines „magischen Vierecks"[162] mit den gegenläufigen Zielen von Geldwertstabilität, hohem Beschäftigungsstand, ausgeglichener Außenhandelsbilanz und stetigem, angemessenen Wirtschaftswachstum. Dieses Viereck trägt ein Stück Magie in das Verfassungsrecht, weil es die Prognose von Unvorhersehbarem erwartet und gegenläufige Teilziele einer rechtlich kaum vorstrukturierten politischen Einschätzung überantwortet. Nach diesem Maßstab wird der freie Bürger zum Gegenstand staatlicher Steuerung.[163]

b) Schwächen kreditfinanzierter Konjunktursteuerung

Der Staat verfügt im Rahmen seiner traditionellen Aufgaben nicht über hinreichende Wirtschaftserfahrung, Gestaltungsinstrumente und Zukunftseinschätzungen, um stetig und verlässlich die gesamtwirtschaftlichen Bedürfnisse voraussehen und mit seiner Haushaltswirtschaft gediegen beeinflussen zu können. Das Strukturmodell des Grundgesetzes unterscheidet zwischen freiheitsverpflichtetem Staat und freiheitsberechtigter Wirtschaft, erwartet vom Staat den rechtlichen Rahmen für verantwortliches Wirtschaften, nicht die Gewähr eines gesamtwirtschaftlichen Erfolgs durch privatnütziges Wirtschaften. Der Staat übernimmt sich in den selbst definierten Prognoseaufgaben. Er bedient sich deshalb sachverständigen Rates, der mit seinen Empfehlungen Regeln in das Wirtschaftsleben trägt. Vergleicht man die jährlichen Wachstumsprognosen des Sachverständigenrats zur Begutachtung der gesamtwirtschaftlichen Lage,[164] hat dieser Rat die Wachstumsrate des nächsten Jahres zwar annähernd zutreffend voraussagen,[165] auch als „Akteur auf der wirtschaftlichen Bühne"[166] mitbeeinflussen können. Doch die Wachstumserwartung veranlasst nicht den Rückbau von Kreditlasten. Im Gegenteil: Die staatlichen Versprechen, das Darlehen in überschaubarer Zeit – in der Regel in sechs bis zehn Jahren – zurückzuzahlen, sind bisher weitgehend nicht erfüllt worden. Die Bereitschaft zur Tilgung verliert sich mit einer Verlängerung des Kredits, sodann mit bis ins Grenzenlose weisenden Laufzeiten und einer schwindenden Zinslast. Die Verheißung, „Investitionen" würden der nächsten Generation zugutekommen, bleibt Hoffnung. Das gesamtwirtschaftliche Gleichgewicht ist weniger statistisches Datum und mehr erwünschte Zielvorgabe, erkennt nicht die Entwicklung der Wirtschaftsstruktur, sondern allenfalls die Erwartungen der Wirtschaftslenker.

Wenn Menschen ihr Haus durch einen Kredit finanzieren, folgen sie einem vertraglich vereinbarten Zins- und Tilgungsplan, der innerhalb von 15 Jahren ihre Hypothek durch ein Eigenheim ersetzt. Die Vereinbarung, den Kredit fristgerecht zu tilgen, ist rechtsverbindlich und wird tatsächlich erfüllt. Das ist bei einem Staatskredit anders. Die Staaten tilgen oft auch bei guter Konjunktur ihre Kredite nicht. Sie verlängern ihre Kredite. Die Kreditsumme ist ausgegeben, die Schulden bleiben. Diese Entwicklung lässt die Tilgungslasten des Schuldners und seine Abhängigkeit vom Kreditgeber wachsen. Die Mäßigung der Staatsleistungen in der Finanzierungsquelle der Steuern schwindet. Doch der Staatskredit ist nicht das unendliche Buffet, an dem sich jeder kostenlos bedienen kann, sondern die Verlockung zu einem opulenten Überfluss der Gegenwart, den andere – am gegenwärtigen Überfluss nicht Beteiligte – finanzieren sollen.

5. Neue Erwartungen des Generationenausgleichs

a) Künftige Gläubiger und künftige Schuldner

Wenn Staaten sich heute bei der Nullzins- oder der Negativzinspolitik der EZB „kostenlos" zu verschulden suchen, scheint eine gesamtwirtschaftliche Generationenbilanz beruhigen zu können, wenn sie vorrechnet, der Schuldensumme, die nachfolgende Generationen belastet, stehe ein gleichwertiges Vermögen in Form von Staatsanleihen gegenüber, das die nachfolgende Generation begünstige. Die gegenwärtige Generation gebe nicht nur die Darlehensschulden an ihre Kinder weiter, sondern auch Darlehensforderungen in gleicher Höhe. Last und Vorteil glichen sich aus.

Diese abstrakte Gesamtrechnung verkennt die real unterschiedliche Betroffenheit von Darlehensschuldner und Darlehensgläubiger. Wenn in einer Stadt ein Unternehmer sich ausschließlich bei einem anderen Unternehmer in derselben Stadt verschuldet und die Schuldenlasten den einen bedrücken und den anderen beglücken, mag der Stadtkämmerer zufrieden feststellen, dass seine steuerliche Ertragsbilanz ausgeglichen bleibt. Doch das Unglück des Schuldnerunternehmers und das Glück des Gläubigerunternehmers bleiben davon unberührt. Die Darlehensschulden des einen Unternehmens bleiben rechtlich und wirtschaftlich eine Last, auch wenn die Darlehensforderungen des anderen Unternehmens in derselben Stadt bleiben. Der schuldende Staat hat die Darlehenssumme für die Gegenwart ausgegeben, ist in seinen kommenden Haushalten durch die Rückzahlungspflichten aus dem Darlehen belastet. Die Forderungen seiner Gläubiger entlasten ihn nicht. Die Tilgungslast tragen die zukünftigen Steuerzahler des Schuldnerstaates, insbesondere bei Zahlung der Lohn- und Umsatzsteuer. Wenn die Darlehensgläubiger derselben Generation diese Steuererträge zur Erfüllung der Zinsschulden beanspruchen, ist das für die Steuerzahler ein zusätzliches Gerechtigkeitsproblem, nicht Ausgleich. Die Steuerzahler müssen tilgen, die Darlehensgläubiger beanspruchen die Steuererträge für sich. Der Staatskredit schafft Ungleichheit zwischen heutigen Kreditnehmern und zukünftigen Tilgungsschuldnern, aber auch Ungleichheit zwischen Tilgungsschuldnern und Tilgungsgläubigern der gleichen Generation.

b) Verschuldung in Höhe des Wachstums

aa) Das Wachstum beansprucht, wer es erwirtschaftet

Die aktuelle Diskussion um Staatsverschuldung und Ankäufe von Staatsanleihen sucht die Verschuldungsbefugnis prinzipiell mit der These zu erweitern, eine Verschuldung sei so lange unbedenklich, als die Darlehenslast niedriger sei als die Wachstumsrate. Nachdenkliche Stimmen mäßigen diese These zu dem Prinzip, die Belastung müsse zumindest durch die nach der Verschuldung zu erwartenden höheren Steuererträge finanziert werden können.[167] Wenn die Steuereinnahmen schneller stiegen als die Darlehenskosten, könne das Land seine Schuldenlast ohne wirtschaftliche Verwerfungen tilgen. Dieser Gedanke verschiebt – bewusst oder unbewusst – den rechtlichen Maßstab für wirtschaftlichen Erwerb und staatliche Teilhabe am Erwerbserfolg.

Wenn das Wirtschaftswachstum steigt, gehört der Wachstumserfolg denjenigen, die diesen Erfolg erwirtschaftet haben – den Unternehmern, den Arbeitnehmern, den Anlegern, den Investoren und Sparern. Wenn jetzt aber der gesamtwirtschaftliche Zuwachs verwendet würde, um Forderungen des Finanzmarktes zu befriedigen, wäre der wirtschaftliche Erfolg den Erfolgreichen genommen und Dritten zugewiesen. Die Leistungsträger müssten ihre Wachstumserwartung auf null ausrichten, sollen allerdings weiterhin ein Wachstum für andere erzielen.

Doch wer gut gewirtschaftet, sein Kapital und seine Arbeitskraft zum Vorteil eines Unternehmens eingesetzt hat, soll auch persönlich in seinem Einkommen an diesem Erfolg teilhaben. Die Summe unternehmerischer Erträge sind die Erträge der Gesamtwirtschaft, bestimmen das gesamtwirtschaftliche Wachstum, dürfen nicht dem Staat und seiner Kreditlast vorbehalten werden.

Würde die Schuldenlast auf die Steuererträge beschränkt, müsste das gesamte Steuerzusatzaufkommen für die Darlehensgläubiger – den Finanzmarkt – bereitstehen. Der Steuerzuwachs stünde für Staatsaufgaben nicht zur Verfügung. Doch der Staat nimmt am Wachstum der ihm zuzurechnenden Unternehmen, der Volkswirtschaft, teil, indem er die Erträge besteuert und für Gemeinwohlaufgaben verwendet. Die Steuern auf Einkommen und Ertrag sind so bemessen, dass der Staat eine Ertragsquelle gewinnt, dadurch aber das Einkommen der Steuerpflichtigen nicht substantiell vermindert. Staat und Wirtschaft sitzen in demselben Boot: Sie profitieren vom Erfolg der Unternehmen, werden deshalb durch eine kluge Steuerpolitik und das verfassungsrechtliche Maß für die Besteuerung sicherstellen, dass der Unternehmer weiterhin beherzt und mutig sein Unternehmen führt, der Arbeitnehmer sich für ein wachsendes Einkommen anstrengt, die allgemeine Prosperität durch diese Individualleistungen gefördert wird, der Staat an dieser Entwicklung maßvoll teilnimmt.

Dieses System der verantwortlichen Unternehmer- und Berufsfreiheit und einer steuerlichen Teilhabe an diesen Freiheitserfolgen ist Ausdruck von Freiheitsvertrauen und Markterwartung. Es würde funktionslos, wenn diese Freiheiten und Ertragsquellen nicht mehr für die Urheber, sondern nur noch für Dritte genutzt werden dürften.

bb) Garant der Geldwertstabilität, nicht der Staatenliquidität

Die These, eine Staatsverschuldung mit einer unter dem Wirtschaftswachstum oder dem Steuerertragswachstum bleibenden Darlehenslast sei unbedenklich, steht auch deshalb auf brüchigem Fundament, weil sie – unausgesprochen – die Aufgabe der Zentralbank umformuliert. Die Zentralbank ist Garant der Geldwertstabilität, wird hier aber zu einem Garanten der Staatenliquidität. Eine Staatsfinanzierung aber geht zu Lasten eines stabilen Geldwertes. Eine Zentralbank, die Staaten zu einem möglichst niedrigen Zins finanzieren will, wird Zinsen, wenn es die Stabilität des Geldwertes erfordert, kaum erhöhen können und wollen. Es bleibt also bei niedrigen

Zinsen, die zu noch höherer Neuverschuldung anregen. Die Finanzpolitik wendet sich ins Unvorstellbare, nicht Rückholbare. Wenn Geldeigentümer diese Politik der Zentralbanken beobachten, befürchten sie eine Inflation. Sie werden in Grundstücke, Kunstwerke und Aktien investieren, Privatkonsum vorziehen, damit den Markt beleben, aber die Zentralbanken auch in einen noch schärferen Zielkonflikt zwischen Konjunktursteuerung und Gediegenheit der Geldwertbasis bringen. Die Geschichte der Inflationen zeigt, dass hohe Staatsschulden oft Ursache, oft auch Folge des Niedergangs waren.

6. Hilfe in Notfällen

In Deutschland haben wir uns an ein stetiges Wirtschaftswachstum gewöhnt. Die Öffentlichkeit kann sich derzeit eine Konsolidierungsphase mit Nullwachstum oder einem vorübergehenden Wachstumsrückgang kaum vorstellen. Doch die Corona-Pandemie hat auch gefestigte Volkswirtschaften Einwirkungen ausgesetzt, die plötzliche, aber lange nachwirkende Instabilitäten zur Folge haben können.

Europäische Union und Mitgliedstaaten können bei Naturkatastrophen und außergewöhnlichen Ereignissen, die sich ihrer Kontrolle entziehen, „unter bestimmten Bedingungen einen finanziellen Beistand" gewähren. Diese Ermächtigung gilt auch für eine Pandemie. Dieser Beistand wird für die Dauer der Not und für die Bewältigung der Not gewährt.[168] Der Beistand setzt rechtsverbindliche Bindungen für die Verwendung der gewährten Gelder und für die damit verbundenen Maßnahmen voraus, erlaubt also keine ungebundenen Finanztransfers oder einen Beistand ohne Zweckbindung.[169] Für die Ausnahmeregelung ist eine entsprechende „Tilgungsregelung vorzusehen".[170] Selbst in dramatischen Notlagen setzt ein finanzieller Beistand der Union an den Ursachen der Krisen an, erlaubt nicht die bloße Korrektur an Symptomen, die eine Krise verschärfen könnten. Das Recht folgt der Lebenserfahrung, dass Krisen ohne Mitwirkung der Krisenverursacher nicht zu bewältigen sind, dass eine Wassertonne nicht mit frischem Wasser gefüllt werden soll, bevor das Leck geschlossen ist.

7. Verschuldungsverbote und Verschuldungsgrenzen

a) Verbot der Neuverschuldung und Begrenzung der Staatsverschuldung

Das Konzept einer haushaltspolitischen Konjunktursteuerung ist gescheitert. Die staatliche Verschuldungspolitik in der Bundesrepublik hat seit der Finanz- und Haushaltsreform 1967/69 nicht antizyklisch gehandelt, sondern die Staatsschulden vermehrt.[171] Der verfassungsändernde Gesetzgeber hat dementsprechend durch die Föderalismusreform 2009[172] eine materielle Grenze für die Kreditaufnahme von Bund und Ländern eingeführt. Die Haushalte von Bund und Ländern sind grundsätzlich ohne Einnahmen aus Krediten auszugleichen. Die Landeshaushalte dürfen ab 2020 grundsätzlich kein Defizit mehr ausweisen. Die Kreditaufnahme des Bundes in der „Normallage" darf ab 2016 nur noch 0,35 % des nominalen Bruttoinlandsprodukts betragen.[173] Dieses strukturelle Kreditfinanzierungsverbot ist erstmals in das Grundgesetz aufgenommen worden. Damit wird die prognoseabhängige Staatsverschuldung durch eine haushaltseigene Grenze in Zahlen abgelöst. Die für den Bund geltende Toleranzgrenze von 0,35 % allerdings entspricht just der Summe, die der frühere Finanzminister Alex Möller als nicht mehr vertretbare Staatsschuld verstanden hat und deshalb zurückgetreten ist.[174] Doch weist das Verschuldungsverbot nach heutigen Maßstäben den Staatskredit in so enge Grenzen, dass ein so begrenzter Staatskredit das Spareigentum nicht gefährdet.

Die Europäische Union setzt ihren Mitgliedstaaten eine Verschuldensgrenze in Höhe von 3 % des Bruttoinlandsprodukts für die jährliche Neuverschuldung, in Höhe von 60 % für die Gesamtverschuldung.[175] Diese Verschuldungsgrenzen werden durch Art. 109 Abs. 2 GG in das Grundgesetz aufgenommen, sind insoweit auch Verfassungspflicht.[176] Die Erfordernisse des „gesamtwirtschaftlichen Gleichgewichts" sind nur noch in diesem Rahmen ein Verfassungsziel.[177] Für den Haushalt der Europäischen Union gilt die Regel des Art. 311 Abs. 2 AEUV, wonach ihr Haushalt „vollständig aus Eigenmitteln finanziert" wird. Beide Regeln schützen auch das Spareigentum.

Die Erfahrungen mit den bisherigen verfassungsrechtlichen Regeln zur Begrenzung der Staatsverschuldung[178] lehren, dass die Regeln in ihrer Einfachheit klare Verbindlichkeiten begründen, der Wille der Europäischen Union und der Mitgliedstaaten zur Rechtstreue aber neu entfaltet werden muss. Das Verführungspotential des Staatskredits dominiert. Die Bürger erwarten das leichte Geld vom Staat. Der Staat will dieses Geld geben. Die Kontrollorgane – Rechnungshöfe und Gerichte – kämpften für die Geltung des Rechts, konnten aber die politischen Erwartungen wider das Recht, den Traum vom pflichtenlosen Kredit, vom anstrengungslos empfangenen Geld, vom immerwährenden Wachstum nicht vollständig beherrschen.[179]

b) Der Steuerstaat finanziert sich durch Teilhabe am Unternehmenserfolg

Der Staatskredit begründet eine strukturelle Gefahr, wenn das Geld, das die Europäische Zentralbank den Staaten zuwendet, nicht durch Besteuerung oder Kreditaufnahme beschafft, sondern von der EZB geschöpft wird. Die EZB verfügt gleichsam über einen Computer mit der Taste „Euro", die sie betätigt, um sich Geld in beliebiger Menge verfügbar zu machen. Geld muss nicht mehr durch Arbeitseinsatz oder Kapitalnutzung verdient werden, wird vom Staat nicht mehr durch steuerliche Teilhabe am Erfolg privaten Wirtschaftens als gesetzliche Schuld gefordert, ist nicht mehr ein rückzahlbarer und verzinslicher Kredit, sondern wird von der EZB geschöpft und gewährt. Geld ist da.

Die Vorstellung, Geld könne von der EZB durch Knopfdruck beschafft werden, ist wirtschaftlich real, strukturpolitisch aber gefährlich. Wenn der Bürger Einkommen nicht mehr selbst unter Anstrengung erwerben muss, wenn der Staat seine Haushaltsmittel nicht mehr durch Besteuerung gewinnen, seine Ausgaben nicht mehr in der steuerlichen Vorbelastung seiner Bürger vorherbestimmen muss, wenn der Generationenvertrag nicht mehr die Gegenwartslasten gegenwartsgerecht verteilt, stehen nicht nur Einzelmaßstäbe hoheitlichen Handelns, sondern das Wirtschaftssystem auf dem Prüfstand.

Das Grundgesetz fordert eine individualverantwortliche und gegenwartsgerechte Finanzpolitik. Das Demokratieprinzip richtet die Staatsgewalt auf den einzelnen Wähler und seine Wahlentscheidung aus. Die Finanzverfassung fordert den jährlichen oder zweijährigen Ausgleich des Staatshaushaltes in Einnahmen und Ausgaben. Sie geht davon aus, dass der Staat grundsätzlich steuerfinanziert ist.[180] Der Staat verzichtet strukturell auf erwerbswirtschaftliche Tätigkeit und staatseigene Unternehmen, finanziert sich deshalb durch steuerliche Teilhabe am Erfolg privaten Wirtschaftens. Dieser Steuerstaat kann dem Bürger nur das geben, was er ihm vorher steuerlich genommen hat. Die Staatsschuld ist deshalb grundsätzlich nur zur kurzfristigen Überbrückung von Finanzierungsengpässen und zur Bewältigung von Notfällen geeignet. Der Staat lebt in der Gegenwart und verantwortet sein Handeln in den Gegenwarten von Haushaltsperioden, Wahlperioden und Verschuldungsverboten. Der Gesetzesvorbehalt mäßigt die Staatsgewalt im Jetzt, schützt den heutigen Bürger und damit zugleich die ihm nachfolgenden Generationen in einem auf die gegenwärtige Betroffenheit bezogenen Verhältnismäßigkeitsprinzip.

Die Staatsschulden werden von der Allgemeinheit der Steuerpflichtigen finanziert. Wenn Darlehensgläubiger ihre Anleihen an meistbietende Käufer weitergeben, vermitteln sie ihnen das Recht, in Zukunft auf Steuererträge zuzugreifen. Die Staatsverschuldung gibt diese Finanzkraft in fast beliebige Hand, macht den Staat verantwortlich gegenüber unbekannten Mächtigkeiten und abhängig von Gläubigern, die allein durch Anleihekauf als berechtigt ausgewiesen sind.

Wenn Geld von der EZB geschöpft wird, entsteht Geld im Sog von Prognosen der Währungs- und Wirtschaftspolitik. Die hoheitliche Herrschaft über das Geld und mit dem Geld löst sich von parlamentarischer Gesetzgebung. Die verfassungsrechtliche Verschuldensgrenze weicht inzwischen faktisch den Zielen der EZB-Politik. Ihre Herrschaft über Unternehmen und Staaten wird zur alltäglichen Selbstverständlichkeit. Der Kredit wandelt sich von einem Finanzierungsinstrument, das Investitionen und Konsum ermöglicht, zu einem Herrschaftsinstrument, das die Kreditnehmer – Staaten und Unternehmen – zu immer höheren Schulden einlädt, damit Abhängigkeiten schafft und die Sparer aus der von ihnen gewählten Anlageform des Sparens vertreibt. Diese Herrschaft durch Geld droht zu einer Geldflut zu werden, die bereits über die Ufer getreten ist. Die Europäische Rechtsgemeinschaft aber duldet keine uferlose Herrschaft, muss eine rechtlich verfasste Währungsgewalt neu fundieren.

Die 60-%-Grenze für die Gesamtverschuldung scheint ein Leuchtturm der Stabilität, den die Schiffe auf lebhafter hoher See aber kaum noch sehen, geschweige denn erreichen können. Die Rückzahlungsversprechen in den Darlehensverträgen geraten an die Grenze des tatsächlich Unmöglichen. Die Summe von mehreren Billionen übersteigt die Vorstellungskraft des vernünftig Erfassbaren. Ein solches Gesamtdarlehen lässt sich nicht mehr zurückholen. Diese Entwicklung mündet in einen Verlust von Recht und Rechtsvertrauen, einen Verlust von Geld und Geldvertrauen, einen Verlust an Vertragstreue und Glaubwürdigkeit der Finanzpartner. Forderungen bleiben unerfüllt. In Not geratene Staaten finden keine Rettungsschirme mehr. Die Europäische Union spannt Rettungsschirme auf, droht aber in den Regen einer selbst verursachten Geldflut zu geraten.

V. Globalpolitik weicht ins Unvorstellbare aus

1. Billionen Euro

Europa denkt und handelt in Billionen. Die Summe der Verschuldung eines Staates[181], die Summe der vom Euro-System gekauften europäischen Staatsanleihen (Public Sector Asset Purchase Programme) in Höhe von über 2 Bill. Euro[182], das eigenständige Pandemie-Notfallkaufprogramm (PEPP)[183] in einem Gesamtvolumen von 1,8 Bill. Euro[184], der Wertpapierbestand des Euro-Systems aus Ankaufprogrammen bis Mitte 2021 in Höhe von voraussichtlich 4,3 Bill. Euro[185], das Garantievolumen für die Schulden des Wiederaufbaufonds vorsorglich in Billionenhöhe[186] und der Europäische Green Deal in Höhe von bis zu 2 Bill. Euro[187] verheißen Billionenzahlungen. Doch solche Summen muten den Bürgern Unvorstellbares zu, übersteigen die Grenze des vernünftig Erfassbaren. Die Öffentlichkeit vollzieht diese Entwicklung zum Unermesslichen nicht mehr mit, wird an der Grenze der eigenen Vorstellungskraft gedankenlos, scheint sich im Unbegreifbaren aus einer demokratischen Mitverantwortlichkeit zu verabschieden und in Kritiklosigkeit zu beruhigen. Eine Gesamtsumme von mehreren Billionen Euro ist schwindelerregend.

Deshalb muss eine zur Begründung und Aufklärung bereite Politik diese schier unermesslichen Beträge ins Konkrete wenden. Unterstellt, ein Wohngrundstück kostet in einer deutschen Stadt durchschnittlich eine Million Euro, so könnte die öffentliche Hand für zwei Milliarden Euro fast einen ganzen Stadtteil von Heidelberg mit 2200 Wohngebäuden – Ziegelhausen – kaufen.[188] Vermehrt die EZB die verfügbare Geldmenge monatlich um 20 Milliarden Euro[189], so könnte sie für diesen Betrag die gesamte Wohnstadt Heidelberg mit ihren 19.882 Wohngebäuden[190] erwerben. Nach 10 Monaten und einem Geldzuwachs von 200 Milliarden Euro könnte sie die Wohngebäude in zehn Städten kaufen. Stehen zwei Billionen zur Verfügung – das ist die Summe, die dem Streit um das Staatsanleihekaufprogramm PSPP vor dem Bundesverfassungsgericht zugrunde liegt[191] –, so könnten nach diesem Sprachbild, das keine Statistik ist, die Wohngrundstücke fast der gesamten

Republik erworben werden. In dieser Konkretheit – die EZB kauft monatlich eine Wohnstadt wie Heidelberg nach der anderen – müssen Wissenschaft und öffentliche Debatte den Billionentrends kritisch begegnen und eine Umkehr ins Werk setzen.

2. Die Interventionsbereitschaft der EZB: „Whatever it takes"

Wer angesichts dieser Summen beklommen fragt, nach welchen Maßstäben dieses Geld geschöpft und verteilt wird, stößt auf das Wort des ehemaligen EZB-Präsidenten Mario Draghi vom 26. Juli 2012, im Rahmen ihres Mandats sei die EZB bereit, „to do whatever it takes to preserve the Euro".[192] Diese Ankündigung, alles Notwendige zu tun, um den Euro zu erhalten, erscheint zunächst undramatisch. Es entspricht dem Erforderlichkeitsprinzip innerhalb des gesetzlichen Mandats der EZB. Die Aussage hat sich jedoch in den drei Worten „whatever it takes" so verselbständigt, dass die Aktienkurse spontan stiegen, die Zinsen auf südeuropäische Staatsanleihen fielen. Die wegen der Schuldenberge in Spanien und Italien „nervös gewordenen Märkte" haben den „Draghi-Effekt" zu der Aussage vergröbert, die EZB werde im Notfall unbegrenzt Staatsanleihen kaufen. Die Erwartung, die Zentralbank werde im Zweifel eher ihre Rechtsgebundenheit missachten und ihre Prinzipien vernachlässigen, um notleidende Staaten zu finanzieren, wurde in den nachfolgenden Programmen der EZB bis heute bestätigt.[193] Die EZB betreibt nunmehr nicht nur Geldpolitik, sondern bestimmt über die Fiskalpolitik der Eurostaaten mit und kontrolliert Banken des Euroraums. Der Maßstab einer Erforderlichkeit für die Stabilisierung des Geldes wird in eine finanz- und wirtschaftspolitische Erforderlichkeit umgedeutet, deren Inhalt und Reichweite sich einem allgemeinen, geldpolitisch erfüllbaren politischen Mandat nähern. Der Akteur bestimmt den Auftrag. Die Sicherheit des Rechts, das normativ gestützte Vertrauen in das Geld, die Glaubwürdigkeit des ESZB dank ihres rechtlichen Auftrags und ihrer Handlungsmittel sind gefährdet.

3. Abstraktheit von Ziel- und Zahlprognosen

Wenn das gesamtwirtschaftliche Denken und Planen sich aus der Beurteilungsperspektive des einzelnen Bürgers löst und in der Abstraktion und Anonymität von quantifizierten Zukunftsprognosen spricht, beanspruchen diese Prognosen eine Voraussicht, die erfahrungsgestützt umgrenzt, aber nicht empirisch fundiert vorausgedacht werden kann. Die Voraussagen sind von der währungspolitischen Institution des ESZB, auch von den wirtschaftspolitischen Institutionen der Bundesanstalt für Arbeit, der Steuerbehörden, der Ministerien, Kartellbehörden und Wirtschaftswissenschaften methodisch verbessert und verfeinert, in Modellierungstechniken theoretisch fundiert und praktisch erprobt worden. Doch die währungspolitischen Prognosen handeln von einem Finanzmarkt, der von der Bewegung lebt, Unstetigkeit und Ungewissheit braucht, nicht beruhigt werden will, aber dennoch in der Rationalität der Zahl die Zukunft vorwegnehmen soll. Die Finanzentscheider verdienen an Wagnis und Wechsel, spekulieren und kaufen Hoffnungen, wägen und gewichten gegenläufige Ziele, bemänteln eine Ungewissheit, um Anlegern ein Verhaltensmotiv zu bieten.[194] Dabei sind sich alle Beteiligten bewusst, dass Wachstums-, Inflations- und Aktienprognosen Ergebnis empirischer Analysen sind, aber auch Einschätzungen und Willensbekundungen enthalten, die sich in Statistiken und Bilanzen präsentieren.

Wer einen guten Navigator hat, hat deshalb noch nicht das richtige Ziel. Er wird sich vergewissern müssen, ob er mit Wachstum das BIP mehren oder die Lebensqualität verbessern, mit Inflation die Preise am Konsummarkt oder auch am Immobilien-, Kunst- und Aktienmarkt erfassen, mit Stabilität die Konsumentenpreise oder die verschuldeten Staaten festigen will. Er wird erklären müssen, warum er die Bonität eines Schuldners als gut oder schlecht einschätzt, er die Sanierungskraft und Erneuerungsbereitschaft der Staaten vermutet und durch Bedingungen und Auflagen beeinflussen wird, er die Wahrscheinlichkeit vernunftbasiert von der Hoffnung abzuheben weiß. Die Unsicherheit der Zahl erlebt jeder Bilanzverantwortliche, wenn er Wirtschaftsgüter und einen Abschreibungsbedarf bewerten muss. Wenn ein Tiefbauingenieur, der für ein bestimmtes Projekt einen Großvorrat an veredeltem Sand angelegt hat, nun gegenüber den Steuerbehörden dessen Wert begründen soll, wird er der Finanzbehörde bewusst machen, dass Sand in der Sahara Gemeingut ist, also ohne Preisschild bleibt, Sand im Betonmischer als Wirtschaftsgut bewertet werden muss, Sand im Getriebe einen Schaden darstellt. Die bloße Verbindung von Sand und einer Zahl – der Sandsäcke, des Gesamtgewichts, des Tauschwertes, der Einstufung in Gütegruppen – ist sinnlos, so lange die Funktion des Zählens nicht durch dessen Ziel benannt und gerechtfertigt ist. Das gilt für den einfachen Vorgang, das Wirtschaftsgut „Sand" zu bewerten, ebenso aber für die Geldpolitik der EZB, die das Geld in Milliarden- und Billionensummen vermehrt, so dass ihr das Geld wie Sand durch die Hände zu rinnen droht.

Selbstverständlich müssen Verschuldenssummen, staatliche Steuerkraft, Vermögensbilanzen, Entwicklungsprognosen, Inflationsrisiken und Aktienkurse in gesamtwirtschaftlichen Daten benannt werden, um nicht nur die Wirtschaftslage der einzelnen Unternehmen, sondern die Gesamtwirtschaft beurteilen zu können. Doch dabei bleibt bewusst, dass der Staat seine Ausgaben strukturell nur aus seinem Steueraufkommen finanzieren kann, der Markt vom Anbieter und Nachfrager, nicht vom Steuerzahler lebt. Das Handeln von Rechtsstaat und europäischer Rechtsgemeinschaft muss sich vor dem einzelnen Bürger, dem Grundrechtsberechtigten, rechtfertigen. Dabei weiß sich der deutsche Staat und der deutsche Bürger in die europäische Integration einbezogen, von den Unternehmen und Marktbedingungen in anderen Staaten abhängig, ist auch auf ausländische Industriebeteiligungen und Investitionen angewiesen. Doch der einzelne Unternehmer, der Erwerbstätige, der Auszubildende, der Sparer und Konsument gestatten dem Staat und der Union nicht, als Umverteilungsagentur Herrschaft über sein Privateigentum, sein Familiengut, sein Unternehmen, sein Sparkonto, seine Alterssicherheiten, seine Ausbildungs- und Bildungsleistungen in einer abstrakten Gesamtsicht auszuüben, die Individualrechte und Individualplanungen nicht berücksichtigt. Der Blick auf den Finanzmarkt ist notwendig, die Verantwortlichkeit für das Volk und den einzelnen Grundrechtsträger unverzichtbar.

4. Transparenz und Geheimnis

In vormoderner Zeit machten die Regierungen Ziele und Inhalte ihrer Politik zu einem Geheimnis, handelten in einer Arkanpolitik unter Ausschluss der Öffentlichkeit, um dadurch ihre Herrschaft zu festigen. Der Verfassungsstaat pflegt die politische Öffentlichkeit insbesondere durch Parlamente und Medien, anerkennt als vorrechtliche Voraussetzung der Demokratie eine ständige freie Auseinandersetzung zwischen sich begegnenden sozialen Kräften, Interessen und Ideen, in der sich auch politische Ziele klären und wandeln und aus der heraus eine öffentliche Meinung den politischen Willen vorformt.[195] „Dazu gehört auch, dass die Entscheidungsverfahren der Staatsorgane und die jeweils verfolgten politischen Zielvorstellungen allgemein sichtbar und verstehbar sind."[196] Dabei knüpft die öffentliche Wahrnehmung von Sachthemen und politischem Führungspersonal in erheblichem Umfang an staatliche, sprachliche, historische und kulturelle Voraussetzungen an.[197] Das Staatsvolk muss sich in seinem Staat in einem von ihm legitimierten und gesteuerten Prozess politischer Willensbildung entfalten und artikulieren.[198]

Der Haushalt wird als Gesetz parlamentarisch beraten und veröffentlicht, macht die finanzwirtschaftlichen Grundentscheidungen des Staates in parlamentarischer Debatte und Gesetzesverkündung ersichtlich. Ein Haushalt nach den Prinzipien der Haushaltsklarheit, Haushaltswahrheit und Haushaltsöffentlichkeit[199] ist Ausdruck zunehmender Rationalisierung der staatlichen Finanzwirtschaft und der Demokratisierung des öffentlichen Finanzwesens. Finanzerhebliches Staatshandeln wird durch die materiellen Maßstäbe des Verwaltungsrechts und die finanzpolitische Gesamtentscheidung im Haushaltsgesetz doppelt legitimiert.[200] Der öffentliche Haushalt ist auf Transparenz angelegt, schafft ein System allgemein und frei zugänglicher Informationen. Er gewährleistet Ersichtlichkeit, aus der Verantwortung erwächst. Er fordert Bereitschaft zur Rechenschaft für allgemein erhebliche Entscheidungen und ihre Voraussetzungen.[201]

Der Gegenbegriff ist das Geheimnis. Es schützt die höchstpersönliche Individualität und Privatheit, wahrt Vertrautheit und Vertrauen im privaten und öffentlichen Begegnen und Entscheiden, schirmt den Eigenbereich politischer und unternehmerischer Vorbereitung und Planung, das Geschäfts-, Berufs- und Beratungsgeheimnis gegen das Mitwissen Dritter ab. Finanzen von Staat und Europäischer Union ereignen sich im Licht öffentlicher Transparenz, beanspruchen in der Vorbereitungsphase aber vorläufige Geheimhaltung.[202] Das Haushaltsverfahren kennt eine alleinige Budgetinitiative der Exekutive und eine alleinige Budgethoheit des Parlaments. Dieser Prozess vom Vertraulichen zum Öffentlichen ist Grundlage einer Verteilungsgerechtigkeit, die über so viele Alternativen zu entscheiden hat, als eine Summe in Euro teilbar ist. Gegenläufige Finanzanliegen müssen wägend und gewichtend in einem Konzept zusammengeführt werden. Ein solcher Gesamtausgleich entzieht sich dem einfachen „Ja" oder „Nein". Diese Finanzentscheidungen werden gestuft exekutiv und parlamentarisch getroffen, bei Plebisziten ausdrücklich ausgenommen.

Dieses sorgfältig austarierte System von Transparenz und Geheimnis kann derzeit auf die Europäische Union nicht übertragen werden, weil eine politische europäische Öffentlichkeit zwar heranwächst, derzeit aber nicht durch europaweit sichtbare und wirkende politische Parteien geformt, nicht durch öffentlichkeitsbereite europäische Institutionen ins Werk gesetzt wird.[203] Die Finanzhilfen des ESZB nach der Eurokrise – die EFSF, der ESM, das OMT, das PSPP und der Wiederaufbaufonds – organisieren Finanztransfers, die in den beteiligten Institutionen, den verteilten Summen, den Verteilungswirkungen und den rechtlichen Verantwortlichkeiten für das

Plenum der Parlamente, die mediale Öffentlichkeit, die Bürger intransparent bleiben. Wenn der Wiederaufbaufonds einen Verschuldungs- und Transferausgleich statt zwischen den Mitgliedstaaten nun über den EU-Haushalt organisiert, schafft er eine neue Intransparenz. Die nationalen Haushalte der Geberstaaten sind nicht mehr ersichtlich mit Zahlungen an Nehmerstaaten belastet. Die Nehmerstaaten werden durch die Zuweisungen der EU derzeit kaum durch Auflagen für die Schuldenrestrukturierung und für Konsolidierungs- und Reformprozesse in Pflicht genommen. Die EZB wird durch die Zwischenschaltung des EU-Haushalts vor Verantwortlichkeiten gegenüber den Zahlerstaaten geschützt. Diese Transfers in einem europäischen Umverteilungssystem müssen kaum mit einer Kritik durch die betroffenen Wähler rechnen.[204] Der Wiederaufbaufonds wird nicht allgemein verstanden, unmerklich vollzogen und fern der Gegenwart kreditfinanziert. Die öffentliche Wahrnehmung dieses Fonds genügt derzeit den Erfordernissen der parlamentarischen Demokratie und des Subsidiaritätsprinzips[205] nicht.

5. Geschlossene Gesellschaft der Wissenden

Die Währungspolitik ist auf hochqualifizierten Sachverstand angewiesen, wird deshalb dem ESZB mit seinem besonderen, unabhängigen Fachverstand anvertraut, damit entpolitisiert und entparlamentarisiert. Doch die Entscheidungen stützen sich auf Zahlen und Daten, Statistiken und Tabellen, fachspezifische Begriffe und Entscheidungskriterien. Das kritisch beobachtende Umfeld von Finanz- und Wirtschaftsministerien, fachwissenschaftlichen Instituten, Arbeits-, Steuer-, Regulierungs- und Kartellbehörden begleiten diese Entscheidungen durch Beratung, die zur Mitentscheidung wird, durch Fachwissen, das von Interessentenwissen nicht frei sein kann, durch Zielvorgaben, die eine neue, dem geltenden Recht fremde Rechtswirklichkeit schaffen wollen. Wissen verbindet sich mit Wünschen. Prognosen gehen in Spekulationen über. Dieses geläufige Problem beratener Politik[206] macht bewusst, dass moderne Politik nicht nur Ergebnis vernünftigen Entscheidens ist, aber auch nicht bloße Willkür sein darf. Parlamentsabgeordnete und Regierungsmitglieder sind nicht auf Objektivität, Wissenschaftlichkeit, Distanz verpflichtet. Sie sind als durch Wahl qualifizierte Generalisten auf beratenden Sachverstand angewiesen, zum Ausgleich widerstreitender Interessen und gegenläufiger Erfahrungen berufen.[207] Politik ist Meinungskampf, nicht nur sachverständige Analyse und nicht nur rationale Entscheidung. Die Forderung, der Rat sei Vernunft, die Entscheidung darauf aufbauend Politik, bleibt eine Idee, der sich die Realpolitik annähern, die sie aber nie erreichen kann.

Wenn die EZB bei ihren Entscheidungen zur Preisstabilität des Geldes besonders auf Rat und Kritik angewiesen ist, sie dann ökonomisch spezialisierten Sachverständigenräten und sachverständigen Forschungsinstituten begegnet, die ihnen eher als „aktuellem Steinbruch"[208] dienen, aus dem die EZB die ihr gediegen und hilfreich erscheinenden Steine herauslöst, so entsteht ein abgeschottetes Expertengespräch, in dem die Kategorien Geld, Kredit und Zins in alltäglicher Geläufigkeit technisch gehandhabt werden. Dann werden „Mechanismen" ins Werk gesetzt und „Instrumentenkästen" geöffnet, ohne dass die Gemeinwohlbedeutung der Entscheidungen für Staaten, Prosperitäten und Kulturentwicklungen bewusst bedacht, die Individualwirkungen für Privateigentum, ökonomische Selbstbestimmung und Sesshaftigkeit des Bürgers sichtbar gemacht würden. Begriff und Leitgedanke des „Zinses" konnte fast widerstandslos zu einer Einlagelast umgewidmet werden, nachdem der sprachliche Zusammenhalt mit der Allgemeinsprache der Betroffenen schon verloren gegangen war.

Spezialisierung und Expertentum, überfordernde Entscheidungsverantwortung und mitentscheidender Rat sind eine Selbstverständlichkeit moderner Politik. Dieser Befund wird gegenwärtig insbesondere bei der Pandemiebekämpfung sichtbar. Das Problem liegt in der intellektuellen, sprachlichen, methodisch und thematisch begrenzenden Entscheidungsmacht weniger hoheitlicher Entscheidungsträger und mitentscheidender Sachverständiger. Diese vergewissern sich ihrer Ziele und Instrumente allgemeinverständlich, müssen auch die parlamentarische und publizistische Öffentlichkeit zu Kritik und Erneuerungsvorschlägen befähigen.

6. Anonymität der Verantwortung

Wenn das ESZB seine strukturierenden, die Architektur der Eurounion betreffenden Entscheidungen trifft, empfindet es eine Verantwortung weniger gegenüber der parlamentarisch-demokratischen Rechtsgemeinschaft der Union und ihren Mitgliedstaaten, sondern mehr gegenüber „dem Markt". Die EZB blickt auf die Daten der Finanzmärkte und Staatsschulden, auf die Aktienindizes – die Wertentwicklung der größten und liquidesten Unternehmen eines Aktienmarktes –, fühlt sich bei steigenden Kursen bestätigt, bei fallenden Kursen beunruhigt. Die Wirkungen der Zentralbankpolitik auf das Geld der Bürger, insbesondere der Sparer, wird in diesem Index kaum zur Kenntnis genommen. Die Frage, wann die EZB ihre Aufgaben der Währungspolitik erfüllt, wann sie Staaten und Unternehmen finanziert, ist nicht Gegenstand der täglichen Entwicklungsberichte.

Der Maßstab der Aktienindizes ist geläufig, wird auch allabendlich den Bürgern in den Medien vermittelt, die über die Leitkurse berichten und diese kommentieren. Die Parlamente bleiben stumm, auch wenn die Entwicklung von Aktien- und Spareigentum verglichen werden müsste. Die Begrenzung auf Kursvergleiche erklärt sich aus der Einfachheit und Spontaneität der Zahl, in der die Kursbewegung abgebildet wird. Die Betroffenheit der Geldeigentümer könnte erst in einem langwierigen Verfahren, in der Unzulänglichkeit von Menschen, in Gegensätzlichkeiten der Interessen, der Flüchtigkeit von Erwartungen und Einschätzungen dargestellt und formuliert, sodann kaum in einem schlichten Zahlenvergleich modelliert werden.

Die Orientierung an den Aktienindizes gibt im jeweiligen Leitindex Auskunft darüber, wie sich die globale, in den beteiligten Unternehmen greifbare Konjunktur belebt oder abschwächt. Diese Entwicklung ist für die Geldpolitik ein wesentliches – vielleicht das wichtigste – Merkmal. Doch es hat die Schwäche, dass das Jedermannsgut „Euro" allein in seinen Wirkungen innerhalb eines institutionell vorgeprägten Finanzmarktes erfasst und beurteilt wird, die Jedermannsbetroffenheit aber in der Lage dieser Unternehmen nur mittelbar und thematisch begrenzt zum Ausdruck kommt. Der Sparer fragt nach einem Index, in dem die Entwicklung seines Sparvermögens einschließlich seiner Ertragsfähigkeit abgebildet wird. Die Preisindizes der Lebenshaltungskosten und der Asset-Preise werden von den Zentralbanken erfasst, gewichtet und als Entscheidungsgrundlage verwendet. Doch Preisindizes sind eher Kriterien für Inflation und Deflation, also für den Auftrag der EZB, weniger für den dort vorausgesetzten Erhalt des Sparvermögens als Ertragsquelle und Substanzwert. Werden diese durch die Politik der EZB berührt, muss das öffentlich verantwortet werden.

7. Gefahr der Entrechtlichung

a) Ohne Recht keine Wirtschaft

Ein Kernproblem gegenwärtiger europäischer Währungspolitik ist das Bemühen, die Entscheidungen der EZB von ihren rechtlichen Grundlagen und Grenzen zu lösen. Das Recht wird als hinderliche Fessel verstanden, die es zu verdrängen gilt. Maßstab der Stabilisierungspolitik ist das ökonomisch als vernünftig Empfundene, weniger das von den rechtsetzenden Organen Erlaubte. Alltägliche Stabilisierungspolitik sucht das statistisch Darstellbare, weniger das Gerechtfertigte. Doch das Recht trifft Vorkehrungen für einen

Weg zur Vernunft – das Verbot monetärer Staatsfinanzierung, die Finanzautonomie, die begrenzte Staatsverschuldung – und entwickelt bewährte Regeln gegen Willkür – die Gewaltenteilung, das Prinzip der begrenzten Einzelermächtigung, den Grundrechtschutz, den Gesetzesvorbehalt. Eine Entrechtlichung gefährdet die Grundlagen der Union und der Privatwirtschaft. Ohne Recht hat die EZB keine Aufgaben, keine Kompetenzen und keine Handlungsbefugnisse. Ihre Unabhängigkeit ist rechtlich gewährleistet und dient ausschließlich der Erfüllung des dem ESZB zugewiesenen rechtlichen Auftrags. Ohne Recht bleiben alle Zielvorgaben und Maßnahmen der EZB unverbindlich. Ihr Instrumentenkasten wäre leer. Den Status eines europäischen Organs und eines Mitglieds der EZB gäbe es nicht. Auch das Wirtschaftsleben verlöre seine Handlungsgrundlagen. Verträge müssten nicht mehr erfüllt werden, weil das Recht ihnen keine Verbindlichkeit verleiht. Die Darlehensschuldner zahlten keine Zinsen mehr, die Darlehensgläubiger verlören ihren Rückzahlungsanspruch. Entrechtlichungspolitik ist ein Akt der Selbstzerstörung.

Geldwirtschaft und Geldwertstabilisierung der EZB bauen auf das Vertrauen der Menschen. Sie erwarten Sicherheit im Geld und Verlässlichkeit in der Geldpolitik. Erste Grundlage dieses Vertrauens ist das Rechtsvertrauen, die Gewissheit, dass das geltende Recht beachtet und vollzogen wird. Insbesondere Organe mit Hoheitsbefugnissen sind rechtlich gebunden, rechtlich durch Wahl oder Ernennungsakt legitimiert, mit rechtlich begründeten und begrenzten Kompetenzen und Befugnissen ausgestattet. In Demokratie und Rechtsstaatlichkeit herrscht das Recht. Das Gesetz und die Unionsverträge bestimmen, welche Menschen Hoheitsbefugnisse erhalten, in welchen rechtlichen Grenzen sie handeln dürfen, wie sie in die Grenzen des Rechts zurückzuführen sind.

Sollte das Recht den Erfordernissen der Gegenwart nicht mehr entsprechen, kann es geändert werden. Für die Dauer seiner Geltung ist es zu beachten. Würde ein Steuerpflichtiger gegen ein Steuergesetz verstoßen, weil er es für veraltet hält, wird der Staatsanwalt dieses Verhalten beanstanden.

b) Quantifizierung der Kreditobergrenze

aa) Die 60 %-Grenze

Das ESZB verfolgt vorrangig das Ziel der Preisstabilität, unterstützt nachrangig auch „die allgemeine Wirtschaftspolitik in der Union" (Art. 127

Abs. 1 S. 2 AEUV). Diese begrenzte Zielprojektion entspricht dem Grundsatz der begrenzten Einzelermächtigung. Sie gibt dem ESZB den Auftrag, den es mit seinem Sachverstand und seinen Instrumenten erfüllen kann. Bei den Anleihekäufen hat das ESZB auf eine in Zahlen begrenzte Staatsverschuldung hinzuwirken und die jährliche Neuverschuldung nach den Vorgaben des Art. 126 Abs. 2 AEUV auf 3 %, den Gesamtschuldenstand auf 60 % des Bruttoinlandsprodukts zu beschränken.[209] Wenn ein Mitgliedstaat sich aber seit langem – unabhängig von der Pandemie – in seiner Gesamtverschuldung von dieser 60-%-Grenze fernhält oder weiter entfernt,[210] muss die Kommission dieses in einem eigens dafür geschaffenen Verfahren[211] unterbinden. Die EZB darf diese Entwicklung nicht durch weitere Anleihekäufe unterstützen. Die Gewöhnung an eine Entrechtlichung scheint gegenwärtig Systemveränderungen zu erleichtern, die das Handeln der EZB über die Währungspolitik hinaus auf die Wirtschaftspolitik erstrecken. Doch die von der EZB finanzierten und kontrollierten Ankäufe von Staatsanleihen müssen immer wieder neu in ihrer rechtlichen Kompetenz- und Befugnisgrundlage überprüft werden.

bb) Griechenland und Italien

Die Lockerung und Gefährdung der Rechtsmaßstäbe für Finanzhilfen an einzelne Staaten zeigt die Vertragspraxis besonders deutlich. Nach der Finanzkrise 2008 wuchs die Neuverschuldung Griechenlands von 109,4 %/ BIP im Jahre 2008 auf 126,7 %/BIP im Jahre 2009. Daraufhin gewährten die Euro-Mitgliedstaaten Griechenland eine bilaterale, durch die Europäische Kommission koordinierte Kredithilfe in Höhe von 80 Mrd. Euro. Der IWF gewährte einen Kredit von 30 Mrd. Euro.[212] Im Jahre 2012 wurde die Schuldenlast für Griechenland trotz der europäischen Hilfen untragbar. Griechenland vereinbarte deshalb mit seinen privaten Gläubigern einen Schuldenschnitt, einen Forderungsausfall von 53,5 %.[213] Dieser teilweise Zahlungsausfall[214] brachte Griechenland jedoch nicht auf den erhofften Stabilitätspfad. Deswegen bewilligten die Eurostaaten unter der EFSF (heute ESM) 130 Mrd. Euro unter Auflagen, die eine Restrukturierung Griechenlands förderten. 2015 befand sich Griechenland erneut in einer Notlage, konnte die IWF-Kreditraten nicht fristgerecht zurückzahlen und wurde damit faktisch zahlungsunfähig. Daraufhin wurde Griechenland zunächst eine Überbrückungshilfe für den Juli in Höhe von 7,16 Mill. Euro gewährt.[215] Zudem erhielt Griechenland im August das dritte Hilfsprogramm unter dem ESM in einem Umfang von 86 Mrd. Euro.[216] Im Laufe dieser Entwicklung hat sich die Gesamtverschuldung Griechenlands von 99,2 %/BIP (2008) auf 187,4 %/BIP (2020) entwickelt.[217] Heute beträgt das Defizit 201 % BIP. 2017 wurde das Defizitverfahren gegenüber Griechenland eingestellt.[218] Ende 2019 erklärte die Kommission, Griechenland genüge den Anforderungen des Art. 126 AEUV.[219]

Ein zweites Beispiel für die Gefährdung des Rechts bietet die Kreditpolitik gegenüber Italien. Nach Art. 119 Abs. 3 AEUV setzt die Tätigkeit der Union und der Mitgliedstaaten eine „tragfähige Zahlungsbilanz" voraus.[220] Nach dem Europäischen Pandemie-Notprogramm[221] erhält ein Schuldnerstaat nur Geldzuwendungen, wenn dieser fähig ist, seine Schulden zu tragen (Schuldentragfähigkeit).[222] Fehlt es an dieser in jedem Darlehensvertrag versprochenen Rückzahlungsfähigkeit, wäre der Kredit ohne Rückzahlungserwartung faktisch eine unionsvertragswidrige Transferzahlung.[223] Für die Frage, ob das Pandemie-Notprogramm eine Not überbrückt oder eine Schuldnerschwäche finanziell ausgleicht, ist die Praxis der Schuldentragfähigkeitsanalyse von großem Aussagewert. Im Januar 2020 hat die Kommission ihren Debt Sustainability Monitor 2019 vorgelegt, in dem „praktisch alle Indikatoren zur Beurteilung der Zehn-Jahres-Tragfähigkeit für Italien auf Rot gesprungen" waren.[224] Nach Beginn der Corona-Pandemie − wenige Monate später − sieht die Kommission die Schuldentragfähigkeit Italiens plötzlich als ungefährdet an.[225] Die Pandemie mit ihren Belastungen der Wirtschaft und den Steigerungen der Staatsschulden verringert die Schuldentragfähigkeit aller Eurostaaten, wird aber von der Kommission als Wende von der Bedenklichkeit zur Unbedenklichkeit gehandhabt. Diese Analyse wurde von der Kommission in Abstimmung mit dem ESM und der EZB erarbeitet. Sie führt zu der Erwartung, den Eurostaaten stünden Kredite unabhängig von ihrer Schuldentragfähigkeit zur Verfügung. Der Kredit wandelt sich zu einem Instrument der Staatsfinanzierung. Die EZB finanziert Staaten und macht sich von diesen abhängig. Die Betroffenheit von Grundrechtsträgern tritt in den Hintergrund.

c) Das Streben der EU nach finanzieller Eigenständigkeit

aa) Neustrukturierung der Union

Der Europäische Rat hat in seinen (politischen) Schlussfolgerungen vom 21. Juli 2020[226] einen Strukturwandel der Union zu einer eigenständigen Finanzmacht vorgeschlagen, der das bisherige Unionsrecht grundlegend verändert. Die Staats- und Regierungschefs verständigen sich auf den Mehrjährigen Finanzrahmen 2021-2027, auf das befristete, der Bewältigung der Pandemiefolgen dienende Wiederaufbauprogramm „Next Generation EU (NGEU)" und einen Eigenmittelbeschluss, der die Grundlagen zur Finanzierung dieser Maßnahmen regelt. Der Europäische Rat fordert einen eigenständigen Haushalt mit eigenem Besteuerungsrecht, einer Befugnis zur Kreditaufnahme und ausdrücklicher finanzieller Lenkungsmacht. Er bestätigt einen Vorschlag der Europäischen Union,[227] der zur NGEU-Mittelschöpfung im Wege einer „außerordentlichen und befristeten Ermächtigung zur Mittelaufnahme" am Kapitalmarkt ermächtigt. Das Volumen beträgt vorerst 750 Mrd. Euro. Sodann werden NGEU-Mittel für das Aufbauinstrument (Recovery Instrument, RI) zugewiesen, schließlich NGEU-Mittel für Programme, insbesondere die Aufbau- und Resilienzfazilität (Recovery and Resilience Facility – RRF) vorgesehen, die auf „ökologischen und digitalen Wandel" gerichtet sind und für Investitionen und Reformen eingesetzt werden sollen.

Diese politischen Beschlüsse des Rates, der Eigenmittelbeschluss und seine Erweiterung, markieren in der Summe der bereitgestellten Mittel[228] den Aufbruch in eine Neustrukturierung der Europäischen Union. Die Höhe der bereitgestellten EU-Mittel verschiebt die Finanzmacht von einer mitgliedstaatlich finanzierten Union zu einer Union finanzieller Eigenständigkeit. Die Eigenmittel der Union sollen durch die Steuer auf nicht recycelte Kunststoffabfälle, sodann aber auch durch eine CO_2-Grenzausgleichsabgabe, eine Digitalabgabe, ein überarbeitetes Emissionshandelssystem, schließlich auch durch eine Finanztransaktionssteuer erweitert werden. Vorerst aber sollen die angekündigten Finanzmittel im Wesentlichen durch Aufnahme von Krediten an den Kapitalmärkten beschafft werden. Sieht man diese Entwicklung im Zusammenhang mit dem Green Deal und dessen Quantifizierung auf über eine Billion Euro[229] sowie der digitalen „Revolution", so wird eine Bereitschaft zur EU-Verschuldung und eine Politik des „goldenen Zügels" in der Öko- und Digitalpolitik ersichtlich, die alle bisherigen Grenzen sprengt. Bundestag, Bundesrat und Bundesregierung werden sich in ihrer Integrationsverantwortung vergewissern müssen, ob diese Expansion der Geldpolitik den Euro und damit die Union substantiell gefährden. Sie werden gewährleisten müssen, dass die außerordentlichen Mittel zweckgebunden und befristet verwendet, keine zusätzlichen Kredite aufgenommen werden.[230]

bb) Vertragsänderung oder Rechtsfortbildung

Die politische Absicht, der Europäischen Union eine eigene Verschuldungsmöglichkeit und eine eigene Steuerhoheit zu geben, den Eigenhaushalt zu einer eigenständigen Finanzmacht zu erweitern, ändert die europäische Haushalts- und Finanzarchitektur grundlegend. Eine solche Strukturverschiebung bedarf der Zustimmung von Bundestag und Bundesrat mit verfassungsändernder Mehrheit (Art. 23 Abs. 1 GG).

Zwar sind die Maßnahmen außerordentlich und befristet. Doch begründen Haushalt, Schulden und Steuergesetze Dauerrechtsbeziehungen, die über Stichtage hinauswirken. Vor allem aber gewöhnen sich Staaten, Unternehmen und Bürger an diese Gestaltungsmittel. Sie verfestigen ihre Erwartungen an diese Geldquellen und treffen langfristige Dispositionen, werden dieses Finanzsystem verstetigen wollen. Der erste Schritt zur Neugestaltung des Europäischen Hauses drängt auf Vollendung, scheint kaum rückholbar, braucht jedenfalls die kritische Begleitung der Verfassungsorgane.

Der Deutsche Bundestag hat den Eigenmittelbeschluss des Rates vom 29.7.2020[231] am 25.5.2021 mit einer Mehrheit von 478 (ja) zu 95 (nein) und 72 (enthalten) bei 63 nicht abgegebenen Stimmen ratifiziert.[232] Der Bundesrat stimmte dem Gesetz am 26.3. einstimmig zu.[233] Damit ist das Gesetz zwar mit einem Stimmergebnis beschlossen, das für eine Verfassungsänderung ausgereicht hätte, nicht aber in einem Verfahren der Verfassungsänderung. Der Gesetzentwurf der Bundesregierung[234] versteht den Eigenmittelbeschluss nicht als Beginn einer Umgestaltung der Europäischen Union zu einer eigenständigen Finanzmacht, sondern als bloße Änderung des Europarechts im Rahmen der bisherigen Verträge. Das Zustimmungsverfahren vermeidet das Verfahren der Verfassungsänderung mit seiner parlamentsinternen Warn- und seiner europaweiten Signalfunktion, erreicht aber ein Abstimmungsergebnis, mit dem eine solche Änderung möglich gewesen wäre. Es gibt dem Eigenmittelbeschluss nicht die rechtsstaatlich eindeutige, verlässliche Grundlage, die der Bürger in diesen Kernfragen des Staates erwarten darf. Das Parlament hat ein Problem bedacht, aber nicht gelöst.

Wenn die Mittel für die Next Generation EU und den Wiederaufbaufonds (RRF) zur Haupteinnahmequelle der EU werden[235] und dieses Finanzkonzept mittelfristig – in letzten Auswirkungen bis 2058 – angelegt ist, so geht es nicht nur um eine Ausnahmefinanzierung bei Naturkatastrophen oder außergewöhnlichen Ereignissen (Art. 122 AEUV), auch nicht um die Unterstützung der Mitgliedstaaten durch die Union bei ihrer Wirtschaftspolitik mit Hilfe von Strukturfonds oder ergänzenden „spezifischen Aktionen" (Art. 175 AEUV). Die Union wird umgestaltet. Maßstabgebend für diese Änderungen des Finanzwesens sind das Verbot der Staatsfinanzierung durch das ESZB (Art. 123 AEUV), das Prinzip der Finanzautonomie der Mitgliedstaaten mit einem Haftungsausschluss für Verbindlichkeiten der Union oder anderer Mitgliedstaaten (Art. 125 AEUV), die Begrenzung der Staatsschulden (Art. 126 AEUV) sowie das die Haushaltsdisziplin sicherstellende Verbot von Unionsrechtsakten, die erhebliche Auswirkungen auf den Haushaltsplan haben könnten, ohne die Gewähr zu bieten, dass die mit diesen Rechtsakten verbundenen Ausgaben im Rahmen der Eigenmittel der Union finanziert werden können (Art. 310 Abs. 4 AEUV).

cc) Folgen praktizierter Gewohnheit

Die Union ist nicht berechtigt, Kredite aufzunehmen. Das Verschuldungsverbot galt lange als gesichertes Recht,[236] wird nun aber zunehmend in Frage gestellt. Zur Begründung wird oft auf schon praktizierte Kreditaufnahmen der Union verwiesen.

Die Union hat selbst „neben den (oder gegen die) Normen des Vertrages eine zwischenzeitlich rege Kreditfinanzierung betrieben".[237] Seit der ersten Ölkrise in den Siebziger Jahren wurden Mitgliedstaaten, die in Zahlungsschwierigkeiten geraten waren, vom Rat durch Anleihen („Petro-Dollar-Anleihen") unterstützt.[238] Während verschiedener Wirtschaftskrisen wurden zur Investitionsförderung Anleihen aufgenommen und Fördermittel verteilt.[239] In neuerer Zeit wurden Kreditfinanzierungsmöglichkeiten außerhalb der EU erschlossen, die allerdings in den Förderungsadressaten und den Förderungswirkungen Unionssubventionen gleichkommen.[240] Zentralbanken „auf beiden Seiten des Atlantik (und des Pazifik)" kauften Staatsanleihen.[241]

Durch diese Kreditpraxis entsteht jedoch kein neues Recht. Zwar werden die Kredite von der EU durch Organe der Europäischen Rechtsgemeinschaft gewährt, von den Adressaten gern entgegengenommen, in der richterlichen Praxis und Wissenschaft kaum beanstandet, teilweise ausdrücklich gutgeheißen. Doch dadurch entsteht kein Gewohnheitsrecht. Die Frage nach dem Gewohnheitsrecht ist in der Entwicklung des Unionsrechts – insbesondere wegen der Wirkungsweise der Rechtsprechung des EuGH – kaum von Bedeutung.[242] Auch die Reichweite und lückenfüllende Funktion der Allgemeinen Rechtsgrundsätze erübrigen die Notwendigkeit, auf Gewohnheitsrecht zurückzugreifen.[243] Neue Mitglieder übernehmen bei Eintritt in die EU den dort präsentierten Rechtsbestand des Unionsrechts, stellen nicht die Frage nach dessen Entstehensgrund und Legitimation.[244] Zudem könnte, wenn Völkergewohnheitsrecht möglich wäre, jeder Staat die eigene Bindung an die neu entstehende Regel des Gewohnheitsrechts durch beharrlichen Widerspruch ausschließen.[245] Wenn sich aber einzelne Organe und Mitgliedstaaten vom Recht entfernen, ändert sich dadurch das Recht nicht. Eine Vertragsänderung setzt ein förmliches, auf Einstimmigkeit der Mitgliedstaaten angewiesenes Änderungsverfahren voraus (Art. 48 EUV). Selbst wenn sich alle Organe der EU und alle Regierungen der Mitgliedstaaten über ein besseres Recht einig wären, entscheidet über eine Änderung des Rechts das Parlament. Strukturerhebliche Änderungen des Europarechts regeln im Staatenverbund die Parlamente der Mitgliedstaaten gemäß ihren verfassungsrechtlichen Vorschriften.[246] Die Bindungskraft des Europarechts ist stark ausgeprägt und in seiner Entwicklung auf die Mitgliedstaaten angewiesen. Sie kann durch eine finanzpolitische Macht des konsensualen und stetigen Gebens und Nehmens nicht durchbrochen werden.

Auch eine Notsituation rechtfertigt kein Abweichen vom geltenden Recht. Vielmehr treffen die detaillierten Regelungen zur Bewältigung von Krisen in Art. 122 Abs. 2, 143–144 AEUV Vorkehrungen für eine gemeinsame Bewältigung der Krise. Es gilt nicht die Regel „Not kennt kein Gebot", sondern das Prinzip des ausgleichenden und krisenfesten Rechts, das sich auch auf Notfälle eingerichtet hat und sich gerade in der Not bewähren muss.

Die Union sucht gegenwärtig einen Weg von einem mitgliedstaatlich finanzierten Staatenverbund zu einer eigenständigen Finanzmacht. Die dafür erforderlichen Vertragsänderungen müssen von jedem Mitgliedstaat ratifiziert werden (Art. 48 EUV). Da diese Voraussetzungen nur schwer erreichbar scheinen, drängt eine europäische Praxis dynamischer Vertragshandhabung die Bestimmungen des Europarechts in eine Labilität, die eine Entfaltung der Finanzmacht ohne entsprechende Vertragsänderungen ermöglichen soll. Ein kleiner Schritt praktischer Maßnahmen außerhalb des Vertrages bahnt den Weg zur nächsten Vertragsüberschreitung. Faktizität verdrängt Legalität. Zudem wird der Vertrag mehr und mehr final ausgelegt, so dass die Vorschriften über Kompetenzen und Mittel verblassen. Das Europarecht wird ein Recht auf Rädern, das aus den Gleisen zu springen droht.

Die Bundesregierung und insbesondere der Bundestag haben in ihrer Integrationsverantwortung die Umgestaltung der Union zu einer eigenständigen Finanzmacht, die wirtschaftlichen und sozialen Folgen der Pandemie, die Finanzierung von Green Deal und „digitaler Revolution" in den verfassungsrechtlich vorgesehenen Verfahren zu analysieren, parlamentarisch zu debattieren und als Mitglied der Union in demokratisch-rechtsstaatliche Bahnen zu lenken. Würde die Union allein durch Maßnahmen der Unionsorgane zur Fiskalunion und sodann zur Verschuldungsunion, verlöre der Euro seine Rechts- und Vertrauensgrundlage. Es entstünde ein Krisenszenario, dem das Recht in der Konzeption eines Staatenverbundes vorbeugen muss.

d) Ökonomische Leitlinien

In dieser Krise, die in einer Hochkultur von Prosperität, Rechtsstaatlichkeit und Wissenschaftlichkeit zu bewältigen ist, hilft eine Rückbesinnung auf die wirtschaftlichen Ausgangsprinzipien, nach denen der stetige Fortschritt von Wirtschaft und Recht in Deutschland organisiert worden ist. Nach dem Zusammenbruch der Kriegswirtschaft nach dem Zweiten Weltkrieg haben sich Recht und Ökonomie in einem Leitsätze-Gesetz auf die Prinzipien für die Bewirtschaftung und Preispolitik nach der Geldreform verständigt.[247] Die Geldreform solle „die natürliche Beziehung zwischen Leistung und Gegenleistung" wiederherstellen, damit „den Bezieher von Arbeitseinkommen zum bevorzugten Käufer" machen, so „die Voraussetzungen für eine Steigerung der Arbeitsleistung und der Produktion" schaffen. Die Nachfrage sei durch „die großen Geldhorte aufgebläht" und auf ihr berechtigtes Ausmaß zurückzuführen, „indem die Kaufkraft im Wesentlichen auf den Betrag der in der laufenden Erzeugung entstehenden Arbeitseinkommen beschränkt wird". Diese Wirtschaftspolitik müsse „wirtschaftliche und soziale Gesichtspunkte in gleicher Weise in Betracht" ziehen. Für das Ziel, das bisherige Zwangssystem aufzulockern, den Markt stärker zur Steigerung der Wirtschaftlichkeit in Erzeugung und Verteilung einzusetzen und „zugleich die Grundlage für eine die Stabilität der neuen Währung sichernde Geld- und Kreditpolitik schaffen zu können, bedarf die Wirtschaftsverwaltung in der Übergangszeit ausreichender Eingriffsmöglichkeiten", um die Wirtschaft zu lenken.

Der zuständige Direktor – Ludwig Erhard –[248] wurde beauftragt, im Rahmen der Leitsätze die erforderlichen Maßnahmen zu treffen. Er hat auf dieser Grundlage „hunderte von Bewirtschaftungs- und Preisvorschriften in den Papierkorb" befördert,[249] mit der Wendung von der Zwangswirtschaft hin zur Marktwirtschaft das „gesellschaftswirtschaftliche und soziale Leben auf eine neue Grundlage und vor einen Anfang gestellt", die „durch freiwillige Einordnung, durch Verantwortungsbewusstsein in einer sinnvoll organischen Weise zum Ganzen strebt".[250] Der Weg zur neuen Geld- und Wirtschaftsordnung führte zu harten Auseinandersetzungen mit den Alliierten, zu einem Kampf gegen die Warenhortung und Geldhortung, zu einem Generalstreik gegen die Marktwirtschaft, auch zu einer „seit der Währungsreform starken Ausweitung der Geldmenge – unbeeinflussbar durch deutsche Stellen".[251] Doch die gemeinsame Vorstellung von Freiheit und Verantwortlichkeit im Markt hat sich durchgesetzt.[252]

Parallel zu diesem ökonomischen Aufbruch gab der staatspolitische Gedanke einer Freiheit vom Staat der sich neu entfaltenden Rechtsgemeinschaft einen starken Impuls. Der Staat hatte unter der NS-Herrschaft Legitimation bei Bürgern und Staatsvolk, in Europa und der Welt verloren. Deshalb schien die Negation der Partei- und Führerdiktatur, aber auch eine Distanz zum Staat geboten, die den gesellschaftlichen Kräften die Erneuerung des Gemeinwesens überließ. In dem Ziel, den Staat durch eine Freiheit vom Staat zu erneuern, bot die „Soziale Marktwirtschaft"[253] ein politisch konsensfähiges und international überzeugendes Erneuerungskonzept. Zugleich mäßigte die Soziale Marktwirtschaft mit ihren Werken – sie gab Wohnungen, Kleidung, Lebensmittel – den Kapitalismus. Wenn Investoren und Konsumenten, Arbeitgeber und Gewerkschaften täglich ihre Freiheit in einer neuen Ordnung entfalten, rechtfertigen sie den noch von innen hohlen, legitimationslosen Staat in einer neuen Ordnung mit den Prinzipien von Rechtlichkeit.[254]

Diese bis heute bestimmende und erfolgreiche Idee freien – verantwortlichen – Handelns auf offenen Märkten bei sozialer Zugehörigkeit aller in einem Staatsgebiet lebenden Menschen ist in der weiteren Entwicklung deutlich modifiziert worden. Die Finanzreform 1969[255] betonte stark die wirtschaftspolitische Funktion des staatlichen Budgets, mehrte die Finanzmacht des Staates, anerkannte seinen finanzpolitischen Lenkungsauftrag und beförderte die Steuerlenkung. Die Zugehörigkeit Deutschlands zu einer sich immer stärker integrierenden Europäischen Union mit einem Binnenmarkt forderte eine neuartige Balance zwischen staatlicher Fiskalpolitik und europäischer Währungspolitik. Maschinelle und digitale Produktions-, Verteilungs- und Verwaltungsmethoden verändern das Arbeitsleben, stellen neue Fragen der Gewinnzurechnung, lösen auch Produktion und Handel aus der Zugehörigkeit zu einer Rechtsordnung. Digitale Kontrolle kann entmündigen. Weltweit tätige Unternehmen, die Selbstverständlichkeit eines grenzüberschreitenden Verkehrs von Waren, Dienstleistungen, Kapitalmarkt und Arbeitnehmern drängen auf Leitprinzipien, die in Europa, in den Industriestaaten und schließlich weltweit Verbindlichkeit beanspruchen. Doch die

Leitideen bleiben identisch: die Herrschaft des allgemeinen Gesetzes, nicht einzelner Personen in ihrer Willkür; die Freiheitswahrnehmung in Verantwortung und rechtlich geformter Konkurrenz; der Gelderwerb durch eigene Leistung, prinzipiell nicht durch staatliche Zuwendung; die Offenheit der Märkte und das Bemühen um ökonomische Grundprinzipien, die durch das Recht in alle Winkel der Welt getragen werden, in dem wirtschaftlicher Leistungstausch sich ereignet.

e) Gemeinsame Rückkehr zum Recht

In dieser Erneuerungsphase voll rechtlicher Irritationen, aber auch begrifflicher Prinzipienfestigkeit stehen Wirtschaft und Recht vor der Aufgabe, die Leitgedanken einer freien, rechtlich geprägten Wirtschaft als Sanierungshilfen neu zur Wirkung zu bringen. Die große Aufgabe, Weltprinzipien des Wirtschaftsrechts zu entwickeln, obliegt den Staaten. Der Traum vom Weltenstaat, der in einer Weltherrschaft dieses Recht setzt, wird enttäuscht werden, weil nach statistischer Wahrscheinlichkeit dieser Weltenstaat wohl von einem Diktator bestimmt würde, jedenfalls aber der Mensch in einer Krise mit dieser – einen – Staatsgewalt viele Elementarrechte verlöre, er insbesondere nicht dem Zugriff dieser Staatsgewalt durch Auswanderung und Asyl entrinnen könnte. Für die Gestaltung der Europäischen Union ist die Aufgabe einfacher, dennoch recht anspruchsvoll. Geboten ist eine Rückkehr zum Recht, die handwerklich gediegen von Ökonomie und Recht nur in gemeinsamer Anstrengung erreicht werden kann. Grundtatbestände von Wirtschaft und Recht sind so zu erneuern und fortzubilden, dass sie ihre alte Wirkungskraft und die Verbindlichkeit der Normen zurückgewinnen.

Die Wirtschaft gestaltet die Tatbestände Geld, Markt und Wettbewerb, europäischen Binnenmarkt, Eigentum und Vertrag und gibt der Verfassung, dem Gesetz, dem Parlament und Gericht einen Gegenstand. Recht und Wirtschaft bestimmen die Voraussetzungen und Grenzen dieser Tatbestände in gemeinsamen Antworten auf neue Anfragen an dieses Recht. Doch wenn diese Realitäten in ihrer Bedeutung für die Währungspolitik bewertet, in ihren Funktionen verstanden und in ihrer Entwicklung gerechtfertigt werden sollen, wird der Reformbedarf sichtbar. Erneut bedacht werden müssen insbesondere der Wettbewerb, die Grenzen des Marktes, die Erwartungen an die ökonomische Vernunft, die Prognoseentscheidungen, die Freiheitsfunktion des Rechts, die Quantifizierung und Modellierung.

aa) Der Wettbewerb

Der Wettbewerb ist ein Rechtfertigungsverfahren, in dem sich in einem fairen Verfahren der Erfolgreiche – im Sport der schnellste Läufer, im politischen Wettbewerb der Kandidat mit den meisten Stimmen, auf dem Markt der beste Anbieter – durchsetzt, die anderen zu Verlierern werden. Diese Härte, zwischen Siegern und Besiegten zu unterscheiden, ist vertretbar, weil die Unterlegenen am Markt eine nächste Chance haben, deshalb auf einen baldigen Erfolg hoffen dürfen. In der Idealvorstellung vollkommener Konkurrenz verteilen die allein nach wirtschaftlicher Vernunft handelnden Menschen Güter so, dass der Mensch mit der höchsten Wertschätzung für ein Gut dieses erhält, die Verschwendung knapper Ressourcen soweit als möglich verringert und vermieden wird.[256] Dieser vollkommene Wettbewerb führt zu einem Ergebnis, in dem kein Mensch mehr bessergestellt werden kann, ohne dass ein anderer einen Nutzen verliert.[257]

Das Recht wird die Wirtschaft bei dem Streben nach Idealen unterstützen, zugleich aber auch verbindlich regeln, dass Idealvorstellungen angestrebt, jedoch nicht vollständig erreicht werden, dass die vollkommene Konkurrenz mit anderen Zielvorstellungen konkurriert, teilweise von diesen verdrängt wird. Gegenwärtig eint Staat und Gesellschaft das Ziel, in der Corona-Pandemie Gesundheit für alle wiederherzustellen. Diesem Ziel werden andere legitime Ziele untergeordnet. Ähnliches gilt für den staatlichen Auftrag, Frieden zu sichern und zu wahren, Freiheit und Gleichheit für jedermann in allen Lebensbereichen zu gewährleisten, die Umwelt zu schützen und zu erhalten, die Privatsphäre, insbesondere für die Familie, gegen den modernen digitalen Datenzugriff, gegen neue Techniken des Mitsehens und Mithörens abzuschirmen. Die Werturteile der Verfassung garantieren zunächst die Menschenwürde für jedermann, die Freiheiten seiner Person und seiner Familie, der Wohnung und der Privatheit. In diesem Rahmen wird auch die Berufs- und Eigentümerfreiheit geschützt. Unter diesen Gütern sind die Wirtschaftsgüter ein Gut unter anderen.

Wettbewerb ist organisierte Rivalität. In rechtlichem Rahmen wird Freiheit verantwortlich – haftend – wahrgenommen. Die Vertragsfreiheit ist gesetzlich typisiert und kennt unabdingbare Inhalte. Der Mensch – und nicht ein Algorithmus – schließt die Verträge. Jedermann hat ein Recht auf freien Zugang. Das Marktgeschehen ist allgemein ersichtlich und bleibt sozialverträglich. Der Markt ist auf erwerbbare Güter ausgerichtet, prüft die Käuflichkeit von Gut und Leistung, ist im Ziel dem individuellen wirtschaftlichen

Erfolg verpflichtet und spekuliert nicht mitgestaltend auf den Niedergang von Unternehmen oder Staaten. Strukturell setzt der Wirtschaftswettbewerb voraus, dass die Produktionsfaktoren Kapital und Arbeit in privater Hand bleiben, der Staat nicht selbst als Wettbewerber auftritt, die Märkte offen sind, die Preise durch offene Konkurrenz gebildet werden.

bb) Markt und andere Lebensbereiche

Das Recht schirmt auch die verschiedenen Lebensbereiche mit unterschiedlichen Gesetzmäßigkeiten gegeneinander ab. Wer am Markt eine Ware kauft, beansprucht für seine Kaufentscheidung Verbindlichkeit. Wer bei einem Beamten eine Genehmigung kaufen will, macht sich strafbar. Wer sich eine Dienstleistung honorieren lässt, entspricht den rechtlichen Regeln des Marktes. Fordert er für einen Freundschaftsdienst, für ein Ehrenamt, für familiäre Leistungen ein Entgelt, stört er die Strukturen dieser Idealgemeinschaften, die keine Wirtschaftsgemeinschaften sein wollen. Viele rechtliche Regeln für das Wirtschaftsleben dienen wirtschaftsfremden Zielen: der Verbraucherschutz, das Arbeits- und Hygienerecht, das Umweltrecht, die Schranken für den grenzüberschreitenden Verkehr von Waren, Dienstleistungen, Kapitalmarkt und Arbeitnehmern, der Kinder- und Jugendschutz, die Regeln für Verkehrssicherheit in den Betriebsstätten, für die Produkte und im Straßenverkehr. Diese Einbettung des Wirtschaftswesens in eine allgemeine Rechtsordnung begründet nicht nur „Transaktionskosten" für eigentlich als kostenfreie Vorgänge gedachte Tauschgeschäfte, sondern setzt Bedingungen, unter denen die Rechtsordnung die Freiheit von Markt und Wettbewerb zulässt. Die Idealbedingungen eines vollkommenen Wettbewerbs ohne zusätzliche Transaktionskosten gibt es nicht.[258] Doch das Recht sucht sie annähernd zu erreichen. Es mäßigt die Marktmacht eines Unternehmens, gleicht Informationsunterschiede aus, erfüllt den staatlichen Schutzauftrag für Leib und Leben, persönliche Freiheit und Privatheit durch Regulierung, gewährleistet eine faire Handhabung des Vertragsrechts, schützt geistiges Eigentum und Vertrauen in Firmennamen, Warenzeichen, Status und seine Symbole, regelt insbesondere Verantwortlichkeiten und Haftungen.

Wenn der Staat sodann um der Freiheit des Wirtschaftswesens willens auf Staatsunternehmen verzichtet, sich durch steuerliche Teilhabe am Erfolg privaten Wirtschaftens finanziert, er die Wirtschaftsentwicklung durch Erschließungs- und sonstige Infrastrukturleistungen, aber auch durch Subventionen und haushaltswirtschaftliche Globalsteuerung lenkt, wird ein Modell von Staat und Wirtschaft erkennbar, das auf Kooperation, wechselseitige Ergänzung, begrenzte Räume von Freiheit und Autonomie angelegt ist. Dieser Staat gibt die Währungspolitik, damit die Lenkung des Geldmarktes, in die Hand des ESZB, macht sich aber nicht selbst zum Objekt einer Lenkung oder Aufsicht durch die Zentralbank.

Die Struktur eines freiheitlichen Staates fordert die Steuerfinanzierung, nicht die Entgeltfinanzierung des Staates, der für Geld seinen Bürgern Sicherheit gewährt.[259] Würde der Staat einem Unfallopfer nur gegen Entgelt Hilfe leisten, einem Studierfähigen wegen Armut den Studienplatz verweigern oder einem Bedürftigen wegen Mittellosigkeit die Sozialhilfe vorenthalten, verfehlte er seinen rechtsstaatlichen und sozialstaatlichen Auftrag. Der Gütertausch ist nicht das Prinzip des Verfassungsstaates, sondern eines rechtlichen Teilbereichs, des Wirtschaftswesens. Dieses Prinzip ist auch zu bedenken, wenn ein Staatskredit vereinbart wird.

Das Ziel, die – stets raren – Ressourcen zu schonen und nicht zu verschwenden, gilt für alle Lebensbereiche – die Familie, die schulische, betriebliche und universitäre Bildung, die Umwelt, das Parlament als Quelle zum Hervorbringen von Recht, die öffentlichen Finanzmittel, die Ehrenämter, das Gesundheits- und Kulturwesen. Hier regiert die Idee des Gemeinwohls, weniger der Mehrung des Nutzens für die Akteure.

cc) Vorbeugende Konfliktvermeidung

Das Recht sucht gegenläufige Interessen vor dem offenen Konflikt auszugleichen und widerstreitende Parteien vorbeugend zu befrieden. Wenn der um eine große Ernte bemühte Landwirt und der um Vergrößerung seiner Herde bemühte Viehzüchter eine gemeinsame Grenze haben,[260] vermeidet das Recht den Konfliktfall durch Gefahrenvorsorge. Im Fall des Schweinemästers, an den eine Bebauung heranwächst[261], schaffen das Baurecht und das Gewerberecht hinreichende Abstandsflächen und Produktionsauflagen, um Geruchsbelästigung zu vermeiden. Das Kartellrecht sucht das Entstehen von marktstörender Marktmacht zu verhindern, nicht erst die Ausübung von Marktmacht zu beschneiden. Das Straßenverkehrsrecht regelt die Sicherheit und Leichtigkeit des Straßenverkehrs vorbeugend und erzwingt dessen Beachtung durch Androhung von Bußgeldern. Das Privatrecht zieht klare Grenzen, die gegenläufige Ansprüche mäßigen. Diese Gefahrenvorsorge, die zukünftige Störungsquellen vermeidet, nicht nur aktuelle Störungen beseitigt, fordert nicht einen „Preis" für eine rechtswidrige Handlungsweise und einen damit verbundenen, aber rechtlich nicht anerkannten „Nutzen" (Zeitersparnis, Freude am schnellen Fahren, Berücksichtigung der Ankunftserwartung), sondern sagt, was nicht sein darf. Diese Grenzen der Freiheit finden allgemeine Zustimmung in Wirtschaft und Kultur, Gesellschaft und internationalem Rechtsverkehr.[262]

dd) Der homo oeconomicus

Der Mensch richtet sein Verhalten auf seinen wirtschaftlichen Nutzen aus, sucht sein Einkommen stetig zu mehren. Doch der Mensch entspricht nicht prinzipiell dem Bild des homo oeconomicus.[263] Er verfolgt ideelle Ziele, sucht menschliche Nähe, entwickelt sich in Familie und Kultur. Junge Menschen und Menschen vor Eintritt in das Rentnerleben wägen bewusst zwischen Erwerbsanstrengung und Freizeit ab. Arbeitnehmer verhandeln nicht selten härter über die Arbeitszeit als über den Arbeitslohn. Eine junge Wissenschaft stellt die Frage, ob ständiges Erwerbsstreben, stetiges Wirtschaftswachstum, Maximierung und Optimierung des ökonomischen Erfolges die richtigen Lebensprinzipien sind.

Der Mensch sucht Orte der Gelassenheit, der Abgeschiedenheit, der sinnlichen Erfahrung, der Grenzen der Erfahrbarkeit. Dabei kann der Mensch durch Daten- und Rechentechniken seine Wahrnehmungsfähigkeit erweitern, sich eine Form des modellierenden Denkens erschließen, sich dem für unsere Vorstellungskraft Unfassbaren – dem Universum oder dem Mikrokosmos der Nanotechnik – annähern. Er kann das Unsichtbare nicht sichtbar machen, das Unaussprechliche nicht aussprechen, das Unbegreifbare nicht in Bildern begreifen, macht sich aber dennoch ein Bild von der Welt, in der er hofft und träumt, sich erinnert und in die Zukunft vorausdenkt, eine Freiheit nutzt, die auch Unabhängigkeit von Kausalitäten sucht.[264] Dieses Bild vom Menschen liegt der modernen Wirtschaft und den Wirtschaftswissenschaften zugrunde. Sie beobachten, dass der Mensch nach Gewohnheit und Vertrautheit entscheidet, insbesondere die ihm geläufigen Produkte und Dienstleistungen nachfragt. Er ist durch Werbung beeinflussbar, die nicht die ökonomische Vernunft, sondern Empfindungen, Gefühle, Erwartungen und Fantasie anspricht. Er orientiert sich an Vorbildern, die ihr Leben nicht immer rational gestalten. Das Wissen von Gewohnheiten, Vorlieben, Ansprechbarkeit, Beharrungsvermögen ist Grundlage des wirtschaftlichen Erfolges.

ee) Recht ermöglicht Freiheit

Recht ermöglicht Markt und Wettbewerb, Unternehmensfreiheit und Unternehmensgründung, organisiert die Infrastruktur für Produktion und Vertrieb, sichert die Ausbildung der Arbeitnehmer. Recht befähigt die Menschen zum Umgang mit Kredit und Internet, gewährleistet einen inneren Frieden, in dem jeder unbedroht tauschen kann, einen für den entgeltlichen Tausch freiheitsoffenen Markt nutzen wird, Angebote vergleichen, Preise wägen und gewichten, Tauschentscheidungen frei treffen kann. Das Recht garantiert die Wirtschaftsfreiheit, muss diese deshalb definieren, begrenzen. Es regelt eine Ordnung für wirtschaftliche Freiheit, für Konkurrenz, für Markt und Wettbewerb, bettet diese Ordnung in eine Gesamtordnung ein, die andere Maßstäbe menschlichen Handelns regelt.

Recht entsteht vor allem aus der Realität von Armut und Krankheit, Krieg und Existenznot, Forschungsfortschritten und Unternehmermut, Familienleben und Nachbarschaft, Kultur und Sprache, Sicherheits- und Wirtschaftsanliegen. In dieser Antwort auf die Realität folgt das Recht bestimmten Idealen: der Menschenwürde, der individuellen Freiheit und demokratischen Teilhabe, der Sicherheit im geschriebenen, parlamentarisch entschiedenen Gesetz, der Gleichheit vor diesem Gesetz, der sozialen Zugehörigkeit, der Streitschlichtung durch rechtliches Gehör und Verfahren, der Kontinuität eines erneuerungsfähigen Rechts und des Vertrauensschutzes. In diesem Vertrauensprinzip wurzelt die Normativität des Rechts, die Verbindlichkeit des geschriebenen Rechtstextes, der erst allgemeine Gleichheit, generellen Frieden und Sicherheit, Vertrauen in Institutionen und Demokratie begründet. Das Wirtschaftsleben ist eine Quelle, ist Gegenstand, ist auch ein Ziel des Rechts.

ff) Einzelkausalitäten und Gesamtwürdigung

Die Wirtschaftswissenschaften widmen sich derzeit der Frage, ob beim Verständnis der Inflation die Modellierungen von Einzelkausalitäten die Wirklichkeit erklären können oder einer Gesamtbetrachtung weichen müssen, die auf weltweites und technikbestimmtes Wirtschaften ausgerichtet ist. Wenn eine beharrliche Politik des billigen Geldes eine Inflation der Konsumpreise kaum erreicht, kann diese Realität nicht aus dem bloßen Zusammenhang zwischen Löhnen und Arbeitslosenquote, zwischen Liquiditätsausstattung einer Volkswirtschaft und Preisen, oder zwischen Auslastung der Produktivitäts- und Angebotskapazitäten und Preisen verstanden werden. Auch das Messen der Inflation allein an Güterpreisen, ungeachtet der Preisentwicklung für Vermögenswerte (Immobilien, Gold, Kunst, Aktien), wird fragwürdig, wenn die Preispolitik der Notenbanken eine Inflation zwar nicht am Gütermarkt des Privatkonsums verursacht, wohl aber an den Finanz-, Kunst- und Immobilienmärkten, wo die Vermögenden durch die Preissteigerungen gewinnen, die Kleinsparer mit ihren Sparbüchern, Bankeinlagen, Rentenpapieren und Lebensversicherungen hingegen verlieren. Die Wirtschaftswissenschaften analysieren die Realität weltweiten Wirtschaftens. Die Lohn- und Preisentwicklung löst sich von einer einzelnen Volkswirtschaft, deren Kapazitäten und Auslastungen. Die Maschinenproduktion erübrigt vielfach Lohnkosten. Digitalisierung und Künstliche Intelligenz technisieren und standardisieren Unternehmensabläufe. Finanzmarkt und Konsumgütermarkt digitalisieren die Nachfrage und ebnen in einer weltweiten Vergleichbarkeit Preise ein. Statt eines Eigentumserwerbs bieten Unternehmen Nutzungs- und Leasingrechte. In einer modernen Wirtschaft ist die globale Welt der Produktions-, Beschaffungs- und Absatzstandort, die Maschine der lohnsparende Güterproduzent, die Digitalisierung der Vereinfacher, der weltweite Organisator, Kontrolleur und inspirierende Taktgeber unternehmerischer Entscheidungen. Diese Langzeitentwicklungen, die das moderne Wirtschaften in eine humanere, befreiende, wertebewusste Zukunft führen, sind strukturprägende Entwicklungen, die ökonomisch und rechtlich neu gedacht werden müssen.

gg) Zahlen und Modelle

Die Übereinstimmung zwischen rechtlicher und ökonomischer Sicht auf das Wirtschaftsgeschehen ist alltägliche Selbstverständlichkeit und Grundlage wissenschaftlicher Bemühungen.[265] Ein Dialog ist derzeit besonders notwendig, wenn die ökonomische Effizienz die Verbindlichkeit des Rechts zu verdrängen sucht, wenn eine modellierende Wirklichkeitsbeobachtung die Realität vereinfacht, wenn mathematische Darstellungen die Erkenntnisvoraussetzungen, Erkenntnisgewinne und Erkenntnisfolgen einem kleinen Kreis von Fachspezialisten vorbehalten. Ein Numerus clausus der Wissenden sperrt die Betroffenen aus dem wissenschaftlichen Diskurs und der demokratisch-parlamentarischen Offenheit aus. Empfehlungen und Anreize beanspruchen eine Autorität und Legitimation dank Spezialisierung, die ihnen die Rechtsgemeinschaft erst nach Verallgemeinerung der Erkenntnisse für die öffentliche Debatte zuweist.

Die Analyse wirtschaftlichen Verhaltens erfasst die Freiheit des menschlichen Entscheidens, die Subjektivität seines Wertens, seine Abhängigkeit von Gewohnheiten, Vorbildern und Werbung. Die Globalsteuerung muss gegenläufige Interessen einschätzen und beurteilen. Die individuelle Lenkung braucht oft mehr Psychologie als allgemeines Erfahrungswissen. Wissenschaft und Politik können diese Sachverhalte nicht in präzisen Zahlen erfassen. Eine treffliche Aussage über einen nicht zählbaren Sachverhalt muss auf eine Quantifizierung verzichten, dem Rechner Ungenauigkeiten mitteilen, darf nicht Zählbares vorgeben, wenn der Mensch als Person verstanden und angesprochen werden soll.[266]

C.
Auftrag und Befugnisse des ESZB

I. Kompetenzen und Befugnisse zu Individualeingriffen

Die EZB ist institutioneller Garant des Geldwertes. Sie sichert ein Handlungsmittel, mit dem jedermann tauschen, Werte aufbewahren und Erträge erzielen kann. In dieser Funktion gewährleistet die EZB den Wert und die Ertragsfähigkeit des Spareigentums.

Die EZB ist eine gesetzlich geschaffene Institution zum Schutz für das gesetzlich eingeführte Wirtschaftsgut „Geld". Das Gesetz gewährt ihr Unabhängigkeit, schirmt sie gegen gesetzlichen Einfluss auf ihre sachverständige Währungspolitik ab. In ihren Handlungsbefugnissen ist sie deshalb auf „weiche Handlungsmittel" beschränkt, die der Freiheitswahrnehmung des Einzelnen ein Motiv geben, nicht aber in Grundrechte eingreifen. Der Gesetzesvorbehalt für Grundrechtseingriffe gibt die Entscheidungskompetenz dem Parlament, nicht der EZB. Wollte die EZB die Freiheitsrechte des Spareigentümers beschränken, würde sie vom Garanten zum Gegner der Freiheit.

1. Unionsverträge mit rechtsstaatlichem Gehalt

Die Rechtsgrundlagen der Europäischen Union – EUV und AEUV – regeln, dass und inwieweit die Mitgliedstaaten gemeinsam Hoheitsbefugnisse ausüben. Ihr Thema ist nicht der Grundrechtsschutz und der damit verbundene Gesetzesvorbehalt, sondern die Kompetenzverteilung zwischen Mitgliedstaaten und EU. In diesem Rahmen werden die Handlungsbefugnisse – die Berechtigungen und Handlungsmittel – unter den Vertragspartnern aufgeteilt. Dennoch ist nach Art. 2 EUV selbstverständlich, dass die von den Verfassungsstaaten in die Union mitgebrachten Werte, hier insbesondere die Freiheit und die Rechtsstaatlichkeit, der Grundrechtsschutz und damit verbunden der Gesetzesvorbehalt, zum Inhalt der Unionsverträge gehören. Zudem erkennt Art. 6 Abs. 1 EUV die Grundrechtecharta der Europäischen Union[267] als eine mit den Unionsverträgen gleichrangige Rechtsgrundlage an.

Der „Negativzins" fordert eine Sanktion für die Entscheidung des Geldeigentümers, sein Geld sparen zu wollen. Dieser Eingriff in die Eigentümerfreiheit setzt eine Ermächtigungsgrundlage voraus. Diese bemisst sich nach den Grundrechten und deren Gesetzesvorbehalt (zu D.). Zuvor ist zu klären, ob und inwieweit die EZB überhaupt handeln darf. Diese Frage beantwortet das Prinzip der begrenzten Einzelermächtigung (Art. 5 Abs. 2 EUV). Dieses Prinzip ist eine Regel des Organisationsrechts mit rechtsstaatlichem Gehalt. Es besagt, dass Unionsorgane nur das tun dürfen, was ihnen das Recht erlaubt. Dieser Gesetzesvorbehalt wird bestätigt und verdeutlicht durch Art. 13 Abs. 2 EUV, wonach jedes Organ der EU „nach Maßgabe der ihm in den Verträgen zugewiesenen Befugnisse" handelt. Für die „Negativzinsen" ist deshalb zu prüfen, ob die Kompetenz zu Kreditgeschäften auch die Kompetenz zu sanktionsbewehrten Maßnahmen gegen das Sparen umfasst (zu 2.). Sodann sind die Instrumente der EZB in ihrer Marktgebundenheit und Marktgerichtetheit, ihrer freiheitssichernden Funktion, ihrer Mitwirkungsbedürftigkeit und in ihrem Lenkungscharakter zu verstehen (zu 3.). Die dem ESZB vorbehaltene Währungspolitik definiert die Zinspolitik als Instrument der Geldpolitik, macht den Zins jetzt aber zu einer Sparsanktion, damit zu einem Teil der Wirtschaftspolitik, die nicht den Geldwert stabilisiert, sondern eine Gruppe von Geldeigentümern aus der Teilhabe am Geldmarkt verdrängt (zu 4.). Das Recht bettet das ESZB in eine rechtlich umgrenzte Ordnung der Währungspolitik ein, überlässt sie nicht einer Verfasstheit je nach Weltlage. Das wird sowohl vom EuGH wie auch vom BVerfG kontrolliert. Der rechtliche Rahmen für fachqualifizierte, insoweit nicht justitiable Entscheidungen lässt eine Sparsanktion nicht zu (zu 5.). Die Unabhängigkeit des ESZB ist ein rechtliches Qualitätsmerkmal des Europäischen Währungssystems, stützt sich strikt auf verbindliches Recht, dem die EZB ihre Existenz und Unabhängigkeit verdankt, in dem der Geldwert eine wesentliche Grundlage seiner Verlässlichkeit und Vertrauenswürdigkeit findet. Würde die EZB außerhalb des ihr gesetzlich verliehenen Handlungsrahmens eine Sparsanktion regeln wollen, verließe sie den Raum ihrer Unabhängigkeit und stellte damit ein zentrales Qualitätsmerkmal ihres Wirkens in Frage (zu 6.). Schließlich ist die Organisation des ESZB auf eine sachkundige, marktnahe Stabilitätspolitik angelegt, nicht auf sanktionsbewehrte Verbote bestimmter Geldgeschäfte (zu 7.).

2. Nicht Globalermächtigung, sondern Einzelermächtigung

Die Kompetenzen und Befugnisse des ESZB haben somit eine Doppelfunktion: Sie teilen die Hoheitsgewalt zwischen Mitgliedstaaten und EU auf, schützen aber auch den Bürger. Verstößt ein Rechtsakt strukturerheblich gegen die Ordnung der Kompetenzen und Befugnisse, ist er unwirksam. Greift er ohne Kompetenz- oder Befugnisgrundlage in die Grundrechte eines Betroffenen ein, ist er fehlerhaft, muss unterbleiben.

Nach Art. 3 Abs. 1 lit. c AEUV hat die Union die „ausschließliche Zuständigkeit" im Bereich der „Währungspolitik für die Mitgliedstaaten, deren Währung der Euro ist". Nach dem Prinzip der begrenzten Einzelermächtigung (Art. 5 Abs. 1 u. 2 EUV) und dem System des AEUV, das zwischen „Wirtschaftspolitik" und „Währungspolitik" unterscheidet, haben die Mitgliedstaaten dem ESZB keinen Globalauftrag erteilt, seine Kompetenzen vielmehr auf die Währungspolitik beschränkt. Das ESZB hat nach Art. 127 Abs. 2 AEUV die grundlegenden Aufgaben

• die Geldpolitik[268] der Union festzulegen und auszuführen,

• Devisengeschäfte durchzuführen,

• die offiziellen Währungsreserven der Mitgliedstaaten zu halten und zu verwalten,

• das reibungslose Funktionieren der Zahlungssysteme zu fördern.

Die Mitgliedstaaten haben dem ESZB die Kompetenz und die Befugnis übertragen, eine Währung als gesetzliches Zahlungsmittel einzuführen und eine eigenständige Geldpolitik zu betreiben.[269] Die Entscheidung der Eurostaaten, die Währungspolitik gemeinsam durch das ESZB auszuüben, ist eine Entscheidung für eine „Stabilitätsgemeinschaft"[270], die Geldwertstabilität vorrangig als Preisstabilität gewährleistet. Dieser Euroverbund war ursprünglich darauf angelegt, dass alle Mitgliedstaaten den Euro einführen. In der Integrationswirklichkeit haben sich jedoch zwei Gruppen gebildet: die Eurostaaten und die Nichteurostaaten, für die Art. 139 AEUV ausdrücklich Ausnahmeregelungen vorsieht. 19 von 27 Mitgliedstaaten haben den Euro als ihre Währung übernommen.

Die Bestimmung von Zinsen für Einlagen ist eine der typischen Befugnisse, mit denen die EZB Geldwertstabilität gewährleistet und Inflation oder Deflation verhindert. Doch diese Befugnis zur Zinspolitik bietet keine ausreichende Rechtsgrundlage für eine Regelung, die Spareinlagen bei Geschäftsbanken verhindern soll und damit in Grundrechte eingreift. Die Kompetenz zu Kreditgeschäften ist nicht Kompetenz für Sanktionen.[271] Art. 19.1 S. 3 ESZB/EZB-Satzung ermächtigt für die Nichteinhaltung der Mindestreserve-Verpflichtungen ausdrücklich dazu, Strafzinsen zu erheben oder sonstige Sanktionen mit vergleichbarer Wirkung zu verhängen. Die Satzung entspricht damit dem Gesetzesvorbehalt für derartige Eingriffe. Für „negative Zinsen" hat die Satzung eine Ermächtigungsgrundlage nicht erwogen, weil der Fall der „negativen Zinsen" unvorstellbar, also nicht regelungsbedürftig erschien.[272] Andernfalls wäre bewusst geworden, dass eine Sanktion gegen die Nutzung von Geldeigentum und eine Minderung der Eigentumssubstanz einer gesetzlichen Ermächtigungsgrundlage bedarf und von einem Exekutivorgan auch aufgrund Gesetzes nicht in Art und Höhe unabhängig bestimmt werden kann.

3. Das Instrumentarium der EZB

Handlungsmittel des ESZB ist das Geld, das es hervorbringt und bei Entstehen in anderer Quelle kontrolliert, das es vorrangig zur Gewährleistung der Geldwertstabilität, als Lenkungsmittel zur Gestaltung der Geldwirtschaft einsetzt. Das ESZB stellt Geld in angemessener Menge zur Verfügung und nutzt es zur Kreditvergabe und Zinsgestaltung. Es hat die Macht,[273] die freien Wirtschaftssubjekte motivierend in ihrem selbstbestimmten Verhalten zu lenken, grundsätzlich[274] aber nicht die Herrschaftsbefugnis, Menschen rechtsverbindlich zu verpflichten und letztlich durch Gewalt Recht durchzusetzen.

a) Handeln gegenüber einer freien Wirtschaft

Das Handlungsmittel des ESZB ist neben dem Geld der Kredit und der Zins. In diesen Handlungsmitteln ist angelegt, dass die EZB die Wirtschaftssubjekte lenkt, weniger rechtsverbindlich regelt. Dieses zeigt sich bereits beim Geldangebot.[275] Das Geld kann seine Funktionen nur erfüllen, wenn die Zentralbank, die Geschäftsbanken und die privaten Haushalte und Unternehmen zusammenwirken. Jeder verfolgt dabei ein unterschiedliches Ziel: Die Zentralbank gewährleistet hinreichendes Geld mit einer verlässlichen Stabilität. Die Geschäftsbanken streben nach Gewinn, sorgen für Liquidität und Sicherheiten. Die Unternehmen brauchen das Geld als Instrument für ihre Produktion, ihren Handel, ihre Dienstleistungen. Die privaten Haushalte sichern mit dem Geld ihren Lebensbedarf, bilden Privatkapital, sorgen für zukünftigen Bedarf.

Wenn die Währungspolitik der EZB eine Inflation – einen anhaltenden Anstieg des Preisniveaus – und eine Deflation – einen anhaltenden Rückgang des Preisniveaus – verhindern will, setzt sie Geld ein. Zentralbankgeld kann aber nur geschaffen werden, wenn die Kreditinstitute Geschäfte mit der Zentralbank tätigen. Auf diese Kooperation zwischen Geschäftsbanken und Zentralbanken stützen sich die drei Instrumente der Geldpolitik der EZB: die Mindestreserven, die Offenmarktgeschäfte und die ständigen Fazilitäten.

Die Mindestreserven entstehen, wenn die Geschäftsbanken aufgrund rechtlicher Verpflichtung oder freiwillig Zentralbankguthaben halten. Die Zentralbank legt dann die Notenbankzinssätze nach ihren Vorstellungen fest, versucht damit, den Zinssatz für das Tagesgeld am Geldmarkt unter den Banken auf ein bestimmtes Zielniveau zu steuern.

Bei den Offenmarktgeschäften kauft oder verkauft die Zentralbank Vermögenswerte, gewährt befristete Kredite gegen Sicherheiten oder nimmt befristete Einlagen entgegen.

Ständige Fazilitäten bieten den Geschäftsbanken die Möglichkeit, jederzeit Kredite bei der Zentralbank aufzunehmen oder Mittel bei ihr einzulegen. Dadurch können die Banken eine Überversorgung oder Unterversorgung mit Liquidität ausgleichen. In unerwarteten Lagen können sie Liquidität gewinnen. Auch insoweit ist das von der Zentralbank bestimmte Geldsystem auf stetige Kooperation, wechselseitige Ergänzung, sensible Trendsteuerung angelegt.

b) Weiche Steuerung

Die EZB beeinflusst die Finanzmärkte, den Geld-, den Kapital- und den Kreditmarkt. Diese Märkte folgen anderen Regeln als die Güter- und Arbeitsmärkte. Sie werden durch die Geldmenge, die Umlaufgeschwindigkeit des Geldes, die Anlageentscheidungen der Geldeigentümer, das Risiko von Inflation und Deflation, die Zuordnung von Risiken, auch ein Element von Spiel und Wette bestimmt. Geldpolitik nutzt das Zusammenwirken von Verschuldung, Investition und Ersparnissen.[276] Die EZB steuert die Geldmarktzinsen und beeinflusst damit Produktion und Preise, setzt Standards für Geldmenge und Geldsicherheit. Sie beobachtet kritisch, ob durch die Geldentwicklung die Einkommen zu Lasten von Gläubiger oder Schuldner verschoben werden.[277] Sie setzt einen monetären Rahmen für die Geschäfte der Geschäftsbanken, für ihre Liquidität und ihre Refinanzierungsmöglichkeiten. Sie subventioniert Banken oder reduziert deren Liquidität. Die Maßnahmen des ESZB sind insgesamt auf Kooperation mit Banken, Investoren und Sparern angelegt.

Die EZB lenkt, setzt beachtliche Daten. Sie spricht die Wirtschaftssubjekte in ihrem ökonomischen Verstand wie in ihrem Gestaltungswillen an, setzt der Freiheit des Einzelnen aber keine verbindlichen Grenzen. Ihr Handeln ist stets unvollständig, darauf angelegt, von anderen aufgenommen, fortgesetzt und beantwortet zu werden. Sie hat die Macht des Impulses, beansprucht die Autorität des unbefangenen Sachverstandes, trägt die Verantwortung für ein sensibles Vertrauen in das Geld. Sie wählt „weiche" Steuerungsinstrumente, deren repressiver Gehalt allerdings wächst.[278] Fundament dieses anspruchsvollen Auftrags ist die unverbrüchliche Geltung des Rechts, die Solidität von Volkswirtschaften und Eurostaaten und die Qualifikation der Mitglieder der EZB.

c) Gesetzmäßigkeiten und Einflussmöglichkeiten

Wenn die EZB die „Gesetzmäßigkeiten" von Währungspolitik, Markt und Wettbewerb nutzt, folgt sie nicht den Gesetzen der Natur oder des verbindlichen Rechts, sondern erfahrungsgestützten Erwartungen an allgemeines Verhalten in Wirtschaft und Markt. Wenn sie einen Stabilitäts-„Mechanismus" in Gang setzt, sich eines „Transmissionsriemens" und verschiedener „Kanäle" bedient, nutzt sie nicht die Mechanik eines Technikers, der einen maschinellen Kausalablauf einleitet und damit verlässlich das erwartete Ziel erreicht, sondern begegnet freien Menschen und sucht diese aufgrund gefestigter Vermutungen und Wahrscheinlichkeiten zu beeinflussen. Öffnet sie ihren „Instrumentenkasten", entnimmt sie diesem nicht das Operationsbesteck eines Chirurgen, mit dem er ein Zuviel wegschneidet und ein Zuwenig hinzufügt, sondern nimmt eher das Instrument des Musikers in die Hand, dessen Kunst sich im Zuhörer vollendet. Die Handlungsmacht der EZB stützt sich auf datenbasierte Erfahrungen, gesamtwirtschaftliche Rechnungen und Prognosen, psychologische Einschätzungen, Geschäfts- und Verhaltensgepflogenheiten, auf gute Übung und gediegenes Vertrauen.

Dabei begegnet die EZB aber auch Menschen und Menschengruppen, die auf ihre Impulse anders reagieren als erwartet. Bei einem Übermaß von Geldangeboten wird der freie Mensch nicht vermehrt am Markt Güter und Dienstleistungen nachfragen und damit eine Inflation fördern. Er scheut einen Kredit, wenn seine Einschätzung der Wirtschaftslage zur Vorsicht mahnt. Er entzieht sich dem Einfluss der Geldpolitik, weil er sich außerökonomischen Vorhaben zuwenden will, sich in Kunst und Wissenschaft, Familie und Gemeinnützigkeit, Sport und Vereinen betätigt. Er meidet die Geldwirtschaft, weil er Freizeit und Privatheit sucht.

Die EZB ist Teil einer freien Gesellschaft, Teil einer freiheitsverpflichteten Hoheitsorganisation, Garant für die geldwerten Grundlagen wirtschaftlicher Freiheit, Partner freiheitsberechtigter Wirtschaftssubjekte. Dieses Wirken in einem freiheitlichen Markt, in Kooperation mit freien Wirtschaftssubjekten verlässt die EZB, wenn sie Sparsanktionen verhängt. Hier wird dem Sparer nicht angeboten, auf einen Marktimpuls der EZB einzugehen. Er soll sich einem Befehl unterwerfen und sich als Sparer aus dem Markt zurückzuziehen. Dieses ist nicht das Konzept unabhängiger Währungspolitik.

4. Währungs- und Wirtschaftsunion

Die moderne Wirtschaft ist eine Geldwirtschaft. Wenn der AEUV in Titel VIII die Wirtschafts- von der Währungspolitik unterscheidet, sodann in den nachfolgenden Kapiteln 1 und 2 speziell Regelungen einerseits für die Wirtschaftspolitik und andererseits für die Währungspolitik trifft, kann die Ermächtigung zur „Währungspolitik" nicht alle Tätigkeiten umfassen, bei denen Geld als Tauschmittel, Bewertungsinstrument und Freiheitsvorbehalt eingesetzt wird. Nach Art. 120 AEUV verbleibt die Wirtschaftspolitik bei den Mitgliedstaaten. Nach Art. 119 Abs. 1 AEUV ist der Vertrag auf eine „enge Koordinierung der Wirtschaftspolitik der Mitgliedstaaten" angelegt. Das ESZB unterstützt nach Art. 127 Abs. 1 S. 2 AEUV „die allgemeine Wirtschaftspolitik in der Union". Die Wirtschaftspolitik ist also Sache der Mitgliedstaaten. Deren Koordination und Unterstützung obliegt Mitgliedstaaten und Union.

Von „Wirtschaft" sprechen wir, wenn wir das Geschäftsleben von Unternehmen und Kunden meinen, aber auch die Einflusssphäre von Staatshaushalten und Zentralbankpolitik, von Entwicklungsprognosen für Wachstum und Inflation sowie ökonomische Planungen beurteilen, Märkte und Beteiligtengruppen – insbesondere Unternehmen und private Haushalte – beobachten. „Wirtschaftspolitik" ist die Kompetenz und Befugnis, das Erwerbsleben der Menschen, den Markt, das Verhalten der Berufsstätigen, ihre Organisationsformen, die Beaufsichtigung der Wirtschaftsfreiheit zu regeln. Aus diesem Bereich des Wirtschaftlichen ist ein Teil – die „Währungspolitik" – dem ESZB vorbehalten. Diese Teilkompetenz dient der Währung –

dem Euro. Sie begründet Zuständigkeit und Befugnis, Geld bereitzustellen, die Menge des Geldes zu regeln, seine Wertentwicklung zu lenken und zu kontrollieren, die Handhabung und Nutzung dieses Geldes als Instrument der Erwerbsfreiheit zu ermöglichen und zu fördern.

Währungs- und Wirtschaftspolitik sind im Erfolg miteinander verflochten. Eine stabile Währung dient der Wirtschaft. Der Einsatz von Instrumenten der Währungsstabilität beeinflusst die Wirtschaft. Umgekehrt ist die Gediegenheit einer Volkswirtschaft, ihre Entwicklung und ihr Wachstum Grundlage jeder Währungspolitik. Deswegen ist die Währungs- von der Wirtschaftspolitik weniger in ihren abstrakten Zielen zu unterscheiden, und mehr in ihren Befugnissen. Die Mitgliedstaaten betreiben Wirtschaftspolitik eigenständig und selbstverantwortlich. Die EU hat die Wirtschaftspolitik ihrer Mitgliedstaaten aufeinander abzustimmen, gewinnt in dieser Koordination eine eigene rechtliche und politische Bedeutung.[279] Dieser Tatbestand der „Wirtschaftspolitik" ist so situations- und entwicklungsoffen, dass davon alle Formen der Gewährleistung, Ordnung und Förderung des Erwerbslebens umfasst sind.[280]

Unter diesem weiten Begriff der Wirtschaftspolitik fällt grundsätzlich auch das Währungswesen. Dieses ist aber durch die Art. 119 Abs. 2, Art. 127 ff. AEUV als eine spezielle Aufgabe des ESZB aus der allgemeinen Wirtschaftspolitik ausgenommen. Währungspolitik ist nach Art. 119 Abs. 2 AEUV die „Gewährleistung einer einheitlichen Währung, des Euro, sowie die Festlegung und Durchführung einer einheitlichen Geld- sowie Wechselkurspolitik". Wirtschaftspolitik wählt Instrumente zu Organisation, Ermöglichung und Schutz des Wirtschaftslebens. Währungspolitik setzt Instrumente zur Gestaltung und Verwendung des Geldes ein. Die Ausgrenzung der Währungspolitik aus dem allgemeinen Zuständigkeitsbereich der Wirtschaftspolitik wird gerade in der Aktualität der Zinspolitik deutlich. Eine Senkung oder Erhöhung der Leitzinsen ist ein klassisches Instrument lenkender Währungspolitik. Negative Zinsen steuern nicht Wert und Entwicklung individuell verfügbaren Geldes, sondern drängen den Geldeigentümer vom Sparen zur Verwendung des Geldes, in die Investition oder den Konsum. Sie sind ein Instrument eingreifender Wirtschaftspolitik.

Geld zu haben, ist das schier unbegrenzte Begehren eines erwerbswirtschaftlich tätigen Menschen. Von seinem Erwerbserfolg hängen die Entwicklung von Markt und Wettbewerb, die Stabilität der Wirtschaftsorganisation, das Wirtschaftswachstum und die Erneuerungsfähigkeit der Wirtschaft ab. Die staatliche Steuer- und Haushaltspolitik bestimmt in ihren Finanzierungsermächtigungen und den Verschuldensgrenzen den Rahmen der wirtschaftlichen Prosperität für die Zukunft. Privatwirtschaftlicher Erwerb und staatliche Finanzpolitik sind deshalb Stabilitätsgrundlage auch des Euro. Sie sind auf Kooperation mit der Währungsstabilitätspolitik der EZB angelegt. Diese Kooperation meint Zusammenarbeit, wechselseitige Ergänzung, berechtigt nicht zum Übergriff in den jeweils anderen Kompetenzbereich. Diese Grenzen sind für die Mitgliedstaaten ausdrücklich durch die Garantie der Unabhängigkeit der EZB verdeutlicht.

Sie gelten aber ebenso für das ESZB, das nur für die Währungspolitik zuständig ist. Doch eine gestaltungsfreudige EZB drängt auf Stabilitätseffizienz, sucht ihre Kompetenzen zur Währungsstabilität in eine unbenannte Kompetenz zur Finanzstabilität zu erweitern. Sie will die Fiskalpolitik der Staaten mitlenken, das Finanzsystem in Europa ohne gesetzlich-parlamentarische Grundlagen stabilisieren. Sie beansprucht eine Aufsicht über Finanzinstitutionen,[281] sucht finanziell gefährdete Staaten und Banken zu unterstützen und zu retten, beginnt Erwerbsmöglichkeiten je nach Erwerbsquelle – Aktien- oder Sparkapital – unterschiedlich zu erschließen oder – sanktionsbewehrt – versiegen zu lassen. Diese Maßnahmen greifen über die Währungskompetenz und die Währungsbefugnisse der EZB hinaus, überschreiten ihre Einzelermächtigungen.

5. Die EZB in den strukturellen Verschiebungen innerhalb der EU

a) Die Macht des Geldes

Die mitgliedstaatlichen Finanzverfassungen[282] und das Europarecht[283] sind darauf angelegt, das Handeln von Hoheitsorganen an Maßstäbe des Rechts zu binden, das nicht durch die Macht des Geldes verfremdet werden darf. Herrschen sollen nur Personen dank ihrer rechtlichen Ausstattung mit Aufgaben, Kompetenzen und Befugnissen, nicht Personen dank ihrer Finanzmacht. Der Hoheitsträger darf nicht mit dem „goldenen Zügel", der „Macht des Großen Etats" Kompetenzgrenzen verschieben und die Wahrnehmung von Kompetenzen fremdbestimmen.

Dieser Maßstab moderner Verfassungsstaatlichkeit ist als Prinzip einsichtig, im praktischen Vollzug aber interpretationsbedürftig und deshalb für Kompetenzausweitungen und Selbstermächtigungen anfällig. Die EZB hat den Auftrag, durch ihre Währungspolitik die Preisstabilität zu gewährleisten

(Art. 127 Abs. 1 S. 1 AEUV). Eine solche Politik hat stets wirtschaftliche und soziale Verteilungswirkungen. Sie beeinflusst Konjunktur und Wachstum, Aktienmarkt und Sparverhalten, Arbeitsplätze und Sozialsysteme, bestimmt Preise, fördert oder hemmt Inflation und Konsum. Sie neigt aber auch dazu, Finanzakteure und Staaten finanziell zu entlasten, Banken zu beaufsichtigen und zu steuern, Eigentümerentscheidungen zu lenken, Transfersysteme zu organisieren.

Dieser Zusammenhang von Geldpolitik und Verwaltungswirkungen ist rechtlich zu verantworten. Deswegen hat das BVerfG[284] beanstandet, dass der EuGH die wirtschaftspolitischen Wirkungen der Regelungen der EZB nicht ausreichend am Maßstab des (kompetenzrechtlichen) Verhältnismäßigkeitsprinzips prüft und das Ergebnis nicht genügend begründet. Wenn die EZB mit der Kompetenz und Befugnis zur Geldpolitik strukturell Verwaltungskompetenzen beansprucht,[285] muss die Rechtsprechung diese Selbstermächtigung als Nichtrecht zurückweisen, also als rechtlich unerheblich qualifizieren.[286] Kontrolliert der EuGH die EZB bei dieser Kompetenzüberschreitung, endet die richterliche Befugnis zur Rechtsfortbildung dort, wo sie „strukturelle Verschiebungen im System konstitutioneller Macht- und Einflussverteilung" verursacht.[287] Eine strukturelle Verschiebung läge insbesondere in der Umgestaltung der europäischen Rechtsmacht zu einer europäischen Finanzmacht.

Der Europäische Rat hat auf dem Brüsseler „Gipfel" vom 21. Juli 2020[288] die Absicht bekundet, die Architektur der Europäischen Union[289] grundlegend zu verändern. Nunmehr beansprucht die EU eine Befugnis zur Eigenverschuldung, fordert ein Steuererfindungsrecht, macht aus dem integrierenden Bürger-Europa ein überschuldetes Finanz-Europa. Der Ausweg aus diesem Verschuldungs- und Haftungsverbund wird immer enger, weil in der finanziellen Notgemeinschaft Schulden und Haftungstatbestände von Staaten und Unternehmen so verflochten werden, dass eine Beendigung der kreditfinanzierten Geldflut alle beteiligten Staaten zu gefährden droht.

Diese Finanzermächtigung fast ohne materielle Bindungen ist kein „bürokratischer Geniestreich", durch den die EU eine „konstitutionelle Verfasstheit je nach Weltlage" gewinnt,[290] sondern plant ein Finanzsystem des Verteilens, das durch die Begehrlichkeit der Empfänger eine besondere Dynamik entfaltet. Die Politik gibt nur noch das, was vermeintlich alle – die Staaten, die Kommission, die auf Wirtschaftsbelebung bedachte Wirtschaft, die nach Staatsleistungen rufenden Bürger – wollen, lockt die Werteunion auf einen Markt beliebig verfügbarer Finanzmittel. Geld ist da, muss nicht durch Erwerbsanstrengung erworben werden. Die Union wäre nicht mehr der Staatenverbund, der im Charme des Unfertigen stetig nach einer festeren Werteunion strebt, sondern beanspruchte strukturell Entscheidungsmacht, die in einem Augenblickskonsens der Staatsrepräsentanten seine Rechtfertigung sucht. Dieser Plan verbirgt mit dem Zauberstab des Ungefähren die rechtliche Bindung der Haushaltsmittel. Er beansprucht mit dem Ziel des Wirtschaftswachstums durch die Verflechtung von Hoheitsgewalt und Wirtschaft ein Wachstum der Hoheitsgewalten. Milliardensummen entziehen sich in ihrer Unvorstellbarkeit der Kritik der Unionsbürger. Die Vagheit der Handlungsziele schwächt die Rechtsgebundenheit des Programmvollzugs. Die Macht des Geldes ist eine der Mächtigkeiten, die das Recht zu mäßigen hat.

b) Die richterliche Kontrolle

aa) EuGH: Entfaltung, BVerfG: Mäßigung der Hoheitsgewalt

Bei dieser Gefährdung des Rechts erscheint es besonders wesentlich, dass der Entscheidungsrahmen der EZB richterlicher Kontrolle unterliegt. Die EZB darf sich als Einrichtung des Rechts nicht ihrer eigenen Existenz- und Handlungsgrundlage berauben. Kontrolleur für die Maßstäbe des Europarechts ist der EuGH, für die Geltung dieses Europarechts in Deutschland nach Maßgabe des GG und des die Geltung des Europarechts anordnenden Gesetzes das BVerfG.

In dieser sich wechselseitig ergänzenden richterlichen Kontrolle hat sich eine Gegensätzlichkeit entwickelt, die ihren Ursprung in den verschiedenen Maßstäben der Gerichte hat. Der EuGH unterstützt eine Integrationsdynamik der EU zu immer mehr Kompetenzen und Befugnissen der Unionsorgane, weil der EUV sich „als eine neue Stufe bei der Verwirklichung einer immer engeren Union der Völker Europas" darstellt (Art. 1 Abs. 1 EUV), die EU als stets unfertiges Haus auf Erweiterung und Verdichtung drängt. Die Rechtsmaßstäbe der EU sind stets unvollendet und auf dynamische Ergänzungen angelegt. Das BVerfG hingegen mäßigt die staatliche Hoheitsgewalt am Maßstab der Gewaltenteilung und der Grundrechte, entfaltet eine Kultur des Maßes, fördert nicht Wachstum und Zuwachs von Hoheitsgewalt.

Das Unionsrecht ist von Richterrecht geprägt. Der EuGH sucht die Entwicklung eines einheitlichen, möglichst weitgreifenden Europarechts voranzutreiben, stärkt in einer „finalen Auslegung" Kompetenzen und Einflusssphären der europäischen Organe. Er wahrt das Recht einer Union, die mächtiger und größer werden will, versteht sich als Teil der in der EU-Konzeption angelegten Integrationsdynamik, die neues Recht sucht.[291] Diese kompetenzweitende Finalität verfremdet auch das Währungsrecht: Die Verhältnismäßigkeit der hoheitlichen Maßnahme gegenüber dem Betroffenen wird vom Konzept der Integrationsverdichtung überlagert. Dabei blickt eine wertende Rechtsvergleichung[292] zwar auf die nationalen Rechtsordnungen, sucht nach gemeinsamen Verfassungstraditionen und fragt später nach dem „besten Ergebnis", das aus den Verfassungen der Mitgliedstaaten abgeleitet werden kann,[293] nutzt damit die Verfassungstraditionen aber weniger als Erkenntnisquelle für Ziele des gemeinsamen Rechts und mehr als Inspirator für die eigene Rechtsfindung bei richterlichen Entscheidungen über Mittel und Zweck. Viele der so entwickelten verwaltungserheblichen Grundsätze[294] sind später kodifiziert und damit in Gesetzesrang gehoben worden.

bb) Richterliche Rechtsfortbildung und Vertragsänderung

Beim Vollzug ihres Auftrags, Preisstabilität zu gewährleisten, trifft die EZB auf richterliche Leitsatzentscheidungen der Verfassungsgerichte und des EuGH, die in einem Kooperationsverhältnis[295] klären, ob und inwieweit vorrangiges Europarecht entstanden ist. Der EuGH gewährleistet die einheitliche Anwendung des Europarechts in allen Mitgliedstaaten und bildet das Europarecht richterlich fort, soweit die Mitgliedstaaten und ihre Parlamente nach dem Prinzip der begrenzten Einzelermächtigung Hoheitsrechte auf europäische Organe übertragen haben. Das BVerfG gewährleistet Geltung und Wirkungskraft der Verfassung in Deutschland auch gegen Grenzüberschreitungen europäischer Organe.[296] Beide Gerichte haben nicht die Kompetenz, die Verträge zu ändern. Diese Änderung ist den Mitgliedstaaten gemäß ihren verfassungsrechtlichen Vorschriften vorbehalten (Art. 23 GG, Art. 48 EUV). Da die Grenze zwischen richterlicher Vertragsfortbildung und mitgliedstaatlicher Vertragsänderung fließend sein kann, anerkennt das BVerfG die Vertragsauslegung durch den EuGH im Regelfall als verbindlich. Bei der Prüfung, ob die Unionsorgane im Rahmen der ihnen übertragenen Kompetenzen und Befugnisse handeln, beanstandet es nur einen offenbaren und strukturerheblichen[297] „ausbrechenden Rechtsakt".[298] Beide Gerichte interpretieren denselben Vertragstext, das eine als Maßstab staatlicher Geltungsanordnung für Europarecht, das andere als Maßstab der Unionsrechtsordnung. Entscheiden das BVerfG und der EuGH die Frage, ob eine Rechtspraxis der Unionsorgane im Rahmen der Verträge bleibt, in kooperativem Verstehen und Verständigen, ist die EZB an diesen einheitlichen Maßstab gebunden.

cc) Integrationsverantwortung aller Staatsorgane

Gelingt die Kooperation der Gerichte einmal nicht, ist die EZB nicht berechtigt, allein den Leitgedanken eines Gerichts zu folgen. Sie muss die Gegenläufigkeit eigenverantwortlich im Dienst verlässlicher Rechtmäßigkeit überbrücken. Die Bindung der EZB an die Entscheidung des EuGH ist offensichtlich. Aber auch die Maßstabgebung durch das BVerfG ist durch die EZB zu beachten. Europarecht wird in Deutschland nicht verbindlich, weil Unionsorgane das beschlossen haben, sondern weil ein verfassungsänderndes Gesetz des deutschen Parlaments dieses anordnet. Ebenso sind Entscheidungen des EuGH in Deutschland nicht verbindlich, weil der EuGH das beschlossen, sondern wenn und soweit das deutsche Gesetz diese Entscheidungskompetenz begründet hat. Die deutschen Verfassungsorgane sind verfassungsrechtlich verpflichtet, bei der Mitwirkung am Vollzug des europäischen Integrationsprogramms sowie bei dessen näherer Ausgestaltung und Fortentwicklung dafür zu sorgen, dass die Grenzen der in der gesetzlichen Geltungsanordnung des Europarechts für Deutschland übernommenen Verträge gewahrt werden.[299] Die Verfassungsorgane sind dauerhaft verantwortlich, dass die Organe, Einrichtungen und sonstigen Stellen der Europäischen Union dieses Integrationsprogramm einhalten.[300] Die Verfassungsorgane haben sich – den grundrechtlichen Schutzpflichten nicht unähnlich – schützend und fördernd auch vor die geschützten Rechtspositionen des Einzelnen zu stellen, wenn der Einzelne nicht selbst für die Beachtung der ihn berechtigenden Integrationsmaßstäbe sorgen kann.[301]

Bundesregierung, Bundestag und Bundesrat haben sich aktiv um Wege zur Wiederherstellung der Kompetenzordnung zu bemühen. Sie können Kompetenzüberschreitungen nachträglich legitimieren, indem sie eine – die Grenzen der Identitätsgarantie des Art. 79 Abs. 3 GG achtende – Änderung der Europäischen Verträge anstoßen[302] und die zu Unrecht in Anspruch genommenen Hoheitsrechte im Vertragsänderungsverfahren (Art. 23 Abs. 1 S. 2 u. 3 GG) förmlich übertragen. Soweit dieses jedoch nicht möglich oder nicht gewollt ist, sind sie verpflichtet, mit rechtlichen und politischen Mitteln auf die Aufhebung der das Integrationsprogramm überschreitenden Maßnahmen hinzuwirken sowie – solange die Maßnahmen fortwirken –

geeignete Vorkehrungen dafür zu treffen, dass die innerstaatlichen Auswirkungen der Maßnahmen soweit wie möglich begrenzt bleiben.[303]

Wenn die EZB beobachtet, dass eines ihrer Vorhaben die Grenzen der vertraglichen Kompetenzzuweisung offensichtlich und strukturerheblich überschreitet und ein Mitgliedstaat als einer der Herren der Verträge[304] diesem Vorhaben entgegentreten muss, hat die EZB eigenständig einen Ausgleich zu suchen. Im Rahmen ihres Auftrags, die Währungsstabilität (einschließlich seiner Vertrauen bildenden Rechtsgrundlagen) zu gewährleisten, wird sie diesen Konflikt aufnehmen und durch wechselseitige Rücksichtnahme entschärfen. Dies kennzeichnet die Europäische Union, die ein „Staaten-, Verfassungs-, Verwaltungs- und Rechtsprechungsverbund" ist.[305]

dd) Verantwortlichkeit der Deutschen Bundesbank

Zudem darf die Deutsche Bundesbank als Teil des ESZB sich an der Durchführung von ersichtlich strukturverändernden Beschlüssen nicht beteiligen.[306] Bundesregierung und Bundestag müssten auf die Deutsche Bundesbank einwirken, sich einem solchen EZB-Programm zu widersetzen. Überschreitet eine Maßnahme der EZB ersichtlich und strukturerheblich die ihr eingeräumten Kompetenzen und Befugnisse oder verstößt sie gegen die Verfassungsidentität einer mitgliedstaatlichen Verfassung insbesondere mit Blick auf die haushaltspolitische Gesamtverantwortung des jeweiligen Parlaments[307], ist die Maßnahme vertrags- und verfassungswidrig, damit nichtig. Die Schutzaktivitäten der Staatsorgane suchen dieses Recht – die Vertrauensgrundlage der Währungsstabilität – wiederherzustellen, fordern also den rechtlichen Rahmen ein, der Existenz-, Kompetenz- und Handlungsbefugnisse der EZB sichert.

ee) Einheitsstiftende Rechtsfolge: Begründungspflicht, nicht Nichtigkeit

Die Gegenläufigkeit bei der Interpretation des Europarechts zwischen EuGH und BVerfG ist insbesondere bei den Staatsanleihen ersichtlich geworden.[308] Das BVerfG hat in seiner Entscheidung zum Staatsanleihekaufprogramm der EZB[309] das Anleihekaufprogramm trotz ersichtlicher gewichtiger Bedenken nicht für nichtig erklärt, sondern eine sachlich überzeugende Begründung gefordert, damit den rechtlich fundierten Dialog neu eröffnet. In richterlicher Kooperation sollte geklärt werden, ob der parlamentarische

Rechtsanwendungsbefehl des Art. 23 Abs. 1 S. 2 und 3 GG[310], die Brücke, über die Europarecht in Deutschland verbindlich wird, noch hinreichend tragfähig ist, um schwere Geldtransporte von einem in den anderen Mitgliedstaat zu leiten. Verantwortlich für die Befestigung, Erneuerung oder auch Sperrung der Brücke sind die Mitgliedstaaten, die diese Brücke errichten und benutzen. Der Mitgliedstaat darf und muss Transporte stoppen, die Leitplanken zu durchbrechen oder die Brücke zu zerstören drohen. Der EuGH gewährleistet, dass nur brückentaugliche Transporte die Brücke belasten.

Sollte das Europarecht bleibende Strukturkonflikte veranlassen, müssen die Mitgliedstaaten das rechtliche Fundament der Union erneuern, den Zusammenhalt der Mitgliedstaaten als Verfassungsstaaten stärken und die Gefährdung der Gemeinschaft im Kampf um das Geld in das öffentliche Bewusstsein rücken. Sollte den Mitgliedstaaten eine einstimmige Vertragsänderung derzeit unerreichbar erscheinen, verkümmert ihre Integrationskraft. Doch die Union braucht die aktuell ersichtliche Einigkeit der Mitgliedstaaten und der Staatsvölker zur Fortentwicklung der Verträge, die einstimmige Mitwirkung am vertragserneuernden Integrationsprozess. Die Rechtsprechung fördert die Bereitschaft zur einstimmigen Vertragsänderung, wenn sie ein vertragswidriges Verteilen von Geld beanstandet, damit Impulse zur Vertragstreue gibt. Die EZB leistet ihren Integrationsbeitrag, wenn sie in der politisch hochsensiblen, deshalb in der Unabhängigkeit entpolitisierten Frage der Preisstabilität ihre Kompetenzen rechtsbewusst wahrt, einer Entsolidarisierung unter den Mitgliedstaaten durch Verteilungskämpfe entgegenwirkt, die Eigenverantwortlichkeit der Mitgliedstaaten in ihrer Finanzautonomie stärkt, der Staatsverschuldungsgrenze Wirkungskraft verleiht.

6. Die Unabhängigkeit des ESZB

a) Sonderfall eines fachqualifiziert zu erfüllenden Auftrags

Die Unabhängigkeit des ESZB ist eine demokratisch-parlamentarische Besonderheit. Sie soll den Geldwert in einer Fachqualifikation für Währungspolitik in Distanz zur Labilität politischer Anliegen gewährleisten und im Primärziel der Preisstabilität einen begrenzten, in dieser Spezialität gestärkten Sonderauftrag erfüllen. Die Unabhängigkeit der EZB und der Zentralbanken ist eines der rechtlichen Qualitätsmerkmale des Europäischen Währungssystems. Sie wird rechtlich gewährt und gesetzlich definiert – begrenzt. Sie ist gegenüber der demokratischen Rückbindung aller Hoheitsgewalt an das Parlament in Sonderauftrag und Fachqualifikation des ESZB gerechtfertigt.

Nach Art. 130 S. 1 AEUV dürfen weder die EZB, noch eine nationale Zentralbank noch ein Mitglied ihrer Beschlussorgane Weisungen von der Europäischen Union, den Regierungen der Mitgliedstaaten oder sonstigen Stellen einholen oder entgegennehmen. Nach Art. 130 S. 2 AEUV verpflichten sich Europäische Union und Mitgliedstaaten – das Prinzip der Unabhängigkeit des ESZB realitätsgerecht nochmals bekräftigend –, diesen Grundsatz der Weisungsfreiheit zu beachten und nicht zu versuchen, die Mitglieder der Beschlussorgane des ESZB bei Wahrnehmung ihrer Aufgaben zu beeinflussen. Diese Unabhängigkeit hebt das ESZB als ein für das Währungswesen qualifiziertes Entscheidungsorgan in der herkömmlichen Organisationsstruktur der EU hervor und insbesondere von Regierung und Parlament ab. Diese beiden, sich in wechselseitiger Pflicht zur Distanz ergänzenden Aussagen werden der Realität des Wirtschaftens gerecht: Sie erwarten einen Kampf um das Geld mit dem jeweiligen Ziel der Maximierung ohne Haltepunkt, wissen, dass eine Selbstbescheidung des Parlaments zugunsten der EZB gewöhnungsbedürftig ist, die strikte Verpflichtung auf eine Preisstabilität als institutioneller Gleichheitssatz immer wieder neu bestätigt werden muss. Die Unionsverträge sind auf die selbstverständlichen Voraussetzungen einer Währungsgemeinschaft angelegt: die gediegene, stets um Verbesserung, auch um Wachstum bemühte Haushaltswirtschaft der Mitgliedsländer.

Unabhängigkeit garantiert zunächst Weisungsfreiheit (sachlich-institutionelle Unabhängigkeit), aber auch einen Amtsstatus individuellen Schutzes (persönliche Unabhängigkeit) und eine Sicherung eines angemessenen Einkommens (finanzielle Unabhängigkeit) für jedes Mitglied. Art. 282 Abs. 3 AEUV verknüpft die Rechtspersönlichkeit der EZB ausdrücklich mit der Garantie der Unabhängigkeit „in der Ausübung ihrer Befugnisse und der Verwaltung ihrer Mittel" und verpflichtet erneut die Mitgliedstaaten auf die Achtung dieser so definierten Unabhängigkeit.[311] Die Stellung der EZB als juristische Person und ihre Unabhängigkeit werden durch ihre vertraglichen Befugnisse begründet und begrenzt (Statusunabhängigkeit).

Wenn so ein wesentlicher Politikbereich dem Einfluss der durch Wahl legitimierten Hoheitsträger entzogen wird, löst diese Verselbständigung der Währungspolitik bei einer unabhängigen Zentralbank ein Stück Hoheitsgewalt aus unmittelbarer staatlicher oder supranationaler parlamentarischer

Verantwortlichkeit, um das Währungswesen dem Zugriff von Interessentengruppen und der an einer Wiederwahl interessierten Mandatsträger zu entziehen.[312]

Diese Einschränkung der von den Wählern der Mitgliedstaaten ausgehenden Legitimation berührt das Demokratieprinzip, ist nach europäischem und deutschem[313] Recht zur Sicherung des in eine Währung gesetzten Einlösungsvertrauens vertretbar. Eine unabhängige Zentralbank gewährleistet den Geldwert und damit die allgemeine ökonomische Grundlage für staatliche Haushaltspolitik und private Planungen bei der Wahrnehmung wirtschaftlicher Freiheitsrechte eher als Hoheitsorgane, die in ihren Handlungsmöglichkeiten und Handlungsmitteln wesentlich von Geldmenge und Geldwert abhängen und auf die kurzfristige Zustimmung politischer Kräfte angewiesen sind. Der Geldwert wird durch eine unabhängige fachverständige Zentralbank besser geschützt und gefördert als durch parlamentsverantwortliche Staatsorgane. Diese Besonderheit in einer Demokratie ist auf die Gewährleistung der Geldwertstabilität zu begrenzen, lässt sich grundsätzlich[314] nicht auf andere Politikbereiche übertragen.

b) Unabhängigkeit für, nicht gegen das Gesetz

Die Unabhängigkeit des ESZB ist der Unabhängigkeit des Richters nachgebildet. Das Gesetz schirmt den Richter gegen äußere Einflüsse ab, damit er sich unbefangen seinem Auftrag, dem Gesetz zur Wirkung zu verhelfen, widmen kann. Er ist unabhängig für das Gesetz, nicht gegen das Gesetz. Für die EZB gilt nichts anderes. Sie ist eine Schöpfung des Rechts, empfängt ihre Kompetenzen und Befugnisse durch das Gesetz, setzt die im Gesetz beschriebenen Gestaltungsmittel ein. Verlöre dieses Gesetz seine Verbindlichkeit – und manche Äußerungen in der EZB wenden sich zumindest gegen das Verfassungsrecht –, so gäbe es das ESZB nicht, es hätte keine Kompetenzen und Befugnisse, keinen „Instrumentenkasten". Die Gestaltungskraft des Europarechts und die Wirkkraft der EZB sind untrennbar miteinander verbunden.

Die EZB unterscheidet sich vom Richter dadurch, dass der Richter Recht zu sprechen, die EZB den Geldwert in der Preisstabilität zu gewährleisten hat. Die Entscheidungen zum Geldwert sind nicht rechtlich vorgezeichnet, begründen auch nicht eine Ordnung der rechtlichen Verbindlichkeiten, sondern lenken einen Markt. Diese teilhabende, beeinflussende, eher Marktmacht als Hoheitsgewalt ausübende Steuerung ist dem in der Institution der EZB angelegten Sachverstand vorbehalten. Deren währungspolitische Entscheidungen sind nicht justitiabel.

Doch die EZB muss ihre Entscheidungen umso mehr als rechtsbegrenzte Hoheitsakte bewusstmachen, als die unabhängig getroffenen Entscheidungen nicht begründet werden. Der Richter begründet sein Urteil, ist in dieser Begründung zur Selbstvergewisserung über die Maßstäbe und Inhalte seiner Entscheidung gezwungen, sucht mit seinen Gründen die Beteiligten auch von seiner Entscheidung zu überzeugen.[315] Unabhängiges Entscheiden ohne eine Begründung mag einem Stabilisierungsauftrag alltäglichen Begleitens und spontanen Steuerns entsprechen, mindert aber bei langfristig angelegten Struktursteuerungen die Rationalität, Kontrolle, demokratische und rechtsstaatliche Nachvollziehbarkeit. Die EZB kann durch überzeugende Begründungen an Unabhängigkeit gewinnen.

Der Sonderstatus der Institution wie der entscheidenden Mitglieder des ESZB weisen die Zentralbank, die herkömmlich als Organ (volks)wirtschaftlicher Entscheidungen mit Hoheitsbefugnissen verstanden wird, als Organ des Rechts aus. Die Unabhängigkeit ist rechtlich hervorgehoben. Sie begründet rechtlich mit der Eigenständigkeit eine besondere Verantwortlichkeit für eine strikte Erfüllung des Auftrags der Preisstabilität. Die Legalität des Handelns in Unabhängigkeit bestimmt wesentlich die Autorität der Währungsentscheidungen und damit die tatsächliche Verbindlichkeit dieses Rechts als Stabilitätsfundament für die Währung und für die Existenz des ESZB. Die EZB wird deshalb ihre Existenz und ihre Unabhängigkeit durch eine sensible Beachtung des Rechts und einen Einsatz für das Recht als Stabilisator von Geld, Wirtschaft und Wachstum verteidigen und stärken. Ihr Status, ihre Kompetenzen und Befugnisse hängen von der Allgemeingeltung dieses Rechts ab. Ihre Entscheidungen bringen im Rahmen dieses Rechts den Sachverstand der EZB und ihre Kraft zur Durchsetzung dieser Politik zur Wirkung.

c) Keine Unabhängigkeit für Sparsanktionen

Die EZB wendet sich mit den Zinssanktionen gegen gewachsene und von den Anlegern gewollte Wirtschaftsstrukturen. Dazu hat sie kein Mandat. Sie ist beauftragt, den Geldwert zu stabilisieren, das Vertrauen in das Geld zu vertiefen, die nachhaltige Einlösbarkeit des Geldes zu gewährleisten. Sie darf dem freien Willen der Wirtschaftsbeteiligten ein wirtschaftliches Motiv geben. Seine Willensfreiheit strukturell beengen darf sie nicht. Sie darf die Verwendung des Geldeigentums durch gesamtwirtschaftliche Daten lenken.

Dem Geldeigentümer ein Stück seiner Eigentumssubstanz wegnehmen, darf sie nicht. Bei ihrer Währungspolitik darf sie Wachstumsraten, Inflationsraten und Entwicklungen der Anlagekurse berücksichtigen. Die Anliegen der Sparer, der Immobiliennachfrager, der Krisen- und Altersversicherer, der gemeinnützigen Einrichtungen bei ihren Entscheidungen ausblenden, darf sie nicht.

Die EZB nimmt ihre Kompetenzen und Befugnisse derzeit rechtlich entgrenzend wahr.[316] Je mehr sie Staaten finanziert, begibt sie sich in eine Abhängigkeit, vor der ihre Unabhängigkeit sie gerade schützen soll. Wenn das BVerfG demgegenüber die Beachtung des Europarechts einfordert, ist das kein Verstoß gegen die Unabhängigkeit. Die Garantie der Unabhängigkeit gewährt der EZB eine Distanz zur Politik, um unbeeinflusst ihren Auftrag erfüllen zu können. Die EZB ist beauftragt, ihre Geldpolitik – nicht justiziabel – zu gestalten, dabei aber ihre Unabhängigkeit gerade in der alltäglichen Disziplin im Rechtlichen zu festigen. Eine Unabhängigkeit, die sich ihrer rechtlichen Gebundenheit entledigen will, tendiert zur Willkür. Eine Stabilitätspolitik gegen die eigene Basis des Rechts muss scheitern.

Wenn die EZB in dieser Unabhängigkeit Sparsanktionen verhängt, verlässt sie den ihr gesetzlich eröffneten Raum der Unabhängigkeit und begründet faktisch einen Tatbestand des missbilligten Sparens – was ihr nicht zusteht – und verbindet diesen mit einer Sanktion – was ihr erst recht nicht zusteht. Sie gestaltet nicht die Bedingungen einer Geldanlage, sondern vertreibt Eigentümer aus einer bestimmten Anlageform. Dazu fehlt die gesetzliche Ermächtigungsgrundlage. Für diesen Eingriff könnte auch keine Unabhängigkeit gewährt werden, weil der grundrechtliche Gesetzesvorbehalt die unmittelbare Verantwortlichkeit des Parlaments für diesen Grundrechtseingriff fordert.

7. Die Organisation des ESZB

a) Das Europäische System der Zentralbanken

Das Organisationsprinzip des ESZB ist die Einrichtung eines sachverständigen, freiheitsverantwortlichen und marktnahen Organs der Geldpolitik, das Lenkungsimpulse gibt und Daten für wirtschaftliche Entscheidungen benennt, nicht aber marktübliche Anlageformen des Geldes untersagt und mit Sanktionen belegt. Auch die Organisation des ESZB taugt nicht zum Verhängen von Sparsanktionen.

Die EZB und die nationalen Zentralbanken bilden gemeinsam das Europäische System der Zentralbanken (ESZB, Eurosystem).[317] Die EZB besitzt Rechtspersönlichkeit, ist juristische Person, allein befugt, die Stabilität des Euro zu gewährleisten. Das ESZB wird nach dem Recht der Mitgliedstaaten eingerichtet und organisiert. Das deutsche Recht qualifiziert die Zentralbank als Anstalt des öffentlichen Rechts.[318] Das ESZB wird von den Beschlussorganen der EZB geleitet, dabei nochmals ausdrücklich auf das vorrangige Ziel, die Preisstabilität zu gewährleisten, verpflichtet.[319] Die EZB erfüllt ihre Aufgabe durch die Maßnahmen, zu denen der AEUV und die Satzung des ESZB und der EZB sie ermächtigen. In diesem Rahmen bindet die EZB die nationalen Zentralbanken mit ihren Leitlinien[320] und Weisungen[321]. Auch insoweit unterscheidet sich die Unabhängigkeit der nationalen Zentralbanken von der Unabhängigkeit eines Richters, der an Leitlinien und Weisungen der obersten Gerichte nicht gebunden ist.

b) Kapitalbeteiligung an der EZB

Die nationalen Zentralbanken – nicht die Mitgliedstaaten – sind die alleinigen Zeichner und Inhaber des Kapitals der EZB.[322] Die Haftung der nationalen Zentralbanken für Verluste der EZB sind eng begrenzt.[323] Eine weitere Haftung, insbesondere der Mitgliedstaaten, durch Garantien, Beiträge, Nachschusspflichten oder Steuern ist mit dem Primärrecht der Mitgliedstaaten nicht zu vereinbaren. Der deutsche Steuerzahler muss grundsätzlich[324] für die Verluste der EZB nicht entsprechend dem Kapitalanteil der Bundesbank aufkommen.[325]

Wären die Mitgliedstaaten des Eurosystems als Kapitalgeber an der EZB mit Gewinnen und Verlusten beteiligt, wäre die Unabhängigkeit der Zentralbank substanziell gefährdet. Eine Kapitalbeteiligung an einer juristischen Person – das lehrt die Erfahrung der Kapitalgesellschaften – ist mit einer Einflussnahme verbunden, die das Handeln der Kapitalgesellschaft auf die Anliegen der Kapitalgeber ausrichtet. Dies gilt umso mehr, wenn Mitgliedstaaten in ihrer Haushalts-, Finanz- und Schuldenpolitik wesentlich durch die Entscheidungen der EZB betroffen werden.[326]

c) Rat und Direktorium

Das Handeln des ESZB ist von der EZB geprägt. Sie trägt die Verantwortung für die Währungspolitik. Leitungs- und Beschlussorgane der EZB sind der Rat und das Direktorium.[327] Den Rat der EZB bilden die Mitglieder des Direktoriums der EZB und die Präsidenten der nationalen Zentralbanken der Euro-Staaten.[328] Das Direktorium besteht aus dem Präsidenten, dem Vizepräsidenten und vier weiteren Mitgliedern.[329]

Der EZB-Rat trifft die wesentlichen Entscheidungen und bestimmt die Leitlinien der Arbeit des ESZB. Das Direktorium führt die laufenden Geschäfte[330], führt insbesondere die Geldpolitik gemäß den Leitlinien und Entscheidungen des EZB-Rates aus.[331]

Wenn das Recht das ESZB so als ein System von Zentralbanken mit besonderer Sachkunde für die Währungspolitik organisiert, diese nach Zusammensetzung und Verfahren auf stetige Auseinandersetzung mit der Entwicklung des Geldes, des Geldmarktes und der Geldgeschäfte ausrichtet, dabei mit Unabhängigkeit ausstattet und von der Haftung der Mitgliedstaaten abschneidet, so sucht dieses Organisationskonzept das ESZB als ein Gewährleistungsorgan mit währungspolitischer Begabung und währungspolitischem Auftrag einzurichten. Ermächtigungen zur Missbilligung bestimmter Geldanlageformen und Sanktionen[332] sind nicht vorgesehen. Das ESZB bleibt eine Organisation wirtschaftlicher Kooperation, marktgebundener Freiheit, offener Geldwirtschaft.

II. Ziele

Jeder Mensch setzt sich Ziele, will eine Entwicklung zum Besseren einleiten. Dieses Streben nach Fortschritt und Zuwachs weckt Hoffnung, Gemeinsamkeiten und Zusammenhalt im verbindenden Vorhaben.

Bündelt das Recht die Kräfte für ein bestimmtes Ziel, drückt es dieses Ziel – die Preisstabilität – in präzisen Tatbeständen aus und richtet einen bestimmten Lebensbereich – die Währungspolitik – auf diese Vorgaben aus. Diese Spezialität und Ausschließlichkeit gibt dem Ziel Kraft und Dynamik, stattet das beauftragte Organ mit besonderen Aufgaben und Befugnissen aus, bindet diese aber auch in einem finalen Handlungsauftrag.

1. Preisstabilität

a) Primärziel des ESZB

Europäische Geld- und Wechselkurspolitik sind vorrangig dem Ziel der Preisstabilität verpflichtet. Dieses Prinzip ist in einmaliger Deutlichkeit und Dichte in den Verträgen verankert. Art. 3 Abs. 3 S. 2 AEUV verpflichtet die Union auf die „Preisstabilität". Der AEUV stellt in Art. 127 Abs. 1 S. 1 – zu Beginn des Kapitels 2 „Die Währungspolitik" – die Gewährleistung der Preisstabilität als „das vorrangige Ziel" des ESZB an den Anfang der Regelungen für Währungspolitik und Zentralbanken.[333] Art. 119 Abs. 3 AEUV setzt für die Tätigkeit der Mitgliedstaaten und der Union „die Gewährleistung stabiler Preise" als „richtungweisende Grundsätze" voraus. Die Tätigkeit von Mitgliedstaaten und Union umfasst nach Art. 119 Abs. 2 „eine einheitliche Währung, den Euro, sowie die Festlegung und Durchführung einer einheitlichen Geld- sowie Wechselkurspolitik", die „beide vorrangig das Ziel der Preisstabilität verfolgen". Dem Ziel der Preisstabilität sind andere Ziele zur Unterstützung der allgemeinen Wirtschaftspolitik in der Union untergeordnet. Das ESZB darf sie nur unterstützen „soweit dies ohne Beeinträchtigung des Zieles der Preisstabilität möglich ist" (Art. 127 Abs. 1 S. 2 AEUV). Art. 282 Abs. 2 S. 2 AEUV bestätigt und vertieft bei Regelung des Organisationsstatuts des ESZB, dass die Gewährleistung der Preisstabilität vorrangiges Ziel des ESZB ist.

Diese Grundentscheidung für den Vorrang der Preisstabilität als Ziel der Währungspolitik ist im Unionsrecht ein Sonderfall.[334] Während die Union insgesamt einer Vielzahl von unterschiedlichen, auch gegenläufigen Zielen wie Wettbewerbsfähigkeit, Umweltschutz, technischer Fortschritt, soziale Gerechtigkeit, kulturelle und sprachliche Vielfalt verpflichtet ist, schließt Art. 127 AEUV für die Währungspolitik diese allgemeinpolitischen Ziele aus dem Kreis der währungspolitischen Ziele aus. Das ESZB dient der Preisstabilität, unterstützt subsidiär „die allgemeine Wirtschaftspolitik" der Union, nicht aber deren übrige Ziele, wie sie in Art. 3 EUV beschrieben sind. Andernfalls wäre der Sonderauftrag der EZB und die ihr dafür gewährte Unabhängigkeit nicht zu rechtfertigen.

b) Der Maßstab der Inflationsrate

„Währungspolitik" ist der Oberbegriff für die Geld- und Wechselkurspolitik, die Art. 119 Abs. 2 AEUV vorrangig auf das Ziel der Preisstabilität verpflichtet.[335] § 3 BBankG[336] gab anfangs der Deutschen Bundesbank den Auftrag, „die Währung zu sichern". Diese offene Formulierung ermöglichte es der Bundesbank, ihre Politik auf die innere Stabilität der Währung auszurichten, die in den Preisen ersichtlich ist, gleichzeitig aber auch die Stabilität nach außen zu gewährleisten, die in den Wechselkursen zum Ausdruck kommt.

Der AEUV eröffnet keinen derartigen Interpretationsspielraum, sondern verpflichtet mit dem Stichwort „Preisstabilität" die Zentralbank auf die innere Stabilität, die in der Kaufkraft der Währung zum Ausdruck kommt.[337] Art. 140 Abs. 1 UAbs. 1 S. 3 erster Gedankenstrich AEUV regelt die Voraussetzungen der Preisstabilität für zukünftige Mitglieder der Euro-Gemeinschaft und bestimmt, dass diese Stabilität ersichtlich sei „aus einer Inflationsrate, die der Inflationsrate jener – höchstens drei – Mitgliedstaaten nahekommt, die auf dem Gebiet der Preisstabilität das beste Ergebnis erzielt haben". Die Inflationsrate wird anhand der Lebenshaltungskosten der privaten Haushalte nach einem harmonisierten Verbraucherpreisindex der EU gemessen.[338] Die EZB ist deshalb in ihrer Währungspolitik vorrangig auf die Wahrung der inneren Kaufkraft des Euro verpflichtet, die derzeit an einem Verbraucherpreisindex gemessen wird und in der Inflationsrate der drei stabilsten Mitgliedstaaten ihren Maßstab findet. Dementsprechend wurden auch die Maßstäbe für die Zentralbanken der Mitgliedstaaten inhaltlich diesem Ziel angepasst.[339] Auch § 3 Abs. 2 BBankG entspricht heute dieser Zielvorgabe.

Nach diesem Maßstab hat der Rat in der Zusammensetzung der Staats- und Regierungschefs in der Entscheidung vom 3.5.1998[340] nur solche Mitgliedstaaten zur Teilnahme an der einheitlichen Währung zugelassen, die eine Inflationsrate zwischen 1 % und höchstens 2,7 % aufwiesen. Die elf von Anfang an beteiligten Euro-Staaten unterschritten diese Obergrenze deutlich und erreichten durchweg Preissteigerungsraten von unter 2 %.[341] Diese Anfangsdisziplin einer niedrigen Inflationsrate sollte beibehalten werden, ist als nachhaltige Inflationsrate zu verstehen. Die Verpflichtung der Art. 127 Abs. 1, 282 Abs. 2 S. 2 AEUV fordert, die bei Eintritt in die Eurogemeinschaft erreichte Preisstabilität zu „bewahren".[342]

Diese Maßstäbe stimmen mit den heute in Zentralbanken und Wirtschaftsunternehmen bestimmenden Auffassungen überein. Sie sind währungspolitische Zielvorgaben, als Referenzwerte verbindlich, quantifizieren einen rechtlichen Tatbestand in Zahlen. Die Orientierungsgröße einer Preissteigerungsrate bis zu 2 % Inflation hat eine dreifache Wirkung: (1.) Die von der EZB verkündete schwere Erreichbarkeit dieses Ziels stärkt das Vertrauen in eine Stabilitätspolitik mit maßvoller Inflationsrate. (2.) Die nahezu 2 % Inflation schaffen einen Sicherheitsabstand zur Deflation. (3.) Die Gewöhnung an eine stetige, aber beherrschbare Inflation verbilligt Kredite und erleichtert die Tilgung. Diese Inflationspolitik hat sich als erfolgreich erwiesen. Anfängliche Sorgen, die Europäische Währungsunion werde den Maßstab der Preisstabilität aufweichen, haben sich bisher nicht bestätigt.[343]

Allerdings versteht die EZB die 2 % Inflationsrate nicht mehr als noch tolerable obere Orientierungsgrenze ihrer Politik, sondern als Ziel der Stabilitätspolitik, der Vorsorge gegen eine Deflation. Idealtypisch wird Preisstabilität erreicht, wenn sich der Verbraucherpreisindex kaum verändert, also 0 % beträgt. Die Bank für Internationalen Zahlungsausgleich (BIZ), die Bank der Notenbanken, sieht die Inflationsrate unabhängig vom Zustand der nationalen Volkswirtschaften. Löhne und Verbraucherpreise reagierten kaum noch auf die wirtschaftliche Entwicklung eines Landes. Maßgeblich seien vor allem die Bewegungen von Immobilienpreisen und Kreditaggregaten, die Wechselwirkungen zwischen Risikobereitschaft, Vermögenswerten und Finanzierungsrestriktionen. Die Bank stellt deshalb das Inflationsziel von 2 % grundlegend in Frage, empfiehlt eine Geldpolitik, die auf eine Annäherung an eine Inflation von 0 % ausgerichtet ist.[344] Doch die gegenwärtige Praxis macht aus einer annähernd quantifizierten Obergrenze des Vertretbarkeitsspielraums von 2 % ein Handlungsziel. Die Rede ist nicht mehr von einem Stabilitätsziel, sondern von einem „Inflationsziel", obwohl eine Inflation der Alarm- und Warntatbestand, nicht der Regeltatbestand ist.

Wenn ein Grenzwert in eine Zielgröße umgedeutet wird, hat das für die Struktur der Währungsunion und ihren verfassungserheblichen Maßstab grundsätzliche Bedeutung. Würde die Zielgröße von knapp unter 2 % Inflation nachhaltig verwirklicht, würde das Sparvermögen der Bevölkerung, insbesondere zur Krisen- und Altersvorsorge, strukturell entwertet. Wird das Stabilitätsziel durch ein „Inflationsziel" überlagert und auch durch eine negative Realverzinsung („Negativzins") verwirklicht, werden die Sparer von einer von ihnen gewählten Quelle zur Teilhabe am Geldmarkt weggeführt, dessen Stabilität die EZB auch im Interesse der Sparer gewährleistet.

Entlastet eine regelmäßige Inflation die Darlehensschuldner, insbesondere die Geldschuldner – Staaten, Banken, Aktionäre –, benachteiligt aber Geldgläubiger – insbesondere die Sparer –, müsste das Ziel einer allgemeinen Stabilitätspolitik neu bedacht, der Ausgleich zwischen Inflations- und Deflationsgefahr kritisch analysiert werden. Der Auftrag der EZB verspricht jedem Euro – gleich in welcher Hand – Stabilität. Die am Privatkonsum gemessene „Preisstabilität" weist eher auf einen verstärkten Schutz der Schuldner.

c) Verbraucherpreise und Asset-Preise

Wenn die Preisstabilität systematisch an den Verbraucherpreisen gemessen wird, dadurch aber die Preise von Vermögenswerten aus der Beobachtungsperspektive ausgegrenzt werden, so ist diese Bemessungsgrundlage – auch nach den Erfahrungen der Bankenkrisen und der gegenwärtigen Inflation auf dem Immobilien- und Aktienmarkt – ein Problem.[345] Spezialisierte Statistikmaßstäbe wie der Verbraucherpreisindex[346] oder der Aktienindex[347] behandeln unterschiedliche Gruppen von Geldeigentümern in Maßstab und Ziel unterschiedlich. Dadurch wird die Entwicklung kleiner Vermögen gegenüber größeren Vermögen nicht dokumentiert. Würde man einmal im Monat einen Index für die Sparguthaben statt die Aktien veröffentlichen, würde ein verfassungsrechtlich erheblicher Krisentatbestand ersichtlich.

Die Bemessung der Preisstabilität nach den Verbraucherpreisen ist traditionell geläufig und in der Praxis erprobt. Sie hat sich als Gegensatz zu der Orientierung an den Wechselkursen bewährt, weil eine nachhaltige innere Stabilität des Euro auch den Außenwert der Währung stabilisiert. Niedrige Inflationsraten und solides Wirtschaftswachstum bestimmen mittelfristig auch die Devisenmärkte.[348] Doch diese Sichtweise wird fragwürdig, wenn die überhöhte Verschuldung von Mitgliedstaaten, aber auch die Inflation auf dem Immobilien- und Aktienmarkt die Stabilität gefährden, aber außerhalb des Sichtfeldes eines Stabilitätstatbestandes bleiben.

Eine Inflation ereignet sich derzeit weniger bei den Gütern, die im Warenkorb erfasst werden und deswegen in den Inflationsmaßstab eingehen, sondern bei Nachfrage nach „Assets", insbesondere nach Aktien und Fonds, nach Gold und Immobilien, nach Kunstwerken mit sicheren Werten und erhofften Wertsteigerungen. Am Immobilienmarkt steigt die Inflation mit der strukturerheblichen Folge, dass der Normalverdiener in Ballungsgebieten seinen Wohnbedarf nicht durch Kauf befriedigen kann.

Negativzinsen und extrem wachsende Geldmengen schaffen so ein Inflationspotential, das jederzeit in eine weitere Nachfrage nach Realgütern umgesetzt werden, damit auch eine herkömmliche Inflation verursachen kann. Eine expansive Geldpolitik gefährdet den Wert des Geldes, schwächt das Versprechen der Zentralbank, der Geldeigentümer könne sein Geld jederzeit in Realwerte einlösen. Mit sinkendem Geldwert verliert die Zentralbank Autorität, der Geldeigentümer Sicherheit. Dies gilt unabhängig davon, ob derzeit eine Bank oder ein Wirtschaftssubjekt außerhalb des Bankensektors Eigentümer des jeweiligen Geldes ist. Das Geld repräsentiert die Leistungsfähigkeit der Wirtschaft, ist in dieser Wertgrundlage darzustellen und zu beurteilen.

d) Niedrigzins- und expansive Geldmengenpolitik ohne Inflation

aa) Wirtschaftssubjekte wehren sich gegen Anreize der EZB

Obwohl die Eurostaaten gegenwärtig eine andauernde Niedrigzinsphase erleben, der Leitzins der EZB auf 0 % und einen Negativzins gesunken ist und eine expansive Geldpolitik durch Anleihekäufe die Geldmenge vermehrt, wird das Inflationsziel von jährlich nahe unter 2 % auf dem Konsumentenmarkt des Euroraums derzeit nicht erreicht. Wenn die Sparer einen Negativzins zahlen müssen, verzichten sie oft nicht auf das Sparen, sondern vermehren ihre Sparanstrengung, um trotz der Einlagelast das geplante Sparziel der Alterssicherung und Krisenvorsorge zu erreichen. Die Unternehmer schätzen die Leistungskapazitäten ihres Unternehmens eigenverantwortlich ein, beobachten die Nachfragebereitschaft ihrer Märkte kritisch, berücksichtigen die institutionellen und bürokratischen Erschwerungen des Wirtschaftens, kennen die eigene Konsumkraft und die eigenen individuellen Neigungen. Diese verantwortliche Freiheit des Unternehmers kann zur Folge haben, dass er auch billiges Geld ausschlägt, Kredite bei Banken nicht mehr nachfragt, sein eigenes Geld nach Gutdünken am Markt einsetzt oder spart.

bb) Liquiditätszuwachs innerhalb des Bankensystems

Banken können heute so viel Geld leihen, als sie über ausreichend Sicherheiten verfügen. Die Banken fragen insgesamt mehr Liquidität nach, als sie konkret benötigen, um die Nachfrage nach Bargeld zu befriedigen und die Mindestreservepflicht zu erfüllen. Dadurch entsteht ein Liquiditätsüberschuss im System.

Alle Geschäftsbanken unterhalten Konten bei Zentralbanken, um den Liquiditätsbedarf der jeweiligen Bank jederzeit erfüllen zu können und Liquiditätsrisiken angemessen zu begegnen. Die Liquiditätsreserve ist eine Vorsorge für die Gefahr, dass eine Bank ihren gegenwärtigen und zukünftigen Zahlungsverpflichtungen nicht mehr vollständig oder nicht fristgerecht nachkommen kann (Liquiditätsrisiko), dass zusätzliche Refinanzierungsmittel nur zu erhöhten Marktzinsen zu beschaffen sind (Refinanzierungsrisiko), dass Verzögerungen bei bereits eingeplanten Rückflüssen (Kreditraten) und Abrufrisiken, insbesondere Überziehungskrediten, entstehen, Passivgeschäfte unerwartet storniert oder Einlagen in unerwarteter Höhe abgezogen werden (Terminrisiken), dass außergewöhnliche Geschehnisse den Verkauf von Vermögenswerten nur mit Abschlägen am Markt erlauben (Marktliquiditätsrisiko). Eine Alternative für kurzfristige Einlagen, bei der keine „Negativzinsen" zu zahlen wären, gibt es nicht. Im Ergebnis gewährt das ESZB den Geschäftsbanken Gelder, mit denen diese eine Liquiditätsreserve beim ESZB bilden, um sich ausreichend Geld am Markt beschaffen zu dürfen. Ein großer Teil der von der EZB verteilten Gelder kommt nicht bei der Allgemeinheit der Konsumenten und Investoren an, sondern verbleibt bei den Zentralbanken und Geschäftsbanken. Soweit „Negativzins" und Geldmenge die Kreditnachfrage von Banken und Staaten als ein eigenes Geldsystem lenken, steuert die EZB nicht den Realmarkt, sondern mindert dessen Wirkungen in einem Inflations- oder Deflationspotential.

bb) Negativzins als Subvention

Für die bei ihr eingelagerte Überschussliquidität für Banken hat die EZB einen Freibetrag eingeführt, auf den keine Negativzinsen zu entrichten sind (Hauptrefinanzierungssatz). Teilweise wird eine Nachfrageprämie auf das gehortete Geld gewährt. Die Geschäftsbanken empfangen eine Subvention.[349] Sie machen Gewinn, wenn sie sich Geld bei der Notenbank leihen und dieses dort für eine begrenzte Zeit liegenlassen dürfen. Die Zinsen werden zu einem technischen Instrument der Subvention, dienen nicht mehr der Geldpolitik. Die Zentralbank ist Subventionsgeber, die Geschäftsbank Subventionsnehmer. Das Subventionsrechtsverhältnis besteht ausschließlich zwischen diesen Banken.

cc) Ruhendes Geld ist Inflationspotential

Doch selbst wenn es keinen Negativzins als Subventionsinstrument gäbe, Zentralbankzins und Marktzins gleich wären, könnten die Geschäftsbanken veranlasst werden, Geldhorte bei der Zentralbank zu bilden, wenn die Zentralbank durch Kredite an die Banken oder durch Erwerb von Schuldtiteln aus ihren Händen Zentralbankgeld gewährt, die Wirtschaft aber nicht bereit ist, mehr Kredite zu höheren Zinsen nachzufragen. Das im Bankensystem ruhende Geld bestimmt dann kaum Löhne und Preise, fördert also nicht eine Inflation, enthält aber ein Inflationspotential, wenn die Wirtschaftssubjekte neue Erwerbschancen sehen und deshalb vermehrt Kredite inflationswirksam nachfragen.

Deshalb sind die rechtlichen Kreditgrenzen sowie die Verbote und Begrenzungen der Staatsverschuldung derzeit wesentliche Stabilitätsanker. Die Geldpolitik kann ihre Aufgabe, Preisstabilität zu gewährleisten, erst wieder erfüllen, wenn sie in Einklang mit diesem Recht, nicht gegen das Recht lenkt. Die Erwartung, die EZB werde die Preisstabilität des Euro gewährleisten, bietet bei zunehmender Staatsfinanzierung und Geldmenge, bei Bankenaufsicht und konzeptioneller Geldentwertung der Gegenwart eine trügerische Sicherheit. Geld als fungibles Gut kann heute am Finanzmarkt verbleiben, morgen aber zum Konsum eingesetzt werden. Insoweit wächst ein Inflationspotential, das dann von der EZB und den Zentralbanken durch restriktive Geldpolitik und hohe Leitzinsen bekämpft werden müsste. Wer heute in seinem Strandkorb direkt am Meeresstrand bei Ebbe ruht, könnte von der Flut überrascht werden.

2. Wirtschaftswachstum

a) Wirtschaftswachstum als statistische oder gesamtpolitische Größe

„Negative Zinsen" sollen in erster Linie die Verwendung des verfügbaren Geldes steuern. Die EZB will durch den Negativzins die Geschäftsbanken veranlassen, Geld nicht zu horten, sondern der Wirtschaft für Investitionen zur Verfügung zu stellen, möglichst keine Spareinlagen entgegenzunehmen und die sparwilligen Geldeigentümer in Investition und Konsum zu drängen. Die negativen Zinsen sollen Konsum und Investition durch unausweichliche Vorgaben verändern. Damit gerät das Sparvermögen in den Sog einer

Wirtschaftspolitik, die sich ein stetiges Wachstum des Bruttoinlandsprodukts zum Ziel setzt.

Art. 127 Abs. 1 S. 2 AEUV beschränkt das wirtschaftspolitische Mandat des ESZB auf die Unterstützung der „allgemeinen Wirtschaftspolitik in der Union", ermächtigt zu dieser Unterstützungsleistung zudem nur, „soweit dies ohne Beeinträchtigung des Zieles der Preisstabilität" möglich ist. Das Bemühen um Wirtschaftswachstum bleibt also ein subsidiärer Auftrag. Zudem ist das Wirtschaftswachstum Ausdruck des ökonomischen Erfolges allgemeingesellschaftlicher Leistungen: der Friedenspolitik, der Kraft von Familien und Bildungsinstitutionen, der Qualifikation der Menschen zur Freiheit, insbesondere im Arbeitsleben und in der demokratischen Teilhabe, der wissenschaftlichen Forschung und der technischen Entwicklung, des demokratisch-rechtsstaatlichen Systems, des Umgangs mit ökonomischen, ökologischen, digitalen und kulturellen Ressourcen, des Gesundheitswesens. Wirtschaftswachstum entsteht und entwickelt sich in diesen Voraussetzungen. Wirtschaftspolitik stützt sich auf diese nichtökonomischen Vorbedingungen, steht insoweit außerhalb eines Mandats zur Währungspolitik, das sich aus Sachverstand und Unabhängigkeit für Geld und Währung rechtfertigt.

Der gegenwärtigen Wirtschaftspolitik in Deutschland und der Union liegt als Selbstverständlichkeit das Anliegen zugrunde, auf ein stetiges und angemessenes Wirtschaftswachstum hinzuwirken. Dieses „Wirtschaftswachstum" ist aber kein nur ökonomisches Datum, das in ähnlicher Weise wie die Zielgröße der Preisstabilität in Zahlen dargestellt und dann allein durch Geldpolitik verwirklicht werden könnte.

Das Wirtschaftswachstum benennt die angestrebte, höchstmögliche Wachstumsrate, die mit den Kosten vereinbar ist, die die Gesellschaft zu tragen bereit ist.[350] Messgröße dieses Wachstums ist das Bruttoinlandsprodukt (BIP), das Volumen der Waren und Dienstleistungen, das Wirtschaftssubjekte in einem Land in einem bestimmten Zeitraum − kostenbewusst − produzieren.[351] Das Ziel eines stetigen und angemessenen Wirtschaftswachstums stellt die Finanzpolitik in statistischen, handhabbaren Zielgrößen dar. Für 2021 wurde 2020 ein Wirtschaftswachstum von 5,3 % des BIP[352] erwartet.

Das BIP ist ein geeigneter Tatbestand, wenn der währungspolitische Auftrag, Preisstabilität zu gewährleisten, erfüllt werden muss. „Wachstum" hingegen handelt von der gemeinsamen Zukunft, auf die eine deutsche und europäische Politik die Menschen ausrichten soll. Wachstum soll die allgemeine Lebensqualität mehren. Deshalb muss die Wirtschaftspolitik auch ihre Ziele auf die Gemeinschaftsanliegen von Frieden und Umwelt, Bildung und Wissenschaft, Gesundheit und Familie abstimmen. Die Bemessung des BIP nach dem Volumen aller Wirtschaftsleistungen öffnet somit ein Fenster, durch das die aktuellen Zielkonflikte moderner Allgemeinwohlpolitik sichtbar werden. Die Entscheidung über diese Ziele treffen die Parlamente der Mitgliedstaaten. Die EZB darf nicht schlicht an der bisherigen – engen – Definition des Wachstums festhalten und das Wachstumsziel damit im Herkömmlichen festschreiben. Sie wird ein Wachstum mitgestalten, bei dem die Frage, wohin wir wachsen wollen, von den Parlamenten beantwortet wird.

aa) Lebensqualität

Dem „Wirtschaftswachstum" liegt eine allgemeine, politische Wertvorstellung über die Frage zugrunde, was wohin wachsen soll. Dieses Ziel kann nicht als bloße ökonomische Zahl geldpolitisch gehandhabt, sondern muss als eine der zentralen Grundsatzfragen des Gemeinwesens entschieden werden. Seit mehr als 50 Jahren wird öffentlich in Frage gestellt, ob dieses Bruttoinlandsprodukt nur die Aktivitäten des Marktes zählen oder aber den Zuwachs an werthaltigen Leistungen erfassen soll.[353] In einprägsamen Beispielen und nachhaltigen Aufklärungskampagnen wird eine Neukonzeption des Wachstums gefordert. Ein formal am gegenwärtigen Marktgeschehen orientiertes Bruttoinlandsprodukt müsse durch Indikatoren zu Wirtschaftsleistung, Lebensqualität und Nachhaltigkeit ersetzt werden.[354] Das BIP umfasst auch die Luftverschmutzung und Zigarettenwerbung, Waffen und Terrorkosten, Schund- und Hetzpublikationen, die Folgekosten eines Drogenmissbrauchs, Luftbuchungen und Aufwendungen für die Flucht in eine Steueroase. Dieses statistische BIP erfasst nicht die Gesundheit unserer Kinder, die Qualität ihrer Bildung und ihre Freude beim Spielen. Es bildet nicht die Schönheit unserer Dichtung und die Kraft unserer Ehen und Familien ab. Es spricht nicht von unseren Wäldern, Gletschern und Flüssen, lässt die Vorzüge unseres Verfassungssystems und den Anspruch der öffentlichen Debatte unberücksichtigt. Das BIP misst weder unsere Kulturerfahrung noch unseren Mut, weder unsere Forschungskraft noch unser Mitgefühl, nicht Ehrenamt und Nächstenhilfe. „Kurzum, es misst alles, außer dem, was das Leben lebenswert macht".[355]

bb) Verteilungsgerechtigkeit

Wachstumspolitik ist insbesondere eine Frage gerechter Verteilung der Güter, muss sich deshalb vergewissern, wem das Wachstum nützen soll. Der Kampf um eine globale Gerechtigkeit bei der Verteilung der Güter widmet sich zunehmend der Aufgabe, friedlich zu teilen, Hunger und Entbehrung zu überwinden, tief verwurzelte Ungleichheit zu beseitigen, Grausamkeiten zu beenden.[356] Deswegen müssen „die Kräfte der Bildung und der Fantasie in Bewegung" gesetzt[357], „die weit verbreitete Unwissenheit" überwunden[358], Gesundheit und Schulbildung allgemein gefördert werden.[359] Dabei sind im demokratischen System gerade auch die Wirkungen staatlicher Maßnahmen kritisch zu prüfen. Wenn der Staat die Landwirtschaft subventioniert und die Ansammlung immer größerer Lebensmittelreserven fördert, so schafft er für Lebensmittelproduzenten und Verkäufer eine Goldgrube, vermindert hingegen für die hungernden Verbraucher das Lebensmittelangebot. Zudem verwendet er einen Großteil der Subventionen für die Lagerung und Verwaltung sowie eine schwerfällige Bürokratie.[360] Entwicklungen lassen sich nicht lediglich an Faktoren wie dem Bruttoinlandsprodukt (BIP) oder technologischem Fortschritt ablesen. Freie Menschen wollen ihr Leben nach den Maßstäben gestalten, die sie mit gutem Grund wertschätzen.[361] Orientieren wir uns hingegen an den falschen Messgrößen, ergreifen wir die falschen Maßnahmen.[362]

cc) Umweltschutz

Das Anliegen wirksamer Umweltpolitik stellt das Wachstumsziel grundsätzlich in Frage und sucht es durch Nachhaltigkeitsziele weiterzuentwickeln, will dabei Gesellschaft und Staat grundlegend erneuern, begründet insbesondere hohe Anforderungen an die individuelle und gemeinschaftliche Lebensführung.[363] Eine humane Umweltpolitik fordert eine Selbstbegrenzung als Lebensklugheit, versteht Genügsamkeit und Einfachheit als selbstverständliche Tugend, empfiehlt eine Kunst umweltbewussten Zusammenlebens, entwickelt solidarische Wirtschafts- und Konsumformen wie die der Genossenschaften, erwartet das gemeinsame Nutzen von Autos, verlangsamt das Leben und begrenzt die Arbeitszeit, um Zeit für die Beziehung zu anderen Menschen, für die „schönen Dinge des Lebens" zu gewinnen.

Biologische Prozesse und Materialien werden in umweltförderliche Prozesse umgesetzt, Sonne und Wind intensiver als Energiequelle genutzt, Abfälle als Bioenergie eingesetzt, Metalle recycelt, aus Emissionen Grundstoffe für Medikamente, Nahrungs- und Futtermittel gewonnen. Wenn sodann CO_2-Grenzwerte vorgegeben und die Kosten für Treibhausgasemissionen durch einen Emissionshandel progressiv verteuert würden, ist ein Programm skizziert, das in schonenden Übergängen eine Umweltpolitik mit der Wirtschaft und mit Wachstumserfolgen zu verbinden verspricht. Wenn sich so die Konsum- und Essgewohnheiten, das öffentliche Leben auf Straßen und Plätzen, das Verkehrs- und Urlaubswesen ändern, wird dieser gesellschaftliche, gesamtwirtschaftliche und mentale Wandel die Welt weit über den Umweltschutz hinaus reformieren.

Der Fortschritt, der die Qualität unseres Lebens steigert, ist vielfach nicht zählbar, kann deshalb in einem statistikbasierten Denken nicht erfasst werden. Das hat zur Folge, dass die Diskussion um ein prozentuales Wirtschaftswachstum auf die Gesamtanliegen von Gesellschaft und Staat erweitert, die Aufmerksamkeit gemeinschaftserheblichen Handelns über den ökonomischen Leistungstausch auf alle Freiheitsanliegen erstreckt, die Teilhabeberechtigung am Wachstum neu definiert werden müssen.

b) Wohlstandsindikator

Nach einer Grundsatzstudie der Bundesregierung[364] besteht Einigkeit in Wissenschaft und Statistik, dass das reale Bruttoinlandsprodukt (BIP) sich nicht als alleiniger Indikator für den Wohlstand der Gesellschaft eigne.[365] Das Wirtschaftswachstum sei zwar ein zentraler und notwendiger Indikator für die Wirtschaftskraft eines Landes. Eine gute Entwicklung des BIP beeinflusse die Lebensqualität vielfach positiv, z. B. durch ein höheres Wohlstands- und Beschäftigungsniveau, einen stabil finanzierten Sozialstaat, ein gut ausgestattetes Gesundheitssystem.[366] Die wirtschaftliche Analyse müsse aber den Wachstumsbegriff auf das Ziel des Wohlstandes erweitern. Die Frage nach dem Wohlstand vergrößert den Kreis derer, die am Wachstum profitieren, beantwortet auch die Frage, wie inklusiv, dauerhaft und umweltgerecht ein Wachstum ist. Ziel dieser Wohlstandspolitik ist es zunächst, „gut zu arbeiten und gerecht teilzuhaben"[367], die Arbeitslosigkeit nach einem erneuerten Indikator der Arbeitslosenquote zu verringern.[368] Den Maßstab gäben die realen Nettolöhne und Nettogehälter. Dabei werden staatliche und europäische arbeitsmarktpolitische Instrumente als ein wesentlicher Beitrag zur Stabilisierung des Arbeitsmarktes und zur Sicherung der Fachkräftebasis berücksichtigt. Weitere Indikatoren sind die Investitionsquote (Bruttoanlageinvestitionen/BIP)[369] und die gesamtstaatliche Schuldenquote (Brutto-schulden/BIP), die insbesondere an der europäischen Verschuldungsgrenze von 60 % der Wirtschaftsleistung zu messen ist[370].

Ein wichtiges Ziel sei, dass die Menschen in Deutschland über ein aus-kömmliches und sicheres Haushaltsnettoeinkommen verfügen und einen hohen materiellen Lebensstandard genießen können. Deshalb seien „durch gute Arbeit zu fairen Löhnen" die individuelle Teilhabe am Erwerbsleben zu erweitern, die Produktivität in einer alternden Gesellschaft zu steigern, gute Bildungs- und Ausbildungssysteme zu gewährleisten, innovativ neue und wettbewerbsfähige Produkte und Dienstleistungen zu entwickeln.[371] Diese, durch angemessene staatliche Rahmenbedingungen zu stützende Aufgabe sei in globaler Verantwortung zu erfüllen. Weltweit tätige Unternehmen brauchen eine verantwortungsbewusste Unternehmensführung, tragen eine nachhaltige Mitverantwortung für die globalen und nationalen Treibhaus-gasemissionen[372], die Luftqualität[373] und die Energieproduktivität[374].

Auch der Bericht der OECD 2020[375] richtet die politische Aufmerksam-keit auf Einkommen und Wohlstand, unterscheidet zwischen „wirtschaftli-chem Kapital", „natürlichem Kapital" und „Humankapital". Den Gewinnen an gegenwärtigem Wohlergehen stünde „noch keine Verbesserung bei den Ressourcen gegenüber, die zu dessen Erhaltung im Laufe der Zeit erforder-lich" sei.

c) Wohlstand durch Wachstum und Wachsen mit der Natur

Wenn das Wirtschaftswachstum die Natur belastet, fordern manche Be-obachter, unsere Gesellschaft müsse zumindest zeitweilig auf Wirtschafts-wachstum verzichten. Dieser Gedanke empfiehlt für eine seit vielen Jahren wachsende Volkswirtschaft, aber auch für Sonderlagen wie eine Pande-mie ein zeitweiliges Innehalten. Globalwirtschaftlich ist diese Forderung aber wegen des Anwachsens der Weltbevölkerung und der Erwartung der Volkswirtschaften in Asien, Lateinamerika und Afrika nach besseren Le-bensbedingungen – des Wohnens, der Nahrung, der Gesundheit, der tech-nischen Ausstattung, der Kleidung und Mobilität, des inneren und äußeren Friedens – fragwürdig.[376] Nach bisherigen Erfahrungen sichert weltweites Wirtschaftswachstum am ehesten, dass dieser Fortschritt auch die Lebens-bedingungen bisher vernachlässigter Regionen verbessert. Kann ein solches Wachstum im Einklang mit der Natur erreicht werden, verbinden sich zwei Aufgaben, die nur von den Staaten gemeinsam erfüllt werden können.

Bei dieser Weltpolitik steht allerdings die Beharrlichkeit des Plans und die Nachhaltigkeit der Planverwirklichung in Frage. Schon die Europäische Union wäre überfordert, wollte sie allein Umweltpolitik betreiben. Mit der Entwicklung umweltschonender Fahrzeuge könnten der Ölverbrauch in Deutschland zwar gesenkt, die Ölexporteure aber veranlasst werden, ihr Öl in Regionen mit geringeren Umweltstandards zu liefern. Die Weltumweltbilanz wäre negativ. Würden in Deutschland technisch gut ausgerüstete Kraftwerke stillgelegt, die deshalb fehlende Energie aber in weniger umweltgerechten Kraftwerken gekauft, wiese die Gesamtbilanz wiederum Umweltdefizite aus. Wenn Verbraucher, die z. B. beim Benzin sparen, das ersparte Geld dann für eine andere Nachfrage – den Ferienflug oder das Geburtstagsfeuerwerk – einsetzen, ist umweltpolitisch der erste Schritt gelungen, das Ziel aber noch nicht erreicht. Diese „Rebound-Effekte"[377], bei denen der Ball wie vom Ring des Basketballkorbes zurückprallt, sind unterschiedlich, in ihrer Entwicklung nur schwer vorherzusagen, oft kaum in Zahlen auszudrücken, bedürfen aber der politischen Analyse und Entscheidung, die über das Wirtschaftswesen hinausgreift.

d) Wirtschaftlicher Vorgriff auf eine erwartete Kreativität

Das Leben und Erwerben wird heute zunehmend durch Wissenschaft, Technik und die Macht des Wissens bestimmt. Wissenschaft stützt sich auf die Erfahrungen, die heute schon Vergangenheit sind, begründet, auf diese aufbauend, aber eine Vorstellung von einer erreichbaren Zukunft. In einem ersten Schritt lehrt uns die Wissenschaft, dass wir die Erde als ein „Raumschiff" sehen sollen, dessen Besatzung stets lebbare Verhältnisse im Innern des Fahrzeugs zu sichern, Zustand und Gefährdung des Schiffes ständig zu prüfen, in der Freiheit des Fortbewegens und Beschleunigens Übertreibungen und Verschwendung zu vermeiden hat.[378] Die Insassen folgen einem Aufruf zur Umkehr. Gegenwärtig sei die Gesamtheit unseres Produzierens und Konsumierens, unseres Wohnens und unserer Verkehrsgewohnheiten, unserer Künste und Kommunikationen unbeirrt auf Wachstum und Überbietung ausgerichtet, müsse nun die Zivilisation in die Gegenrichtung lenken. Geboten sei Verminderung, wo bisher Vermehrung auf dem Plan stand, Zurückhaltung, wo bisher Explosion erlaubt war, Sparsamkeit, wo Verschwendung als höchster Reiz empfunden wurde. Eine Ethik der Askese müsse die Ethik des Feuerwerks ablösen. Jeder einzelne Mensch verfüge über ein kleines Emissionsguthaben, das ihm als Shareholder der Atmosphäre und der übrigen Elemente zugestanden ist.

Diese Ethik der globalen Mäßigung erweise sich in einer Kultur als illusorisch, in der Überfluss, Verschwendung und Luxus zu Selbstverständlichkeit und Recht werden. Die reichen Nationen hielten ihren Wohlstand für Eroberungen, die sie nicht mehr aus der Hand gäben, wollten durch stetiges Wachstum den materiellen Wohlstand und die expressiven Privilegien, die sie selbst genießen, globalisieren. Der Mensch lebe auf der Erde, die nur in einem einzigen Exemplar vorhanden sei, lebe aber heute bereits so, als ob er anderthalb Erden ausbeuten dürfte. Würde sich dieser Lebensstil auf den gesamten Planeten ausweiten, müssten der Menschheit nicht weniger als vier Erden zur Verfügung stehen.[379]

Diese Überlegungen führen zu einer neuen Bescheidenheit, wenden sich gegen dieses Wachstum, werden aber letztlich aufgefangen von einem „Ethos der Kreativität".[380] Der wissenschaftlich-technische Aufbruch der Digitalisierung, der „Künstlichen Intelligenz", der Medizinforschung zeigt, dass dieser Gedanke weder Utopie noch Naivität ist, sondern einen Umbruch einleitet, der Entwicklungsziele in das bisher nicht Vorstellbare ausweitet, in der wissenschaftlichen Neugierde das derzeit allenfalls Vorausgedachte zur Realität macht.

e) Weltentwicklungsziele

Die rechtlichen, wissenschaftlichen und philosophischen Impulse, die das Wachstumsziel neu bestimmen wollen, sind inzwischen zu einem Weltkonzept gemeinsamer Vergewisserung geworden. Die Generalversammlung der Vereinten Nationen hat 2015 eine Agenda für die nachhaltige Entwicklung beschlossen,[381] in denen 17 Weltentwicklungsziele benannt werden, die insbesondere weltweit Armut und Hunger bekämpfen, den Planeten schützen und Wohlstand und Frieden fördern sollen.[382] Nr. 8 dieser Weltentwicklungsziele fordert, ein „dauerhaftes, breitenwirksames und nachhaltiges Wirtschaftswachstum, produktive Vollbeschäftigung und menschenwürdige Arbeit für alle" zu fördern. Diese Ziele sollen bis zum Jahr 2030 erreicht werden. Sie sind zwar rechtlich nicht verbindlich, begründen aber eine gemeinsame Erwartung an alle Staaten und alle Zivilgesellschaften, die das Recht verändern wird.

Die Europäische Union sieht sich mit den Mitgliedstaaten als Vorreiter bei der Umsetzung dieser Ziele.[383] Zu den wichtigsten Maßnahmen der EU zur Umsetzung der Agenda 2030 zählt die durchgängige Berücksichtigung der Nachhaltigkeitsziele in allen EU-Strategien und -Initiativen und die

Orientierung an nachhaltiger Entwicklung als wesentlichem Leitgrundsatz für alle Politikbereiche der EU. Damit ist auch das ESZB gehalten, in seinem Auftrag der Geldwertstabilisierung das Ziel eines „breitenwirksamen" Wirtschaftswachstums, einer „produktiven" Vollbeschäftigung und einer „menschenwürdigen Arbeit" zu fördern. Die Geldstabilitätspolitik wahrt ihre geldpolitische Eigenständigkeit, darf aber nicht in Widerspruch zu der Nachhaltigkeitspolitik der EU und der Mitgliedstaaten geraten. Die damit ersichtlichen Zielkonflikte bestimmen die Kompetenzgrenzen zwischen motivierend lenkender EZB und rechtsverbindlich gestaltenden Parlamenten und Regierungen.

3. Kernauftrag und Unterstützungsfunktion

a) Eigenständige Preisstabilität, gesetzliches Wachstumsziel

Im Ergebnis verfolgt die EZB im vorrangigen Ziel der Preisstabilität ein konkretes, von den übrigen Hoheitsaufgaben klar abgegrenztes Handlungsziel, das im Maßstab der Inflationsrate verdeutlicht und gegenwartsgerecht fortgebildet werden muss. In diesem rechtlichen Rahmen wird die Preisstabilität durch den dem ESZB vorbehaltenen Sachverstand definiert. Demgegenüber dient die EZB in dem untergeordneten Ziel des Wirtschaftswachstums dem allgemeinen Auftrag von Mitgliedstaaten und Europäischer Union, das Wirtschaftswachstum in seinen Voraussetzungen und Folgen rechtlich zu gestalten. Wachstum ist auf die vielen mitbetroffenen Lebensbereiche der Friedensgewähr, der Familie, der Bildung, des Sozialen, des Umweltschutzes, der neuen Techniken, der Gesundheit und Wissenschaft abzustimmen. Eine Umwidmung des Wirtschaftswachstums durch einen Wohlstandsindikator oder durch ein Wachstum der Lebensqualität ist kein Akt der Währungspolitik, sondern der Gesellschaftspolitik. Die EZB beansprucht für ihr spezialisiertes Ziel der Geldwertstabilität eine Unabhängigkeit, die sie von Politik und Parlamentseinfluss im Rahmen des rechtlichen Auftrags abschirmt. Bei der Unterstützung der allgemeinen Wirtschaftspolitik in der Union wirkt das ESZB aber im Geltungsbereich der rechtsstaatlichen Maßstäbe und der demokratisch-parlamentarischen Entscheidungsvorbehalte für diese Politikfragen. Das ESZB kann hier nicht selbst und alleinverantwortlich entscheiden, sondern allenfalls in subtiler Wahrung seiner Unabhängigkeit den hauptverantwortlichen Organen von Parlamenten und Regierungen Impuls und Unterstützung gewähren.

b) Die Versorgung mit gutem Geld

Der Auftrag des ESZB, vorrangig dem Ziel der Preisstabilität zu dienen, erweist sich als eine Rechtspflicht von besonderer Klugheit, als ein Maßstab verlässlicher Praktikabilität und als Bedingung der Unabhängigkeit des ESZB. Wenn das ESZB auch die allgemeine Wirtschaftspolitik in der Union unterstützt, soweit dies ohne Beeinträchtigung des Ziels der Preisstabilität möglich ist, dient ihre Unterstützung einer von den politischen Organen der EU und der Mitgliedstaaten definierten Politik. Das ESZB folgt hier den nicht geldwirtschaftlichen Maßstäben dieser Politik, entfernt sich aus dem Wirkungsbereich des monetären Sachverstands, dessentwegen die EZB durch die Garantie der Unabhängigkeit gegen die Politik der Union und der Mitgliedstaaten abgeschirmt wird.

In dieser Finalität von Auftrag, Handlungsmitteln und Wirkungsbedingungen des ESZB liegt dessen Chance und Grenze. Das ESZB wirkt durch Lenkung und Impulsgebung, muss Distanz zur europäischen Regelsetzung und Einzelweisung wahren. Das ESZB erreicht seine Erfolge durch Steuerung der Geldwirtschaft, beeinflusst Markt und Wettbewerb des entgeltlichen Tausches, hält sich von den Lebensbereichen fern, die für Geld und Kauf unzugänglich sind. Das ESZB organisiert und verändert nicht die Arbeitsvoraussetzungen für Institutionen der Geldwirtschaft, insbesondere der Banken. Es ist nicht verantwortlich für Anlass und Folgen der Geldwirtschaft, insbesondere nicht für Produktion und Konsum, nicht für das Gelingen von Staaten und Staatenkooperationen. Das ESZB gewährleistet den Wert des Euro, des Zahlungsmittels für jedermann, das gleiche Werthaltigkeit verheißt und beansprucht, unabhängig in wessen Hand – von Investor oder Sparer – der Euro gehalten wird. Das ESZB ist erfolgreich, wenn es die Allgemeinheit mit stabilem Geld hinreichend versorgt. Der Versorger belässt dem Empfänger des Geldes seine Freiheit beim Gebrauch des empfangenen Gutes. Wie ein Energieversorger Energie guter Qualität liefert, deren Nutzung aber Industrie und Haushalten überlässt, so ist der Versorgungsauftrag des ESZB erfüllt, wenn das ESZB gutes Geld in hinreichender Menge zur Verfügung stellt und so die Menschen zu ökonomischer Freiheit befähigt. Würde das ESZB den Sparer von dieser Versorgung ausnehmen, ihm gutes Geld als Sparertrag und als bleibende Sparsubstanz verweigern, handelte es außerhalb seines Auftrags und beschränkte die Wirtschaftsfreiheit der Sparer.

Die Begründung des Tatbestandes, der Sparen missbilligt und mit einer Sanktion verbindet, kann das ESZB nicht als Unterstützung einer Wachstumspolitik rechtfertigen, weil diese Politik gerade gegenwärtig ein entwicklungsoffenes Ziel verfolgt, in dieser Zielbestimmung parlamentarisch-demokratisch entschieden werden muss, auch sachlich-inhaltlich Anhaltspunkte für ein Sparverbot fehlen. Zudem fehlte dem ESZB das Handlungsinstrumentarium. Ein Eingriff in die Nutzungsrechte des Eigentümers (Nullzins) und eine Wegnahme von Eigentum (Negativzins) bedarf einer gesetzlichen Grundlage. Das ESZB ist nicht Gesetzgeber, sondern gesetzlich gebundenes Hoheitsorgan. Das Gesetz aber ermächtigt nicht zu Sparsanktionen.

III. Haushaltsdisziplin der Mitgliedstaaten

1. Nationale Haushaltspolitik und gemeinschaftliche Haushaltsdisziplin

Die europäische Währung ist nach dem vorrangigen Ziel der Preisstabilität geschaffen und nach dieser Maxime fortzuentwickeln.[384] Für diese Währungspolitik sind die währungspolitischen Kompetenzen der Mitgliedstaaten nahezu[385] ausschließlich auf das ESZB übertragen worden.[386] Doch diese Kompetenz reicht nicht aus, inflationären und deflationären Tendenzen entgegenzusteuern, weil die Wirtschafts- und Haushaltspolitik bei den Mitgliedstaaten verblieben ist. Die Mitgliedstaaten haben sich auf eine enge Koordinierung ihrer Wirtschaftspolitiken verständigt,[387] sich aber die Kompetenzen und Befugnisse zur Haushaltspolitik vorbehalten.[388] Das Europarecht verpflichtet die haushaltsautonomen Mitgliedstaaten aber auf eine stabile Währung und sichert die Erfüllung dieser Pflichten institutionell.

Art. 126 AEUV verpflichtet die Mitgliedstaaten, übermäßige öffentliche Defizite zu vermeiden. Sodann stellen die Art. 123–124 und 125 AEUV durch Verbote sicher, dass die Mitgliedstaaten zur Defizitfinanzierung wie private Wirtschaftssubjekte die freien Kapitalmärkte in Anspruch nehmen.[389] Den Staaten ist untersagt, ihre Kredite durch das ESZB zu finanzieren (Art. 123 AEUV), sich einen privilegierten Zugang zu privaten Finanzinstituten zu verschaffen (Art. 124 AEUV) oder Defizite durch eine Schuldenüberwälzung an die Union oder andere Mitgliedstaaten auszugleichen (Art. 125 AEUV). Die Mitgliedstaaten sind bei der Darlehensnachfrage auf die Kapitalmärkte und die dort geltenden Regeln verwiesen.[390] Die Kapitalmärkte anerkennen eine solide Haushaltspolitik durch maßvolle Zinsangebote, reagieren auf eine unsolide Haushaltspolitik mit Zinsaufschlägen. Die

Mitgliedstaaten werden dadurch indirekt zu einer soliden Haushaltspolitik gedrängt.[391] Das ESZB handelt insoweit im Einklang mit dem Grundsatz einer offenen Marktwirtschaft mit freiem Wettbewerb (Art. 127 Abs. 1 S. 3 AEUV).

2. Stabilitätsverantwortlichkeit der Euro-Staaten

a) Die Obergrenze der Staatsverschuldung (Art. 126 AEUV)

In dieser Entwicklung wachsender Staatsverschuldung und schwächer werdender Rechtsmaßstäbe trifft die EZB eine besondere Verantwortung für die rechtlichen Grenzen der Staatskredite, deren Beachtung von der Kommission zu überwachen und in einem besonderen Verfahren zu gewährleisten ist, die aber durch eine Praxis der Nichtbeanstandung zu verkümmern drohen.

„Die Mitgliedstaaten vermeiden übermäßige öffentliche Defizite" (Art. 126 Abs. 1 AEUV). Der Vertrag enthält nunmehr eine verbindliche Pflicht. Seine Vorgängervorschrift des Art. 116 Abs. 4 EGV regelte lediglich, dass die Mitgliedstaaten „bemüht" seien, „übermäßige öffentliche Defizite zu vermeiden". Art. 126 Abs. 1 AEUV verpflichtet auf den Erfolg, ein übermäßiges Defizit zu vermeiden.[392]

Nach Art. 126 Abs. 2 AEUV überprüft die Kommission die Einhaltung der Haushaltsdisziplin anhand von zwei Kriterien, die in einem den Verträgen beigefügten Protokoll im Einzelnen festgelegt werden. Dieses Protokoll[393] nennt als Referenzwerte, an denen sich die Überwachung von Haushaltslage und öffentlichem Schuldenstand ausrichtet, 3 % für das Verhältnis zwischen dem jährlichen öffentlichen Defizit und dem Bruttoinlandsprodukt zu Marktpreisen und 60 % für das Verhältnis zwischen dem öffentlichen Schuldengesamtbestand und dem Bruttoinlandsprodukt zu Marktpreisen.

Erfüllt der Mitgliedstaat keines oder nur eines dieser Kriterien, so sieht Art. 126 AEUV[394] ein gestuftes Verfahren vor, wie die Kommission diese Obergrenze zu überwachen und durchzusetzen hat: Bericht, Stellungnahmen, Feststellung eines übermäßigen Defizits, sich daraus ergebende Empfehlungen und deren Veröffentlichung, Fristsetzung für den zur Sanierung erforderlichen Defizitabbau, schließlich Sanktionen, insbesondere einer unverzinslichen Einlage in angemessener Höhe bei der Union bis zur Korrektur des übermäßigen Defizits und Geldbußen in angemessener Höhe.[395] Das

Prüfverfahren der Kommission beurteilt insbesondere, ob von der Beachtung der beiden Referenzwerte eine Ausnahme gemacht werden kann, weil die Entwicklung von Haushaltslage und Schuldenstand erwarten lässt, dass die Überschreitung nur vorübergehend ist, in der Nähe des Referenzwertes liegt oder sich rasch genug dem Referenzwert nähert.[396] Diese Protokollregeln sind Bestandteil des AEUV, teilen dessen Verbindlichkeit (Art. 51 EUV).

In die erforderliche Gesamtwürdigung der Referenzwerte und ihrer Entwicklung, einschließlich des Verhältnisses von Defizit und Investitionen, der mittelfristigen Wirtschafts- und Haushaltslage und „aller sonstigen einschlägigen Faktoren" (Art. 126 Abs. 3 AEUV)[397], müsste heute auch die Tatsache einbezogen werden, dass die Verschuldung der Mitgliedstaaten in Teilen nur wegen der Niedrigzinspolitik der EZB sinkt. Einige Staaten können aufgrund des Niedrigzinses Schulden allein durch Ausgabe von Staatsanleihen tilgen. Andere Staatsanleihen können wegen eines Niedrig- oder Nullzinses unter Vorzugsbedingungen ausgegeben werden.

Die Maßstäbe und Verfahren zur Gewährleistung der Kreditobergrenzen stärken die Haushaltsdisziplin und vermeiden ein übermäßiges Defizit. Sie fordern – anders als die nur auf Antrag zulässige Tätigkeit eines Gerichts – eine mitschreitende Beobachtung und Beanstandung der Verschuldung eines Staates, nehmen Kommission und Rat in Pflicht, die Verschuldensdisziplin der Mitgliedstaaten zu gewährleisten. Insoweit wirken die politischen Organe der Union und die unabhängige EZB – sich in Handlungsmitteln und Handlungsmaßstäben ergänzend – bei der Stabilisierungspolitik zusammen.

Das Verfahren hatte die Kraft, der Staatsverschuldung Maß und Ziel zu geben. Vor Beginn der Finanz- und Wirtschaftskrise (2008/2009) hat der Rat in 13 Fällen ein übermäßiges Defizit auf Empfehlung der Kommission festgestellt. Alle Verfahren konnten später wieder eingestellt werden, weil das übermäßige Defizit des jeweiligen Mitgliedstaates korrigiert worden war.[398] Die Finanz- und Wirtschaftskrise hat dann zu weiteren Defizitverfahren in erheblichem Umfang geführt,[399] bis Juli 2009 gegen elf Mitgliedstaaten, bis Dezember 2009 gegen neun weitere Mitgliedstaaten, im Juli 2010 nochmals gegen drei Mitgliedstaaten, also gegen 23 der damaligen 27 Mitgliedstaaten. Als Reaktion auf die seit 2008 anhaltenden Krisen und die steigende Staatsverschuldung vieler Mitgliedstaaten hat die EU die Maßstäbe für die Haushaltsdisziplin der Mitgliedstaaten verschärft und den Stabilitäts- und Wachstumspakt verdeutlichend formuliert.[400]

Doch heute ist kein einziges Defizitverfahren mehr anhängig, obwohl die meisten Mitgliedstaaten den Referenzwert von 60 % überschreiten. Die

Kommission erklärte 2019, dass bei neun Ländern eine Verschuldung von über 60 % vorliege und sie erwarte, dass einige dieser Länder ihre Schulden in 2020 nicht werden abbauen können. Dennoch leitete sie kein Defizitverfahren ein.[401] Die Kommission richtet ihre Aufmerksamkeit auf den Referenzwert von 3 % des jährlichen Defizits, der nur von Frankreich wegen einiger einmaligen und vorübergehenden Maßnahmen als Reaktion auf die Proteste der Gelbwesten überschritten worden ist.[402]

Das rechtlich klug ausgestaltete und bewährte europarechtliche Instrument zur Mäßigung der Staatsverschuldung bietet in der Pandemiekrise, die zur Finanzkrise zu werden droht, Stabilisierungsmaßstäbe und Konsolidierungsmittel. Zwar erlaubt die Ausnahmelage auch Ausnahmehilfen. Der Rat kann „unter bestimmten Bedingungen einen finanziellen Beistand gewähren" (Art. 122 Abs. 2 AEUV). Dieser Beistand aber soll den Weg zurück zur Normalität der 60 %-Obergrenze öffnen. Die Unionsorgane haben bei Anleihekäufen darauf hinzuwirken, dass jedenfalls nach dem Jahr 2023, bis zu dem das Pandemienotprogramm finanziert werden muss, keine Staatskredite mehr finanziert werden, durch die ein Staat sich von der für ihn geltenden Kreditobergrenze ohne Not fernhält oder weiter entfernt. Auch die EZB darf nicht daran mitwirken, dass ein Staat „übermäßige öffentliche Defizite" (Art. 126 Abs. 1 AEUV) verursacht. Ein großer europäischer Gedanke der Finanzzuversicht kann von Unionsorganen und Mitgliedstaaten erneuert und bekräftigt werden.

b) Die Nichtbeistands-Klausel (Art. 125 Abs. 1 AEUV)

aa) Grundsatz der Finanzautonomie

Die Grundentscheidung der EU-Verträge, die Währungspolitik in die Zuständigkeit der EU zu geben, den Mitgliedstaaten aber weiterhin die Verantwortung für ihre jeweilige nationale Wirtschafts- und Finanzpolitik zu belassen, ist nur funktionsfähig, wenn der haushaltspolitische Entscheidungsraum der Staaten – die Verschuldungsmöglichkeiten – mit einer entsprechenden Haushaltsverantwortung und Haftung verbunden ist. Deshalb schließt Art. 125 AEUV jede Form der Finanzierung des Staates durch das ESZB und die Mitgliedstaaten aus. Jeder Staat soll in seiner Finanzautonomie Finanzdisziplin üben und die Lasten seiner Verbindlichkeiten selbst tragen.

Um die Mitgliedstaaten zu einer verantwortlichen nationalen Finanzpolitik zu veranlassen und den Raum der Staatsverschuldung zu begrenzen, schließt Art. 125 AEUV eine Haftung der Union für Verbindlichkeiten der Mitgliedstaaten und der Mitgliedstaaten untereinander aus. Der AEUV begründet eine demokratisch verantwortete Autonomie der Mitgliedstaaten, verweist die Folgen der Staatsschulden in die Eigenverantwortlichkeit der Schuldnerstaaten und erlaubt ihnen eine Kreditaufnahme nur unter der Bonitätskontrolle einer Marktwirtschaft.

Diese Stabilitätsunion ohne Beistandsoptionen ist die Grundlage, weswegen Deutschland nach den Vorgaben des Grundgesetzes[403] einer Übertragung der Währungshoheit auf die Europäische Union zustimmen konnte.[404] Diese Vorgabe ist durch Hinterlegung des Urteils des Bundesverfassungsgerichts zum Maastricht-Vertrag zusammen mit der deutschen Ratifikationsurkunde in Rom bekräftigt worden. Sie schützt disziplinierte Mitgliedstaaten vor einer Haftung für Fremdschulden, die sie nicht beeinflussen, deshalb auch nicht verantworten können.

Wenn Art. 125 AEUV den Mitgliedstaaten verbietet, finanziellen Beistand zu leisten, so kann ein Mitgliedstaat nicht darauf vertrauen, seine Schulden würden durch andere Mitgliedstaaten getilgt.[405] Zudem sollen die Marktteilnehmer nicht durch die Erwartung, finanzstarke Mitgliedstaaten würden für einen finanzschwachen einstehen, zur Kreditvergabe und zu Zinsen ohne Risikoaufschlag ermutigt werden.[406] Haushaltsdisziplinierte Staaten gewinnen die Gewissheit, nur für eigene Verbindlichkeiten einstehen zu müssen. Art. 125 AEUV sichert auch die Unabhängigkeit der EZB. Wenn Mitgliedstaaten keinen finanziellen Beistand leisten dürfen, wird der historisch oft beobachtete Druck der Staaten auf ihre Notenbanken, sie mögen bevorzugende Kredite gewähren, von der EZB genommen.

Doch nach der Finanzkrise 2009 verstärkte sich die Bereitschaft der Mitgliedstaaten, den institutionellen Rahmen der Verträge zu verlassen und auf die Politikebene des Europäischen Rates auszuweichen. Die Mitgliedstaaten suchten in finanzieller Begehrlichkeit einen geldpolitischen Konsens, der rechtlich nur durch eine einstimmige Vertragsänderung (Art. 48 AEUV) erreicht werden könnte. Die Mitgliedstaaten, die bisher schon die Verschuldungsgrenzen ihrer Verfassungen strapaziert haben, weichen nunmehr den europarechtlichen Vorgaben für einen verantwortungsvollen Umgang mit der Ressource Geld aus.[407] Die einigende Kraft des Europarechts, das durch Hürden der Änderbarkeit strukturgebend den Rechtsverbund verstetigt, geht verloren.[408]

Nach der Schuldenkrise 2009 hat die EZB verschiedene Hilfspakete für einzelne Staaten, insbesondere für das überschuldete Griechenland, bereitgestellt. Der EuGH hat im Urteil zum ESM[409] den Stabilitätsgehalt des Art. 125 Abs. 1 AEUV gelockert. Art. 125 AEUV verböte nur den Eintritt in das Schuldverhältnis mit dem Gläubiger, nicht jedoch die finanzielle Unterstützung des Schuldners selbst. Bürgschaften und Garantien blieben verboten, sonstige Hilfen seien erlaubt.[410] Diese Unterscheidung legt nahe, eine für Konzeption und Geltung des Vertrages grundlegende Vorschrift neu zu definieren.[411] Art. 125 sei im Zusammenwirken mit Art. 123 und 122 AEUV kein strenges Verbot, sondern eher eine überwindbare normative Hürde. Eine Finanzhilfe aufgrund eines Stabilitätsmechanismus wie des ESM sei „mit Art. 125 AEUV vereinbar, wenn sie für die Wahrung der Finanzstabilität des gesamten Euro-Währungsgebiets unabdingbar ist und strengen Auflagen unterliegt. Dagegen verbietet es Art. 125 AEUV nicht, dass ein oder mehrere Mitgliedstaaten einem Mitgliedstaat, der für seine eigenen Verbindlichkeiten gegenüber seinen Gläubigern haftbar bleibt, eine Finanzhilfe gewähren, vorausgesetzt, die daran geknüpften Auflagen sind geeignet, ihn zu einer soliden Haushaltspolitik zu bewegen".[412] Nach dieser Auslegung verbietet Art. 125 nicht mehr strikt Finanzhilfen und Zinsbegünstigungen für bedrohte Staaten, sondern sagt im Gegenteil, dass ab einer gewissen Schwere der Not eine Finanzhilfe zulässig und geboten sein kann. Diese These überrascht auch deshalb, weil Art. 122 AEUV Fälle und Verfahren der Notfinanzierung ausdrücklich regelt, insbesondere für Versorgungsengpässe bei Waren, Naturkatastrophen, außergewöhnlichen Ereignissen.

Damit scheint der Weg bereitet, Finanzhilfen deutlicher nach politischer Opportunität zu bestimmen. Die hohe rechtliche Hürde wird wegen einer „höheren" politischen Absicht übersehen. Art. 125 AEUV wirke unsolidarisch, müsse deshalb im Lichte anderer Artikel (Art. 3 Abs. 3, Art. 122 Abs. 1, Art. 143 AEUV) im „Geiste der Solidarität" verstanden werden, erlaube im Dienste eines „höheren Zieles" auch Maßnahmen jenseits des Art. 125 AE-UV.[413] Doch der solidarische Gedanke, durch eigenverantwortliche Finanzstabilität und Haushaltsgediegenheit der Union ein verlässliches Finanzfundament zu geben, sollte den Regeln folgen, auf die sich die Vertragsparteien verständigt haben, nicht der gegenwärtigen politischen Einschätzung der Exekutivorgane. Die durch das Zustimmungsgesetz zum AEUV parlamentarisch bestimmte Bindung der Exekutive kann nicht durch einen finanzpolitischen Richtigkeitsanspruch der Exekutive ersetzt werden.

Inzwischen scheint die durch Interpretation des EuGH bestätigte Offenheit des Art. 125 AEUV für politisch gewollte Finanzhilfen weitgehend akzeptiert zu sein.[414] Die Diskussion verschiebt sich von der Zulässigkeit der Finanzhilfen zu deren Voraussetzungen, insbesondere der Frage, unter welchen Auflagen Hilfen geleistet werden dürfen.[415] Doch verbindliches Europarecht ordnet Denken und Handeln: Erst ist die Frage zu entscheiden, ob Hilfen geleistet werden dürfen. Dann stellt sich die Frage nach den Auflagen.

bb) Neue Maßstäbe nur bei neuem Vertrag

Die aktuelle Finanzkrise eines Staates mag als Ausnahmelage rechtfertigen, zur Wahrung der Finanzstabilität des Euro-Währungsgebiets insgesamt und seiner Mitgliedstaaten Finanzhilfen zu gewähren, wenn das Hilfspaket mit strengen Auflagen und deren Kontrolle verknüpft ist.[416] Die Mitgliedstaaten verpflichten sich damit zu freiwilliger[417] Hilfe, nicht zu einer fremdbestimmt-solidarischen Hilfe.[418] Eine solche Lockerung eines tragenden Strukturprinzips der europäischen Finanzarchitektur wäre ein geeigneter Anlass, das Verfahren zur Änderung der Unionsverträge mit öffentlicher Debatte in den Parlamenten der Mitgliedstaaten und einer die Integrationsbereitschaft erneuernden Zustimmung zu dieser Änderung einzuleiten. Die EU-Organe sollten nicht kleinmütig sein, diese sich regelmäßig bietenden Möglichkeiten der Neuintegration nutzen und damit den inneren Zusammenhalt der Mitgliedstaaten in ihrem Staatenverbund vertiefen.

Die finanzpolitische Entwicklung der Europäischen Union geht allerdings schon einen Schritt weiter und sucht die Union selbst als eine eigenständige Finanzmacht zu etablieren, die selbst Kredite aufnehmen und an Mitgliedstaaten weitergeben soll. Würde die Finanzhilfe zwischen Staaten durch eine Hilfe der Union fast ohne Öffentlichkeit in den Mitgliedstaaten auf Dauer ersetzt, wäre der Weg zur förmlichen Vertragsänderung unausweichlich. Nach den Beschlüssen des Europäischen Rates vom 21.7.2020[419] soll ein Finanzierungsprogramm in Billionenhöhe der Union finanzielle Eigenständigkeit geben. Eine solche strukturelle Änderung des Europarechts ist ein klassisches Thema für eine Vertragsänderung, die nur nach parlamentarischer Debatte und mit Zustimmung jedes Mitgliedstaats – in Deutschland mit verfassungsändernder Mehrheit – möglich ist.

c) Keine Staatsfinanzierung durch das ESZB (Art. 123 AEUV)

aa) Distanz zwischen EZB und Staaten

Die Entwicklung des ESZB zwischen Geld- und Finanzmarkt wird durch Art. 123 AEUV, zusammenwirkend mit Art. 125 AEUV, auf den Stabilitätspfad verpflichtet. Die Vergabe von Krediten und der Erwerb von Schuldtiteln öffentlicher Stellen sind dem ESZB untersagt. Der Auftrag des ESZB, vorrangig die Preisstabilität zu gewährleisten (Art. 127 Abs. 1 S. 1 AEUV), wäre gefährdet, wenn die EZB und die nationalen Zentralbanken von den Mitgliedstaaten bedrängt werden dürften, sie mit Finanzmitteln auszustatten.[420] Dies gilt auch für den mittelbaren Erwerb von Staatsanleihen auf den Kapitalmärkten, soweit die Regeln und Üblichkeiten dieser Märkte nicht verlässlich Distanz zwischen Staat und Zentralbank schaffen. Zwar gehört der Kauf und Verkauf von Schuldtiteln am Geldmarkt zu den Instrumenten der EZB.[421] Doch dieses Instrument ist nur zulässig, um Liquidität zu schaffen oder zu entziehen, durch eine kurzfristige Zinsglättung Geldwertstabilität zu gewährleisten.[422] Ein Erwerb von Staatsanleihen ist der EZB untersagt, wenn sie auf eine von den Kapitalmärkten unabhängige Finanzierung der Haushalte der Mitgliedstaaten zielt.[423]

Das Verbot, die Ausgaben eines Staates durch das Geld der EZB zu finanzieren (Art. 123 AEUV)[424], verpflichtet ausdrücklich die EZB und die Zentralbanken der Mitgliedstaaten. Es ist das dritte wesentliche Element, um das Unionskonzept einer zentralen Geldpolitik bei gleichzeitiger dezentraler Wirtschaftspolitik für die Haushalts- und Verschuldenspolitik der Mitgliedstaaten tauglich zu machen. Das Verbot ist bei sachgerechter Handhabung leicht vollziehbar. Die Frage, wer den Staat finanziert, beantwortet der Darlehensvertrag. Geldgeber ist derjenige, der die gekauften Schuldtitel auf Dauer übernimmt. Allerdings sind auch die Staaten vom Verbot betroffen, weil sie mit dem Anleihenverkauf die Zentralbanken nicht zu etwas Verbotenem veranlassen dürfen.

bb) Faktische Schwächung des Ankaufsverbots

Dieses Verbot ist durch den Ankauf von Staatsanleihen durch die EZB stetig geschwächt und nunmehr fast seiner Gestaltungsmacht beraubt worden. Die EZB bietet Finanzhilfen in Form von Staatsanleihen oder Darlehen, wenn das betroffene Land bestimmte Auflagen zur Verbesserung der eigenen finanziellen Tragfähigkeit erfüllt und eine Refinanzierung durch den Finanzmarkt möglich ist.[425]

Seit 2015 kauft die EZB Staatsanleihen zur Staatsfinanzierung. Das PSPP-Programm macht die EZB zu einem Financier der Staaten, nimmt den Staatsanleihen von Ländern mit geringer Kreditwürdigkeit das Kreditrisiko, lässt mit steigender Geldmenge die Renditen aus Anleihen in den negativen Bereich fallen. Es schafft das ertraglose Geldeigentum. Das PSPP-Programm beläuft sich inzwischen auf 2,295 Bill. Euro.[426]

Dieses PSPP-Programm hat das Bundesverfassungsgericht[427] zum Anlass genommen, die Verbindlichkeit des Verbots, Staatsschulden durch Geldschöpfung der EZB zu finanzieren (Art. 123 AEUV), nochmals zu betonen[428]. Wenn der Staat sich unbeschwert bei „seiner" Zentralbank finanzieren kann, verlieren die Vertragspartner, die eine Interessengemeinschaft bilden, das rechtliche Maß und werden maßlos.

Das Europäische Pandemie-Notfallankaufprogramm (PEPP)[429] öffnet Schleusen zur Eigenfinanzierung der Staaten mit Hilfe ihrer Notenbanken, ist aber durch die Pandemie befristet und zweckgebunden,[430] erlaubt auch keine zusätzliche Kreditaufnahme[431] durch die Union.[432] Es sieht vorübergehende Ausnahmen von den allgemeinen Rechtsschranken der Staatsverschuldung vor, bindet diese aber nicht an bestimmte Verwendungsauflagen und Überwachungstechniken. Das PEPP setzt die Obergrenze der ankauffähigen Wertpapiere, damit ein Regelverfahren zur Umschuldung von Euroländern, außer Kraft, lockert die verbleibende Voraussetzung der Schuldentragfähigkeit (Rückzahlungsfähigkeit) mit einem Kredit fast ohne Rückzahlungserwartung, löst den Kauf von Staatsanleihen auch von den einstimmigen Entscheidungen des Gouverneursrats des ESM. Das Verbot monetärer Staatsfinanzierung (Art. 123 AEUV)[433] wäre nahezu in die Unverbindlichkeit gedehnt, wenn die Befristung, die Zweckbindung, die Abhängigkeit weiterer Kredite von der aktuellen Zustimmung der Mitgliedstaaten im Lauf der Zeit ihre begrenzende Kraft verlieren sollte.

3. Bestimmtheit der Preisstabilität, Offenheit des Wirtschaftswachstums

Die Analyse von Auftrag, Organisation, Ziel und Instrumenten der EZB führt zu Grundsatzfragen des Verfassungsrechts und des Unionsrechts. Der „Negativzins" setzt im Missbilligungstatbestand wie in der Sanktion eine gesetzliche Ermächtigungsgrundlage voraus, die in den Verträgen nicht enthalten ist. Die Verselbständigung der Stabilitätspolitik in einem unabhängigen Sachverstand für das Monetäre bedarf als Ausnahmetatbestand rechtsstaatlicher Bestimmtheit und vertragsrechtlicher Verlässlichkeit.

Die Organisation des ESZB ist auf eine kooperative Zusammenarbeit mit Geschäftsbanken, dem Finanzmarkt und den Geldeigentümern angelegt. Die EZB trägt hoheitliche Verantwortung für den Wert des Euro, nimmt diese Gewährleistungspflicht aber als Teil einer freien Geldwirtschaft, als ein Lenkungsorgan gegenüber freien Unternehmern wahr. Die Mittel der EZB sind Geld, Kredit und Zinsen. Mit diesen Instrumenten kann die EZB Wirtschaftssubjekte lenken, ihnen Impulse und Anreize geben, jedoch grundsätzlich nicht mit verbindlichen Regeln Befolgungsbereitschaft erzwingen.

Demgegenüber gestaltet die Wirtschaftspolitik rechtsverbindlich Grundlagen und Grenzen freien Wirtschaftens, bindet unmittelbar die Wirtschaftssubjekte, regelt den Rahmen für Freiheit, Markt und Wettbewerb. Das Wirtschaftswachstum ist ein Ziel in Bewegung. Die bloße Messgröße des BIP scheint gegenwärtig nicht mehr zu genügen. Das Ziel des bloßen Markterfolges in einer bestimmten Periode wird als zu formal empfunden. Messungen und statistische Daten erfassen die nichtzählbaren Wert- und Qualitätsziele nicht.

Damit sind der besondere Auftrag und die Kompetenzgrenzen des ESZB definiert: Die Zentralbanken sind für die Währungspolitik, insbesondere die Geldpolitik, mit besonderem Sachverstand ausgestattet und in diesem unabhängig. Die ökonomischen Grundlagen dieser Geldentwicklung – das Wirtschaftswesen – unterstehen der Kompetenz der Mitgliedstaaten und koordinierend der Unionsorgane.

D.
Der Schutz des Eigentums

I. Deutscher und europäischer Grundrechtsschutz

1. Grundrechtsschutz je nach Gestaltungsräumen

Der „Nullzins" und der „Negativzins" betreffen den einzelnen Grundrechtsberechtigten als Sparer, als Erwerber von Staatsanleihen, als Darlehensgeber und Darlehensnehmer. Deshalb müssen die globalsteuernden Maßnahmen der EZB auch in ihren Wirkungen für die Grundrechtsbetroffenen bedacht und an den einschlägigen Grundrechten gemessen werden. Die Zinsmaßnahmen der EZB werden von den nationalen Zentralbanken und den Geschäftsbanken überbracht. Grundrechtsschutz gewähren deshalb grundsätzlich die deutschen Gerichte.[434] Zwar können nach Art. 263 Abs. 4 AEUV auch natürliche oder juristische Personen „gegen die an sie gerichteten oder sie unmittelbar und individuell betreffenden Handlungen sowie gegen Rechtsakte mit Verordnungscharakter, die sie unmittelbar betreffen und keine Durchführungsmaßnahmen nach sich ziehen, Klage erheben". Doch der EuGH entwickelt ein System des arbeitsteiligen Rechtsschutzes, das grundsätzlich von den Mitgliedstaaten ein System von Rechtsbehelfen und Verfahren erwartet, mit dem die Einhaltung des Rechts auf effektiven gerichtlichen Rechtsschutz gewährleistet werden kann.[435] Wohin diese Entwicklung führt, kann für die Rechtsgrundlagen des Nullzinses und des Negativzinses offenbleiben, weil dort Bundestag und Bundesregierung – in Bindung an die Grundrechte des Grundgesetzes – auf die notwendigen Korrekturen hinwirken müssen.

Bei der Gewährleistung des Grundrechtsschutzes handeln die Mitgliedstaaten in einem je eigenen Verantwortungsbereich. Die europäische Grundrechtecharta und die Europäische Menschenrechtskonvention begründen keinen umfassenden Grundrechtsschutz für die gesamte Europäische Union, anerkennen vielmehr schon in der Begrenzung ihres Anwendungsbereichs[436] die mitgliedstaatliche Vielfalt der grundrechtlichen Gewährleistungen.[437] Die eigenständigen Kulturen und Traditionen der Menschenrechtsgewährleistungen durch die Mitgliedstaaten,[438] der Grundsatz der Subsidiarität[439] und das Regelungsmittel der Richtlinie erwarten eine Vielgestaltigkeit des Grundrechtsschutzes, der sich im Rahmen der europarechtlich eröffneten Gestaltungsräume entfaltet.[440] Soweit das Unionsrecht den Mitgliedstaaten Gestaltungsräume einräumt, handeln diese nach dem Maßstab der mitgliedstaatlichen Verfassungen.[441] Es gilt deren Grundrechtsschutz. Sind unionsrechtlich vollständig vereinheitlichte Regelungen anzuwenden, bieten in aller Regel nicht die Grundrechte des Grundgesetzes, sondern allein die europaweit geltenden Unionsgrundrechte den Maßstab. Die Anwendung dieses Europarechts durch deutsche Stellen kontrolliert nunmehr auch das BVerfG am Maßstab der Unionsgrundrechte, nimmt hierdurch seine Integrationsverantwortung nach Art. 23 Abs. 1 GG auch für die europäische Entwicklung der Grundrechte wahr.[442]

Das BVerfG hat jüngst in der Entscheidung zur Überstellung eines Straftäters nach Rumänien nochmals hervorgehoben, dass die europäischen Grundrechte heute zu den gegenüber der deutschen Staatsgewalt durchzusetzenden Grundrechtsgewährleistungen gehören und gerichtlich durchsetzbar sind.[443] Die gemeinsamen Verfassungstraditionen der Mitgliedstaaten sowie die Europäische Menschenrechtskonvention prägten die Auslegung und Fortbildung der mitgliedstaatlichen Grundrechte wie auch die Auslegung der Rechte der Grundrechtecharta.[444] Diese anspruchsvollen Anforderungen an die Grundrechtsinterpretation sind Anlass, sowohl den Eigentumsschutz als auch den Gleichheitssatz in ihrer historischen Bedeutung und ihrer aktuellen Wirkung für den Schutz der unverletzlichen und unveräußerlichen Menschenrechte[445] darzustellen.

2. Zinsbeschlüsse der EZB

Die Wirkungen eines Zinsbeschlusses der EZB sind rechtlich nicht vollständig vorgezeichnet, sondern belassen den beteiligten Institutionen erhebliche Entscheidungsräume. Wenn die EZB einen bestimmten Leitzins benennt, ist mit dieser Verlautbarung nur über die Höhe eines Zinses bei bestimmten Geschäften entschieden, nicht über das Zustandekommen eines solchen Geschäftes. Zunächst bestimmen die nationalen Zentralbanken in eigenständiger Entscheidungsverantwortung, inwieweit sie Kredite bei der EZB nachfragen und sie Geld bei der EZB einlegen. Die Geschäftsbanken legen die ihre Mindestreserve übersteigenden Beträge über Nacht bei der EZB an. Diese Einlage beruht auf ökonomischen Erwägungen. Nach geltendem Recht dürfen die Geschäftsbanken ihre liquiden Mittel auch bei sich selbst horten oder bei anderen Geschäftsbanken anlegen. Die Einschätzung, ob die bei der EZB gewährte Sicherheit und vereinfachte Abwicklung trotz negativer Zinsen genutzt werden soll und ob die Subvention der Kreditnachfrage attraktiv erscheint, bleibt eigenverantwortliche Entscheidung der Geschäftsbanken.[446]

Die Sparer sind vom „Nullzins" oder vom „Negativzins" erst betroffen, wenn ihre Geschäftsbank im Rahmen der privatrechtlichen Rechtsbeziehungen diesen Zins an ihre Kunden weitergibt. Die Geschäftsbanken überbringen den Zins also nicht – wie bei der Umsatzsteuer – rechtsverbindlich als „Vollstreckungshelfer"[447] oder als Vollzugsorgane der EZB, sondern finden einen Aufwandtatbestand vor, den sie nach wirtschaftlicher Einschätzung weiterreichen.

Damit wirkt der von der EZB verkündete „Nullzins" nicht allein nach europarechtlicher Vorgabe, sondern als ein aus einer monopolähnlichen Stellung gesetztes Datum, das von Banken und Wirtschaftssubjekten in eigenständiger Entscheidung aufgenommen, inhaltlich in willentlich bestimmten unterschiedlichen Belastungswirkungen unternehmerisch umgesetzt und letztlich im vertraglichen Konsens vereinbart wird. Die Deutsche Bundesbank empfängt den „Niedrigzins" als Last oder Gunst erst, wenn sie Verträge mit der EZB schließt. Sie ist bei der Vereinbarung ihrer Geschäfte an den vorgegebenen „Niedrigzins" oder „Negativzins" gebunden, kann diesen Zins aber nur erheben, wenn die Geschäftsbanken vertraglich auf die nationale Zentralbank zugehen. Die Zinsbelastung des Sparers hat ebenfalls eine vertragliche Grundlage. Insoweit bleibt jeweils ein Entscheidungsraum, in dem deutsches Recht und – soweit einschlägig – auch Grundrechte des Grundgesetzes unmittelbar verbindlich sind.

II. Freiheit als Grundlage des Wirtschaftens

Die Sparer sind durch den „Niedrigzins" und den „Negativzins" in ihrer Freiheit und Gleichheit betroffen. Berührt werden insbesondere die Eigentumsgarantie und der allgemeine Gleichheitssatz. Nachdem die Perspektive der EZB ausschließlich auf Globalsteuerung ausgerichtet ist, haben die entscheidenden Organe die Betroffenheit der einzelnen Sparer in ihren Rechten fast ausgeblendet. Die Rechtsfragen im Zusammenhang mit dem Recht der Europäischen Union aber werden in einem „Rechtsprechungsverbund"[448] gelöst, der den Grundrechtsschutz auf die gemeinsamen Verfassungstraditionen der Mitgliedstaaten stützt.[449] Deshalb ist es geboten, den grundrechtlichen Schutz von Freiheit und Gleichheit als Entwicklung einer Freiheitsidee zu entfalten und im Zusammenhang mit den europäischen und deutschen Verfassungsüberlieferungen zu verstehen.

1. Freiheit ist ein Angebot

Der Freiheitsberechtigte kann die ihm angebotene Freiheit grundsätzlich annehmen, aber auch ausschlagen. Die Berufsfreiheit sichert den Deutschen das Recht, sich durch Anstrengung am Erwerbsleben zu beteiligen und dort ein Einkommen zu erzielen. Der Freiheitsberechtigte darf sich aber auch von der Welt des Berufes fernhalten, als Diogenes in der Tonne leben, unter der Brücke am Neckar schlafen und auf das warten, was der Tag ihm bringt. Würde sich allerdings die Mehrzahl der Menschen für das Lebensmodell des Diogenes entscheiden, würde der Finanz- und Steuerstaat und auch die soziale Marktwirtschaft an ihrer eigenen Freiheitlichkeit scheitern. Würden die Geldeigentümer in einer Elementarwirtschaft von vornherein das heute Erworbene auch heute konsumieren, so wäre dieses ihr gutes Recht, weil die Eigentümerfreiheit zur selbstbestimmten Nutzung des Eigenen berechtigt. Doch die Kultur der Kapitalbildung, die Investition, die Gründung von Kapitalgesellschaften, eine Versicherung oder die Gemeinnützigkeit wären nicht mehr möglich, wenn der Mensch nicht jenseits des kulturnotwendigen Bedarfs über frei verfügbares Geldeigentum disponieren könnte. Der freiheitliche Staat baut auf die innere Bereitschaft und Kraft der Bürger zur Freiheit. Freiheit ist eine Verfassung der Hochkulturen, setzt Ausbildung und Bildung, Selbstbewusstsein und Gestaltungsfreude, Zugehörigkeit und Eigenverantwortung der Wirtschaftssubjekte voraus.

Das Prinzip der Freiheit als Angebot gilt für den Erwerb von Spareigentum ebenso wie für dessen Verwendung. Wer die in Geldeigentum angelegte Kaufkraft sofort einsetzt, sich nicht ein Stück seines Geldes für zukünftigen Konsum und für Investitionen vorbehält, nimmt das Freiheitsangebot in einer individuell selbstbestimmten und verantworteten Freiheit zum Spontankonsum wahr. Das Freiheitsrecht rechtfertigt dieses wirtschaftliche Verhalten. Entscheidet sich der Geldeigentümer aber für die Anlage seines Geldes als Sparvermögen und sucht er dabei die für ihn gediegenste Form eines Sparens mit möglichst hohen Zinsen, so wählt er eine Alternative der ihm angebotenen Freiheiten, nimmt damit ebenfalls sein Freiheitsrecht wahr. Der Staat gewährleistet die Freiheit dieser Sparentscheidungen, darf diese nicht durch eigene Entscheidungen vorwegnehmen oder verdrängen.

2. Freiheit ist Wagnis

Der freie Mensch steht täglich an einer Wegscheide, an der er zu entscheiden hat, ob er geradeaus, nach rechts oder nach links gehen will. Hat er sich für eine Alternative entschieden, ist er sich nicht immer gewiss, die richtige Entscheidung getroffen zu haben. Hat er ein Sparguthaben angelegt, dort bis 2014 alljährlich 3 % Sparerträge erzielt, und vergleicht er sein Gesamtergebnis mit dem Ergebnis einer Aktienanlage, so ist er sich nicht immer gewiss, die richtige Entscheidung getroffen zu haben. Aber er weiß, dass er selbst für sich entschieden hat, nicht fremdbestimmt war. Deshalb ist seine Entscheidung für ihn gut und richtig.

Der Geldeigentümer ist sich wegen der Vielfalt der Anlagemöglichkeiten und der Unsicherheit des Geldeigentums des Wagnisses seiner Freiheit besonders bewusst. Die Entscheidung, ob er sein Geld anlegen will oder nicht, wie er es anlegt und wie lange es anlegt, trifft allein er. Freiheit ist Selbstverantwortung in Gewinn und Verlust. Diese Wagnisentscheidung schließt geldpolitische Interventionen der Zentralbank nicht schlechthin aus. Sie wird, wenn der Realwirtschaft das Geld fehlt und am Sparermarkt wegen eines Überhangs an Sparkapital der Wert des Geldes gestützt werden muss, insbesondere durch Investitions- und Konsumanreize einschreiten. Doch dabei muss Geldkapital das Wagnis bleiben, zu sparen oder zu investieren, sich an einem Unternehmen zu beteiligen oder das Geld der Familie zu widmen, ertragswirtschaftlich oder gemeinnützig zu handeln. Eine hoheitliche Intervention, die das Sparen als risikoarme Anlageform unterbindet, wäre mit der Wagniskonzeption der Freiheit unvereinbar.

Das allgemeine Risiko einer Geldwertinstabilität suchen die Europäischen Verträge und das Grundgesetz dem Sparer zu nehmen. Sie verpflichten das ESZB auf die „Preisstabilität", schaffen also ein eigenes Organ der Risikominimierung. Diese institutionelle Wertgarantie rechtfertigt sich aus der Gemeinschaftsbezogenheit und Gemeinschaftsabhängigkeit des Geldes. Eine Geldwirtschaft ist nur funktionsfähig, wenn die Menschen dem in dem Geld angelegten Versprechen, es jederzeit in einen wertähnlichen Realwert umsetzen zu können, vertrauen dürfen und tatsächlich vertrauen. Diese maßstäbliche und institutionelle Reduzierung des Geldrisikos ist Auftrag der EZB.

3. Das Recht, sich zu unterscheiden

Freiheit begründet das Recht, sich von anderen zu unterscheiden. Der eine schreibt Tag und Nacht Gedichte, der andere Bilanzen. Der Poet wird reich an Gedichtbänden, der Kaufmann reich an Geld. Wenn beide ihre Grundentscheidung langfristig fortsetzen, wird der Unterschied zwischen beiden Menschen immer größer. Das ist freiheitlich erwünscht. Unterschiede sind Zeichen gelingender Freiheit. Statistisch belegte Kurven zu wachsenden Unterschieden bleiben Kennzeichen eines freiheitlichen Staates, der diese Erfolgsverschiedenheit fördert, in dem damit erhofften Wachstumskonzept sozialen Ausgleich organisiert. Freiheitliche Unterscheidungen stehen nicht unter Genehmigungs- oder Wohlwollensvorbehalt von Staat oder Zentralbank.

Wenn die Statistiken ausweisen, dass die Deutschen mehr sparen als andere Staatsvölker, dass das Sparvolumen in Deutschland wächst, dass der Konsumverzicht von heute im Generationenvertrag Kaufkraft der Zukunft vorbehält, so werden diese gesamtwirtschaftlichen Entwicklungen von einer Summe individueller Freiheitsentscheidungen getragen und gerechtfertigt. Der EZB steht es nicht zu, diese Unterschiede zu missbilligen oder durch den Zwang eines Null- oder Negativzinses zu unterbinden. Die strukturbestimmende Verbindlichkeit dieses Freiheitskonzepts ist allen EU-Organen vorgegeben. Zudem benennt Art. 3 Abs. 3 S. 2 EUV eine in hohem Maße wettbewerbsfähige „soziale Marktwirtschaft" als eine Grundlage europäischer Wirtschaftspolitik. Die Sondervorschriften der Art. 119 Abs. 1 u. 2, Art. 120 S. 2 AEUV verpflichten die EZB auf den „Grundsatz einer offenen Marktwirtschaft mit freiem Wettbewerb". Art. 127 Abs. 1 S. 2 u. 3 AEUV gewährleistet die Preisstabilität durch das ESZB ausdrücklich auf ein Ziel, das „im Einklang mit dem Grundsatz einer offenen Marktwirtschaft" erreicht werden soll. Freiheit kann in einer Marktwirtschaft unter vielen Wirtschaftsentscheidungen wählen, in dieser Auswahl Verschiedenheiten mehren.

4. Die Sozialpflichtigkeit des Eigentums

Das Eigentumsrecht ist als Teil der Rechtsordnung in die Gesamtheit der für ein Gemeinwesen verbindlichen Regeln eingebettet, in der Nutzung aber ausdrücklich dem Wohl der Allgemeinheit verpflichtet.[450] Die Rechtsgebundenheit des Eigentums und die gesteigerte Gemeinwohlverpflichtung des Eigentumsgebrauchs hat zur Folge, dass auch das ruhende

Geldeigentum – das in dem Sparguthaben angelegte Geldeigentum – den allgemeinen Regeln des Darlehens-, Banken- und Steuerrechts unterliegt. Wenn der Geldeigentümer bei Nutzung dieses Eigentums am Markt sein Eigentum „gebraucht", unterwirft er sich damit den dort geltenden, in einem höheren Grad verpflichtenden (Art. 14 Abs. 2 S. 2 GG) Regeln, hat deshalb Kapitalertragsteuern zu zahlen und den Quellenabzug zu dulden, das Kapitalmarkt- und Verbraucherschutzrecht zu beachten, einen sozialen Ausgleich mitzufinanzieren, eine – maßvolle – Bürokratie bei der Abwicklung seiner Geldgeschäfte zu erdulden. Diese Sozialpflichtigkeit der individuellen Nutzung eines individuellen Geldkapitals unterscheidet sich von den globalsteuernden Instrumenten des ESZB, mit denen dieses die Preisstabilität im Einklang mit dem Grundsatz einer Marktwirtschaft gewährleistet. Die Instrumente der allgemeinen Geldpolitik gelten der Geldwertstabilität für jeden Euro und damit für jeden Euro-Eigentümer. Sie lenken die Geldentwicklung in der Gesamtheit der Geldmengen in Euro, erfassen aber nicht eine Sozialpflichtigkeit einer besonderen Kapitalnutzung, des Sparens. Der Geldanleger wird von der Währungspolitik im Kollektiv eines Euro-Eigentümers erfasst, kann sich dem Sog eines Schwarmverhaltens aller dieser Eigentümer nicht entziehen, bleibt aber im Rahmen dieser allgemeinen Globallenkung bei der individuellen Anlageentscheidung auf sich gestellt. Er ist eigenverantwortlich, handelt in der Sicherheit allgemeiner Preisstabilität auf eigene Rechnung und eigenes Risiko.

5. Freiheit baut auf Vertrauen

Geld ist das Einlösungsversprechen der Zentralbanken im Zusammenwirken mit den Geschäftsbanken, eine vereinbarte Geldsumme jederzeit zurückzuzahlen, den Geldwert stabil zu halten, die Versorgung des Wirtschaftslebens mit einer hinreichenden Menge von Euro zu gewährleisten. Auf dieses Vertrauen baut die gesamte Geldwirtschaft. Dieses Geldvertrauen ist Teil eines freiheitlichen Gesamtvertrauens in den Bürger, ohne das der Staat Freiheit nicht gewährleisten kann. Wer zum Bäcker geht, erwartet ohne Bedenken, dass dieser ihm ein Lebensmittel und nicht ein Schädigungsmittel verkauft. Begegnet ein Mensch beim abendlichen Heimweg im Dunkeln einem anderen, hat er nicht die Sorge, dass dieser ein gewalttätiger Angreifer sein könnte. Fährt er mit dem Auto, vertraut er darauf, dass alle Verkehrsteilnehmer rechts fahren und links überholen und nicht einmal umgekehrt links fahren und rechts überholen. Freiheitsvertrauen ist Bedingung der Freiheit.

Während dieses Freiheitsvertrauen im Regelfall auf die Redlichkeit, Vernünftigkeit, Bildung und Begegnungsfähigkeit des freien Menschen setzt, wird das Freiheitsvertrauen in das Geld von einem besonderen Vertrauensgaranten, dem ESZB, gestützt. Das Europarecht errichtet ein System der Zentralbanken, die in rechtlich gewährleisteter Unabhängigkeit das vorrangige Ziel verfolgen, die Preisstabilität zu gewährleisten. Ohne ein fundiertes Vertrauen in dieses Europäische System der Zentralbanken existiert auf Dauer kein Euro, bewahrt das ESZB auf Dauer nicht seine Handlungsfähigkeit. Würde das ESZB von der Gewährleistung der Preisstabilität zur Finanzierung von Staaten übergehen, die Käufer von Staatsanleihen oder die Aktionäre vor den Sparern bevorzugen, wäre dieses Vertrauen verspielt. Erstes Warnsignal wäre der Verlust der Unabhängigkeit, eine Abhängigkeit von den finanzierten Staaten und Banken. Das zweite Warnsignal wäre ein beginnender Verteilungskampf zwischen nehmenden und gebenden Staaten sowie zwischen der Gruppe der Euro-Staaten und den Gruppen der Geldanleger. Das Alarmsignal wäre ein deutlicher Verfall des Geldwertes.

III. Inhalt der Eigentumsgarantie

Das Geldeigentum wird in der Theorie der Globalsteuerung oft eher als ein Gesamtvermögen der Allgemeinheit verstanden, das es zu lenken und in eine Stabilitätspolitik einzubinden gilt, weniger als Individualeigentum, das Bestandteil und Voraussetzung der Entfaltung persönlicher Freiheit ist. Deshalb ist es geboten, dieser Tendenz zum Kollektiveigentum das personale Eigentum[451], das individuell verantwortete Eigentum in seiner historischen Fundierung und seiner aktuellen Bedeutung entgegenzustellen. Die Geschichte der europäischen Verfassungstraditionen hat das Privateigentum stets als Recht der Person und Freiheit des Menschen gedacht, dabei die Entwicklung zum Geldeigentum aufgenommen und als Grundlage praktischer Vernunft und Freiheit gedeutet.

1. Eigentum als Raum der Freiheit

Die Eigentumsgarantie sichert dem Eigentümer einen wirtschaftlichen Raum der Freiheit, ermöglicht ihm durch die Herrschaft über Wirtschaftsgüter eine eigenverantwortliche Gestaltung seines Lebens.[452] Der Eigentumsschutz hat in der Tradition des deutschen Privatrechts die Sachherrschaft zum Inhalt. Das Bürgerliche Gesetzbuch macht das Eigentum an einer Sache im Gegensatz zur Forderung zu einem Strukturelement des Privatrechts. „Der Eigentümer einer Sache kann, soweit nicht das Gesetz oder Rechte Dritter entgegenstehen, mit der Sache nach Belieben verfahren und andere von jeder Einwirkung ausschließen."[453]

Doch heute findet der freie Bürger die ökonomische Grundlage seiner individuellen Freiheit weniger in landwirtschaftlichen oder gewerblichen Betrieben oder anderen Sachgegenständen, erschließt sich vielmehr in seinem Lohn- und Sozialversicherungsanspruch, auch in Erträgen aus Anlageeigentum oder geistigem Eigentum die Quelle seiner ökonomischen Entfaltungsfreiheit. Deswegen umfasst der verfassungsrechtliche Eigentumsschutz heute alle rechtlich ausgeformten und gesicherten vermögenswerten Rechtspositionen, die der Berechtigte nach eigenverantwortlicher Entscheidung zu seinem privaten Nutzen ausüben darf.[454] In der Regel hat der Berechtigte sein Eigentum durch Leistung erworben.[455] Dementsprechend schützt die Eigentumsgarantie nicht nur körperlich greifbare Sachen, sondern auch geldwerte Forderungen, die der Berechtigte durch Einsatz von Arbeit und Kapital verdient hat, die das Recht ihm als materielle Grundlage persönlicher Freiheit zuweist und gegen den Zugriff Dritter abschirmt.[456] Art. 14 GG sichert dem Eigentümer einen Freiraum wirtschaftlichen Handelns, ermöglicht ihm dadurch die selbstbestimmte und verantwortliche Gestaltung seines Lebens.[457]

Diese Eigentumsgarantie schützt insbesondere gegen die klassischen Eingriffe staatlicher Polizeigewalt und Finanzgewalt.[458] Diese polizeilichen und steuerlichen Belastungen sind Anlass und Gegenstand der klassischen Formel vom Eingriff in „Freiheit und Eigentum", begründen den Vorbehalt des Gesetzes für einen solchen Eingriff.[459]

2. Vom Aneignungseigentum zum Geldeigentum

Die modernen Staatstheorien und Verfassungen verstehen die Freiheitsrechte stets als eine Freiheit, die ihren Inhalt und ihre Sicherheit im Privateigentum findet. Wenn die Menschen nach der Staatsvertragslehre von Thomas Hobbes[460] durch einen Vertrag den Staat gründen, der ihnen Frieden und Sicherheit gewährt, sich dafür aber einer Staatsgewalt unterwerfen, so begründet und schützt diese Staatsgewalt auch das von jedem Partner des

Staatsvertrages in diese Vereinbarung eingebrachte Privateigentum. Privateigentum ist stets individuelles Recht und ein Kerninhalt der Freiheitsgewähr.

Die klassische Philosophie der Neuzeit sieht im Eigentum den Ausdruck der Freiheit des Menschen.[461] In der Lehre von John Locke[462] erwirbt der Mensch durch seine Arbeit Eigentum an der bearbeiteten Sache. Im Naturzustand gehören alle Dinge den Menschen gemeinsam. Der Mensch ist aber „Herr seiner selbst und Eigentümer seiner eigenen Person und ihrer Handlungen und Arbeit". Wenn der Mensch nun einen Gegenstand bearbeitet, wird der Gegenstand dem Naturzustand entrückt und „zum Eigentum dessen, der sich dieser Mühe unterzieht".[463] In der Verbindung von Selbstbestimmung und Arbeit umfasst das Eigentum Leben, Freiheit und Vermögen.[464] Die Grenze dieses Aneignungsrechts sieht Locke im Verbot, Güter ungenutzt verderben zu lassen. Nimmt jemand mehr, als er verbrauchen kann, beraubt er andere.[465] Das Aneignungsrecht des einen wird durch das Aneignungsrecht des anderen Menschen und seines Rechts auf Selbsterhalt begrenzt, bleibt aber in dieser Grenze vage, soweit natürliche Ressourcen im Überfluss vorhanden sind.[466] Eine dritte Aneignungsgrenze liegt in der begrenzten Arbeitskraft des Menschen. Er kann sich grundsätzlich nur das aneignen, was er durch eigene Arbeit produzieren kann.[467]

Mit Einführung des Geldes sieht Locke einen Systemwechsel in der Entwicklung des Eigentums. Das Geld ermöglicht dem Einzelnen, mehr Besitztümer anzuhäufen, als er tatsächlich nutzen kann. Das Geld nimmt dem Eigentum seine gegenständliche Grenze, sein natürliches Maß. Dennoch bleibt Eigentum auf einen sinnvollen Gebrauch ausgerichtet, findet sein Maß im nutzlosen Verderben. Auch die eigene Arbeitskraft als Grenze des Eigentums bleibt wirksam. Zwar ermöglicht das Geldeigentum dem Menschen, die Arbeitskraft anderer zu entlohnen und dadurch zusätzliches Eigentum zu erwerben. Doch gerade für dieses Rechtsverhältnis zwischen Arbeitgebern und Arbeitnehmern bleibt die Freiheit zu erwerben Rechtfertigungsgrund für Eigentum.[468] Der Gedanke, dass vor allem der durch eigene Arbeit und Leistung erworbene Bestand an vermögenswerten Gütern durch die Eigentumsgarantie geschützt[469] und Grundlage des marktwirtschaftlichen Systems ist,[470] bestimmt auch die Eigentumsgarantie des Grundgesetzes.

3. Das rechtliche Mein, von der Rechtsgemeinschaft anerkannt

Wenn Locke das Eigentum an die Person des Eigentümers und seine Arbeitskraft knüpft, ergibt sich bei Kant das Eigentum aus der Freiheit des Eigentümers. Kant unterscheidet das innere und das äußere Mein und Dein. Das innere Mein ist die Freiheit als das „einzige, ursprüngliche, jedem Menschen kraft seiner Menschheit zustehende Recht".[471] Die angeborene Gleichheit ist die „Qualität des Menschen, sein eigener Herr (sui juris) zu sein."[472] Das „rechtliche", „äußere" Mein ergibt sich aus den Rechtsbeziehungen der Menschen untereinander, die zunächst einen Gesamtbesitz an allen Gütern haben, dann aber dem freien Menschen das äußere Mein gewähren, weil Freiheit darauf angelegt ist, einen eigenen Lebensraum zu beherrschen und über Güter ausschließlich verfügen zu können. Eine rechtliche Eigentumsordnung bietet dem Menschen den „beherrschten Raum", der Freiheit vermittelt.[473]

Wenn der Mensch sich nicht durch Arbeit Eigentum aneignet, sondern der ursprüngliche Eigentumserwerb auf die Zustimmung aller angewiesen ist, auf der Grundlage dieses Rechtsverhältnisses unter den Menschen Individualeigentum erworben werden kann, ist das Individualeigentum stets vor der Allgemeinheit zu rechtfertigen. Diese Rechtfertigung liegt im Eigentum als Voraussetzung praktischer Vernunft. Eine individuelle und ausschließliche Herrschaft eines Menschen über Güter stiftet Frieden und erhält wirtschaftliche Werte.

4. Eigentum als vergegenständlichter Wille

Nach Hegel ist der Mensch im Naturzustand nicht frei, erlangt Freiheit vielmehr erst dadurch, dass er die Natur versachlicht und sie sich zum Eigentum macht.[474] Der Mensch trägt als Person Freiheit in sich. Aus dieser Freiheit folgt die Notwendigkeit, sich eine äußere Sphäre der Freiheit zu geben. In den Beziehungen unter Menschen werden räumliche Gegenstände, aber auch Geschicklichkeiten, Wissenschaften, Künste, selbst Religiöses und Erfindungen Gegenstände des Vertrages, des Kaufens und Verkaufens. Diese Versachlichung der Rechtsbeziehungen begründet die bürgerliche Gesellschaft.[475] Wenn der Mensch seinen Willen in eine Sache legt, die Natur zum Eigentum formt, erlangt die Person „in der Sache Gegenwart", wird die Sache „subjektiviert".

5. Geldeigentum lockert die Personenbindung

Das Eigentum beruht somit auf einer engen Beziehung des Eigentümers zu seinem Eigentum. „Der Mensch prägt das Eigentum, gleichzeitig prägt das Eigentum den Menschen."[476] Modellfall dieses Eigentums ist das Grundeigentum, das der Mensch als den Ort seiner Privatheit gegen andere abschirmt. Diese Persönlichkeitsbindung lockert sich deutlich beim Geldeigentum. Dieses Eigentum wird nicht persönlich besessen, bewirtschaftet und gepflegt, sondern ist ein Geldwert, den der Eigentümer als abstrakte Ertragsquelle nutzt und zum Tausch gegen andere Güter einsetzt. Geldeigentum ist flüchtig, dem Eigentümer nicht auf Dauer zugeordnet, sondern jederzeit eintauschbar. Es erfüllt seinen Zweck in den sich ständig bewegenden Rechtsbeziehungen des Menschen, ist weniger auf Bestand denn auf Änderung angelegt. Der Wert des Geldeigentums ist vom Staat, den Wirtschaftssubjekten, der Begegnung mit anderen Währungen, dem Verhalten und den Erwartungen der Geldeigentümer abhängig. Das Geldeigentum ist eine Wert- und Einlösungsgarantie einer Zentralbank, eine Schuldverschreibung, eine verfestigte Rechtsposition an einem höchst abstrakten, in Zahlen definierbaren, aber nicht greifbaren Vermögenswert.

Dieses Eigentum ist in seiner persönlichen Zuordnung als höchst bewegliches Eigentum zu gewährleisten, in seinem Wert von der Zentralbank zu stabilisieren, in seinen Ausdrucksformen vergegenständlicht in Münzen und Scheinen, aber auch abstrahierend in Recheneinheit und Codes zu schützen. Seine Substanz ist jedoch prägnant. Geldeigentum ist geprägte Freiheit[477], Ausdruck des Arbeitserfolges und Kapitaleinsatzes, Zugangszeichen für Erwerb und Zukunftsvorsorge, Wertgarantie in der Zeit und gegen die Zeit. Geldeigentum ist Gegenstand des gesamtwirtschaftlich und rechtlich gestützten und verfestigten Vertrauens der (Geld)Wirtschaft, aber auch gesicherte Rechtsposition des Einzelnen, die dieser in Freiheit wahrnimmt.

6. Entpersonalisierte Eigentümerformen

Dieses Geldeigentum muss gerade als persönlich zugeordnete und geschützte Rechtsposition in der Moderne des entpersonalisierten Eigentums individualrechtlich ausgestaltet und einer Entwicklung der Anonymisierung entgegengestellt werden. Das Eigentum gibt ursprünglich einen greifbaren Gegenstand in die Hand einer Person und macht diese für den Gegenstand verantwortlich. Doch inzwischen hat sich das Eigentum vielfach von diesem

Gegenstand gelöst, vermittelt nunmehr in Forderungen und Zurechnungen wirtschaftliche Macht. Geistiges Eigentum gewinnt als immaterielles Gut wirtschaftliche Bedeutung. Neue digitale Formen und technische Zugangsmöglichkeiten, neue Vertriebs- und Vergütungsformen machen das Eigentum zu einem Wirtschaftsgut der Vorstellungen, Erwartungen und Zuversichten.[478] Juristische Personen verselbständigen sich gegenüber den hinter ihnen stehenden Menschen, organisieren im Streubesitz einen beliebig auswechselbaren, deshalb fast bindungslosen Eigentümer, werden zu einer Rechtsperson ohne die Personalität und Würde des Menschen.[479] Das Fondseigentum – insbesondere das Hedgefonds-Eigentum – wird vom Fondsmanager, nicht vom Kapitalgeber bestimmt, lässt diesen oft im Ungewissen über den Einsatz und die Wirkungen seines Kapitals, sucht für risikoreiche Anlagestrategien eine überindividuelle Haftungsbasis.[480] Weltweites Wirtschaften und weltweite Kommunikation haben zur Bedingung und zur Folge, dass die Rechtssubjekte ortlos werden, die Grenzen für Staat und Recht ihre Bedeutung verlieren, aber auch von der Bestimmungsmacht und Handlungsverantwortung einer Person gelöst werden.[481] Doch alle diese Erscheinungsformen der Geldwirtschaft sind darauf angelegt, letztlich in einem individuell zugeordneten Geldbestand (Konto, Sparbuch, Anleihe, Beteiligung) zu münden.

7. Entmaterialisierte Güter

Das Industriezeitalter hat durch die Produktionsfaktoren Kapital und Arbeit Güter geschaffen und Erträge erzielte. Heute führt die Automation[482] dazu, dass aus Kapital Arbeit wird.[483] Materielle Güter benötigen weniger Material, werden kleiner und leichter, lassen sich unter Ersparnis von Kapital und Arbeit produzieren, einfacher transportieren und vertreiben. Immer mehr digitale und virtuelle Produkte, Dienstleistungen und Informationen bestimmen die Realität des Wirtschaftens.[484] Software, Datenspeicher, elektronische Medien und das Internet machen die Entmaterialisierung für jedermann täglich greifbar.[485] Unternehmen handeln allein mit virtuellen Informationen. Das weltweit größte Transportunternehmen (Uber) besitzt kein einziges Taxi. Der weltweit größte Anbieter von Übernachtungen (Airbnb) hat kein einziges Hotel. Die digitale Werbung versendet kein einziges Schriftstück und beauftragt keinen einzigen Vertriebsmanager.

Auch das Geld ist inzwischen entmaterialisiert. Der Konsument bezahlt beim Einkaufen bargeldlos mit der EC- und Kreditkarte, auch mit dem

Smartphone. Die Finanzwirtschaft entfernt sich von den physischen Werten. Das ist in der Finanzkrise besonders bewusst. Anleger und Sparer erleben, dass auf ihren Bankkonten nur Buchgeld lagert, die Banken alle Auszahlungswünsche in bar nicht hätten befriedigen können und hoheitliche Einlagensicherung klare Grenzen hat.[486] Ein Kreditinstitut verdient sein Geld weniger damit, Kredite auszugeben und diese durch Grundschulden an den Grundstücken der Schuldner zu besichern. Stattdessen kaufen die Institute Asset Backed Securities von Zweckgesellschaften, die ihrerseits grundbesicherte Forderungen halten. Die Risiken werden exportiert. Versicherungen übernehmen finanzielle Risiken von Vertragspartnern, ohne dass diese in irgendeiner Weise mit dem Erwerb greifbarer Gegenstände einhergehen. Der Zusammenbruch von bloßen Buchwert-Gesellschaften macht Staunen, ist aber Ausdruck einer Wirtschaft, die immer mehr zur Abstraktion, zu Phantasien und Spekulationen, zu einem Handel mit Erwartungen und Hoffnungen neigt. Deswegen wird eine Politik der Geldwertsicherung sich zunehmend der Aufgabe widmen, Geldwerte in persönlicher Zuordnung, in einem individuellen Recht zu sichern.

IV. Freiheit und Eigentum in der Tradition des europäischen Rechts

1. Die Entwicklung der Eigentümerfreiheit

In der Entwicklung moderner europäischer Verfassungen wird das Eigentum stets als Teil der unaufgebbaren, aus dem Menschenbild folgenden Rechte verstanden, zugleich in seiner Sozialpflichtigkeit in die menschliche Gemeinschaft eingebettet. Diese Gewährleistungen galten ursprünglich dem Grundbesitz, der Herrschaft über Menschen begründete, nunmehr zur Grundlage der Individualfreiheit wird. Später löst sich das Eigentum von seinem Sachgegenstand und gewährleistet die ökonomische Freiheit des Eigentümers in seiner sozialen Beziehung zur Rechtsgemeinschaft. Das ist der Kern eines personalen Eigentums.

Das moderne Eigentumsverständnis als Eigentümerfreiheit beruht auf der Verfassungsentwicklung, die aus der Verselbständigung der Kolonien in den USA und der Französischen Revolution hervorgegangen ist.[487] Während im Feudalsystem und in der Leibeigenschaft die Eigentümerstellung

Herrschaftsbefugnisse über andere begründete, schuf die Revolution ein Eigentumsrecht, das die Eigentümerfreiheit gegen die Feudalordnung und gegen die Staatsgewalt richtete.[488]

Allerdings ging es in Amerika weniger um die Ablösung einer bestehenden Feudalordnung, sondern um die Eigenständigkeit der Kolonien. Doch auch die Grundrechtserklärung der Virginia Bill of Rights[489] rechnet das Eigentum zu den angeborenen, unaufgebbaren Rechten der Menschen. Nach § 1 gehören zu diesen Rechten das Recht „auf den Genuss des Lebens und der Freiheit, mit den Mitteln, Eigentum zu erwerben und zu besitzen, und Glückseligkeit und Sicherheit zu verfolgen und zu erlangen".

Entschiedener auf revolutionäre Veränderung angelegt ist die Französische Erklärung der Menschen- und Bürgerrechte vom 26. August 1789.[490] Das Privateigentum wurde den Herrschenden entzogen, um es in den Händen der Bauern und Bürger als „unverletzlich und heilig" zu schützen. Eigentum gründete nun auf der Freiheit und Gleichheit der Menschen und wurde zur Grundlage dieser Freiheit. Sie ist der Endzweck aller politischen Gesellschaft – die Erhaltung der natürlichen und unverjährbaren Menschenrechte. „Diese Rechte sind die Freiheit, das Eigentum, die Sicherheit, der Widerstand gegen Unterdrückung." Mit dem Ende von Feudaleigentum, Leibeigenschaft und Lehen begann ein neues liberales Verständnis von Eigentümerfreiheit.

Deutschland beobachtete die Entwicklung in Paris anfangs fasziniert, dann wegen der inneren Wirren und Grausamkeiten entsetzt. Doch das Individualeigentum im Gegensatz zum geteilten Feudaleigentum setzte sich als ökonomische Grundlage zur Persönlichkeitsentfaltung langsam durch.[491] Die Verfassung von Baden stellte „Eigentum und persönliche Freiheit" unter den Schutz der Verfassung. In Württemberg und Hessen wurde die „Freiheit des Eigentums" garantiert und damit der enge Zusammenhang von individueller Freiheit und Eigentum skizziert.[492]

Die Paulskirchenverfassung von 1849 – ein die deutsche Verfassungsgeschichte prägendes, wenn auch nie verbindlich gewordenes Gesetzgebungswerk[493] – garantierte in der Tradition der Französischen Revolution das Eigentum als „unverletzlich", gestattete eine Enteignung „nur aus Rücksichten des gemeinen Besten, nur aufgrund eines Gesetzes und gegen gerechte Entschädigungen".[494]

Die Weimarer Reichsverfassung[495] löste sich aus Feudalherrschaft und Leibeigenschaft. Sie gewährte die Verfassungsgarantien zwar mehr als Auftrag an den Gesetzgeber. Leitgedanke der Verfassungsgarantie von 1919 ist aber, dass Eigentum verpflichtet. Sein Gebrauch soll zugleich Dienst sein für das „Gemeine Beste". Inhalt und Schranken des Eigentums ergeben sich aus den Gesetzen.[496] Diese Sozialpflichtigkeit des Eigentums und der Gesetzgebungsauftrag, Inhalt und Schranken des Eigentums zu bestimmen, sind auch Leitprinzip des Grundgesetzes.

Die Eigentumsgarantie des Art. 14 GG entstand in bewusster Anlehnung an Art. 153 WRV. Das Grundgesetz stellt die Grundrechte an den Anfang der Verfassung und betont den Freiheitscharakter der Eigentumsgarantie und seinen Zusammenhang mit der Menschenwürde als Fundament der Verfassung. Jedes Grundrecht gilt als „in seinem Wesensgehalt" unantastbar (Art. 19 Abs. 2 GG). Streitig war allerdings, ob das Eigentum, das der persönlichen Lebensgestaltung und der eigenen Arbeit dient, der alleinige Inhalt des Eigentumsschutzes sein,[497] oder ob dieses persönliche Eigentum jedenfalls besonders verfassungsrechtlich geschützt werden solle.[498] Im Ergebnis wurde eine umfassende Eigentumsgarantie in das Grundgesetz aufgenommen und diese in den Katalog persönlicher Freiheitsrechte eingebettet. Art. 14 Abs. 1 S. 1 GG muss deshalb „in seiner personalen Bezogenheit gesehen werden − als ein Freiheitsraum für eigenverantwortliche Betätigung. Die Eigentumsgarantie ist nicht zunächst Sach-, sondern Rechtsträgergarantie."[499] Die Sozialpflichtigkeit wurde als „Grundpflicht" des Eigentümers[500] verstanden, sodann als Erwartung an den Eigentümer, sein Eigentum auch so zu gebrauchen, „dass damit den Zielen der Gesamtheit gedient und genutzt wird".[501] Die Wahrnehmung des Freiheitsrechts finde ihre „Schranken in den Lebensbedürfnissen der Allgemeinheit und in der öffentlichen Ordnung des Gemeinwesens"[502], schließlich auch in einem allgemeinen Missbrauchsvorbehalt.[503] Letztlich blieb es bei dem Gedanken der WRV: „Eigentum verpflichtet. Sein Gebrauch soll zugleich dem Wohl der Allgemeinheit dienen" (Art. 14 Abs. 2 GG).

Dieses persönlichkeitsbezogene, aber in der Sozialpflichtigkeit verantwortliche Eigentum ist die verfassungsrechtliche Basis für das Geldeigentum als Grundlage individueller Freiheit und zugleich in seiner Bezogenheit auf die Rechtsgemeinschaft und seine soziale Verantwortlichkeit. Geld ist ein von der Rechtsgemeinschaft geschaffenes, von ihr zu stabilisierendes Wirtschaftsgut, das in der modernen Welt des Wirtschaftens zur wesentlichen Grundlage ökonomischer Freiheitsentfaltung des Einzelnen geworden ist.

2. Die staatliche Gewähr von Sicherheit

a) Eigentumserwerb und Streben nach Glück

Die vom Staat oder einer Staatengemeinschaft gewährleistete Stabilität des Geldes fügt sich auch in eine Tradition moderner Staaten und Menschenrechte, die auf eine Sicherheitsgewähr durch die Staaten angelegt ist. Die Sicherheitsgewähr schützt den Einzelnen als Person und Eigentümer. Die Erhaltung der inneren und äußeren Sicherheit des Staates verteidigt ein Herrschaftsgebiet, aber zunehmend auch Individualität und Integrität. Diese personenbezogene Sicherheitsgewähr gilt auch für die Sicherheit des Geldes. Sie dient jedem einzelnen Geldeigentümer, darf nicht zu dem Anliegen einer monetären Sicherheitsgewähr für finanzschwache Staaten oder Bankengruppen verkümmern.

Der amerikanische Kampf um die Unabhängigkeit und eine erstmalig rechtlich verbürgte Menschenrechtsgarantie geht davon aus, dass ein Volk das Recht hat, neue Regierungen einzusetzen und diese auf Grundsätze zu gründen und deren Gewalten in der Form zu ordnen, „wie es ihm zu seiner Sicherheit und seinem Glück am erforderlichsten scheint".[504] Die erste Menschenrechtserklärung nennt als Gegenstand dieses Schutzes ausdrücklich das Freiheitsrecht, „Eigentum zu erwerben und zu besitzen, und Glückseligkeit und Sicherheit zu verfolgen und zu erlangen".[505]

Die Französische Revolution folgte ursprünglich dem Dreiklang der modernen Demokratie: „Freiheit, Gleichheit, Brüderlichkeit". Doch der Gedanke der „Brüderlichkeit" erwies sich als zu leidenschaftlich, zu weitgreifend. Nicht jeder will sich mit dem anderen verbrüdern.[506] Die Brüderlichkeit wurde mit zunehmender Gewaltbereitschaft der Revolution vom Integrations- zum Ausgrenzungsbegriff, der jeden Franzosen nur noch als Bruder anerkannte, „bis er sich offen als Verräter am Vaterland erweist".[507] Die nachrevolutionären Verfassungen[508] sprechen deshalb nicht von „Brüderlichkeit", sondern von „Sicherheit".[509] Im Gedanken der Sicherheit klingt auch damals schon eine Vorsorge bei Armut, Krankheit und Arbeitslosigkeit mit. In der neueren Geschichte übernimmt dann der Begriff der „Solidarität" die Aufgabe, jedermann seine Existenz, seine kulturellen Lebensbedingungen und die Entfaltung seiner Freiheit zu gewährleisten.[510] Diese Freiheitsgewähr wird heute vor allem durch Geld erfüllt, nimmt damit den Garanten des Geldwertes für diese Sicherheit in Pflicht.

b) Staatsgebiet und bürgerliche Freiheit

In Deutschland waren frühe Einigungsbestrebungen (1815)[511] der „Erhaltung der äußeren und inneren Sicherheit", in der Verfassung des Deutschen Reiches 1871[512] „dem Schutz des Bundesgebietes und des innerhalb desselben gültigen Rechts" gewidmet. Die Bundesakte 1815 nennt im Art. I die Vertragspartner, die sich zu einem Bunde vereinigen, regelt als Zweck des Bundes dann in Art. II die „Erhaltung der äußeren und inneren Sicherheit Deutschlands". Auch auf dieser Grundlage einer Staatensicherheit wird die Sicherheit aber bald zum Fundament bürgerlicher Freiheit, die der Verfassungsstaat jedermann nach dem allgemeinen Gesetz, der Friedenspflicht und der Toleranz gewährleistet. Sicherheit bedeutet nicht mehr nur Schutz vor den Übergriffen des anderen, sondern auch und später insbesondere Schutz vor den Übergriffen der Staatsgewalt. Das System des bürgerlichen Rechtsstaats – die Grundrechtsgarantie, die Gesetzmäßigkeit, die Gewaltenteilung und der Rechtsschutz – zielen im Kern auf die Sicherheit im Recht.[513] Der Staat ist zur Achtung und zum Schutz des privaten Eigentums verpflichtet. Er schützt das Privateigentum „als Grundlage privater Initiative und in eigenverantwortlichem privaten Interesse".[514] Dabei genießt das Eigentum einen besonders ausgeprägten Schutz, soweit es um die Sicherung der persönlichen Freiheit des Einzelnen geht.[515] Dieser Schutz durch den Staat, aber auch gegen staatliche Zugriffe, ebenso der Inhalt des Eigentums als individuelle Vorsorge gegen Alter und Krisen entfaltet sich im Geldeigentum als Ausdruck eines modernen Funktionseigentums.

Der Staat schützt das Privateigentum durch das Privatrecht und die Gerichtsbarkeit, durch polizeilichen, auch militärischen Schutz, durch Wirtschafts- und Strukturpolitik, durch Hilfen bei Vermögensbildung, Wohnungsbau und Unternehmensgründung. Institution und Auftrag des ESZB zur Gewährleistung der Stabilität des Euro bieten eine zusätzliche Sicherheitsgewähr, die einem wertstabilen Eigentum strukturell Gediegenheit, einer gemeinschaftsbezogenen Eigentümerfreiheit eine verlässliche Individualrechtsposition geben soll. Weil das Geld und sein Wert in der Rechtsgemeinschaft gebildet werden, es von fast allen Menschen in nahezu unbegrenzter Höhe begehrt, es durch Banken-, Markt- und Staateninteressen bedrängt wird, schafft das Recht einen besonderen Freiheitsgaranten, der ein stabiles Geldvermögen gewährleistet. Dieses Geldvermögen ist, das bleibt eine Rechtsvorgabe auch für die EZB, zunächst Grundlage persönlicher

Freiheitsentfaltung, wird erst auf der Grundlage dieser Eigenverantwortlich-keiten im individuellen Geldvermögen zu einer Größe der Globalsteuerung.

V. Der Negativzins als unzulässiger Eigentumseingriff

1. Schutz konkreter Rechtsposition, nicht allgemeiner Erwerbsbedingungen

Seit 2014 gilt für Teilnehmer am Zentralbanksystem der EZB ein negati-ver Einlagezins, der insbesondere Sparer belastet und die Ertragsaussichten deutscher Kreditinstitute mindert.[516] „Negativzinsen" gelten vielfach als Tabubruch,[517] werden im Begriff der „Strafzinsen" auch zu einem funda-mentalen Unwerturteil über den Zins.

Die Eigentumsgarantie (Art. 14 GG) schützt die konkrete, dem Berech-tigten zugeordnete Rechtsposition, nicht die allgemeinen Erwerbsbedin-gungen, unter denen Eigentum erworben oder der Wert des Eigentums gemehrt werden kann. Deshalb ist der Geldwert nicht durch die Eigentums-garantie geschützt. Der Geldwert bildet sich im Rahmen der staatlichen Währungshoheit und der Finanzpolitik wesentlich durch das Verhalten der Grundrechtsberechtigten selbst. Sie entscheiden über Preise und Löh-ne, über Zinsen, wirtschaftliche Einschätzungen und Bewertungen, die den Binnenwert des Geldes bestimmen. Der Außenwert des Geldes ergibt sich aus der Beziehung des nationalen Geldes zu anderen Währungen und deren staatlichen, wirtschaftlichen und gesellschaftlichen Grundlagen. In diesen Abhängigkeiten kann der Staat einen bestimmten Geldwert nicht grundrechtlich garantieren.[518] Der Tauschwert vermögenswerter Rechte ist Ergebnis freiheitlichen Wirtschaftens, nicht Gegenstand der Eigentumsga-rantie.[519] Für den staatlichen Einsatz zur Wahrung des Geldwertes, damit einer wertsicheren Teilhabe des Geldeigentümers am Tauschverkehr, kämpft der Bürger demokratisch, insbesondere durch Wahlen, nicht aufgrund einer individuellen Berechtigung.[520]

Offen allerdings ist die Frage, inwieweit die staatsorganisationsrechtliche Bestimmung des Art. 88 S. 2 GG und dessen Umsetzung durch Art. 127 ff. AEUV – die Verpflichtung der EZB auf Preisstabilität und die rechtliche

Unabhängigkeit für diesen Zweck – auch dem Ziel des subjektiven Eigentumsschutzes dient.[521]

Der Geldeigentümer ist auf die Rechtsposition seines rechtlich umgrenzten und geschützten Freiheitsrechts beschränkt.[522] Bloße Erwerbschancen, Verdienstmöglichkeiten, Gewinnaussichten, Zukunftshoffnungen werden von diesem grundrechtlichen Schutz vermögenswerter Rechtspositionen nicht umfasst. Art. 14 Abs. 1 GG schützt nur Rechtspositionen, die einem Rechtssubjekt bereits zustehen, nicht aber in der Zukunft liegende Chancen und Verdienstmöglichkeiten.[523] Die konkrete Rechtsposition des Spareigentümers ergibt sich aus dem im Sparvertrag eingebrachten und von der Bank in Obhut genommenen Sparkapital. Dieses angelegte Kapital bietet dem Sparer eine deutlich aus dem Gesamtvermögen rechtlich herausgehobene, individuell erworbene und zugeordnete Rechtsposition.[524] Diese im Sparvermögen rechtlich fundierte und umgrenzte, im Sparkonto definierte Freiheit, den dort aufbewahrten Vermögenswert jederzeit bei Wahrnehmung der Erwerbsfreiheit eintauschen zu können, ist Eigentum.[525]

2. Verfassungsrechtlicher Schutz des Spareigentums

Art. 14 Abs. 1 S. 1 GG schützt nicht nur das Sacheigentum, sondern jede erworbene, deshalb einem privaten Rechtsträger ausschließlich zugeordnete und zu seinem persönlichen Nutzen bestimmte Rechtsposition. Dieser verfassungsrechtliche Schutz individuell verfügbarer vermögenswerter Güter – Sachgüter und Forderungen –unterscheidet sich von den staatlich gewährten Rechtspositionen dadurch, dass der Eigentümer sie durch persönliche Leistung verdient hat und die eigene Leistung als besonderer Schutzgrund für die Eigentumsposition wirkt.[526] In dieser modernen Funktion individueller vermögenswerter Rechte hat sich der verfassungsrechtliche Eigentumsschutz ständig ausgeweitet.[527]

Der Eigentumsgarantie kommt im Gefüge der Grundrechte insbesondere die Aufgabe zu, dem Eigentümer einen Freiraum bei der ökonomischen Entfaltung seiner persönlichen Freiheit zu sichern. Das verfassungsrechtlich gewährleistete Eigentum ist durch die Privatnützigkeit und die grundsätzliche Verfügungsbefugnis des Eigentümers über den Eigentumsgegenstand gekennzeichnet.[528] Das Eigentum dient dem Eigentümer als Grundlage privater Initiative in eigenverantwortlichem privaten Interesse.[529] Dabei genießt es umso deutlicher ausgeprägten Schutz, als es um die Sicherung der persönlichen Freiheit des Einzelnen geht.[530] Nach diesen Maßstäben schützt Art. 14 GG auch das Geldeigentum.[531] Geldeigentum in Form eines Sparguthabens bei einer Bank ist rechtlich umgrenztes Eigentum. Es erfüllt in besonderer Deutlichkeit die Kriterien einer individuell zur Verfügung und Privatnützigkeit zugeordneten vermögenswerten Rechtsposition, über die der Einzelne – Dritte ausgrenzend – eigenverantwortlich bestimmen kann. Das Geldeigentum ist individuell zugeordnet, nicht staatlich gewährt, wird in der Regel durch Erwerbsleistung erworben, eigenverantwortlich zur freiheitlichen Verwendung und zur Zukunftssicherung gespart und angelegt. Es ist wirtschaftliche Grundlage persönlicher Freiheit und selbstgestaltender vorausschauender Lebensvorsorge. Es begründet eine konkrete, individualdienliche Rechtsposition, die von der Rechtsordnung anerkannt und vom Staat als Privateigentum zu achten ist.

3. Ausgestaltung durch Gesetz

a) Finanzverfassungsrechtliche Ausgestaltung der Staatsfinanzierung

Eigentümerfreiheit meint Freiheit vom Staat.[532] Der Eigentümer erwartet vom Staat, dass dieser sein Eigenes achtet, die Wahrnehmung seiner Eigentümerfreiheit nicht beeinträchtigt, ihm Eigenes nicht wegnimmt, nicht enteignet. Die Garantien der Eigentümer- und Berufsfreiheit weisen den Staat in Distanz, belassen die Produktionsfaktoren Arbeit und Kapital strukturell in privater Hand. Freiheit vom Staat fordert eine Gesamtrechtsordnung, in der die Bürger vom Staat grundsätzlich gutes Recht, nicht gutes Geld erwarten dürfen. Geldvermögen ist Eigentum, das der Bürger erwirbt, nicht staatlicher Zuteilung verdankt.

Diese Freiheit vom Staat begrenzt den staatlichen Zugriff auf Privateigentum. Die finanzverfassungsrechtliche Mäßigung der zulässigen Zugriffsstellen lässt nur begrenzten Raum für eine Staatsverschuldung und keinen Raum für das Finanzierungsinstrument eines „Negativzinses".

aa) Grundentscheidung für eine Steuerfinanzierung

Das Grundgesetz begrenzt den Zugriff auf Privateigentum, wenn es Enteignungen nur gegen Entschädigung zulässt, den Finanzbedarf des Staates aber grundsätzlich durch Steuern deckt. Als mit den wachsenden Aufgaben des modernen Staates die eigenen Einnahmen des Fürsten aus seinen Domänen und Manufakturen nicht mehr ausreichten, wurde die Steuer zu dem wesentlichen Finanzierungsinstrument des Staates.[533] Bald wurde es als ein Vorteil für den unbefangenen Staat verstanden, wenn er selbst nicht Güter produziere.[534] Im 19. Jahrhundert wurde dann die allgemeine Steuerpflicht „zur einzig genügenden Grundlage der Staatseinnahmen".[535] Staat und Wirtschaft trennen sich, handeln nach je eigenen Prinzipien. Der Staat ist auf das Allgemeinwohl, die Gerechtigkeit für jedermann ausgerichtet. Wirtschaftliche Tätigkeit zielt auf individuellen Gewinn. Der Staat hat durch die Steuern teil am privatwirtschaftlichen Gewinn. Staat und Wirtschaft sitzen getrennt in einem Boot.

Steuern sind Geldleistungen, die der Staat zur Deckung seines Finanzbedarfs von privaten Wirtschaftssubjekten erhebt und dafür keine andere Gegenleistung gewährt als die, dass der Ertrag zur Erfüllung staatlicher Aufgaben verwendet wird. Diese Leistungspflicht ohne Gegenleistung wird als „voraussetzungslos"[536] bezeichnet, meint eine Abgabe losgelöst von „bedingenden Zusammenhängen". Der Staat greift auf das individuell erworbene Einkommen und die individuell eingesetzte Kaufkraft zu, weil der Steuerpflichtige finanziell leistungsfähig ist, nicht weil er dem Staat eine Leistung erbracht hat.[537] Durch diese steuerrechtliche Trennung von Staatseinnahmen und Staatsausgaben gewinnt der Staat Unabhängigkeit von seinem Financier. Der Steuerpflichtige kauft sich nicht Einfluss und Rechte, sondern trägt zur Finanzierung der Erwerbsgemeinschaft bei, die seinen Erwerbserfolg ermöglicht hat. Der Steuerstaat[538] greift auf das individuell erworbene Einkommen und die individuell eingesetzte Kaufkraft zu, um seinen Finanzbedarf zu decken. Er beteiligt sich strukturell nicht an der Erwerbswirtschaft, finanziert sich nicht aus Staatsunternehmen, sondern hat Teil am Erfolg privaten Wirtschaftens. Er bleibt steuerlicher Teilhaber am privaten Erwerb und gibt die so erzielten Finanzmittel an die Allgemeinheit der Steuerzahler zurück.

bb) Parlamentarische Steuerbewilligung

Diese Eigentumsgewähr durch strukturelle Ausrichtung der Staatsfinanzierung auf die Steuern ist historische Errungenschaft der parlamentarischen Steuerbewilligung, aktuell Inhalt des Gesetzesvorbehalts für Steuereingriffe. Die Steuer wurde anfangs in vertragsähnlicher Verständigung zwischen Herrscher und Untertan bestimmt, erschien als Preis für den vom Staat gewährten Schutz von Person und Besitz, folgte aus persönlichen Lehens- und Dienstpflichten, wurde insbesondere in finanziellen Ausnahmesituationen erbeten.[539] Eine Steuererhebung ohne Zustimmung der Untertanen galt als Tyrannei.[540] Der Fürst, der seinen Finanzbedarf für Hof und Regierung des Landes nicht aus den Erträgen des Kammergutes decken konnte, durfte mit Zustimmung der Stände und der Steuerzahler Steuern erheben.[541] Auch bei wachsendem Finanzbedarf – einem stehenden Heer, einem sich entwickelnden Beamtentum, zunehmender öffentlicher Wohlfahrtsaufgaben – war die territoriale Finanzgewalt auf Fürst und Stände aufgeteilt[542]. Den Landständen waren die Steuerbewilligung, die Erhebung der Abgaben, der Schuldendienst und deren Verwaltung vorbehalten.

Erst als mit der Aufklärung die individuelle Freiheit zum Jedermannsrecht wurde, das Allgemeinheits- und Gleichheitspostulat Raum gewann, verlor die Idee der Freiwilligkeit – sozialpolitisch kämpferisch insbesondere für die Fleisch- oder Mehlakzise in Frage gestellt – an rechtfertigender Kraft. Ursprünglich beanspruchte der Herrscher uneingeschränktes Eigentum an dem Vermögen seiner Untertanen, wollte so das Steuerbewilligungsrecht der Stände überwinden.[543] Sodann suchte insbesondere die Mittelklasse – der Adel war steuerbefreit – den steuerlichen Zugriff auf das Privateigentum zu mäßigen, schloss deshalb mit dem Herrscher einen Gesellschaftsvertrag zum Schutze des Eigentums, der den Herrscher an einem willkürlich besteuernden Eingriff in das Privateigentum hinderte. Schließlich verdeutlicht der europäische Liberalismus des 19. Jahrhunderts den Eigentumsschutz in einem Eigentumsrecht, das die Besteuerungsgewalt des Staates vielfach begrenzt. Der Staat habe „jene prinziplosen oder bloß von Willkür oder von hablustiger Berechnung diktierten Steuersysteme" zu unterlassen und Gleichheit sowie Verhältnismäßigkeit der Belastung zu bewahren.[544]

Mit der Anerkennung der Menschenrechte und der parlamentarischen Demokratie geht das Besteuerungsrecht auf das Parlament über.[545] Man glaubt in den Anfängen der Demokratie eine maßvolle und gleichmäßige Steuerlast allein dadurch sichern zu können, dass die Steuerpflichtigen selbst

– durch ihre Repräsentanten – über die Steuerlast entscheiden und in dieser Selbstbetroffenheit gewährleisten, dass sie nicht von übermäßigen Steuerlasten betroffen oder durch Steuerprivilegien benachteiligt werden. Dieser demokratische Optimismus ist durch die Entwicklung des Leistungsstaates überholt. Gegenwärtig empfiehlt sich der Abgeordnete weniger als Garant niedriger Steuerlasten, sondern als Vordenker zusätzlicher Staatsleistungen und damit weiterer Steuererhöhungen. Solange die Erwartungen der Menschen an den Staat auf mehr staatliche Finanzleistungen drängen, wird der Abgeordnete diesen Begehren nachgeben, durch Leistungsversprechen Beifall suchen, sodann weiteren Applaus durch weitere Staatsleistungen – also weitere Steuererhöhungen – erhoffen. Doch der Gesetzesvorbehalt für jeden staatlichen Eingriff in das Geldeigentum des Einzelnen bleibt Errungenschaft des Verfassungsstaates und Kerninhalt des Demokratieprinzips. Der Abgeordnete soll und will die Zahllasten der Bürger mäßigen, sucht aber auch die Leistungsansprüche der Bürger zu mehren. Ob zur Erfüllung dieses Anliegens der Weg zur Staatsverschuldung und zu einer ertragswirksamen Zinsgestaltung offensteht, sagt die Finanzverfassung.

cc) Steuer- und haushaltspolitische Verantwortung des Parlaments

Die Idee des Steuerstaates bestimmt die Struktur der grundgesetzlichen Vorschriften zur Finanzausstattung des Staates. Die Finanzverfassung[546] regelt aus bundesstaatlichem Anlass die wesentlichen Einnahmequellen des Staates, wenn sie die Ertragshoheit für die einzelnen Steuerarten bestimmt und damit ein System der verfassungsrechtlich anerkannten Steuerarten skizziert.[547] Wenn der Ertrag einer Steuer – der Einkommen-, Erbschaft- oder Umsatzsteuer – verteilt werden darf, darf diese Steuer auch erhoben werden. Die Finanzverfassung baut insbesondere bei Ertragsverteilung und Finanzausgleich, bei der Finanzverwaltung und der Finanzgerichtsbarkeit auf diese herkömmlichen, steuerlichen Ertragsquellen. Der verfassungsgebundene Steuergesetzgeber ist auf diese Belastungsgründe verwiesen, hat dementsprechend ein Steuergestaltungs-, kein Steuererfindungsrecht.[548] Andere Abgaben werden durch die Entgeltlichkeit (Gebühren und Beiträge)[549], durch die besondere Finanzierungsverantwortlichkeit einer vorgefundenen Gruppe und die gruppennützige Verwendung des Aufkommens (Sonderabgaben)[550] sowie den Solidargedanken bei sozialversicherungsrechtlichen Abgaben[551] definiert und in verfassungsrechtlich begrenztem Rahmen zugelassen.

Dieses Konzept von Steuerrecht und Budgetrecht wird vom Grundgesetz vorgegeben, vom Parlament verdeutlicht und weiterentwickelt. Die haushaltspolitische Gesamtverantwortung des mitgliedstaatlichen Parlaments für die Entscheidung über alle wesentlichen Einnahmen und Ausgaben sind unverfügbarer Teil des grundgesetzlichen Demokratieprinzips und deswegen Bestandteil der Verfassungsidentität des Staates, die auch durch Unionsverträge nicht abgeändert werden kann.[552]

dd) Neuverschuldungsverbot und Kreditobergrenze

Die staatliche Kreditaufnahme bedarf in der Tradition der Verfassungen seit dem Konstitutionalismus besonderer Rechtfertigung.[553] Das Grundgesetz nimmt diese Tradition auf und fordert für zukünftige Haushalte einen Haushaltsausgleich grundsätzlich ohne Einnahmen aus Krediten.[554] Dieses Neuverschuldungsverbot regelt einen grundrechtlich erheblichen Ausgleich zwischen staatlichem Finanzbedarf und dem Schutz des privaten Geldvermögens. Sie unterbindet eine Staatsfinanzierung der gegenwärtig spürbaren Staatsgunst bei Unmerklichkeit der zukünftigen Last. Sie verzichtet auf ein Wachsen der staatlichen Finanzmacht, die nicht durch das Erfordernis einer vorherigen Steuerfinanzierung gemäßigt ist. Sie begrenzt eine staatliche Leistungspolitik, die den Leistungsempfänger begünstigt und dadurch die freiheitlich-demokratische Kritik schwächt.

Diese finanzrechtliche Strukturvorgabe wird im Art. 109 Abs. 2 GG für das Zusammenwirken von Verfassungsrecht und Europarecht nachdrücklich bestätigt: Bund und Länder erfüllen gemeinsam die Verpflichtungen der Bundesrepublik Deutschland aus den Rechtsakten der Europäischen Union aufgrund des Art. 126 AEUV[555] – der Kreditobergrenze von 60 % des Bruttoinlandsproduktes.

Der gegenwärtige Ruf nach immer mehr kreditfinanzierten Rettungsschirmen sprengt dieses Verfassungskonzept. Eine kreditfinanzierte Hilfe bei pandemiebedingten Notlagen ist rechtlich vorgesehen[556] und sachlich richtig, wenn sie mit einem gegenwärtig spürbaren, disziplinierten Rückzahlungsplan verbunden ist. Doch wenn die Kreditfinanzierung zu einem Prinzip europäischer Geldpolitik zu werden droht, unterliegt die Union einem grundlegenden Missverständnis. Der Staat erbringt dann Leistungen, die nicht von den betroffenen Bürgern finanziert werden. Der finanzverfassungsrechtliche Grundsatz, dass der Staat dem Bürger nur geben kann, was er ihm vorher steuerlich genommen hat, ist außer Kraft gesetzt. Die zukünftige Rückzahlungs- und Zinszahlungsschuld trifft andere als die gegenwärtig durch die Kreditsumme Begünstigten. Die Kreditlasten bleiben, wenn die Kreditsumme längst ausgegeben ist. Unbeteiligte sollen für etwas einstehen, das sie nicht zu verantworten haben. Der Staat verantwortet sein Finanzgebaren nicht mehr vor seinen Bürgern, sondern gegenüber dem privatwirtschaftlichen Kreditgeber, der einen verfassungsrechtlich nicht disziplinierten und geformten Einfluss auf den verschuldeten Staat gewinnt.

Ein Ausbrechen der Staatsfinanzierung aus dem finanzverfassungsrechtlich geformten, grundrechtlich gemäßigten Prinzip der Steuerfinanzierung des Staates verfälscht somit die Verfassungsordnung: Die Staatsfinanzierung ist nicht mehr vom Parlament bei der Steuergesetzgebung auf die betroffenen Steuerzahler abgestimmt, sondern in der allgemeinen Haushaltsplanung vorgesehen. Träger der Finanzierungslast ist nicht der dank seiner finanziellen Leistungsfähigkeit pflichtige Steuerschuldner, sondern eine noch undefinierte Allgemeinheit zukünftiger Bürger. Rechtfertigungsgrund der Kreditfinanzierung ist nicht die gesetzlich konkretisierte Belastbarkeit des Steuerpflichtigen, sondern ein vertraglich vereinbarter Darlehensvertrag, zu dem parlamentarisch pauschal ermächtigt wird. Wenn diese Darlehen durch einen hoheitlich geprägten „Negativzins" verbilligt, teilfinanziert, auch zu einer Subvention verfremdet werden, greift der finanzverfassungs-organisationsrechtliche Gesetzesvorbehalt für die Steuer- und Kreditbewilligung. Der Haushaltsgesetzgeber muss über diese neuartige Abhängigkeit des Finanzstaates von Entscheidungen der EZB und die Veränderung der Generationenlast entscheiden. Dieser Haushaltsvorbehalt wird verstärkt durch den grundgesetzlichen Gesetzesvorbehalt.

b) Der grundgesetzliche Gesetzesvorbehalt

Das Grundgesetz garantiert im Schutz des „Eigentums" eigenständig die Kerninhalte der Eigentümerfreiheit, weist dann aber dem Gesetzgeber den Auftrag zu, eine Eigentumsordnung zu schaffen, die sowohl den privaten Interessen des Einzelnen als auch denen der Allgemeinheit gerecht wird.[557] Der Gesetzgeber hat dabei einerseits der grundgesetzlichen Anerkennung des Privateigentums durch Art. 14 Abs. 1 S. 1 GG, andererseits der Sozialpflichtigkeit des Eigentums (Art. 14 Abs. 2 GG) Rechnung zu tragen.[558] Er hat die schutzwürdigen Interessen des Eigentümers und die Belange des Gemeinwohls in einen gerechten Ausgleich und in ein ausgewogenes Verhältnis zueinander zu bringen. Das Wohl der Allgemeinheit ist nicht nur Grund, sondern auch Grenze für die Beschränkung der Eigentümerbefugnisse.[559] Dieser Auftrag an den Gesetzgeber, die Eigentümerfreiheit in Inhalt und Grenzen auszugestalten, ist eine besondere Ausprägung des allgemeinen Gesetzesvorbehalts. Diese verfassunggebundene, rechtlich wertende, einen politischen Gestaltungsauftrag eröffnende Ausprägung der Eigentümerfreiheit wird allein durch das Gesetz verwirklicht. Der Gesetzgeber ist die Institution, in der die Abgeordneten als Vertreter des ganzen Volkes (Art. 38 Abs. 1 S. 2 GG) in einer repräsentativen Demokratie Grundrechte näher ausgestalten, definieren und begrenzen.

Zunächst hat der Gesetzgeber zu unterscheiden, was die „wesentlichen" Entscheidungen sind, die er zu treffen hat.[560] Soweit eine Regelung – insbesondere im Grundrechtsbereich – dem Gesetz vorbehalten ist, darf kein Staatsorgan ohne gesetzliche Handlungsanweisung handeln – kein Handeln ohne Gesetz (Vorbehalt des Gesetzes).[561] Sodann beansprucht das Gesetz Geltungsvorrang und Geltungsvorbehalt.[562] Die vollziehende Gewalt darf nicht gegen das Gesetz handeln (Vorrang des Gesetzes).

Auch die Europäische Grundrechtecharta bestimmt auf der Grundlage der Verfassungstraditionen der Mitgliedstaaten[563] in Art. 52 Abs. 1 GRCh ausdrücklich, dass jede Einschränkung der Ausübung der in dieser Charta anerkannten Rechte und Freiheiten gesetzlich vorgesehen sein muss und den Wesensgehalt dieser Rechte und Freiheiten zu achten hat. Unter Wahrung des Grundsatzes der Verhältnismäßigkeit dürfen Einschränkungen nur vorgenommen werden, wenn sie erforderlich sind und den von der Union anerkannten, dem Gemeinwohl dienenden Zielsetzungen und den Erfordernissen des Schutzes der Rechte und Freiheiten anderer tatsächlich entsprechen.

Der Gesetzesvorbehalt gilt auch im Unionsrecht uneingeschränkt, muss aber inhaltlich auf die Rechtsquellen des Unionsrechts abgestimmt werden. Der europäische Staatenverbund beruht auf einer Verständigung unter Staaten, die durch ihre Regierungen handeln. Die Rechtsetzung ist deshalb exekutiv geprägt. Verordnungen und Richtlinien kommen auf Initiative der Kommission, durch Entscheidung des Rats und des Parlaments zustande. Diese Gesetzgebungsakte erfüllen das Erfordernis des Gesetzesvorbehalts. Der EuGH anerkennt auch Rechtsakte, die von der Kommission aufgrund gesetzlicher Ermächtigung erlassen werden (Art. 290 AEUV), als eine dem Gesetzesvorbehalt genügende Rechtsgrundlage.[564] Diese europarechtliche Modifikation des Gesetzesvorbehalts[565] kann den rechtsstaatlichen Erfordernissen der Allgemeinheit, Bestimmtheit und urkundlichen Verlässlichkeit einer Regel genügen.[566] Die traditionelle Idee einer demokratisch-parlamentarischen Debatte und Entscheidung über Grundrechtseingriffe, eine Verantwortlichkeit des gewählten Abgeordneten gegenüber dem Wähler für die von ihm ermöglichten Grundrechtseingriffe und die Mäßigung der Staatsgewalt durch die Unterscheidung zwischen exekutiver und legislativer Gewalt treten aber in den Hintergrund.

c) Keine Gesetzgebung durch die EZB

Deutsches Verfassungsrecht und Unionsrecht stimmen darin überein, dass Eigentumseingriffe einer Ermächtigung durch einen Gesetzgebungsakt bedürfen. Die EZB aber ist nicht Gesetzgeber, sondern Garant der Geldwertstabilität, der durch die Herrschaft über Geld, Kredit und Zins, durch Impulse und Lenkungsakte seinen Auftrag erfüllt. Die EZB ist nicht kompetent und befugt, allgemeinverbindliche Regelungen hervorzubringen. Vielmehr schirmt ihre Unabhängigkeit die fachverständige Institution des ESZB gerade auch gegen parlamentarischen Einfluss ab. Das Parlament als die maßgebliche Rechtserzeugungsquelle in einer Demokratie gibt die lenkende Währungspolitik in die Hand des ESZB, setzt dabei aber voraus, dass die eingreifende Verbotspolitik dem Gesetz vorbehalten bleibt.

Soweit die von der EZB betriebene Negativzinspolitik in die Grundrechte des Eigentümers eingreift, sie steuerähnlich Substanz des Geldeigentums entzieht, gilt der Gesetzesvorbehalt. Dieser Eingriff ist unzulässig, weil die EZB zu dieser Entscheidung gesetzlich nicht ermächtigt ist, auch nicht ermächtigt werden könnte, solange ihre Unabhängigkeit nicht aufgehoben wäre. In entparlamentarisierter Fachkompetenz und Unabhängigkeit darf sie Spareigentum nicht entziehen.

4. Eingriffsrechtliche Qualifikation der Zinsentscheidung

a) Die gesetzliche Prägung des verfassungsrechtlichen Eigentums

Wenn das ESZB mit der Negativzinspolitik und der Nullzinspolitik Inhalt und Schranken des Geldeigentums zu verändern sucht, hat sie den besonderen verfassungsrechtlichen Anforderungen an die Sozialpflichtigkeit des Eigentums zu genügen.

Der Gesetzgeber hat bei Regelung von Inhalt und Schranken des Spareigentums dessen verfassungsrechtlichen Gehalt näher zu bestimmen.

(1.) Er muss den Kerngehalt dieses Eigentums als Rechtsinstitut und der Eigentümerfreiheit als Grundrecht bestätigen und ausgestalten.

(2.) Eingreifende Inhalts- und Schrankenbestimmungen müssen im Gesetz ihre Grundlage und ihr Maß finden. Wenn die EZB dem Geldeigentum mit dem Negativzins einen Teil seiner Wertsubstanz nimmt, bedürfen diese Eingriffe einer gesetzlichen Ermächtigung.

(3.) Die Eingriffe sind durch Gründe des öffentlichen Wohls zu rechtfertigen.

(4.) Der Eingriff hat den Grundsatz der Verhältnismäßigkeit – der Geeignetheit, Erforderlichkeit, Angemessenheit des Eingriffs – zu beachten.[567] Dabei darf der Gesetzgeber bisher gewährte Rechte inhaltlich verändern, unter bestimmten Voraussetzungen auch entfallen lassen. Vorausgesetzt ist aber, dass schwerwiegende Gründe des öffentlichen Wohls Vorrang haben vor dem Vertrauen des Grundrechtsberechtigten auf den Fortbestand seines Rechts, einer erworbenen, in ihrem Bestand geschützten, rechtlich gefestigten Eigentumsposition.[568]

(5.) Jeder Entzug von Eigentumssubstanz muss finanziell ausgeglichen werden.[569]

Nach diesen Maßstäben beantwortet sich die Frage, ob und inwieweit ein Hoheitsorgan zur Sicherung des Geldwertes Geldeigentum vermindern darf.

b) Substanzentzug

aa) Pflicht zur Hingabe von Eigentum

Soweit die EZB von den Banken ein Entgelt für das dort hinterlegte Kapital verlangt (Negativzins), entzieht sie dem Geldeigentümer einen Teil seines Geldeigentums und beschafft der öffentlichen Hand einen entsprechenden Vermögenswert. Dieser Entzug von eigenem Geld ohne Gegenleistung mindert das Geldeigentum des Anlegers. Die Zinspolitik der EZB ist im Rahmen ihres Stabilisierungsinstrumentariums allerdings ein Mittel lenkender Währungspolitik. Sie beeinflusst über die Banken mittelbar die in Markt und Wettbewerb vereinbarten Zinsen für ein Darlehen. Wenn nun der „Negativzins" zur Abgabe von Geldkapital verpflichtet, unterscheidet sich dieser Eingriff grundlegend von der währungspolitischen Lenkung. Die Geldeigentümer werden nicht bei der Nutzung ihres Eigentums gesteuert, sondern müssen Geldeigentum hingeben. Die EZB entzieht privates Geld und eröffnet hoheitlich eine Geldquelle der öffentlichen Hand.

Der Übergang von einer Lenkung fremden Geldvermögens zum Erwerb eigenen Geldvermögens in öffentlicher Hand überschreitet die Grenze von hoheitlicher Willensbeeinflussung zur hoheitlichen Wegnahme. Ein Eingriff dieser Art und Intensität verursacht einen Systemwechsel von der Währungspolitik zur Wegnahme von Geldsubstanz (Negativzins). Er begründet einen erheblichen Eingriff in das Privateigentum der Geldsparer. Er bestimmt nicht währungspolitisch den Nominalwert des Euro, sondern entzieht verteilungspolitisch ein Stück vom Substanzwert des Geldeigentums.

bb) Durch Banken vermittelt

Die währungspolitische Maßnahme des „Negativzinses" hat das Ziel, den Sparer zu veranlassen, auf das Sparen zu verzichten und die Sparsumme zu konsumieren oder zu investieren. Dieses Ziel erreicht die EZB entsprechend ihrem Instrumentarium der Lenkung und Steuerung nicht eigenhändig, sondern bedient sich der Banken als Verwaltungshelfer. Die Sparer werden durch die Hoheitsgewalt der EZB – vermittelt durch ihre Privatbanken – mit dem „Negativzins" belastet. Sie verlieren ein Stück ihrer Eigentumssubstanz mittelbar – durch einen von den Banken vermittelten Eingriff –, sind damit in ihrem Grundrecht des Art. 14 GG faktisch beeinträchtigt. Diese mittelbare Grundrechtswirkung ist verfassungsrechtlich der unmittelbaren gleichzustellen, wenn sie „in der Zielsetzung und ihren Wirkungen Eingriffen gleichkommt".[570] Die EZB hat ein Konzept „mittelbaren Einwirkens"[571] entwickelt, kann sich mit dieser Verwaltensform der Grundrechtsbindung aber nicht entziehen. Die Privatbank reicht den Negativzins an ihre Kunden als privater Verwaltungshelfer weiter, der lediglich eine gezielt auf den Substanzeingriff in ein Spareigentum gerichtete Maßnahme überbringt. Diese von der EZB beabsichtigte, in einer Einwirkung auf den Sparer belastende, auf die Minderung des Spareigentums angelegte Maßnahme wird der EZB als dem Hoheitsträger zugerechnet. Sie hat den Eingriff veranlasst und zu verantworten.

Soweit die Geschäftsbanken im Rahmen ihrer Vertragsfreiheit die Last des „Negativzinses" selbst tragen und bisher nicht – wie im Konzept der EZB vorgesehen – auf den Sparer überwälzen, ist die stabilitätspolitische Lenkung

gescheitert. Dadurch mag die Maßnahme bei der Prüfung ihrer Verhältnismäßigkeit als ungeeignet erscheinen, bleibt aber ein der EZB zuzurechnender
hoheitlicher Eingriff, der am Art. 14 GG zu messen ist.

cc) Eigentumsentzug statt währungspolitische Lenkung

Der materielle Gehalt des Rechtsstaats- und des Demokratieprinzips stünden einer Ermächtigung der EZB zur Geldwertstabilisierung im vorrangigen
Ziel der Preisstabilität (Art. 127 Abs. 1 S. 1 AEUV) entgegen, wenn diese die
Befugnis enthielte, die Eigentumssubstanz des Geldeigentums nicht nur zu
stabilisieren, sondern sie Schritt für Schritt zu mindern. Das Grundgesetz
ermächtigt den Bundestag zwar, Hoheitsgewalt auf die Europäische Union
zu übertragen, behält ihm aber auch in einem System intergouvernemen-
talen Regierens die Entscheidung und Kontrolle über die Einnahmen und
Ausgaben des Staates vor. Dies gilt auch im Hinblick auf internationale und
europäische Verbindlichkeiten.[572] Der Systemwechsel von der währungspolitischen Lenkung zum verteilungspolitischen Eigentumsentzug wäre
dem deutschen Staat als Strukturentscheidung vorbehalten.[573] Innerhalb des
Verfassungsstaates darf der Deutsche Bundestag nicht durch unbestimmte
Ermächtigungen eine grundrechtserhebliche Eingriffskompetenz auf Akteure der Währungspolitik übertragen.[574]

c) Keine öffentliche Abgabe

Der Negativzins könnte nicht als öffentliche „Abgabe" gerechtfertigt
werden. Die EZB hat keine Abgabenhoheit, verfügt lediglich über die Kompetenz zur Währungspolitik. Währungspolitik berechtigt zu Stabilisie-
rungsmaßnahmen, die dem Geldeigentümer die Stabilität seines Eigentums
sichern, gibt keine Befugnisse zur Wegnahme von Geldeigentum.

aa) Steuer

Der „Negativzins" ist zwar in der Belastung des Sparers und in dem
Ertragserfolg bei der EZB der Steuer ähnlich, könnte aber nicht als Steuer
ausgestaltet und gerechtfertigt werden. Die EZB hat kein Steuererfindungsrecht. Ungeachtet der Frage, ob der währungspolitische Auftrag der EZB
überhaupt eine Abgabenhoheit begründen kann, ist nach dem Finanzver-

fassungsrecht des Grundgesetzes, damit nach dem für die Abgeordneten des Deutschen Bundestages verbindlichen Maßstab, eine Steuererfindung jenseits der herkömmlichen Steuertypen ausgeschlossen.[575] Die bundesstaatliche Finanzverfassung des Grundgesetzes öffnet dem Gesetzgeber einen Zugriff nur auf die Steuerquellen, deren Ertrag sie Bund und Ländern zuweist. Wenn ein Steuerertrag verteilt werden darf, darf die Steuer auch erhoben werden. Der Übertragung von Steuergewalt auf die Europäische Union hat das Grundgesetz den Besteuerungs- und Haushaltsvorbehalt für den Deutschen Bundestag entgegengesetzt.[576] Die EZB hat deshalb ersichtlich keine Besteuerungskompetenz und keine Besteuerungsbefugnis. Zudem erfasst ein Negativzins im Vergleich zu anderen Kapitalerträgen keine besondere Leistungsfähigkeit. Der Sparer ist finanziell nicht stärker belastbar als andere Anleger, dürfte als Kleinsparer mit seiner vertrauten, risikoscheuen Anlageform eher weniger Lasten tragen können. Als Kapitalertragsteuer wirkte die Einlagelast als Substanzverzehr, wäre eine erdrosselnde Steuer, auch deshalb unzulässig. Schließlich stünde ein Steuerertrag nicht der EZB zu.[577]

bb) Gebühr

Der „Negativzins" ist insbesondere keine Gebühr. Die Gebühr wird als Entgelt – als Verwaltungspreis – für die öffentliche Versorgung mit Energie oder Wasser, die Durchführung eines fairen Gerichtsverfahrens, eine staatliche Prüf- und Kontrollleistung erhoben, ebenso aber auch als Ausgleich für den von einem einzelnen verursachten Aufwand.[578] Gebührenrechtliche Entgeltlichkeit setzt also nicht einen vertragsähnlichen Leistungstausch voraus, sondern eine individuelle Verantwortlichkeit für einen Einsatz öffentlicher Mittel.[579] Die Gebühr erfüllt eine Doppelfunktion: Sie fordert eine Wertabschöpfung, soweit sie ausschließlich an eine individuell zurechenbare Leistung anknüpft.[580] Sie überwälzt Kosten, soweit sie eine individuelle Verantwortlichkeit für einen öffentlichen Aufwand einfordert.[581] Modellfall für diese Kostenüberwälzung wegen individueller Aufwandverantwortlichkeit ist die „Kostenprovokation"[582] durch den polizeilichen Handlungs- oder Zustandsstörer, der polizeirechtlich individuell für die Gefahrenabwehr verantwortlich und deshalb gebührenrechtlich auch individuell kostenverantwortlich ist.[583] Die Gebühr setzt eine „individuell zurechenbare Leistung"[584] oder eine individuell zu verantwortende Kostenverursachung[585] voraus, die eine Gebühr zur „ausgleichenden Gegenleistung" macht.[586] Diese individuelle Finanzierungsverantwortlichkeit für einen öffentlichen Aufwand[587] entsteht, wenn ein Schuldner die Kosten individuell veranlasst hat oder wenn er durch einen Aufwand individualisierbar bevorzugt worden ist. Diese Verantwortlichkeitsgründe weisen auf die Prinzipien der Kostendeckung und des Vorteilsausgleichs, nach denen die Gebühr zu bemessen ist. Zugleich wehrt das Rechtsstaatsprinzip in diesen Kriterien eine Kommerzialisierung der Hoheitsverwaltung ab[588] und errichtet eine abgabenrechtliche Barriere gegen eine Bestechlichkeit der Staatsverwaltung.

„Negativzinsen" sind kein Entgelt für eine individuell zurechenbare Leistung der EZB. Diese erbringt eigenhändig keine individualisierbare Leistung für den Sparer. Der Lenkungszweck des „Negativzinses", die Sparer in eine andere Anlageform zu drängen, könnte allenfalls eine erhöhte Gebühr rechtfertigen, die Höhe einer bereits gerechtfertigten Gebühr „unter Berücksichtigung des Ziels einer begrenzten Verhaltenssteuerung" legitimieren.[589] Der „Negativzins" aber verteuert nicht eine schon bestehende und gerechtfertigte Gebühr, sondern entsteht und rechtfertigt sich aus dem Steuerungszweck. Er widerspricht einem bestimmten Anlageverhalten, qualifiziert es nicht als entgeltwürdig.

Wenn die Geschäftsbank den Negativzins an den Sparer überbringt, schließt sie einen privatrechtlichen Vertrag, begründet keine öffentlich-rechtliche Last.

cc) Sonderabgaben

Die Grundsatzentscheidung für einen Steuerstaat schließt nicht aus, dass der Gesetzgeber im Rahmen seines Entscheidungsraums auch jenseits der Vorteilsabgaben andere Abgabenarten einführt. Beim „Negativzins" wäre allenfalls der Tatbestand einer „Sonderabgabe" erwägenswert. Doch diesen begrenzt das Grundgesetz als „seltene, nur befristet zulässige Ausnahme".[590] Die Sonderabgabe darf nur einer Gruppe von Abgabeschuldnern wegen ihrer speziellen Verantwortlichkeit für eine ihnen obliegende Finanzaufgabe auferlegt werden. Sie ist − im Gegensatz zu den Gebühren und Beiträgen − unabhängig von einem empfangenen Vorteil, erfasst auch − im Gegensatz zur Steuer − nicht eine besondere finanzielle Leistungsfähigkeit des Steuerschuldners, sondern rechtfertigt sich aus einer vorgefundenen Finanzierungsverantwortlichkeit für eine bestimmte Finanzaufgabe.[591] Eine spezielle Finanzierungsaufgabe, für die allein die Gruppe der Sparer verantwortlich wäre, ist aber schlechthin nicht ersichtlich. Die Sparer sollen nicht eine öffentliche Aufgabe finanzieren, sondern am Sparen gehindert, in dieser Finanzkraft und Verantwortlichkeit verdrängt werden.

dd) Verwahrentgelt

„Negativzinsen" können in Rahmen und Grenzen des Vertragsrechts vereinbart werden, sind deshalb als Inhalt einer von beiden Vertragspartnern gewollten Vereinbarung verbindlich.[592] Die Zinspolitik der EZB hingegen ist eine einseitige Maßnahme der Währungshoheit, die vertraglich überbracht werden kann, aber aus dem Stabilitätsauftrag der EZB gerechtfertigt und nach den Grundrechten bemessen werden muss. Der Zwang zu einem Verwahrentgelt wäre ein privatvertragsgestaltender Akt, der als Geldmarktzins ohne Bezug zu Verwahrkosten bemessen ist, als Eingriff in die Vertragsfreiheit Grund und Höhe der Vereinbarung bestimmt. Die EZB fordert im Negativzins nach Ziel und Wirkung nicht ein Entgelt für eigene Bankendienstleistungen, sondern belastet die Vereinbarung eines ihr unerwünschten Verhaltens. Ein Verwahrentgelt kann privatvertraglich vereinbart werden. In seinem währungsrechtlichen Ursprung aber sucht der Negativzins das Verwahren von Geld zu unterbinden.

d) Lenkungslast

aa) Tatbestand missbilligten Sparens

Die EZB belegt das Sparen mit einem „Negativzins", um Sparer zu drängen, nicht Geld zu sparen, sondern Geld zu konsumieren und zu investieren. Die EZB schafft damit einen Tatbestand missbilligten Sparens. Die Eigentumsgarantie aber umfasst das Recht des Eigentümers, sein Recht behalten und es nutzen zu dürfen. Eine Hoheitsgewalt muss den Privateigentümer in diesen seinen Rechten achten und schützen, darf diese Wahrnehmung von Grundrechten nicht rügen. Wenn die EZB ein erlaubtes und grundrechtlich geschütztes Recht des Geldeigentümers, sein Eigentum zu sparen und als Sparkapital zu nutzen,[593] für unerwünscht erklärt, wendet sie sich gegen die Verfassung. Einen solchen Eingriffstatbestand des missbilligten Sparens darf die EZB nicht schaffen, weil ihr dazu Kompetenz und Befugnis fehlen, sie im Übrigen in ihrer Lenkungsfunktion an die Grundrechte gebunden ist. Die hoheitliche Missbilligung einer anerkannten und bewährten Form, Privateigentum anzulegen, verstößt gegen Art. 14 GG.

bb) Sanktion

Dieser Tatbestand missbilligten Sparens wird mit der Rechtsfolge des „Negativzinses" verknüpft. Die „Negativzinsen" werden gelegentlich als „Strafzinsen" bezeichnet, weil die EZB mit dieser Sonderlast das Sparen missbilligt. Art. 19.1 der ESZB/EZB-Satzung spricht von „Strafzinsen", die das ESZB bei Nichteinhaltung der Mindestreservepflichten erheben und „sonstige Sanktionen mit vergleichbarer Wirkung" verhängen darf. Diese Begrifflichkeit ist jedenfalls für den „Negativzins" verfehlt. Der Tatbestand der „Strafe" setzt Schuld voraus.[594] Keine Strafe wird ohne Schuld verwirkt.[595] Die Strafe wird als gerechter Schuldausgleich nach der Schwere der Tat und dem Verschulden des Täters bemessen.[596] Sparen ist nicht vorwerfbar.

Die „Sanktion"[597] ist eine juristisch allgemeine Bezeichnung für ein Instrument der Rechtsdurchsetzung, das sich als Annex zu der durchzusetzenden Rechtspflicht rechtfertigt, also in dieser ihre Kompetenz- und Befugnisgrundlage findet. Die EZB sucht die Sparer zur Änderung ihrer Anlageform, zu Investitionen, zu verpflichten. Sie verbindet also eine nichtexistierende Rechtspflicht (zum Unterlassen des Sparens) mit dem Nachteil einer Belastung des Sparkapitals mit einem „Negativzins" von 0,5 %. Diese Sanktion ist verfassungswidrig, weil sie ein verfassungsgemäßes Verhalten durch die Androhung einer Finanzlast unterbindet. Sie ist aber auch in ihrer Ausgestaltung verfassungswidrig, weil die Sanktion eines Substanzentzugs („Negativzins") mit der grundrechtlichen Garantie der Eigentumssubstanz gegen hoheitlichen Entzug unvereinbar ist. Im Übrigen fehlt auch der Sanktion die gesetzliche Ermächtigungsgrundlage. Im Binnenbereich des EZB-Auftrags und seiner Unabhängigkeit dürfte der Gesetzgeber nicht zu einer Sanktion ermächtigen. Die EZB selbst ist zur Gesetzgebung nicht befugt. Im Zuständigkeitsbereich der EZB müssten gesetzliche Regelungen im Grundrechtsbereich auf Lenkungsinstrumente beschränkt werden, dürften nicht zu Eingriffen ermächtigen. Die EZB schafft also den Tatbestand einer von ihr missbilligten Anlageform – das steht ihr nicht zu – und verbindet ihn mit der Sanktion eines Substanzentzugs („Negativzins") – das steht ihr ebenfalls nicht zu.

e) Subvention

Der „Negativzins" betrifft die Sparer auch deshalb in ihrer Eigentümerfreiheit, weil er andere Einleger begünstigt und diese Subvention eine Inflation fördern kann. Die Geschäftsbanken zahlen – im Wesentlichen im Rahmen der Einlagefazilität – für bestimmte Einlagen einen Nullzins (Hauptrefinanzierungssatz) oder eine Einlagelast von 0,5 %. Für „gezielte längerfristige Refinanzierungskredite" erhalten sie eine Prämie.[598] Wenn sie dieses Geld bei der Notenbank entgegennehmen und es dort einfach liegenlassen, machen sie einen Gewinn. Diese Zinspolitik im Binnenbereich des Bankensystems ist eine Subvention, die bestimmte Banken „retten" will. Diese Rettungspolitik hat kein währungspolitisches Ziel und keine währungspolitischen Wirkungen. Sie ist eine Maßnahme der Wirtschaftspolitik, deshalb unzulässig. Doch Geber und Nehmer der Subventionen handeln im besten Einvernehmen.

Das Horten von Geld für Kredite an Unternehmen und Haushalte ist Inflationspotential, mag es auch gegenwärtig noch keine Inflationswirkungen haben. Wenn die Geschäftsbanken dieses Geld zur Kreditvergabe an Unternehmen und Privathaushalte verwenden, steigt die Gesamtgeldmenge. Der eine Euro, den die Bank aus ihrem Hort nimmt, um Kredite zu vergeben, wandelt sich in mehrere Euro an zusätzlichem Kreditbestand der Banken. Der Bestand mindert sich nur durch Mindestreserve und Bargeldabfluss. Jede Mehrung der Geldmenge bleibt aber ein Inflationspotential, gefährdet damit den Wert eines Sparguthabens. Diese Gefährdung ruft nach rechtspolitischen Vorkehrungen des Gesetzgebers zum Eigentumsschutz.

Ein beachtlicher Teil der von der Zentralbank vermehrten Geldmenge wird auch verwendet, um Vermögen zu mehren und „Assets" – Aktien, Immobilien – zu erwerben. Diese Nachfrage jenseits des normalen Allgemeinkonsums steigert die Inflation auf diesem speziellen Markt (Asset-Preisinflation), gefährdet insoweit die Finanzstabilität. Die „Immobilienblasen" 2007/2008 haben hier eine Ursache.[599]

5. Betroffenheit der Spareigentümer

a) Belastung privater Sparer im einzig verbliebenen Eigentümerrecht

Wenn die Geschäftsbanken als Verwaltungshelfer eine überwälzbare Belastung an ihre Sparer weitergeben, sind diese Sparer durch die Einlagelast betroffen. Ihr Geldeigentum vermindert sich durch den „Negativzins". Die Sparer verlieren Eigentumssubstanz, erleiden durch den mittelbaren, faktischen Grundrechtseingriff[600] einen Verlust in ihrer verfassungsrechtlich gewährleisteten Eigentümerrechtsposition. Dieser Eingriff wiegt im Rahmen der Verhältnismäßigkeitsprüfung für den privaten Sparer schwer, weil die klassischen Funktionen des Eigentums, den Gegenstand zu besitzen, zu verwalten, zu nutzen und über ihn zu verfügen, beim Spareigentum auf eine Funktion zurückgenommen sind. Geldeigentum kann man nicht besitzen. Der Sparer hat zudem sein Spareigentum so angelegt, dass es von seiner Bank bewirtschaftet wird, er sich nur das Aufbewahren seines Geldes in fremder Hand vorbehält. Das Verfügungsrecht hat er im Sparakt vorübergehend aufgegeben. Ihm bleibt nur das Eigentum am Sparguthaben, die ökonomische Grundlage zukünftiger Tauschfreiheit und gegenwärtigen Ertrags. Gegen dieses Privateigentum richtet sich der „Negativzins", der jährliche Sanktionen von 0,5 % der Eigentumssubstanz solange androht, bis der Eigentümer diese seine Eigentümerposition geräumt hat.

Allerdings belässt die Androhung des „Negativzinses" dem Sparer die Wahlschuld, entweder die bisherige Anlageform des Sparens durch Konsum und Investition zu ersetzen, und dadurch dem „Negativzins" auszuweichen, oder aber die von ihm gewünschte Anlageform des Sparens beizubehalten und sich deshalb dem „Negativzins" zu unterwerfen. Verfassungsrechtlich sind aber beide Alternativen zu rechtfertigen, soweit sie sich tatsächlich als Belastung ereignen. Die Möglichkeit des Betroffenen, zwischen der einen Entscheidung (Verzicht auf die gewählte Nutzungsart) oder der anderen (Unterwerfung unter den „Negativzins") zu entscheiden, mäßigt die tatsächlich verwirklichte Belastung nicht. Dem Spareigentümer wird regelmäßig Eigentumssubstanz oder die Nutzung seines Spareigentums als Ertragsquelle genommen. Damit erleidet er eine stetige Eigentumsminderung oder verliert das – ihm fast ausschließlich verbliebene – Recht zur Nutzung seines Eigentums. Beide Eingriffe haben den Zweck, ihn aus seinem Spareigentum zu drängen.

Geben die Banken den „Negativzins" nicht an die Sparer weiter oder halten diese trotz Einlagelast an ihren Sparkonten in gleicher oder wachsender Höhe beharrlich fest, erreicht die EZB ihr Lenkungsziel nicht. Die Maßnahme ist nicht geeignet,[601] also rechtwidrig.

b) Belastung gewerblicher Sparer

Soweit die Banken den „Negativzins" an gewerbliche Darlehensgeber weiterreichen, unterbreitet die EZB mit dem Angebot einer vermeidbaren Lenkungslast dem Darlehensgeber ebenfalls eine Wahlschuld. Entweder folgt er dem Lenkungsziel und verzichtet auf das Sparen, vermeidet damit die

Lenkungslast des Negativzinses, oder er beharrt auf seiner Freiheit, Geldeigentum zu sparen und später betrieblich zu verwenden, nimmt dafür aber die Last des Negativzinses in Kauf. Doch die Betroffenheit des gewerblichen Sparers ist eine andere. Er setzt sein Spareigentum als Betriebskapital zum betrieblichen Erwerb ein, erfährt die Zinssanktion deshalb als eine Bedingung seines Erwerbs – ähnlich einer Ertragssteuer. Das Erwerbsvermögen ist unter den Bedingungen eines Betriebsvermögens als Erwerbsgrundlage entstanden und jetzt dem Erwerb in seiner besonderen Sozialpflichtigkeit gewidmet. Insoweit kann die auf Überwälzung angelegte Sparsanktion als Rahmenbedingung des Erwerbs, als Kostenfaktor für die Preisgestaltung wirken. Allerdings kann die Wegnahme auch von erwerbsdienlichem Eigentum – des Anlage- wie des Umlaufvermögens – zur Beschaffung eines öffentlich benötigten Gutes eine Enteignung sein. Das Erwerbsvermögen unterscheidet sich jedoch vom Privatvermögen dadurch, dass Aufwendungen für die Ertragsfähigkeit eines Betriebsvermögens als betrieblicher Aufwand und als preisbildende Last wirken, deshalb in der Anlageentscheidung (Sparen oder Investieren) berücksichtigt und auch im Preis an die Nachfrager nach Waren und Dienstleistungen weitergegeben werden können. Im Rahmen der Wahlschuld erreicht die Zinssanktion ihren Lenkungszweck, wenn sich der Unternehmer für eine Investition entscheidet. Nicht die Substanz seines Geldeigentums, sondern die freie Nutzbarkeit ist betroffen. Bleibt er beim Sparen, mindert sich der Belastungseffekt durch Überwälzbarkeit von dessen Kosten auf die Kunden.

Die lenkungspolitische Wegnahme von Erwerbseigentum durch einen Negativzins auf das Erwerbsvermögen schränkt somit in beiden Alternativen der Wahlschuld den rechtlichen Rahmen für die gewerbliche Erwerbsnutzung dieses Vermögens ein. Diese Belastung des Erwerbsvermögens ist als Eigentumsschranke zu verstehen, die bei einem Zinssatz von -0,5 % noch dem Maßstab der Verhältnismäßigkeit genügen wird, bei höheren Belastungen hingegen an die Grenzen der Erforderlichkeit und Angemessenheit stößt.

c) Belastung der Banken

Soweit die Banken durch die Zinssanktion der EZB selbst am Horten von Kapital gehindert werden sollen, ist deren Berufsfreiheit – das Erwerben (Art. 12 GG) –, weniger das Erworbene – das Eigentum (Art. 14 GG) – betroffen.[602] Das Geschäft der Banken mit dem ESZB stützt sich auf ein flüchtiges Kapital, das teilweise nur über Nacht bei der Zentralbank eingelagert wird, oft nur als Sicherheitsreserve dient, jedenfalls nicht ökonomische Grundlage individueller freier Entfaltung für Bankiers oder Banken ist. Die Banken nutzen zu Berufszwecken eine Geldmenge in Bewegung, weniger ein ruhendes Kapital. Die Sparsanktion könnte deshalb als eine – noch vertretbare – Regelung der Berufsausübungsfreiheit verstanden werden.

Soweit die Geschäftsbanken lediglich als Verwaltungshelfer eine überwälzbare Belastung an ihre Sparer weitergeben, sind sie durch eine berufsbedingte Verwaltungspflicht belastet, jedoch nicht in ihrem Eigentum betroffen. Sie überbringen eine Einlagelast, tragen sie nicht selbst. Insoweit entfällt der grundrechtliche Eingriff in die Eigentümerfreiheit. Die Pflicht zur Verwaltungshilfe berührt die Berufsausübungsfreiheit.

Die Zinssanktion ist grundsätzlich überwälzbar, wird derzeit aber von den Banken noch nicht regelmäßig auf Privatsparer überwälzt. Für die Privatsparer entfällt insoweit der Belastungstatbestand des Entzugs einer konkreten Vermögensposition. Die EZB erreicht eine beabsichtigte Wirkung, die Lenkung der Sparer, nicht. Dann aber stellt sich die Frage, ob diese Stabilisierungsmaßnahme zur Erreichung dieses Stabilisierungszieles geeignet ist. Die Sparer sollen gelenkt, durch die Bedrohung mit einem Negativzins in den Konsum oder die Investition gedrängt werden, empfinden diese angedrohte Last aber nicht, weil ihre Banken die Last auffangen und nicht weiterreichen.

Wenn das ESZB mit dem „Negativzins" ein – zweifelhaftes – Ziel der Anlagesteuerung verfolgt, dieses Ziel aber derzeit verfehlt, weil der Negativzins den für die „Preisstabilität" erheblichen Markt nicht erreicht oder einer Prämie weicht, erzielt der Negativzins keine preis- und inflationsbestimmenden Wirkungen. Die Maßnahme ist nach dem Maßstab des Verhältnismäßigkeitsprinzips schon nicht geeignet. Die Einlagelast trifft die Banken in ihrem Eigentum. Eine fehlgeleitetete Last mindert ihre Eigentumssubstanz.[603]

Soweit die Banken selbst am Horten von Geld gehindert werden sollen, bedarf es grundsätzlich keiner Lenkung, weil deren Geschäftsmodell auf den produktiven, ertragreichen Einsatz des Kapitals angelegt ist. Sollte die Geldmengenpolitik der EZB oder eine im „Negativzins" angelegte Bankensubvention diese Erwerbsorientierung verfälschen, wäre eine Änderung dieser Zinspolitik geboten.

6. Mäßigung der unzumutbaren Last durch finanziellen Ausgleich

Der „Negativzins" ist darauf angelegt, den Sparer durch stetige Einlagelasten aus der Rechtsposition des Spareigentümers zu verdrängen. Das Konzept des Negativzinses zielt darauf, eine rechtmäßig erworbene, rechtlich individuell geschützte Rechtsposition zu beenden. Dieser Eingriff in den Kern der gewählten Eigentümerfreiheit wäre nach dem System des grundrechtlichen Eigentumsschutzes allenfalls vertretbar, wenn die unzumutbare Last finanziell ausgeglichen wird. Doch ein Ausgleich der jährlichen Einlagelast durch eine Zahlung in entsprechender Höhe erübrigt und widerlegt den Eingriff.

Art. 14 Abs. 3 GG fordert für Enteignungen eine Entschädigung. Die gesetzliche Inhalts- und Schrankenbestimmung des Eigentums (Art. 14 Abs. 1 S. 2 GG) kann in Ausnahmefällen einen finanziellen Ausgleich erforderlich machen, wenn im öffentlichen Wohl gebotene Eigentumsschranken für den Betroffenen anderenfalls unzumutbar wären.

Gesetzliche Schrankenbestimmungen des Eigentums rechtfertigen sich grundsätzlich aus dem mit der Schrankenbestimmung verfolgten Gemeinwohlgrund und bedürfen keines finanziellen Ausgleichs. Doch in Fällen besonderer Eingriffsintensität und Härte der persönlichen Betroffenheit kann der Eingriff im öffentlichen Interesse geboten sein, aber nur bei einem finanziellen Ausgleich gerechtfertigt werden. Das Verbot einer unverhältnismäßigen Last und einer gleichheitswidrigen Unterscheidung, aber auch der Vertrauensschutz können Ausgleichsregelungen erforderlich machen, die dann die Verfassungsmäßigkeit einer sonst unverhältnismäßigen Inhalts- und Schrankenbestimmung sichern.[604]

Der in Art. 14 GG verankerte Bestandsschutz des Eigentums im Rahmen des Möglichen verlangt vorrangig, die eigentumsbelastenden Regelungen so zu mäßigen, auch durch Ausnahmen und Befreiungen oder durch Übergangsregelungen verhältnismäßig auszugestalten, dass sich kompensatorische Ausgleichszahlungen erübrigen.[605] Die finanziell ausgleichspflichtige Inhalts- und Schrankenbestimmung ist die Ausnahme. Dieser Ausnahmefall setzt voraus, dass der Eigentumseingriff grundsätzlich aus Gründen des Gemeinwohls gerechtfertigt ist und zusätzliche Ausgleichsregelungen ihn verfassungsrechtlich ausreichend mäßigen können. Das bedeutet für den Eigentümer, dass er unverhältnismäßige Eigentumsbelastungen beanstanden, deren Beseitigung und Reduzierung beanspruchen, letztlich Rechtsschutz gegen diese Maßnahmen begehren muss. Das Grundgesetz eröffnet dem Eigentümer „kein Recht zur Wahl, eine unverhältnismäßige Inhalts- und Schrankenbestimmung hinzunehmen und stattdessen einen angemessenen Ausgleich zu fordern".[606] Ausgleichspflichtig sind danach vor allem Fälle, in denen der Staat konkrete Eigentumspositionen entzieht, dieser Entzug aber nicht einer legitimen Güterbeschaffung für den Staat dient. Eine Zumutbarkeitsprüfung wird insbesondere feststellen, inwieweit der Eigentümer die den Entzug des Eigentums legitimierenden Gründe zu verantworten hat oder sie ihm jedenfalls zuzurechnen sind.[607]

Der „Negativzins" missbilligt das Sparen und bedroht es mit einer Einlagelast, bis der Sparer sich zur Aufgabe seines Spareigentums entschließt. Diese Last ist für den privaten Sparer schlechthin unzumutbar, weil er aus der – frei und vernünftig gewählten – Anlageentscheidung zum Sparen nicht vertrieben werden darf. Im Übrigen widerspricht diese hoheitliche Verdrängungsintervention auch den Regeln der Erwerbswirtschaft – einer offenen Marktwirtschaft mit freiem Wettbewerb –, in deren Rahmen die EZB ihre Währungspolitik zu gestalten hat (Art. 127 Abs. 1 S. 3 AEUV). Eine Erwerbswirtschaft ist in der rechtlichen Konzeption wie in der Erwartung der Beteiligten darauf ausgerichtet, durch Einsatz von Arbeit und Kapital Einkommen zu erwerben und den Steuerstaat an dieser Erwerbsquelle teilhaben zu lassen. Hält der „Negativzins" den Sparer durch eine marktfremde Geldsanktion von diesem Markt fern, müsste er nach den Zumutbarkeitsregeln für eine Eigentumsschranke einen Geldausgleich hinzufügen, würde die Intervention also durch einen gegenläufigen Akt wirkungslos machen müssen.

Im Ergebnis ist die Minderung des Spareigentums durch einen „Negativzins" verfassungsrechtlich nicht vertretbar. Der Lenkungszweck beansprucht eine Hoheitsbefugnis der EZB über die Entscheidung, wie das Geldeigentum eingesetzt werden soll. Die EZB verdrängt den Eigentümer aus dem Eigentum, mehrt dementsprechend ihr Geldeigentum. Dieser Eingriff vertreibt den Eigentümer aus dem von ihm gewählten Eigentum. Die hoheitliche Umwidmung des Darlehensvertrages, der nicht mehr einen Ertragsanspruch für den Darlehensgeber erlaubt, sondern eine verdrängende Zahlungspflicht begründet, könnte allenfalls bei Mäßigung des Eingriffs durch zusätzliche finanzielle Ausgleichsregelungen gerechtfertigt werden. Ein Geldausgleich für Geldentzug allerdings ist sinnwidrig, also verfassungswidrig.

7. Zinssanktion und Enteignung

a) Entwicklung der Rechtsprechung

Wenn der „Negativzins" zur Folge hat, dass die private Hand Eigentum verliert, die öffentliche Hand Eigentum erwirbt, stellt sich die Frage der Enteignung. Enteignet werden allerdings darf nur durch Gesetz oder aufgrund eines Gesetzes, das Art und Ausmaß der Entschädigung regelt (Art. 14 Abs. 3 S. 2 GG, Art. 17 Abs. 1 S. 2 GRCh). Auch der Enteignungstatbestand steht der EZB nicht zu, weil sie zur Enteignung gesetzlich nicht ermächtigt ist und eine Entschädigung für eine Zinssanktion den Tatbestand dieser Sanktion widerlegte, die Rechtfertigung eines Eigentumsentzugs damit entfiele.

Die verfassungsrechtliche Fragwürdigkeit der Zinssanktion lässt sich in den Teilelementen einer Enteignung – Güter für die öffentliche Hand zu beschaffen und dem Privateigentümer dieses Eigentum zu entziehen – verdeutlichen. Mit der Enteignung greift der Staat auf das Eigentum des Einzelnen zu, entzieht es ihm und verschafft sich oder einem Dritten zum Wohle der Allgemeinheit dieses Eigentum. Enteignung ist der hoheitliche Zugriff auf das Eigentumsrecht, der zugleich der Güterbeschaffung zugunsten der öffentlichen Hand oder eines sonst Enteignungsbegünstigten dient.[608] Die entschädigungspflichtige Enteignung nach Art. 14 Abs. 3 GG grenzt sich somit von der grundsätzlich entschädigungslos hinzunehmenden Inhalts- und Schrankenbestimmung nach Art. 14 Abs. 1 S. 2 GG im Kriterium der vollständigen oder teilweisen Entziehung von Eigentumspositionen und des dadurch bewirkten Rechts- und Vermögenserwerbs der öffentlichen Hand ab.[609] Bloße Nutzungs- und Verfügungsbeschränkungen von Eigentümerbefugnissen können daher keine Enteignung sein, selbst wenn sie die Nutzung des Eigentums nahezu oder völlig entwerten.[610] Die Enteignung setzt einen Güterentzug und eine Güterbeschaffung voraus. Dieses Erfordernis hat das Bundesverfassungsgericht in der Entscheidung zum Atomausstiegsgesetz[611] nunmehr nochmals grundsätzlich bestätigt.[612]

Das Kriterium einer Güterbeschaffung als konstitutives Merkmal der Enteignung (Art. 14 Abs. 3 GG) hat drei Gründe: (1.) Die Ausweitung des verfassungsrechtlichen Eigentumsbegriffs auf jede individuell zugeordnete vermögensrechtliche Rechtsposition fordert die Begrenzung der Enteignung auf Güterbeschaffungsvorgänge. Der bloße Eigentumsentzug, der nicht zugleich Eigentum auf den Staat oder einen Drittbegünstigten übergehen lässt, führt grundsätzlich nicht zu Ausgleichspflichten, wenn der Staat kein originäres Interesse an der Beschaffung des betroffenen Gegenstandes aus Gründen des Gemeinwohls hat. Einfuhrverbote für bestimmte Güter oder die Beschlagnahme zu Beweiszwecken sind keine Enteignung.[613] Das Erfordernis der Güterbeschaffung als notwendiges Enteignungsmerkmal dient (2.) der klaren Abgrenzung zur Inhalts- und Schrankenbestimmung, die nach der Konzeption des Art. 14 GG eindeutig von der Enteignung unterschieden werden muss.[614] Sie nimmt insbesondere – in der Sache unstreitig – die Einziehung, den Verfall und die Vernichtung beschlagnahmter Güter nach straf- und polizeirechtlichen Vorschriften von der Entschädigungspflicht aus.[615]

Das Kriterium der Güterbeschaffung sieht (3.) die Enteignung nicht nur aus der Sicht des betroffenen Eigentümers, sondern gerade auch mit Blick auf die Allgemeinheit, die aus Gemeinwohlgründen auf privates Eigentum zugreift. Es macht einen wesentlichen Unterschied, ob die Eigentumsposition wegen sozialer Unverträglichkeit entzogen wird, oder weil die öffentliche Hand sie auf sich selbst oder Dritte überleiten will.[616]

b) Eingriffswirkungen des „Negativzinses"

Nach diesen Kriterien liegt es nahe, den Negativzins als Enteignung zu qualifizieren, weil er die Substanz des Geldvermögens beim Schuldner vermindert, zugleich der EZB einen entsprechenden Geldvermögenszuwachs beschafft. Die EZB erzielt einen Gewinn, der Schuldner einen entsprechenden Verlust.

Der „Negativzins" hat auch nichts gemein mit den straf- und polizeirechtlichen Vorschriften über die entschädigungslose Wegnahme missbilligter Vermögensgüter. Der Darlehensgeber hat sein Eigentum rechtmäßig erworben, dieses der Bank nach den Regeln des Währungs- und Bankenrechts überlassen. Er verstößt auch nicht gegen ein Sparverbot. Das Geldvermögen wird nicht wegen sozialer Unverträglichkeit entzogen, sondern im Dienst eines wirtschaftspolitischen Ziels der EZB auf die öffentliche Hand übergeleitet.

Dennoch können „Negativzinsen" nicht generell als Enteignung qualifiziert werden. Soweit das Lenkungsziel der Sparsanktion das gewerbliche Horten von Geldeigentum unterbinden soll, kann und soll der „Negativzins" von den Banken – ähnlich einer indirekten Steuer – auf die Darlehensgeber überwälzt werden und so den Sparer in den Konsum oder in die Investition drängen. Die Banken sind in ihrer Erwerbstätigkeit als Verwaltungshelfer in Pflicht genommen. Soweit diese Last tatsächlich überwälzt werden kann, geben die Banken eine auf Überwälzbarkeit angelegte hoheitliche Last weiter, tragen sie nicht selbst.

Die gewerblichen Sparer sind in ihrem Erwerbsvermögen betroffen, das eigentumsrechtlich geschützt ist, aber insgesamt als Betriebsvermögen dem Erwerb dient, deshalb daran gemessen wird, ob es im Jahresergebnis im Vergleich zum Vorjahr einen Gewinn oder Verlust gebracht hat. Soweit die Belastung dieses Erwerbsvermögens auf eine Einlagelast von 0,5 % beschränkt bleibt und der Negativzins nicht zur Dauerbelastung wird, werden dadurch die rechtlichen Bedingungen zur Nutzung des Betriebsvermögens erschwert, die Nutzung des Betriebsvermögens als Erwerbsquelle aber nicht zum Versiegen gebracht.

Privat gespartes Geldeigentum ist nicht gehortetes Betriebskapital, das für betriebliche Zwecke verwendet wird, sondern eine private Erwerbsquelle, die für den Geldeigentümer dem Zweck dient, Geld sicher aufzubewahren und durch Zinsen Einkommen zu erzielen. Wenn die EZB diese Privatsparer mit einer Einlagesanktion belastet, beansprucht sie diese Eigentumssubstanz nicht für sich, sondern sucht die Privatsparer aus der von ihnen gewählten Eigentumsform zu verdrängen. Sie will den Sparern nicht den Geldwert nehmen, sondern dieses Geld einem anderen Markt und anderen Erwerbsbedingungen unterwerfen. Sie betreibt Wirtschaftspolitik, nicht Erwerbspolitik in eigener Sache. Der Sparer verliert seine Handlungsfreiheit als Eigentümer. In dieser Eigentümerfreiheit ist er verletzt. Nach der Lenkungskonzeption der EZB kann er aber seine Eigentumssubstanz retten, wenn er sich bei Wahrnehmung seiner Freiheit dieser Konzeption unterwirft. Er wird nicht enteignet. Im Übrigen fehlte einer Enteignung die gesetzliche Ermächtigungsgrundlage und eine Entschädigungsregelung. Der Zugriff auf das Geldeigentum des Sparers ist verfassungswidrig.

VI. Der Nullzins als Eingriff in die Ertragsfähigkeit des Eigentums

1. Zerstörung des Nutzungsrechts, nicht bloßer Erwerbschancen

Die Nullzinspolitik belässt dem Eigentümer zwar sein Eigentum, schließt ihn aber hoheitlich von der Nutzbarkeit seines Eigentums ganz oder teilweise aus. Der Eigentümer darf sein Eigentum behalten. Ihm ist aber der Nutzen seines Eigentums in der von ihm gewählten Anlageform – als Grundlage eines Sparzinses – hoheitlich verwehrt.

Diese Nullzinspolitik wirkt wie ein faktisches Verbot, sein Geldeigentum zu nutzen. Es werden nicht Erwerbschancen behindert. Vielmehr wird das Spareigentum als Erwerbsquelle zum Versiegen gebracht, die Nutzbarkeit dieses Geldeigentums zerstört. Wäre der Sparer ein Winzer, hingen sein Umsatz und sein Gewinn von der Bereitschaft der Kunden ab, den angebotenen Wein zu erwerben. Ob dieses gelingt, bestimmen in Freiheit die Nachfrager, der Markt. Hier gibt es keine verfassungsrechtlichen Erfolgsgarantien. Wenn die EZB aber alle Rebstöcke so zuschneiden würde, dass keine Trauben mehr wachsen, wäre dieses ein hoheitlicher Eingriff in die Nutzbarkeit des Betriebseigentums, der grundsätzlich die Eigentumsgarantie verletzt. Würde die EZB darauf verweisen, der Winzer könnte doch eine Brauerei eröffnen oder Fruchtsäfte produzieren, rechtfertigen diese Alternativen die Verletzung seines Eigentums am Weinberg und seines Berufs als Winzer nicht.

2. Inhalt der Eigentümerfreiheit

Die Eigentümerfreiheit des Art. 14 Abs. 1 GG gewährleistet das Recht, das Eigentum zu besitzen, es zu verwalten, es zu nutzen und über es zu verfügen.[617] Art. 17 Abs. 1 S. 1 GRCh sagt ausdrücklich, der Eigentümer habe das Recht, das „rechtmäßig erworbene Eigentum" „zu nutzen". Beim Spareigentum, an dem man keinen Besitz haben kann und über das für die Dauer des Sparens nicht verfügt werden soll, liegen die wesentlichen Eigentümerbefugnisse im Nutzen und Verwalten des Spareigentums. Das Verwalten – Bewirtschaften – hat der Sparer im Darlehensvertrag seiner Bank überlassen, sich nur den Anspruch auf die Geldsumme vorbehalten. Ihm bleiben die Nutzungsrechte, das Recht auf Verzinsung seines Darlehens.

Wenn nun die EZB mit ihren Interventionen den Spareigentümer hindert, sein Eigentum zu nutzen (Nullzins), so wird die Nutzbarkeit des Spareigentums entzogen, nicht der am Markt konkret erreichbare Nutzen geregelt. Die EZB stellt sich mit ausgebreiteten Armen zwischen Sparer und Markt, versperrt ihm den Zugang zu seinem Nutzungsrecht. Der hoheitlich erzwungene Nullzins nimmt dem Geldeigentum den ihm verbliebenen Kern der Eigentümerfreiheit. Selbstverständlich garantiert Art. 14 Abs. 1 S. 1 GG nicht die Erwerbschancen, die vom Markt, den Nachfragern und den äußeren Erwerbsbedingungen abhängen. Wenn jedoch eine hoheitliche Intervention dem Sparer jede Möglichkeit verwehrt, am Markt Einkommen erzielen zu können, sein Spareigentum dadurch ertragsunfähig macht, so entzieht sie ihm das, was zurzeit seine Eigentümerfreiheit ausmacht. Das Nutzungsverbot wäre Enteignung, wenn es der öffentlichen Hand Güter beschaffen würde. Daran fehlt es zwar. Doch die Belastungswirkung entspricht dem ersten Teil der Enteignung, dem Entzug einer rechtlich gesicherten Eigentumsposition.

Diese Zerstörung der Ertragsquelle des Sparers lässt sich aus keinem legitimen Gemeinwohlgrund rechtfertigen. Die Nullzinspolitik gegenüber den Sparern ist nicht auf den Schutz des Geldwertes und damit der Sparer angelegt, sondern sucht diese aus ihrer freiheitlich gewählten und deshalb gerechtfertigten Rechtsposition zu verdrängen und in Anlageformen zu führen, die sie als Eigentümer nicht wünschen. Damit wird die Funktion des Geldeigentums, private Einkommensquelle zu sein und marktgerechte Zinsen zu erzielen, einer bestimmten Eigentümergruppe verweigert. Das faktische Zinsverbot überschreitet den Auftrag einer stabilisierenden Zinspolitik, weil es nicht die Entwicklung der Zinsen lenkt, sondern das Entstehen von Zinsen unterbindet. Diese Zielsetzung ist stabilitätsrechtlich und eigentumsrechtlich nicht gerechtfertigt. Die EZB darf dem Geldeigentum nicht strukturell seine Funktion als marktbestimmte Einkommensquelle rauben. Zudem hat die EZB nicht die Kompetenz und Befugnis, ohne gesetzliche Ermächtigung die Nutzung des Spareigentums zu unterbinden.

Was für die Nullzinspolitik – die Zerstörung der Ertragsfähigkeit des Spareigentums – gilt, ist auch ein Maßstab für den ähnlichen, aber nicht so intensiven Eigentumseingriff der Niedrigzinspolitik. Je näher der Niedrigzins dem Nullzins kommt, desto mehr versiegt die Einkommensquelle des privaten Geldeigentümers. Eine Niedrigzinspolitik ist durchaus von dem Stabilisierungsauftrag der EZB gerechtfertigt, wenn sie dem Geldeigentümer ein starkes Motiv gibt, über andere Anlageformen zu entscheiden. Ist sie aber darauf angelegt, Spareigentum und seine Nutzbarkeit zu verhindern und damit die Sparbereitschaft zu unterbinden, verlässt die EZB in Handlungsziel und Handlungsmitteln den ihr rechtlich gesetzten Handlungsrahmen als Stabilisator in einem freien Wirtschaftssystem, in dem sie in Einklang mit dem Grundsatz einer offenen Marktwirtschaft (Art. 127 Abs. 1 S. 3 AEUV) auch dem Spareigentum stabiles Geld zur Entfaltung der Eigentümerfreiheit zu verschaffen hat.

VII. Der monetär gesteuerte Bürger

Eigentumspolitisch wird das Parlament sich fragen müssen, inwieweit die Steuerung des Bürgers durch Geldangebote und Geldsanktionen der im Grundgesetz begründeten Vorstellung des freien Menschen entspricht. Der selbstbestimmt Freiheitsberechtigte ist Herr über sein eigenes Verhalten, lässt sich nicht in die Rolle eines Grundrechtsträgers drängen, der für Geld vieles tut, was er andernfalls nicht tun würde. Der Mensch ist grundsätzlich nicht käuflich. Er begrenzt das Verfahren entgeltlichen Tauschens bewusst auf das Kaufen und Verkaufen von Gütern und Dienstleistungen. Ein fremdbestimmter Leistungstausch wird schon in rechtliche Grenzen gewiesen, wenn er seine Person im Arbeitsleben für den Erwerb von Einkommen einsetzt. Verdient er durch Einsatz seiner Arbeitskraft Geld, handelt er im Rahmen eines Arbeitsrechts, das die Verfügbarkeit der Arbeitskraft für Erwerbszwecke beschränkt, die Ausgewogenheit wechselseitiger Pflichten in Arbeitsbedingungen und Arbeitsentgelt regelt, die Grenzen zwischen Arbeitsleben und Privatheit deutlich formuliert. Die eheliche und familiäre Begegnung, der Freundschaftsdienst, das Ehrenamt, die soziale Zuwendung und die Kultur des Schenkens würden durch ein Entgelt verfremdet.

Wendet sich die monetäre Lenkung an ein Kollektiv – die Sparer oder die Aktionäre – so wird der Betroffene als Teil einer Gruppe begünstigt oder belastet, ohne dass er dieser Kollektivsteuerung ausweichen könnte. Die monetäre Steuerung des Bürgers beruht zwar auf seinem Willen zum Erwerb von Geld. Die steuerlichen Anreize zur „Schrottimmobilie"[618] belegen aber, dass die Finanzmacht des Staates in der Lage ist, den Menschen in die ökonomische Unvernunft, in die persönliche Torheit zu treiben. Wenn die rechtliche Vorgabe faktisch verbindlich ist, wird aus dem Anreiz ein Zwang. Der Sparer wird fast unausweichlich bedrängt, sein Sparen zu beenden.

Sieht sich der bedachte, risikoscheue Sparer in risikoreiche Anlageformen gedrängt, findet er sich plötzlich auf einem Markt des Spiels und der Wette wieder, wo er sich seinem Lebenskonzept nach nicht aufhalten und sein Geld nicht gefährden will. Sein Wirtschaftsverhalten würde nach seiner freiheitlichen Einschätzung wagemutig, kühn. Hier stellt sich insbesondere die Aufgabe, gesamtwirtschaftliche Währungssteuerung nicht zu einem gruppenbezogenen Freiheitsentzug werden zu lassen.

Gerade beim Geldeigentum, das rechtlich geschaffen, von der Rechtsgemeinschaft abhängig und auf die besondere Freiheitsvorsorge der EZB angewiesen ist, müssen die der EZB eigenen monetären Anreize streng in den Korridoren des währungspolitischen Auftrags verbleiben. Die EZB wird dabei bewusst die Grenzen zur nichtwirtschaftlichen Freiheit schärfen und ins allgemeine Bewusstsein rücken müssen.

E.

Der Gleichheitssatz

I. Gesetzliches Vergleichen

1. Der besondere Gleichheitsauftrag der EZB

Der Gleichheitssatz fordert von Hoheitsorganen, sachgerechte, ihrem Auftrag entsprechende, einsichtige Unterscheidungen zu treffen. Dieser Auftrag zur angemessenen Verallgemeinerung ist für die EZB durch Art. 127 Abs. 1 AEUV in Ziel und Mittel deutlich präzisiert. Die EZB hat Währungspolitik zu betreiben, also den Wert des Geldes in seinen Funktionen als Tauschmittel, als Mittel zum Aufbewahren von Werten, als Ertragsquelle und als Werteinheit zu stabilisieren. Der währungspolitische Auftrag dient der Sicherung „des Euro", also jedes Euro in der Hand jedes Euroeigentümers. Hier stärkt der Gleichheitssatz die Allgemeinheit des Zahlungsmittels.

In diesem Auftrag, einen gleichen stabilen Wert des Euro für jedermann zu gewährleisten, wird das ESZB zu einer besonderen Institution der Gleichheitsgarantie. Die Gleichheitsperspektive ist von großer Weite und Allgemeinheit: Jeder Euro-Eigentümer beansprucht gleichen Schutz. Die gesetzlich vorgesehenen Instrumente der EZB sind auf ein System freien Wirtschaftens, „einer offenen Marktwirtschaft mit freiem Wettbewerb" (Art. 127 Abs. 1 S. 3 AEUV) ausgerichtet, dienen also der Lenkung der Geldeigentümer bei ihrem Wirtschaften in Freiheit. Wenn die EZB eine Eigentümergruppe, die ihr Geld in der üblichen Form des Banksparens angelegt hat, vom Markt zu verdrängen sucht, ist das Konzept eines Leitzinses zur Marktlenkung verlassen.

Die Gleichheitsgewähr bezieht sich auf „den Euro", berechtigt nicht zur Begünstigung einzelner Gruppen wie die der Aktionäre und zur Benachteiligung einer anderen Anlegergruppe wie die der Sparer. Wenn die EZB mit ihrem Sachverstand in Unabhängigkeit einen Impuls zur Verminderung des Sparens geben will, andere Anleger – den Aktienmarkt – aber begünstigt, müssten die Unterschiede begünstigender und belastender Anlagenimpulse gerechtfertigt werden. Bei der gleichheitsgerechten Wahl der Handlungsmittel dürfte eine Politik gegen das Sparen Anreize für Investitionen und Konsum bieten, nicht aber das Sparen verbieten.

2. Rechtfertigung von Unterscheidungen

a) Vergleichsperspektiven von größter Allgemeinheit: Euro ist gleich Euro

Alle Menschen sind verschieden. Sie sind jung und alt, arm und reich, Deutsche und Ausländer, für eine bestimmte Aufgabe (Beruf, Amt, Teilnahme am Straßenverkehr) qualifiziert oder unqualifiziert. Der Gleichheitssatz fordert einen Vergleich dieser Verschiedenheiten und deren Bewertung. Da kein Mensch mit dem anderen identisch ist, stellt der Vergleich stets nur Ähnlichkeiten und Verschiedenheiten innerhalb der rechtlich bedeutsamen Gemeinsamkeit fest. Der Vergleich rückt die rechtserheblichen Ähnlichkeiten und Verschiedenheiten in das Licht der Gesetzgebung, belässt die rechtsunerheblichen Ähnlichkeiten und Verschiedenheiten im Dunkel einer die Gesetzgebung nicht berührenden Wirklichkeit. Beurteilt der Gesetzgeber die Angemessenheit eines Zinses oder die Bedeutung eines Zinsverlustes für die Geldwertstabilität, so wird er als Beobachtungsgegenstand allgemein das Euro-Vermögen wählen. Euro = Euro.

Der Sicherungsauftrag der EZB und das Sicherungsbedürfnis aller Euro-Eigentümer sind grundsätzlich für jeden Euro als allgemein verfügbares und nutzbares Instrument des Tausches, der Ertragsquelle und der Wertsicherheit gleich. Stabilität sichert den Geldwert jeweils in unterschiedlichen Gegenwarten, einer Gleichheit trotz der Zeit. Differenzierungen für Gruppen von Euro-Eigentümern bedürfen eines besonderen Rechtfertigungsgrundes. Bei Würdigung der Folgewirkungen dieser allgemeinen Geldpolitik mag der Gesetzgeber bedenken, dass Spargeld risikoscheu ist, Aktien spekulationsoffen sind, Investmentfonds einen kollektivierten Risikoausgleich bieten, Versicherungen eine langfristige Risikovorsorge betreiben. Will der Gesetzgeber vorrangig Preisstabilität gewährleisten, so zwingt dieser Auftrag grundsätzlich zur Gleichbehandlung aller Betroffenen, der Sparer, der Investoren, der Konsumnachfrager, der Unternehmer, der Banken. Beobachtet der Gesetzgeber die Auswirkungen eines „Nullzinses" auf die betroffenen Eigentümer, so ist die Unterscheidung zwischen privaten Haushalten, Stiftungen, Bauherren, produzierenden Unternehmen und Banken rechtserheblich und rechtfertigungsbedürftig. Private Haushalte und Stiftungen verlieren eine nach ihrer Lebens- und Existenzkonzeption notwendige Ertragsquelle, während die Banken und Anleger in einer von mehreren Erwerbsgrundlagen, kaum in der eigenen Existenzgrundlage betroffen sind. Der Bauherr kann durch eine starke Erhöhung des Zinses seine Planungsgrundlage für die Finanzierung seines Bauvorhabens verlieren. Der produzierende Unternehmer kann sich auf erhebliche Zinsänderungen für die zukünftige Preisgestaltung, nicht für bereits getroffene Preisvereinbarungen einrichten. Der rechtliche Vergleich ermittelt nicht lediglich empirisch Ähnlichkeiten oder Verschiedenheiten, sondern sucht den rechtfertigenden Grund für eine gesetzlich angeordnete Rechtsfolge. Der Vergleich im Recht rechtfertigt die Definition – Umgrenzung – eines Tatbestandes in seiner Funktion, die mit ihm verbundene Rechtsfolge zu begründen.

Ein „Negativzins" wäre insoweit ersichtlich gleichheitswidrig, wenn er im Rahmen eines formalisierten Gleichheitssatzes, der gleiche Stabilität für jeden Euro sichern soll, Sparer belastet, aber Aktionäre von dieser Last ausnimmt. Handlungsziel und Handlungsbefugnisse der EZB sind auf die Lenkung von Geldeigentümern ausgerichtet, rechtfertigen aber nicht den Entzug eines dem Sparer allein verbleibenden Eigentumsrechts, sein Eigentum als Einkommensquelle zu nutzen. Wenn die EZB im Rahmen ihres Stabilisierungsauftrags zu der Auffassung kommt, es würde „zu viel gespart", bleibt es ihr unbenommen, andere Anlageformen auch für Sparer attraktiv zu machen. Ein Eigentumsentzug aber nähme den Betroffenen etwas, was anderen Geldeigentümern selbstverständlich verbleibt. Die mit „Negativzins" belasteten Sparer verlören auch das Vertrauen in die Währungspolitik der EZB, die den Geldwert für jedes Geldvermögen stabil hält, nicht zwischen gutem und schlechtem Geldvermögen unterscheiden darf. Derartige Unterscheidungen nehmen der Geldwirtschaft ihre Grundlage, dem Recht des Geldes seine Überzeugungskraft, dem Berechtigten die Sicherheit in seinem Eigentum.

b) Der rechtfertigende Vergleich

Der Gleichheitssatz fordert den rechtfertigenden Vergleich, nicht die bloße Beobachtung von Verschiedenheit. Wenn ein Mensch sich mit einem anderen vergleicht, wird er feststellen, dass es diesem in irgendeinem Teilelement des Lebens bessergeht. Er ist jünger, gesünder, sportlicher, reicher, mächtiger, hat ein besseres Aussehen oder mehr Ansehen, erscheint in Familie, Beruf, Lebenskreis glücklicher. Dieser Vergleich fragt nur nach schicksalhafter und nach freiheitlich erreichter Verschiedenheit, führt nicht zu der Frage einer gerechtfertigten Unterscheidung. Er kann einen bloß missgünstigen Angleichungswillen veranlassen, die unreflektierte Form von Wertschätzung und Angleichungswillen. Rechtliche Gleichheit meint gesetzlich gerechtfertigte Unterscheidung, geht von der grundsätzlichen Verschiedenheit der Menschen in Individualität und Freiheit aus, damit aber auch von der individuellen Fähigkeit und Bereitschaft, sich und seine Lebenslage zu verbessern. Gleichheit verheißt nicht jedermann gleiches „Glück"[619]. Allerdings bliebe eine bloß formale Gleichheit, die Chancen nur formalrechtlich sichert, blass, erschien schon der Revolution 1789 „von solcher Belanglosigkeit und Albernheit", dass sie nutzlos sei.[620] Gleichheit ist ein subjektives Recht, das eine materielle Annäherung aus gutem Grund fordert.

3. Der Auftrag des Gesetzgebers zu unterscheiden

a) Das Merkmal „gleich" fordert Unterscheidungen

Der Gleichheitssatz muss dem rechtlich Vergleichenden sagen, welche Vergleichsgruppen er bilden und welcher Rechtfertigungsgrund den Vergleichsmaßstab für die gleichheitsrechtliche Beurteilung bestimmen soll. Doch die Aussage des Art. 3 Abs. 1 GG, die diesen Auftrag in dem Wort „gleich" andeutet, lässt den Interpreten ziemlich allein. Wenn der eine den anderen beobachtet und fordert, er wolle in Beruf, Wohlstand oder Familie „gleich" gestellt werden, verlangt er eine bestimmte Annäherung der Lebensverhältnisse. Sagt ein Dritter bei gleicher Beobachtung der Verschiedenheit, die Annäherung sei ihm „gleich", so drückt dieses Wort just das Gegenteil aus: Die Annäherung ist für ihn unerheblich. Sagt die Kommissionspräsidentin der Europäischen Union, Europarecht sei in allen Mitgliedstaaten „gleich" gültig, so fordert sie eine identische Verbindlichkeit für dieses Recht im gesamten Gebiet der Union. Würde ein Ministerpräsident äußern, Europarecht sei ihm „gleichgültig", so besagten dieselben Silben wiederum das Gegenteil: Europarecht ist für mich unerheblich, unverbindlich, belanglos.

Art. 3 Abs. 1 GG behauptet nicht, alle Menschen seien gleich. Eine solche Aussage würde die Individualität, die Verschiedenheit und die Freiheit der Menschen leugnen, eine Pointe des Lebens verderben, die Wirklichkeit verfehlen und ein Ziel setzen, das in einer freien Gesellschaft nicht Ideale verwirklichen, sondern Monotonie und Eintönigkeit schaffen wollte – allerdings niemals könnte.

Alle Menschen sind „vor dem Gesetz" gleich (Art. 3 Abs. 1 GG). Ebenso gewährleistet Art. 20 GRCh, dass „alle Personen vor dem Gesetz gleich" sind. Das Gesetz ist das Unterscheidungsinstrument des Staates. Der Gesetzgeber trifft, wenn er einen definierten Tatbestand mit einer definierten Rechtsfolge verbindet, stets eine Unterscheidung. Im Strafrecht wird der Schuldige bestraft, der Unschuldige bleibt straffrei. Im Polizeirecht muss der Störer bei der Störungsabwehr mitwirken, der Nichtstörer bleibt grundsätzlich unbehelligt. Im Vertragsrecht hat der Vertragspartner einen Erfüllungsanspruch, der Vertragsunbeteiligte kann aus dem Vertrag keine Rechtsfolgen ableiten.

Der Gleichheitssatz fordert deshalb nicht für alle Fälle die gleiche Rechtsfolge. Bettler und Millionär zahlen nicht die gleiche Einkommensteuer – das wäre gleichheitswidrig –, sondern schulden die je nach ihrer finanziellen Leistungsfähigkeit tragbare Steuer. Geldeigentümer beanspruchen nicht stets den gleichen Zins, sondern erwarten einen je nach Risiko, Höhe und Laufzeit differenzierten Zins. Die Gleichheit vor dem Gesetz fordert deshalb nicht Rechtsfolgegleichheit, sondern den sachlich rechtfertigenden, einleuchtenden Grund für gesetzliche Unterscheidungen.[621]

b) Willkürmaßstab und strenge Gleichheitsprüfung

Die Gleichheit der Menschen vor dem Gesetz gehört zum gesicherten Bestand gemeinsamer Verfassungsüberlieferungen der Mitgliedstaaten und ist schon vor der Grundrechtecharta ein Grundprinzip des Gemeinschaftsrechts.[622] Doch inzwischen hat sich in der Verfassungstradition der EU-Mitgliedstaaten aus einer Gleichheit als allgemeinem Gesetzgebungsziel ein Grundrecht, aus einer freiheitsakzessorischen Gleichheit eine eigenständige Gleichheitsgarantie, aus einem Bürgerrecht ein allgemeines Menschenrecht entwickelt.[623] Der allgemeine Gleichheitssatz und die besonderen Gleichheitssätze ergänzen sich. Der Gleichheitssatz bindet den deutschen Verfassungsstaat in allen seinen Organen und Einrichtungen und in allen Wirkungsbereichen, gilt für alle Organe, Einrichtungen und Stellen der Union[624], damit auch für die EZB[625], und bindet diese bei allen ihren Handlungen, auch bei Verträgen, bei rechtlich unverbindlichen Maßnahmen und Förderungen, bei völkerrechtlichem Handeln.[626]

Die Rechtsprechung anerkennt den Entscheidungsauftrag des Gesetzgebers, entwickelt den Prüfungsmaßstab einer offenen, durchlässigen Gleichheitsbindung, die hoheitliche Entscheidungen grundsätzlich nur beanstandet, wenn sie offensichtlich unsachlich, nicht einleuchtend, unvertretbar, nicht nachvollziehbar sind. Der Gleichheitssatz ist „in einer am Gerechtigkeitsgedanken orientierten Betrachtungsweise" nach den „fundierten allgemeinen

Gerechtigkeitsvorstellungen der Gemeinschaft" anzuwenden.[627] Der Gesetzgeber verwirklicht als Erstinterpret des Art. 3 Abs. 1 GG eine Gestaltungsgleichheit; die Rechtsprechung zieht sich auf eine Kontrollgleichheit zurück. Die lockere Gleichheitsprüfung weicht jedoch in einer zunehmenden Fallzahl einer intensiveren Gleichheitsprüfung, wenn die gesetzliche Unterscheidung zwischen Normbetroffenen und der Vergleichsgruppe der Nichtbetroffenen besonders weit von der vorgefundenen Wirklichkeit entfernt ist, wenn die Normbetroffenen in ihrem individuellen und nicht in dem demokratisch gestaltbaren Lebensbereich unterschiedliche Lasten hinnehmen müssen, wenn die Unterscheidung an Persönlichkeitsmerkmale oder unausweichliche Sachverhalte anknüpft, wenn die Unterscheidungen realitätswidrig die Wirklichkeit verfehlen.[628] Der EuGH[629] folgt entsprechenden Grundgedanken: Eine unterschiedliche Behandlung ist gerechtfertigt, wenn sie auf einem objektiven und angemessenen Kriterium beruht, d. h., wenn sie im Zusammenhang mit einem rechtlich zulässigen Ziel steht, das mit der in Rede stehenden Regelung verfolgt wird, und wenn diese unterschiedliche Behandlung in einem angemessenen Verhältnis zu dem mit der betroffenen Behandlung verfolgten Ziel steht.

c) Der besondere Gleichheitsauftrag des ESZB

Wenn das ESZB beauftragt ist, mit seinem besonderen Sachverstand in einer gegen politischen Einfluss abschirmenden Unabhängigkeit die Preisstabilität des Euro zu gewährleisten, so steht diese Eigenständigkeit und Verantwortlichkeit der Zentralbanken einer strikteren gerichtlichen Gleichheitsprüfung entgegen. Doch auch die Anwendung des allgemeinen Willkürmaßstabs ist fragwürdig, weil dieser in Respekt vor der Autonomie des Gesetzgebers entwickelt worden, das ESZB aber bei der inhaltlichen Gestaltung seiner stabilisierenden Währungspolitik auch von gesetzlichen Vorgaben freigestellt worden ist. Die Entscheidungen des ESZB zur Währungspolitik sind nicht justiziabel, unterliegen auch nicht einer Willkürprüfung.

Das bedeutet aber nicht, dass das ESZB willkürlich entscheiden dürfte. Vielmehr hat das Konzept der eigenständigen Währungspolitik des ESZB zur Voraussetzung, dass sein Auftrag klar definiert und in der Praxis der Währungspolitik ersichtlich beachtet wird. Die inhaltliche Freistellung von einer demokratischen Maßstabgebung und parlamentarischen Kontrolle fordert eine rechtliche Striktheit der Aufgabenzuweisung und der Auftragserfüllung.

Die Eigenständigkeit und Unabhängigkeit der Währungspolitik des ESZB gegenüber dem Gesetzgeber hat für die Handlungsmöglichkeiten des ESZB zur Folge, dass dieses Organ vom Gesetzgeber nicht zu Grundrechtseingriffen ermächtigt wird, aus eigener Kompetenz und Befugnis nicht in Grundrechte eingreifen darf. Das ESZB ist dazu nicht befugt, kann auch selbst keine gesetzlichen Ermächtigungen schaffen. Es ist beschränkt auf die Handlungsmittel des Lenkens und Steuerns, auf ein Wirken als eine Zentralbank in Marktwirtschaft und Wettbewerb.

Für die Gleichheit „vor dem Gesetz" bedeutet dieser Auftrag, dass das ESZB sich im Rahmen seiner Kompetenzen und Befugnisse eigene Maßstäbe bilden muss, dabei auf die Allgemeinheit des Euro als stabiles Zahlungsmittel für jedermann verwiesen ist, seine Politik der Preisstabilität dem Geldmarkt lenkend, nicht eingreifend eine Vertrauens- und Sicherheitsgrundlage geben soll. Der Auftrag lautet, dem allgemeinen Zahlungsmittel eine entsprechend allgemeine Stabilität zu geben.

II. Das Vergleichsziel

1. Jeweilige Gleichheit nach dem erstrebten Ziel

Der rechtliche Vergleich beobachtet die Ähnlichkeit und Verschiedenheit von Menschen stets mit Blick auf eine geplante Rechtsfolge, die diesen Menschen in ihrer individuellen Eigenart und besonderen Lebenssituation gerecht werden soll. Das Steuerrecht beobachtet die Menschen in ihrer Belastbarkeit dank Einkommen und Umsatz. Das Sozialrecht würdigt die Menschen in ihrem lebensnotwendigen Bedarf. Das Berufsrecht fragt nach der Qualifikation und persönlichen Geeignetheit eines Berufsbewerbers für die jeweilige berufliche Aufgabe. Das Straßenverkehrsrecht bringt die Menschen im Dienst von Sicherheit und Leichtigkeit der Bewegung auf den Weg.

Die Rechtsphilosophie macht in einem eindrucksvollen Beispiel deutlich, wie die Gerechtigkeit beim Verteilen von Gütern von der jeweils beanspruchten Rechtsfolge abhängt. Amartya Sen[630] nennt das Beispiel von drei Kindern, Anne, Bob und Carla, die sich um eine Flöte streiten. Anne verlangt das Instrument für sich, weil sie als einzige von den Dreien Flöte spielen, sie also das Instrument am besten nutzen könne. Bob beansprucht die Flöte mit dem Hinweis, er als einziger von dreien sei so arm, dass er sich keine

Flöte kaufen könne, es also am sozialsten sei, ihm die Flöte zu überlassen. Carla erklärt, sie habe viele Tage fleißig gearbeitet, um die Flöte selbst zu schnitzen, sei deshalb Eigentümerin der Flöte, die man ihr nicht wegnehmen dürfe. Die drei Kinder unterscheiden sich nicht in der Einschätzung dessen, was ein individueller Vorteil ist, sondern vertreten ganz generell unterschiedliche Grundprinzipien für die Zuweisung von Gütern. Anne macht die beste Nutzbarkeit der Flöte geltend, Bob den sozialen Bedarf, Carla das Recht auf Erwerb durch eigene Arbeit. Doch der Richter kann die Flöte nur einem zuweisen. Er wird Carla wählen, weil für die jugendliche Erziehung die Anerkennung der Leistung wichtig ist, Anne nicht gerade diese Flöte für ihr Spiel braucht und Bob auch ohne Flöte nicht verarmt.

Die EZB vergleicht die Sachverhalte der Stabilitätspolitik in einem rechtlich vorgegebenen Vergleichsziel: der Geldwertstabilität. Diesem Vergleichsziel muss sie entsprechend der vorgefundenen Wirklichkeit (Sachgerechtigkeit, zu 2.), der gesetzlichen Ausgestaltung dieser Wirklichkeit (Folgerichtigkeit, zu 3.) und in einer angemessenen Verallgemeinerung (zu 4.) gerecht werden.

2. Allgemeinheit entsprechend der Eigenart des Geldes

Die Unterscheidungen einer gesetzlichen Regel müssen ihrem Gegenstand entsprechen, der „Eigenart des zu regelnden Sachbereichs" genügen.[631] Das Gesetz muss die soziale Wirklichkeit in ihrer Verschiedenheit „zeit- und realitätsgerecht erfassen",[632] die „tatsächliche Gleichheit oder Ungleichheit der zu ordnenden Lebensverhältnisse" berücksichtigen, den Gleichheitssatz „bereichspezifisch" verwirklichen.[633] Das Gesetz verfehlt sein selbst gesetztes Regelungsziel, damit den rechtfertigenden Grund seiner Unterscheidung, wenn es seinen Gegenstand, die Rechtswirklichkeit, nicht sachgerecht erfasst.[634] Recht und Wirklichkeit sind so miteinander verbunden,[635] dass das Recht nicht nur Entscheidung, gestaltender Wille des Gesetzgebers ist, sondern ebenso Ausdruck des „Lebens der Menschen selbst, von einer besonderen Seite gesehen".[636]

Der Gleichheitssatz verpflichtet das entscheidende Organ, diese den Dingen innewohnende Ordnung zu achten, Maß und Ordnung, die in den zu regelnden Lebensverhältnissen angelegt sind, aufzunehmen und für den jeweiligen Regelungsbereich sachgerecht zu würdigen. Dabei gilt es auch, die durch Wahrnehmung der Freiheit geschaffenen Verschiedenheiten anzuerkennen. Der Gleichheitssatz fordert von der EZB die Weite eines Vergleichs, der alle von der Preispolitik betroffenen Geldeigentümer – typisierend: alle Menschen in der Union – in eine Beziehung zueinander setzt. Ihr Auftrag verpflichtet die EZB, jeden Euro, wo immer er in Erscheinung tritt, stabil zu halten. In dieser Breite des Vergleichens darf die EZB entsprechend ihren Instrumentarien den Geldwert stabilisieren, dabei aber nicht Vergleichsgruppen bilden, deren Geldkapital ohne sachlich rechtfertigenden, einsichtigen Grund durch die Stabilisierungspolitik vermehrt oder vermindert werden sollen. Das gilt insbesondere für die Ertragsfähigkeit des Geldeigentums. Der Euro als Ertragsquelle ist stabilitätspolitisch auf denselben, gleich stabilen Geldwert angewiesen. Die EZB hat jeder geldwirtschaftlichen Erwerbstätigkeit die gleiche Grundlage zu geben, der individuellen Freiheit das gleiche Währungsfundament zu sichern. Die Realität des Geldes fordert nach Funktion und Auftrag eine Stabilität für das allgemeine Zahlungsmittel, nicht ein Sondergeld einzelner Branchen oder Anlageformen.

3. Folgerichtigkeit gegenüber dem Rechtstatbestand „Zinsen"

Ebenso verpflichtet der Gleichheitssatz den Gesetzgeber, seine Regelung in das Umfeld des bisherigen Rechts widerspruchsfrei und folgerichtig einzubetten. Jede Neuregelung ist in hochentwickelten Rechtsstaaten als Teil eines „Normengeflechts" zu verstehen.[637] Der Gesetzgeber hat bereits getroffene Gesetzesentscheidungen für die Dauer ihrer Geltung folgerichtig zu berücksichtigen, so dass gegenläufige und widersprüchliche gesetzliche Anweisungen an den Adressaten vermieden werden.[638] Die Maßstäbe des Gleichheitssatzes sind oft schon durch vorherige Regelungen des konkreten Gegenstandes – insbesondere den verfassungsrechtlichen Freiheits- und Autonomiegarantien – inhaltlich vorgezeichnet. Das Europarecht fordert im Prinzip der Kohärenz einen „sinnbildenden Zusammenhang", eine „systemische Abgestimmtheit" zwischen einer Politik und ihren Maßnahmen in den verschiedenen Politikbereichen, kommt damit dem Folgerichtigkeitsprinzip sehr nahe.[639]

Wenn die EZB den Marktzins in einen „Nullzins" oder einen „Negativzins" verändern will, steht sie – begrenzt auf Maßnahmen der Währungspolitik – in einem System des Darlehensrechts, das für Darlehen strukturell Zinsen verspricht. Sie trifft auf ein marktwirtschaftlich geordnetes Bankensystem, das den Banken das Sparvermögen als eine Erwerbsquelle anbietet. Sie greift in ein Wirtschaftssystem ein, das auf die Kapitalbildung durch Sparen aufbaut, dadurch insbesondere bei der privaten Vermögensbildung und Vermögensvorsorge den Staat und damit die Allgemeinheit der Bürger entlastet. Verdrängt die Zinspolitik die Sparer aus diesem System von Vertragstypen, Marktoffenheit, Freiheitsgewährleistungen und Kapitalbildung, schafft aber zugleich für die Aktionäre Anreize zur individualnützigen Entfaltung in diesem System, so verfehlt die EZB die in diesem System angelegte Gleichheit der Chancen und des Erwerbs.

4. Suche nach dem angemessenen Grad der Verallgemeinerung

Der Gleichheitssatz beauftragt das Hoheitsorgan, für seine jeweilige Entscheidung den angemessenen Grad der Verallgemeinerung zu finden. Hat der Gesetzgeber ein Regelungsbedürfnis festgestellt, dessen Gegenstand bestimmt und das Regelungsziel definiert, bemisst sich der Grad der gebotenen Verallgemeinerung nach der den Tatbestand rechtfertigenden Gemeinsamkeit. Garantiert das Gesetz die Würde jedes Menschen, darf innerhalb der Menschen schlechthin nicht unterschieden werden. Die Gleichheit zielt auf die größtmögliche Allgemeinheit des Rechts: Die Gleichheit aller Menschen in ihrer unantastbaren Würde. Soll die Menschenwürde hingegen in den Arbeitsbedingungen der Arbeitnehmer oder den Wohnverhältnissen der Mieter gewährleistet werden, verengt sich die Vergleichsperspektive und der Verallgemeinerungsauftrag auf den Lebensbereich Arbeiten und Wohnen. Der Blickwinkel kann dort je nach realen Anfragen an das Recht – nach den speziellen Anforderungen von Sicherheit und Hygiene eines Arbeitsplatzes oder der Eignung eines Wohnraums – differenziert werden. Will der Gesetzgeber ein gleichheitsgerechtes Wahlrecht schaffen, muss er nach dem Demokratieprinzip die Allgemeinheit eines Staatsvolks definieren, und die Entscheidungsreife des Menschen, typisiert nach Lebensalter, bestimmen (Art. 38 Abs. 2 GG), darf dann aber die politische Urteilskraft der Wähler und die Bedeutung der abgegebenen Stimmen nicht unterschiedlich gewichten.[640] Demokratische Wahlgleichheit meint formelle, thematisch begrenzte Gleichheit.

Diese Allgemeinheit des Entscheidens greift – anders als der Vertrag – über die derzeit Betroffenen und den gegenwärtigen Fall hinaus, sucht für alle zukünftigen Fälle den gleichen rechtlichen Rahmen zu schaffen. Diese

Legalität erlaubt keine Differenzierungen nach dem Willen der rechtlich Beteiligten. Unterscheider sind nicht die Vertragspartner, sondern das Gesetz. Die Gleichheit vor dem Gesetz (Art. 3 Abs. 1 GG, Art. 20 GRCh) gewährleistet deshalb nicht die gleiche Rechtsfolge für jedermann, sondern die dem Menschen in seinem jeweiligen Lebensbereich gerecht werdende Rechtsfolge. Arm und Reich zahlen unterschiedliche Steuern und erhalten nicht die gleiche Sozialhilfe. Alt und Jung können nicht in gleicher Weise wählen oder Verträge schließen. Inländer und Ausländer haben nicht den gleichen Zugang zum deutschen Staatsgebiet. Gleichheit fordert für Allgemeinanliegen eine allgemeine Rechtsfolge, für bereichspezifische Besonderheiten Unterscheidungen.

Soll „Preisstabilität" für die gemeinsame Währung „Euro" gewährleistet werden, fordert die Funktion des Geldes und die Betroffenheit jedes Euro-Eigentümers eine größtmögliche Allgemeinheit, die nicht nach dem betroffenen Menschen, seiner individuellen Lebenssituation und der gewählten Anlageform unterscheidet. Der Euro ist ein Passepartout, das Türen zu allen Handlungsweisen öffnet, die Geld voraussetzen. Soll der Euro hingegen in andere Währungen umgerechnet werden, beginnt ein Vergleich des Wägens und Gewichtens, der bereichspezifische Unterscheidungen nach Währungsräumen und deren Besonderheit erlaubt und auch erfordern kann.

Beim Geldzins nimmt der Gesetzgeber in einer einmaligen[641] Selbstbeschränkung seine eigene Entscheidungskompetenz zurück und beauftragt durch Verfassung und Gesetz das ESZB, die sachlich gerechtfertigte, einleuchtende Verallgemeinerung des Zinses im Dienst der Preisstabilität zu definieren. Nach diesem Ziel sind die von dieser Stabilität betroffenen Menschen gleich zu behandeln. Ihre Vergleichbarkeit liegt in dem gemeinsamen Euro. Die Sachgerechtigkeit der Stabilisierungsinstrumente ist in dem Ziel der „Preisstabilität", im Handlungsmittel des „Leit"zinses angelegt. Die durch diese Stabilitätspolitik bewirkten Nebenfolgen müssen in ihren sachlich rechtfertigenden Gründen bedacht und gerechtfertigt werden. Das Handeln des ESZB drängt also seinem Gegenstand und seiner institutionellen Ausgestaltung nach auf eine größtmögliche Allgemeinheit.

Verfassungsrecht und Unionsvertrag vertrauen auf die fachqualifizierte Vernunft und Einsichtsfähigkeit der Mitglieder des ESZB, die unbeeinflusst von Dritten ihre Erfahrung, ihre Einschätzungs- und Prognosefähigkeit, ihre Selbstkritik in begrenzter menschlicher Erkenntnisfähigkeit und ihre Gemeinwohlverantwortung in einem gesetzlich definierten und umgrenzten Auftrag zur Wirkung bringen sollen. Wenn die EZB dabei freien Wirtschaftssubjekten begegnet, die nach ihrer Vernunft und Einsichtsfähigkeit ihre wirtschaftlichen Entscheidungen treffen, gibt es keine „Vernunfthoheit" staatlicher Organe über die Grundrechtsberechtigten.[642] Vielmehr fordern das Grundgesetz und die Unionsverträge Respekt vor der autonomen Selbstbestimmung des Einzelnen.[643] Die Entscheidung des Sparers für das risikoarme, kaum betreuungsbedürftige Sparkonto ist Wahrnehmung der Freiheit. Geldpolitik ist stets Lenkung des autonomen, eigenverantwortlichen, Verschiedenheit in Freiheit suchenden Menschen.

III. Der institutionelle Gleichheitsauftrag des ESZB

1. Gewährleistung einer Gleichheit trotz der Zeit und in der Zeit

Die EZB ist einem besonderen Gleichheitssatz verpflichtet, der Stabilität des Geldes, der Preisstabilität (Art. 127 Abs. 1 S. 1 AEUV). Stabilität verstetigt den Geldwert, gewährleistet eine gleichbleibende, in Preisen ersichtliche Tauschkraft. Der Geldwert von morgen soll demjenigen von heute ähnlich sein. Das ESZB soll die Entwicklung des Geldes freiheitsgerecht so gestalten, dass in maßvollen, die Eigentümerfreiheit der Geldeigentümer schonenden Übergängen die Geldentwicklung so stabil bleibt, dass das Vertrauen in das Geld und damit das Fundament der Geldwirtschaft nicht gefährdet wird. Der Auftrag des ESZB lautet also, den Geldwert in der Dynamik einer freiheitlichen, wettbewerbsgeprägten Wirtschaft möglichst konstant zu halten, der Wertentwicklung in der Zeit eine Stabilität trotz der Zeit zugrunde zu legen.

Für diesen Auftrag beobachtet das ESZB die gesamtwirtschaftliche Entwicklung, die Fiskal- und Wirtschaftspolitik der Staaten, den Einfluss von Digitalisierung und Globalisierung auf das Wirtschaftsgeschehen, die Erwartungen, Gewohnheiten und Neigungen der Menschen. Diese Realität wird von den freien Menschen und den demokratisch verantwortlichen Hoheitsorganen bestimmt. Das ESZB darf mit seinen Steuerungsinstrumentarien die Geldeigentümer in diesen Abhängigkeiten lenken, dabei die Stabilität des Euro – jedes Euro – sichern, nicht aber selbst in dieses Wirtschaftsgeschehen eingreifen. Die dem ESZB institutionell vorgegebene Gleichheit dient der Stabilität des Euro in jeder Marktsituation, in jeder Entwicklungsphase, in jeder individuellen Verfügbarkeit. Soweit dieses Ziel verlangt, bei

Fehlentwicklungen gegenzusteuern und deswegen einzelne Gruppen von Geldeigentümern – Sparer, Aktienbesitzer, Fondsbeteiligte, Versicherte – zu einem anderen Verhalten zu veranlassen, darf das ESZB nur mit währungspolitischen Maßnahmen der Lenkung und Steuerung in das Zeitgeschehen eingreifen. Allein für diese anerkennt das Recht den besonderen Sachverstand der EZB und schirmt diesen durch eine Unabhängigkeitsgarantie gegen Weisungen anderer ab. Rechtsverbindliche Gebote und Verbote hingegen müssen der Gleichheit „vor dem Gesetz" – einem gleichheitsrechtlichen Gesetzesvorbehalt – genügen.

Soweit das ESZB mit einem „Negativzins" das Sparen – eine der Kernfunktionen des Geldes als Wertaufbewahrungsmittel und Ertragsquelle – faktisch verbietet, verlässt dieses Verbot die Vergleichsperspektive der Währungspolitik. Das Ziel des Vergleichs – der einheitlich stabile Euro und die nach einem Warenkorb bemessenen stabilen Preise – gibt keinen Anlass, den Euro in der Hand eines Sparers anders zu stabilisieren als bei anderen Geldeigentümern. Im Handlungsmittel darf das ESZB die Teilnehmer am Geldmarkt steuern und lenken, aber nicht aus diesem Markt herausnehmen. Das wäre nicht mehr gleiche Stabilität für alle Geldeigentümer, sondern eine Teilung des Geldmarktes in erwünschte und unerwünschte Tätigkeiten. Diese Differenzierung liegt jenseits des institutionellen Gleichheitsauftrags des ESZB. Sie wäre eine Politik gegen den Geldmarkt, wäre Wirtschaftspolitik gegen das Gesetz, wirkt für den einzelnen Sparer als Verstoß gegen das Gleichheitsgrundrecht.

Soweit das ESZB durch eine „Nullzinspolitik" das Sparen so erschwert, dass Sparen nach wirtschaftlicher Vernunft keinen Sinn mehr macht, wirkt diese Nullzinspolitik je nach Intensität ähnlich einem faktischen Verbot, steht ebenfalls außerhalb des Auftrags zur Stabilisierung eines allgemeinen, wertgleichen Euro, ist auch insoweit gleichheitswidrig. Zudem nimmt das ESZB sich für zukünftige Inflationen das wesentliche Gestaltungsmittel der Zinssenkung zur Konjunkturbelebung, begründet insoweit ihre eigene Wirkungslosigkeit.

2. Das Vergleichsziel bei der Freiheitslenkung

a) Gleichheit in sozialer Marktwirtschaft, im freien Wettbewerb

Das ESZB vergleicht die Marktteilnehmer in einem offenen Markt und freien Wettbewerb[644], beobachtet und lenkt die dadurch veranlasste Preisentwicklung, anerkennt dabei aber die Wirtschaftssubjekte als freiheitsberechtigte Rechtssubjekte. In diesem Vergleichsmaßstab klingt zunächst der Gedanke der offenen Marktgeschäfte nach Angebot und Nachfrage an, sodann aber auch die Idee der Wettbewerbsfreiheit, die jedem Marktteilnehmer die Möglichkeit belässt, in der ihm einsichtigen Weise seinen Markterfolg zu suchen. Der Finanzmarkt wird auf Aktien und Fonds setzen, der Sparer auf Zinsen, der Käufer von Staatsanleihen auf langfristige Sicherheit. Alle Formen freiheitlicher Wirtschaftsgestaltung sind im Auftrag des ESZB angelegt, müssen deshalb möglichst in gleicher Weise zur Wirkung gebracht werden. Die Verpflichtung auf eine offene Marktwirtschaft mit freiem Wettbewerb verknüpft die Prinzipien von Gleichheit und Freiheit, nutzt dabei die Kraft freiheitlichen Wirtschaftens zur Angleichung von Produktion und Bedarf, würdigt aber auch die sozialen Wirkungen freiheitlicher Unterschiede.[645]

Die Gleichheit dient der elementaren Freiheit von Willkür, Angst und Not, der Freiheit, sich als Individuum entfalten zu dürfen. Doch wenn der Mensch sich in Freiheit entfaltet, unterscheidet er sich von anderen Menschen, schafft Ungleichheiten. Diese Spannung zwischen Gleichheit und Freiheit sucht das Grundgesetz mit einem „pragmatischen Optimismus" zu bewältigen.[646] Es entwirft kein „Staatsmärchen" ohne Konflikte zwischen Freiheit und Gleichheit, sondern verlangt eine Gewichtung dieser je eigenen Prinzipien, die von den Staatsbürgern nicht im Sinne einer Gleichheit in Unfreiheit, einer Gleichheit unter Leidensgenossen, sondern einer Gleichheit in Freiheit entschieden wird.[647] Der Gesetzgeber trifft, wenn er die Menschen als Betroffene vergleicht, um den angemessenen Grad der Verallgemeinerung seiner Regelungen zu finden, nicht nur auf die Menschen in ihrer Verschiedenheit, sondern auch auf die Menschen, die in Freiheit berechtigt sind, ihre Verschiedenheit in einem Sparkonto oder in einer Aktie zu wahren, zu entfalten und zu steigern. Die verfassungsrechtlich garantierte Freiheit berechtigt den Grundrechtsträger – in der Allgemeinheit eines Menschenrechtes: jeden Menschen –, sein Leben anders zu gestalten als die Mitmenschen, vorgefundene Verschiedenheiten zu mehren oder zu mindern. Der eine arbeitet Tag und Nacht und wird reich an Geld. Der andere philosophiert Tag und Nacht und wird reich an Gedanken. Der eine sucht die Sicherheit von Sparkonto und festem Jahreszins, der andere Chance und Risiko von Aktien und Kursschwankungen. Diese Menschen sind bei Wahrnehmung ihrer Freiheit grundverschieden und mehren diese Verschiedenheit, wenn sie ihre Freiheit stetig nach denselben Grundentscheidungen in Anspruch nehmen und der Markt die verschiedenen individuellen Interessen mit einem Angebot beantwortet.

Diese freiheitlich gerechtfertigten Unterschiede setzen dem Verallgemeinerungsauftrag des Art. 3 Abs. 1 GG eine eigenständige Grenze. Wer freiheitlich sein Leben gestaltet – durch Wahl des Ehepartners, Qualifikation zu einem Beruf, Erwerb eines Eigentums, die Anlage von Geldeigentum in Sparbuch, Aktie oder Versicherung –, beansprucht für diese Verschiedenheiten grundsätzlich, vom Gleichheitssatz respektiert zu werden. Es bedarf besonderer Rechtfertigung, wenn ein Hoheitsträger diese freiheitlich hergestellten Unterschiede im Rahmen einer freiheitlich marktwirtschaftlichen Allgemeinheit als korrekturbedürftig oder nicht mehr vertretbar beurteilen will. Der Verfassungsauftrag, gleichheitsgerecht zu unterscheiden, wirkt in einer unterschiedlichen Wirklichkeit, die in der Verschiedenheit der Personen und ihrem Recht zur Freiheit gerechtfertigt sind. Damit wird der strukturelle Unterschied von Freiheits- und Gleichheitsrecht sichtbar: Beim Freiheitsrecht bestimmt der Freie sein Verhalten; das Gesetz begrenzt die Freiheit. Beim Gleichheitsrecht bestimmt das Gesetz das Verhalten der Menschen, die für ihr Tun aber grundsätzlich Freiheit beanspruchen.

b) Der Sparer als freier Marktteilnehmer

Wenn sich nunmehr ein großer Teil der Marktteilnehmer entscheidet, Geldeigentum zu sparen, sich also die Freiheit zu zukünftiger Investition und zukünftigem Konsum gegenwärtig noch vorzubehalten, und sich so eine traditionell fundierte Ertragsquelle zu erschließen, so nimmt der Sparer seine Freiheit zur Teilhabe an Markt und Wettbewerb so wahr, wie es der EZB ausdrücklich als ein Ziel ihrer Politik vorgegeben ist. Wenn die Sparer gegenwärtig in unsicheren Zeiten das Sparvolumen steigern, um für ihr Leben wirtschaftliche Stabilität bei Krankheit, Arbeitslosigkeit und Alter zu gewinnen, so sind diese Entscheidungen Ausdruck von Freiheit und Vernunft in einer offenen und sozialen Marktwirtschaft. Wenn der Sparer den „Negativzins" mit vermehrtem Sparen in Höhe dieses Zinses beantwortet, um einen konstanten Sparzuwachs zu sichern, so bewährt sich Freiheit in individueller Vernunft. Dieses Sparen ist durch die Garantie der Eigentümerfreiheit gerechtfertigt und wird im Auftrag des ESZB vorausgesetzt. Zugleich stabilisiert dieses individuelle Sparen eine Wirtschaftsentwicklung, die in der großen Zahl der Sparer auch zur Gesamtstabilität des Wirtschaftsgeschehens beiträgt. Moderne Wirtschaft braucht eine Kapitalbildung, die beim Sparer verwendungsoffen ist, bei der Bank Potential zur Kreditgewährung bildet.

Wenn demgegenüber die EZB verlauten lässt, sie wolle durch gezielte Interventionen das Sparen erschweren und unterbinden, so nimmt sie den Sparern einen Teil ihres Spareigentums und der Ertragsfähigkeit ihres Geldvermögens, widerspricht der Gleichheit in einer offenen Marktwirtschaft, damit der Gleichheit in der Freiheit. Die Grundentscheidung, Geld müsse investiert, in der Produktivität wirksam werden, trifft der Geldeigentümer in eigenverantwortlicher Vernunft. Die EZB muss sachlich rechtfertigende, einleuchtende Gründe haben, um die Schädlichkeit von Kapitalbildung für Geldwirtschaft und Bankenwesen darzutun, um das Sparen als Vorbereitung auf eine Investition oder einen Konsum in Frage zu stellen, um die Funktion eines Geldes ohne oder mit beschränkter Aufbewahrungsfunktion zu erklären, um den Freiheitsgehalt des Euro zu verteidigen. Euro-Politik muss die Freiheit der Geldeigentümer bei Verwendung ihres Geldes durch eine Gleichheit in einem gemeinsamen Wert des Euro bestätigen, darf die Ertragschancen der Wertpapieranleger gegenüber denen der Sparer nicht bevorzugen. Im Übrigen wäre ein Eingriff in die Eigentümergleichheit dem Gesetzgeber vorbehalten.

3. Die stabilitätserheblichen Vergleichsgruppen

a) Gleichheit für Sparer, Aktieneigentümer, Immobilieneigentümer

Wenn die EZB das Ziel einer Inflation in der Nähe von 2 % verfolgt, bei der Verwirklichung dieses Ziels aber am Aktienmarkt und am Immobilienmarkt eine weit darüber liegende Inflation verursacht, auf dem Sparermarkt hingegen nur eine geringe, am Maßstab des Warenkorbs bemessene Inflation erreicht, so verfehlt sie in dieser Gruppendifferenzierung ihren Zweck und schafft damit zweckwidrige Unterschiede. Die EZB vergewissert sich nicht, ob bei Einschluss des Aktienmarktes und des Immobilienmarktes das Inflationsziel nahe 2 % erreicht oder sogar überschritten wird und ob dieses Ziel in dieser Breitenwirkung von der EZB erstrebt und nach ihrem Auftrag gerechtfertigt ist. Zudem widerspricht die Förderung unterschiedlicher Märkte mit unterschiedlichen Inflationsraten dem Auftrag, dem in der gesamten Geldwirtschaft wertbildenden Euro einen einheitlichen Wert zu sichern. Die Bevorzugung der Aktionäre und Grundstückseigentümer, wohl auch der Gold- und Kunstsammler, ebenso der Anbieter von Staatsanleihen und die Benachteiligung der Sparer spaltet den Wert des Euro, setzt damit einen Interessengegensatz und eine Gruppenbildung ins Werk, die offensichtlich mit dem Grundsatzziel der EU und mit dem Auftrag des ESZB, der Wirtschaft eine verlässliche, stabile Währung zu geben, unvereinbar ist. Die unterscheidenden Maßnahmen verfehlen das Stabilisierungsziel und damit das Vergleichsziel, sind in diesem stabilitätspolitischen Ziel nicht zu rechtfertigen.

b) Sparen und Horten von Geld

Das Gleichheitsziel der Preisstabilität für jedermann formt die Gemeinschaft der Geldeigentümer, denen gemeinsam an dieser Preisstabilität gelegen ist, zu einer Vergleichsgruppe, auf die hin die EZB ihre Währungspolitik zu verallgemeinern hat. Dabei stellt sich eine weitere Gleichheitsfrage, wenn die EZB das Sparen von Geld durch Sparer unterbindet, die vom ESZB vermehrte Geldsumme hingegen zu einem erheblichen Teil bei den Zentralbanken ruht, dort gehortet wird. Diese gehorteten Gelder steigern weder Investitionen noch Kaufkraft. Wenn das Horten von Geld, die potentielle Investitionskraft, die Preisstabilität gefährdet, gilt das für alles Geld, das Geld auf dem Sparguthaben gleichermaßen wie für das Geld auf dem Einlagekonto bei der Zentralbank. Wird das Spargeld in Investition und Konsum gedrängt, das bei der Zentralbank eingelegte Geld hingegen mit einer Prämie bedacht, so verfolgt die EZB gegenläufige Ziele. Das Sparen wird verhindert, das Horten honoriert. Eine spezifische Form des „andersartigen Sparens" wird von der stabilitätspolitischen Einschätzung des Sparens ohne rechtfertigenden Grund ausgenommen. Es widerspricht auch dem gleichheitsrechtlichen Gebot der Folgerichtigkeit, dem Verbot, den Adressaten hoheitlicher Maßnahmen gegenläufigen und widersprüchlichen Anweisungen auszusetzen.[648] Diese Ungleichheit bleibt nicht im Binnenbereich unabhängiger Währungsentscheidungen, unterscheidet nicht nur Stabilitätshelfer und Stabilitätsbetroffene, sondern erschließt dem einen eine Ertragsquelle, die sie dem anderen zerstört. Sie schafft Unterschiede im Zugang zum Geldmarkt, lenkt nicht den Geldmarkt.

Die Genossenschaftsbanken widmen ihre Geschäftstätigkeit den privaten Haushalten, vergeben kaum Kredite an Unternehmen. Sie verfügen über hohe Kundeneinlagen, also viel Liquidität. Diese können sie nicht gewinnbringend nutzen, da die gesetzlich erforderlichen Sicherungseinlagen zu hoch würden. Risikogeschäfte, insbesondere mit Aktien, sind kein Schwerpunkt ihrer Tätigkeit. Diese faktischen Unterschiede führen zu einem unterschiedlichen Zugang zu den Kredit- und Subventionsangeboten des ESZB. Auch diese Ungleichbehandlung durch die EZB lässt sich vor dem besonderen Auftrag der EZB zur verallgemeinernden Gleichheit nicht rechtfertigen.

c) Klein- und Großvermögen

Die „Negativzinsen" schaden allen Sparern, weil sie eine Verringerung ihres Einkommens (Nullzinsen) oder auch eine Verminderung ihres Geldkapitals (Negativzinsen) hinnehmen müssen. Der lenkende Zins führt aber zu einer unterschiedlichen Belastung von Klein- und Großvermögen. Haushalte mit höherem Einkommen und größeren Vermögen sind eher in der Lage und bereit, ihr Vermögen von klassischen zinstragenden Spareinlagen hin zu anderen Anlageformen umzuschichten und insbesondere Immobilien oder Aktien zu erwerben. Für diese Eigentümer sind die Lasten der Zinspolitik vermeidbar. Diese Eigentümergruppe profitiert von dem niedrigen Zinsniveau. Der Lenkungseffekt wird erreicht. Die Bezieher von Klein- und Mitteleinkommen hingegen werden in einen Markt gedrängt, der ihnen fremd ist und an dem sie nicht teilhaben wollen. Erreicht der Negativzins beim Sparer sein Ziel, finden sich nicht Großanleger und ehemalige Kleinsparer gleichheitsgerecht am gleichen Markt zusammen, sondern unterscheiden sich in Freiwilligkeit und Zwang, in Risikofreude und Sicherheitsbedürfnis. Diese Verschiedenheit kann im Vergleichsziel des Investitions- und Konsumanreizes nicht gerechtfertigt werden.

d) Bürokratische Barrieren für Anlageentscheidungen der Kleinsparer

Eine marktoffene, freiheitsbewusste Stabilitätspolitik wird auch berücksichtigen müssen, dass die stabilisierenden Wirkungen vernünftigen Sparens durch wachsende Bürokratielasten behindert werden. Bei den gegenwärtigen Anlageberatungen und Anlageentscheidungen verhindert eine wachsende Bürokratie oft, dass die wirtschaftlich bevorzugte Anlageform auch tatsächlich gewählt wird. Zunehmend hat ein Übermaß an Bürokratie auch zur Folge, dass der Geldeigentümer die Anlageberatung durch eine Vermögensverwaltung ersetzt, also auf die beratene Selbstbestimmung verzichtet und eine Fremdbestimmung wählt. Im Wertpapiergeschäft müssen die Telefongespräche bei der Anlageberatung aufgezeichnet, umfassendes Informationsmaterial zur Verfügung gestellt,[649] Beratungsprotokolle im Rahmen der Anlageberatung gefertigt werden.[650] Zudem müssen Kunden und Finanzinstrumente nach „Zielmärkten" qualifiziert, Prozesse zur Product Governance geschaffen, zusätzliche Anforderungen im Compliance-Bereich erfüllt und ein Übermaß an Regulatorik aufgefangen werden. Die Berichtspflichten sind in Umfang und Häufigkeit ausgeweitet, das Beratungsprotokoll durch eine Geeignetheitserklärung ersetzt worden.

Die Reaktionen der Anleger sind ersichtlich. Wer seine Anlageentscheidung auf den Vermögensverwalter überträgt, verursacht deutlich einen geringeren Betreuungsaufwand. Er fördert eine standardisierte Finanzportfolio-Verwaltung. Die Anzahl der Anlageberater sinkt. Die Anzahl der Wertpapierdepots steigt trotz eines jahrelangen Booms an den Kapitalmärkten erst langsam.[651] Der Ertrag aus dem Wertpapiergeschäft deckt für kleine Banken nicht die damit zusammenhängenden laufenden regulatorischen Kosten.[652] Sie verzichten auf diese Geschäfte.

Die EZB wird diese Bürokratiebarrieren bei einer gleichheitsgerechten Gestaltung ihrer Währungspolitik berücksichtigen müssen. Wenn der Anleger mit kleinem und mittlerem Einkommen die von ihm bevorzugte Anlageform nicht mehr wählen kann, er die Anlageberatung durch eine Vermögensverwaltung ersetzt, er bei seiner vertrauten Bank vor Ort kaum noch ausreichende Angebote von Wertpapiergeschäften vorfindet, sind das Erschwerungen, die den Wert des Geldes in einer offenen, sozialen Marktwirtschaft verändern. Die ökonomischen Voraussetzungen von Freiheit, Wettbewerb, offenem Bankensystem sind zwar nicht Gegenstand der Währungspolitik, sondern der Wirtschaftspolitik. Sie sind aber ein Beurteilungsgesichtspunkt bei der Gewährleistung eines gleichen Euro für jedermann, wenn eine Gruppe von Betroffenen durch die gruppendifferenzierte Globalsteuerung benachteiligt zu werden droht.

e) Gleichheit in Gunst oder Last

Wenn die Gruppen von Sparern gegenüber Aktieneigentümern und Immobilieneigentümern ungleich belastet werden, das Sparen von Geld erschwert, das bankwirtschaftliche Horten von Geld erleichtert wird, der Lenkungseffekt bei den Klein- und Mitteleinkommen verfehlt, bei den Großvermögen erreicht wird, so fordert der Gleichheitssatz eine Korrektur dieser Ungleichheiten. Er lässt aber offen, ob die unterschiedlich behandelten Gruppen in der Last oder in der Gunst gleichgestellt werden müssen. Der „Niedrigzins" könnte gleichheitsrechtlich vertretbar sein, wenn zugleich eine „Niedrigdividende" für Aktieneigentümer eingeführt würde. Der Gleichheitssatz wäre ebenso beachtet, wenn für beide – Sparer und Aktionär – Einlagelast und Anlagelast entfielen. Hier unterscheidet sich der Gleichheitssatz von den Freiheitsgarantien. Die Freiheitsgarantien mäßigen oder unterbinden einen hoheitlichen Eingriff in die individuelle Freiheit. Die Gleichheitsgarantien beurteilen den sachlichen, einsichtigen Grund für Eingriffsdifferenzierungen.

Die Entscheidung, ob die Gleichheit in der Gunst oder in der Last hergestellt wird, trifft der Gesetzgeber. Das Grundgesetz und die Europäische Grundrechtecharta gewährleisten eine Gleichheit „vor dem Gesetz". Die jeweiligen Parlamente sind für die Angleichung zuständig. Die EZB darf die Ungleichheit nicht veranlassen.

f) Versorgung mit ungleichen Euro

Im Ergebnis soll das ESZB alle Empfänger von Kapitalerträgen mit stabilem Geld versorgen, verweigert den Sparern aber die Lieferung stabilen Geldes. Das ESZB verhält sich wie ein Energieversorger, der im Rahmen seines Auftrags, jedermann mit Strom zu versorgen, alle Elektroautos beliefert, bei den Sparern aber die Steckdose ihrer Autos planmäßig abschaltet, weil es deren zurückhaltende, risikoscheue Fahrtechnik missbilligt. Diese Intervention liegt nicht im Auftrag des Energieversorgers; Verkehrspolitik ist nicht seine Sache. In gleicher Weise überschreitet das ESZB seinen Auftrag, die Allgemeinheit mit einem stabilen Euro zu versorgen. Eine Missbilligung und Sanktion des Sparens widerspricht dem Gleichheitsauftrag des ESZB, die Stabilität jedes Euro zu gewährleisten. Währungspolitik bietet einer freien Kapitalbildung nach den Regeln des Marktes im stabilen Geld eine gleiche Wirtschaftsgrundlage. Sparen bereitet zukünftige Investitionen und zukünftigen Konsum vor. Der Negativzins zwingt den Sparer, sofort zu investieren oder zu konsumieren, entzieht einer Gruppe von Marktteilnehmern den Kapitalertrag, nimmt ihnen ihre Ertragsquelle, ihrem Geldeigentum die Ertragsfähigkeit. Das ist gleichheitswidrig. Regierung und Parlament sind gehalten, dem Sparer sein Eigentümerrecht zurückzugeben, die Offenheit des Kapitalmarkts wiederherzustellen, den Geldwert im Fundament einer rechtsbewussten EZB zu festigen.

F.

Ergebnisse
in Thesen

I. Das gesparte Geldvermögen ist verfassungsrechtlich als Eigentum geschützt.

1 a. Geld ist „geprägte Freiheit". Das Sparvermögen bietet eine individuell gefestigte, gegen den Zugriff Dritter abgeschirmte Rechtsposition, die das Grundgesetz und die Europäische Grundrechtecharta als „Eigentum" gewährleisten. Es gibt dem Eigentümer die Freiheit, mit seinem Geld am Tauschverkehr teilzunehmen, das Geld aufzubewahren, sich also die zukünftige Freiheit zur Verwendung des Geldes vorzubehalten, aber auch das Geldkapital als Quelle für Einkommen zu nutzen.

1 b. Der Wert des Geldes ist besonders gemeinschaftsbezogen und gemeinschaftsabhängig. Deshalb sehen das Verfassungsrecht und das Europarecht ein eigenes Hoheitsorgan – die Zentralbank – vor, die – für jeden Eigentümer und jeden Euro gleich – die Stabilität des Geldwertes gewährleistet. Die Zentralbank trägt die Verantwortung für die monetäre Grundlage der ökonomischen Freiheit von jedermann, der insbesondere durch Lohnansprüche, Versicherungsansprüche und Kapitalerträge an der modernen Geldwirtschaft teilnimmt.

II. Das Darlehen gibt einen Anspruch auf Rückzahlung der eingebrachten Sparsumme und auf Nutzbarkeit dieses Geldes.

2 a. Der Darlehensvertrag berechtigt den Sparer, Vermögen zu bilden und zu mehren. Die Bank verspricht, das gewährte Darlehen, die Kapitalsubstanz, in gleicher Art und Güte zurückzuzahlen. Zugleich bietet das Spardarlehen eine Ertragsquelle, aus der ein Sparer im Zins Früchte überlassenen Kapitals erntet und Einkommen erzielt.

2 b. Wird vertraglich vereinbart, dass der Sparer für die Hingabe seines Geldes an die Bank Geld bezahlen muss, kann ein Verwahrvertrag geschlossen werden, der zu einem Verwahrentgelt verpflichtet. Ein von der EZB

hoheitlich erzwungener Negativzins hingegen wird durch den vertraglichen Überbringungsakt nicht gerechtfertigt.

III. Die Staatsverschuldung ist rechtlich ein Ausnahmetatbestand, weil sie nachfolgende Generationen belastet, den Staat in Abhängigkeit vom Geldgeber bringt und die finanzverfassungsrechtliche Mäßigung der Staatsleistungen durch die Haushaltsregeln schwächt.

3 a. Die größte Gefahr für die Geldwertstabilität verursacht eine überhöhte Staatsverschuldung. Ist der Staat Anleiheschuldner, verändern sich die Folgen des Kredits, weil der Staat den Kredit nicht aus wachsenden Erwerbserträgen finanzieren kann, er die Demokratie von heute nicht zu Lasten zukünftiger Parlamente und Wähler finanzieren darf, und er dem Parlament, nicht einem Markt, verantwortlich ist. Das Europarecht setzt deshalb der Staatsverschuldung im Maßstab von 3 % des BIP für die jährliche Verschuldung, von 60 % des BIP für die Gesamtverschuldung eine klare Grenze. Das Grundgesetz verbietet grundsätzlich die Neuverschuldung.

3 b. Wenn der darlehensnehmende Staat kaum Zinsen zahlen muss oder für Staatsanleihen sogar eine Prämie erhält, das Darlehen langfristig vergeben oder durch neue Darlehen zu besseren Bedingungen abgelöst werden kann, empfängt der Staat nahezu einen (verlorenen) Zuschuss. Wird das für den Kredit benötigte Geld von der EZB in expansiver Geldpolitik geschöpft, verändert dieses Geld das Wirtschaftssystem. Die Wirtschaft finanziert nicht mehr den Staat, sondern der Staat die Wirtschaft. Kauft das ESZB Staatsanleihen, ist es auf die Rückzahlung des Kredits weniger angewiesen, weil es selbst Geld schöpfen kann. So wird die Grundlage einer Marktwirtschaft gefährdet, die Wirtschaftskraft und Prosperität durch den Einsatz von Arbeit, Kapital und Wissen erzielt.

3 c. Der AEUV verbietet eine unmittelbare Finanzierung der Staaten durch die Zentralbank. Dieses Verbot der monetären Staatsfinanzierung wird außer Kraft gesetzt, wenn die EZB zwar ihre Gelder am Markt erwirbt, der Markt diesen Erwerb aber bereits in seinen Entscheidungen vorwegnimmt. Keinesfalls darf die EZB an einer weiteren Verschuldung von Staaten mitwirken, die sich damit weiterhin von der Verschuldungsgrenze in Höhe von 60 % des BIP fernhalten oder entfernen.

3 d. Das Europarecht setzt auf die Finanzautonomie jedes Euro-Staates. Wer entscheidet, soll auch verantworten. Der Staat hat seine Haushalts- und

Steuerpolitik gegenwartsnah vor seinen Bürgern zu verantworten (Jährlich-
keitsprinzip) und darf grundsätzlich nicht die Lasten von heute auf nachfolgende Generationen verschieben, die alle Darlehensverträge erfüllen oder
den Niedergang des Rechts- und Geldsystems ertragen müssen.

IV. Die Europäische Zentralbank ist ein besonderes Organ der
Gleichheitsgewähr, das mit exklusivem Sachverstand Marktteilnehmer motivierend lenkt, sie aber nicht durch Zwang vom Markt
fernhalten oder ihnen Eigentumssubstanz nehmen darf.

4 a. Der Sparer verschafft sich mit seinem Sparguthaben finanzielle Stabilität und Investitionskraft. Eigenkapital ist in einer Marktwirtschaft auch
Ertragsquelle. Diese private Krisenvorsorge und Vermögensbildung gibt
dem Gemeinwesen Gediegenheit und bürgerliche Struktur. Sie ist Grundlage
erfolgreicher Währungspolitik.

4 b. Die Europäische Zentralbank ist beauftragt und mit den Befugnissen
ausgestattet, Währungspolitik, nicht aber Wirtschaftspolitik zu betreiben.
Soweit sie ihren Auftrag vom Stabilisator des Euro zu einer Stütze von Staaten umdefiniert, durch Bankenaufsicht im Bankenwesen und durch Eingriffe
in die vom Markt angebotenen Anlageformen Wirtschaftspolitik betreibt,
stellt sie ihre eigenen Rechtsgrundlagen in Frage. Ihre Unabhängigkeit ist für
das Währungswesen und die dort gewährten Lenkungsbefugnisse gerechtfertigt, gilt aber nicht für eine Wirtschaftspolitik, schon gar nicht für eine
europapolitische Umverteilung unter Staaten und Banken.

4 c. Der „Nullzins" nimmt dem Sparer eine Ertragsquelle. Der „Negativzins" entzieht ihm Sparkapital. Diese „Zinspolitik" sucht den Sparer aus
seinem Sparguthaben zu verdrängen. Sie greift in Grundrechte ein, steht
deshalb unter Gesetzesvorbehalt. Über derartige Eingriffe entscheidet das
Parlament, nicht die EZB.

4 d. Diese Eingriffe unterliegen auch einem finanzverfassungsrechtlichen
Gesetzesvorbehalt, der eine derartige Eingriffsbefugnis der EZB ausschließt,
der Qualifikation dieser Zinspolitik als Belastung mit einer öffentlichen
Abgabe (Steuer, Gebühr, Sonderabgabe) entgegensteht, der Begründung von
Staatsschulden eine Grenze setzt.

4 e. Wenn die EZB das Sparen in einem eigenen Tatbestand missbilligt
und diesen Tatbestand mit einer Sanktion bewehrt, stabilisiert die EZB
nicht mehr das Geldvermögen, sondern nimmt ihm Ertragsfähigkeit und

Substanz. Dazu ist die EZB nicht berechtigt. Die Zinspolitik macht die freiheitliche und vernünftige Anlageentscheidung des Sparens sinnlos, gibt seiner Entscheidung kein Motiv, sondern unterdrückt sie. Diese Maßnahme ist nicht mehr lenkende Preispolitik, sondern verbietende Wirtschaftspolitik.

V. Der Schutz des Privateigentums untersagt jede hoheitliche Maßnahme, die Eigentumssubstanz ohne finanziellen Ausgleich entzieht oder dem Eigentum die Ertragsfähigkeit nimmt.

5 a. Der „Nullzins" und der „Negativzins" werden den Betroffenen in Deutschland von der Deutschen Bundesbank und den Geschäftsbanken überbracht. Diese Belastungen sind am Maßstab der deutschen Grundrechte zu messen. Bei deren Auslegung sind auch die europäischen Grundrechte und die gemeinsamen Verfassungstraditionen der Mitgliedstaaten zu berücksichtigen.

5 b. Das Spareigentum wird von Art. 14 GG, ebenso von der Europäischen Grundrechtecharta als Grundlage ökonomischer Freiheit geschützt. Die in Form eines Sparguthabens bei einer Bank umgrenzte und gegen Dritte abgeschirmte Geldforderung begründet eine konkrete, allein dem Sparer vorbehaltene Rechtsposition, in der sich der Sparer einen Freiraum ökonomischer Entfaltung gesichert hat. Dieses Eigentum darf der Eigentümer verwalten, nutzen, über es verfügen, es als Handlungsmittel zukünftiger Freiheit aufbewahren und als Ertragsquelle ausgestalten. Spareigentum bewahrt und mehrt das Potential für zukünftiges Konsumieren und Investieren.

5 c. Eine strukturelle Nullzinspolitik bringt die Ertragsquelle des Spareigentums zum Versiegen, nimmt dem Eigentümer die verfassungsrechtlich gewährleistete Nutzbarkeit des Privateigentums. Die EZB verwehrt dem Sparer den Zugang zu seinen finanzwirtschaftlichen Erwerbsmöglichkeiten, hindert ihn, die ihm zustehende Erwerbsgrundlage zu nutzen. Der Negativzins entzieht dem Geldeigentümer ein Stück seiner Eigentumssubstanz. Diesem Eigentumsverlust steht ein entsprechender Eigentumszuwachs bei der EZB gegenüber. Deshalb kommt dieser Eingriff auch nach der neueren Rechtsprechung des Bundesverfassungsgerichts einer Enteignung nahe. Beide Eingriffe – der Entzug des Nutzungsrechts und die Minderung der Eigentumssubstanz – wären nach dem Verhältnismäßigkeitsprinzip nur bei einem entsprechenden Geldausgleich zulässig. Ein Ausgleich von Geld gegen Geld aber hebt sich auf. Das ESZB hat derartige Maßnahmen zu unterlassen.

VI. Der Gleichheitssatz beauftragt das ESZB, den gleichen Wert des Geldes im Lauf der Zeit und für alle Euro-Eigentümer zu gewährleisten. Dabei dürfen nicht einzelne Gruppen von Eigentümern strukturell benachteiligt werden.

6 a. Die EZB ist eine besondere Institution der Gleichheitsgewähr. Sie hat mit ihrem exklusiven, durch Unabhängigkeit gegen äußere Einflüsse abgeschirmten Sachverstand den gleichen Wert des Geldes zu gewährleisten. Das Gleichheitsgrundrecht gewährt eine Gleichheit „vor dem Gesetz" (Art. 3 Abs. 1 GG, Art. 20 GrCh), fordert also vom Gesetzgeber als Unterscheidungsorgan des Rechtsstaats sachgerechte, einsichtige Differenzierungen. Die im Gesetz nicht vorgezeichnete, der EZB anvertraute Gleichheit des Geldwertes erwartet von der EZB eine Gleichheitsgewähr von größter Allgemeinheit und Nachhaltigkeit. Euro ist gleich Euro. Dieser Gleichheitssatz begründet einen für jeden Euro gleichen Sicherungsauftrag und eine gleiche Vertrauensgrundlage, verlangt eine formalisierte Gleichheit. Der Sparer darf nicht mit einem „Negativzins" belastet werden, wie der Aktionär nicht mit einer „Negativdividende" beeinträchtigt werden dürfte. Die EZB hat den Sparer in seiner zukünftigen Investitionskraft ebenso zu schützen wie den gegenwärtig Investierenden.

6 b. Der Gleichheitssatz fordert „bereichsspezifische" Unterscheidungen je nach betroffenem Sachverhalt. Der Auftrag der Geldwertstabilisierung sichert einen gleichen Euro unabhängig von der Anlageform, darf insbesondere nicht das Sparen als Anlageform für die Bevölkerung mit kleinem Geldeigentum gegenüber dem der Aktie und der Immobilie als Anlageform für Personen mit höherem Geldeigentum benachteiligen. Eine das Sparen missbilligende und sanktionierende Stabilitätspolitik verletzt auch das gleichheitsrechtliche Folgerichtigkeitsgebot, europarechtlich das Prinzip der Kohärenz, weil es nicht einer freien Kapitalbildung nach Regeln des Marktes in einem stabilen Geld eine gleiche Wirtschaftsgrundlage bietet, sondern bestimmte Sparformen verhindert. Sparen bereitet zukünftige Investitionen und zukünftigen Konsum vor. Geldpolitik hat gegenwärtigen und zukünftigen Investitionen gleichwertige Stabilität zu bieten.

VII. Der durch hoheitliche Marktherrschaft erzwungene Negativzins negiert Leitprinzipien der Wirtschaftsverfassung – das Privateigentum, seine Ertragsfähigkeit und damit die Erwerbsstruktur des Kapitalmarktes. Regierung und Parlament sind gerade in der gegenwärtigen Erneuerung der Europäischen Union gehalten, diese als Gemeinschaft des Rechts fortzuentwickeln, die Grundlagen der Euro-Stabilität zu festigen und den Sparern die weitere Teilhabe am Kapitalmarkt zu sichern.

7 a. Wenn die Zinspolitik der EZB den Sparer am Sparen hindert, ihm die Früchte seines Kapitals und periodisch einen Teil seiner Kapitalsubstanz nimmt, zerstört sie Strukturen der Geldwirtschaft und ökonomischen Freiheit. Das Recht bietet mit der Garantie des Spareigentums, der Begrenzung der Staatsschulden, der Institution des ESZB und der Kernkompetenz der Parlamente die Instrumente, um zum Stabilitätspfad zurückzukehren.

7 b. Bundesregierung, Bundestag und Bundesrat treffen eine besondere Verantwortung, wenn das Haus der Europäischen Union gegenwärtig erweitert und als eigenständige Finanzmacht neu fundiert werden soll. Europarecht ist ein Recht auf Rädern, das in ständiger Bewegung die Integration vertiefen soll. Die strukturbestimmenden Entscheidungen werden dabei aber von den Mitgliedstaaten – in der Regel dem jeweiligen verfassungsändernden Gesetzgeber – bestimmt. Dieser Vorbehalt parlamentarischer Debatte, Publizität und Entscheidung verankert die Idee der Europäischen Union und ihre gegenwärtige Ausprägung bei den Bürgern der Mitgliedstaaten und ihrer Repräsentanten. Eine Verteilung des Geldes allein im Konsens der Herrschenden nimmt den Beteiligten das Friedenskonzept des Rechts und die Vertrautheit anerkannter Verteilungsregeln, provoziert Verteilungskonflikte, nimmt politisch schwachen Bevölkerungsgruppen den Schutz des Rechts.

7 c. Der Verfassungsstaat fordert von Regierung und Parlament eine beherzte Wahrnehmung ihrer Integrationsverantwortung, wenn überladene Geldtransporte der Europäischen Union auf die Brücke des deutschen Ratifikationsgesetzes fahren und deren Standfestigkeit zu gefährden drohen. Die Europäische Union des Friedens, des Rechts, des Binnenmarktes, der Werte fasziniert. Regierung und Parlament sollten diese Gemeinschaft gerade gegenwärtig rechtlich und wirtschaftlich so mitgestalten und fördern, dass sie im Bewusstsein der Bürger stärker verankert wird.

G.

Nachweise

1   Bürger, ahd. Burgari, vom lat. burgensis und franz. Bourgeois, Bewohner einer Burg, Burgmann, DRW. II, Sp.2588; *R. Auty* u.a. (Hrsg.), Lexikon des Mittelalters, Bd.II, Bettlerwesen bis Codex von Valencia, 10. Lfg., 1983, 1006; zum Begriff des Bürgers in der Antike *E.-W. Böckenförde*, Geschichte der Rechts- und Staatsphilosophie, Antike und Mittelalter, ²2006, 14f.; *U. Manthe*, Geschichte des Römischen Rechts, ⁴2011, 11.

2   Vgl. zum Folgenden Deutsche Bundesbank, Entwicklungen im deutschen Bankensystem in der Negativzinsphase, Monatsbericht, Oktober 2020, S. 15f.

3   *M. Hüther/J. Südekum*, Die Schuldenbremse – eine falsche Fiskalregel am falschen Platz, PWP (4) 2019, 284 (287); *K.-H. Paqué*, Die Rückkehr der Mitte Europas, in: PWP (4) 2018 269 (296).

4   Zum Einfluss des Marktvertrauens m.w.N. Sachverständigenrat zur Begutachtung der gesamtwirtschaftlichen Entwicklung, Jahresbericht 2019/2020, S. 265 Rn. 489f.; *A. Ludwig*, Warum die Zinsen wirklich so niedrig sind, FAZ v. 12.12.2019, https://www.faz.net/aktuell/wirtschaft/geldpolitik-warum-die-zinsen-wirklich-so-niedrig-sind-16531846.html (10.5.2021); *M. Hüther/J. Südekum*, Die Schuldenbremse – eine falsche Fiskalregel am falschen Platz, in: PWP (4) 2019 S. 284 (287).

5   Anlage 6.

6   Anlage 1.

7   Anlage 2.

8   Anlage 3.

9   BVerfGE 89, 155 (207f.) – Maastricht.

10 BVerfGE 89, 155 (206ff.) – Maastricht.

11 Art. 126 AEUV i.V.m. Art. 1 des Protokolls über das Verfahren bei einem übermäßigen Defizit v. 7.2.1992, ABl C 191, S. 84, zul. geänd. durch das Protokoll Nr. 1 zum Vertrag von Lissabon v. 13.12.2007, ABl C 306, S. 165.

12 Beschl. der Mitgliedstaaten der Europäischen Union am 11. u. 12.12.1992 in Edinburgh, Teil B, Anl. 1, BullBReg. Nr. 140 v. 28.12.1992, S. 290, BVerfGE 89, 155 (189) – Maastricht.

13 Zu dieser Ultra-vires-Kontrolle: BVerfGE 142, 123, Rn. 153 – OMT-Beschluss; BVerfGE 146, 216, Rn. 52f. – Anleihenkaufprogramm der EZB – Vorlagebeschluss; BVerfGE 151, 202, Rn. 92 – Europäische Bankenunion.

14 Zu dieser Identitätskontrolle: BVerfGE 142, 123, Rn. 38 – OMT-Beschluss; BVerfGE 151, 202, Rn. 123 – Europäische Bankenunion; BVerfGE 154, 17, Rn. 104 – Anleihenkaufprogramm der EZB (PSPP); BVerfG v. 15.4.2021 – 2 BvR 547/21, Rn. 82f. – Eigenmittelbeschluss, e. A.

15 BVerfGE 151, 202, Rn. 140 – Europäische Bankenunion; BVerfGE 153, 74, Rn. 133 – Einheitliches Patentgericht; BVerfGE 154, 17, Rn. 105f. – Anleihenkaufprogramm der EZB (PSPP); BVerfG v. 15.4.2021 – 2 BvR 547/21, Rn. 82f. – Eigenmittelbeschluss, e. A.

16 Gesetz zur Übernahme von Gewährleistungen zum Erhalt der für die Finanzstabilität in der Währungsunion erforderlichen Zahlungsfähigkeit der Hellenischen Republik

(WFStG) v. 7.5.2010, BGBl. I 2010, 537: eine société anonyme nach luxemburgischem Recht.

17 *H. Kube/E. Reimer,* Grenzen des Europäischen Stabilisierungsmechanismus, NJW 2010, 1911 f.; zu weiteren Gewährleistungsmaßnahmen: Gesetz zur Übernahme von Gewährleistungen im Rahmen eines europäischen Stabilisierungsmechanismus (StabMechG) v. 22.5.2010, BGBl I 2010, 627.

18 Zur Entwicklung vgl. BVerfGE 129, 124 (183 f.) – Griechenlandhilfe, Euro-Rettungsschirm (schon mit Blick auf den ESM); *H. Kube,* Nationale Budgethoheit und Europäische Integration, AöR 2012, 205 (208).

19 Gesetz zum Vertrag v. 2.2.2012 zur Einrichtung des Europäischen Stabilitätsmechanismus v. 13.9.2012, BGBl. 2012 II 981, gestützt auf Art. 136 Abs. 3 AEUV, vgl. BVerfGE 135, 317, Rn. 3 ff. – ESM.

20 BVerfGE 135, 317, Rn. 5 ff. – ESM; zur bleibenden haushaltspolitischen Gesamtverantwortung des Deutschen Bundestages und der „verfassungsrechtlich geforderten Vetoposition" der Bundesrepublik: Rn. 160 ff.; vgl. auch BVerfGE 132, 195, Rn. 4 ff. – ESM – e. A.

21 Art. 12 ESMV; vgl. BVerfGE 135, 317, Rn. 6 – ESM.

22 BVerfGE 131, 152 (216, 218 f.) – ESM, „Euro-Plus-Pakt", Unterrichtungspflicht nach Art. 23 Abs. 2 S. 2 GG.

23 BVerfGE 131, 152 (218) – ESM, „Euro-Plus-Pakt", Unterrichtungspflicht nach Art. 23 Abs. 2 S. 2 GG; vgl. auch *C. M. Reinhart,* The Return of Financial Repression, in: Banque de France, Public Debt, Monetary Policy and Financial Stability, Bd. 16, 2012, S. 37.

24 Vgl. im Einzelnen Sachverständigenrat, Die gesamtwirtschaftliche Lage angesichts der Corona-Pandemie, Sondergutachten, 22.3.2020 (Feld, Truger, Wieland), Rn. 182 f.

25 Vgl. im Einzelnen BVerfGE 134, 366 (369 f.) – OMT – Vorlage an EuGH.

26 Vgl. vorerst BVerfGE 134, 366 (390), Rn. 33 f. – OMT – Vorlage an EuGH.

27 Beschluss (EU) 2015/774 der Europäischen Zentralbank v. 4.3.2015 – EZB/2015/10, ABl. 2015 L 121, 20. konsolidierter Ausweis des Eurosystems zum 2.9.2016, EZB, 6.9.2016.

28 Deutsche Bundesbank, Monatsbericht Juni 2016, S. 30 ff.; BVerfGE 154, 17, Rn. 3 ff. – Anleihenkaufprogramm der EZB (PSPP); vgl. auch BVerfGE 146, 216 (226) – Anleihenkaufprogramm der EZB – Vorlagebeschluss, dort auch zum Zusammenwirken des PSPP mit Parallelprogrammen.

29 Vgl. BVerfGE 154, 17, Rn. 2 f., 9 f. – Anleihenkaufprogramm der EZB (PSPP).

30 Vgl. bereits BVerfGE 146, 216 ff., Rn. 13 f. – PSPP-Vorlagebeschluss.

31 Am 8.11.2019: 2,088 Billionen Euro, BVerfGE 154, 17, Rn. 8 – Anleihenkaufprogramm der EZB (PSPP).

32 BVerfGE 154, 17, Rn. 172 f. (Sparer Rn. 173) – Anleihenkaufprogramm der EZB (PSPP) – bei Überprüfung der Entscheidung des EuGH zum PSPP.

33 BVerfGE 154, 17, Rn. 230 ff. – Anleihenkaufprogramm der EZB (PSPP).

34 Außerordentliche Tagung des Europäischen Rates (17., 18., 19., 20. u. 21.7.2020) – Schlussfolgerungen v. 21.7.2020, EUCO 10/20.

35 ABl. EU Nr. L 424 v. 15.12.2020, S. 1 ff.

36 BVerfG v. 15.4.2021 – 2 BvR 547/21, Rn. 101 – Eigenmittelbeschluss, e. A.

37 BVerfG v. 15.4.2021 – 2 BvR 547/21, Rn. 78 f., Rn. 80 (Finanzierung des Aufbauinstrumentes NGEU auf der Basis von Art. 122 AEUV), Rn. 100 (unter Hinw. auf Erwägungs-

gründe 14-18, 22, 29 und Art. 5, Art. 6 – Eigenmittelbeschluss 2020, BT-Drs. 19/26821, S. 9, 12 f.) – Eigenmittelbeschluss, e. A.

38 BVerfG v. 15.4.2021 – 2 BvR 547/21, Rn. 101 – Eigenmittelbeschluss, e. A.

39 BVerfG v. 15.4.2021 – 2 BvR 547/21, Rn. 103 – Eigenmittelbeschluss, e. A.

40 Bundesrechnungshof, Bericht zu den möglichen Auswirkungen der gemeinschaftlichen Kreditaufnahme der Mitgliedstaaten der Europäischen Union auf den Bundeshaushalt (Wiederaufbaufonds) v. 11.3.2021, S. 19 f.

41 Vgl. EZB-Rat, Beschl. v. 19.8.2020, Ankündigung des PEPP, zu 3.

42 Bundesrechnungshof, Bericht zu den möglichen Auswirkungen der gemeinschaftlichen Kreditaufnahme der Mitgliedstaaten der Europäischen Union auf den Bundeshaushalt (Wiederaufbaufonds) v. 11.3.2021, S. 15.

43 Vgl. Art. 122 Abs. 1 S. 2 AEUV; Art. 115 Abs. 2 S. 6 ff. GG.

44 Vgl. § 1 S. 2 InsO, dazu H. Hess, in: ders. (Hrsg.), Kölner Kommentar zur Insolvenzordnung, 2016, § 1 InsO Rn. 27 ff.

45 Art. 2 EUV.

46 BVerfGE 89, 155 (204) – Maastricht; BVerfGE 123, 267 (361 f.) – Lissabon.

47 J. Weidmann, Zu viel Nähe? Die Beziehung zwischen Geld- und Fiskalpolitik, Rede beim Virtual Panel des OMFIF, 5.11.2020 London.

48 Deutsche Bundesbank, Entwicklungen im deutschen Bankensystem in der Negativzinsphase, Monatsbericht, Oktober 2020, S. 15 (17).

49 Deutsche Bundesbank, Entwicklungen im deutschen Bankensystem in der Negativzinsphase, Monatsbericht, Oktober 2020, S. 15 (28).

50 Anlage 8; Deutsche Bundesbank, Entwicklungen im deutschen Bankensystem in der Negativzinsphase, Monatsbericht, Oktober 2020, S. 15 (17).

51 Deutsche Bundesbank, Das zweistufige System für die Verzinsung der Reserveguthaben und seine Auswirkungen auf Banken und Finanzmärkte, Monatsbericht Januar 2021, S. 61.

52 Anlage 3.

53 Anlage 4; vgl. auch Anlage 1, 12.

54 Entscheidung der Europäischen Zentralbank v. 4.3.2015 (Beschluss [EU] 2015/774), zu nachfolgenden Änderungen vgl. BVerfGE 154, 17, Rn. 8 – Anleihenkaufprogramm der EZB (PSPP) auf der Grundlage des Expanded Asset Purchase Programme – EAPP, vgl. im Einzelnen BVerfGE 154, 17, Rn. 1 f.

55 Vgl. Zweiter und Vierter Erwägungsgrund Beschluss [EU] 2015/774 der EZB v. 4.3.2015, BVerfGE 154, 17, Rn. 3, Rn. 9 – Anleihenkaufprogramm der EZB (PSPP).

56 BVerfGE 154, 17, Rn. 124 ff. – Anleihenkaufprogramm der EZB (PSPP).

57 BVerfGE 154, 17, Rn. 136 – Anleihenkaufprogramm der EZB (PSPP).

58 BVerfGE 154, 17 – Anleihenkaufprogramm der EZB (PSPP).

59 BVerfGE 154, 17, Rn. 173 – Anleihenkaufprogramm der EZB (PSPP).

60 Beschluss (EU) 2020/440 der EZB v. 24.3.2020 – ABl. L 91/1.

61 So die Tatbestandsvoraussetzungen für eine Überschreitung der verfassungsrechtlichen Kreditobergrenze in Art. 105 Abs. 2 S. 6 GG; vgl. auch Art. 122 Abs. 2 AEUV.

62 Deutsche Bundesbank, Monatsbericht April 2017, S. 15 ff., 28 ff.; EZB, Eurosystem, 2011, S. 101 ff.

63 Deutsche Bundesbank, Monatsbericht April 2017, 15 (16 f.).

64 BVerfGE 97, 350 (371) – Euro m. N.

65   Art. 88 S. 1 u. 2 GG, § 2 BBankG; Art. 127 AEUV.

66   Art. 123-133 AEUV.

67   *M. Herdegen*, in: T. Maunz/G. Dürig, Grundgesetz, 93. EL 2020, Art. 88 GG Rn. 38 f.; Bank for International Settlements, BIS Working Paper No 852, Average Inflation Targeting and the Interest Rate Lower Bound, April 2020, S. 5 ff.; Bank für Internationalen Zahlungsausgleich, 84. Jahresbericht, 29.6.2014, Kap. IV; *C. Borio*, Niedrigzinspolitik verpasst? Zeitgespräch, Leibniz-Informationszentrum Wirtschaft, Wirtschaftsdienst 2014/9, S. 611; ebenso *U. Palm*, Preisstabilität in der Europäischen Wirtschafts- und Währungsunion, 2000, S. 25 f.; *H. Siekmann*, in: M. Sachs (Hrsg.), Grundgesetz, [8]2018, Art. 88 GG, Rn. 92.

68   Europäische Zentralbank, Die Geldpolitik der EZB, 2011, S. 69; BVerfGE 154, 17, Rn. 166 – Anleihenkaufprogramm der EZB (PSPP); *U. Häde*, in: C. Calliess/M. Ruffert (Hrsg.), EUV/AEUV, [5]2016, Art. 127 AEUV Rn. 3; *S. Griller*, in: E. Grabitz/M. Hilf/M. Nettesheim (Hrsg.), Das Recht der Europäischen Union: EUV/AEUV, 71. EL Februar 2020, Art. 127 AEUV Rn. 18 ff.; *M. Selmayr*, in: H. v. d. Groeben/J. Schwarze/A. Hatje, Europäisches Unionsrecht, [7]2015, Art. 282 AEUV Rn. 82 m. N.

69   Seit BVerfGE 40, 65 (84) – Familienhilfe in der Knappschaft; BVerfGE 53, 257 (290) – Versorgungsausgleich; BVerfGE 97, 350 (371) – Euro, st. Rspr.

70   Art. 126 Abs. 1 und 2 AEUV i. V. m. Art. 1 des Protokolls über das Verfahren bei einem übermäßigen Defizit v. 7.2.1992, ABl C191, S. 84, zul. geändert durch das Protokoll Nr. 1 zum Vertrag von Lissabon v. 13.12.2007, ABl C306, S. 163.

71   Anlage 9 und 10.

72   Art. 123 AEUV, dazu BVerfGE 154, 17, Rn. 182 – Anleihenkaufprogramm der EZB (PSPP).

73   Zur Dogmatik der Enteignung BVerfGE 143, 246, Rn. 246 f. – Atomausstiegsgesetz; BVerfGE 104, 1 (10) – Baulandumlegung; BVerfGE 126, 331 (359) – Ausschluss nicht auffindbarer Miterben.

74   *R. Schmidt*, Geldwirtschaft im Weltfinanzsystem, in: J. Isensee/P. Kirchhof (Hrsg.), HStR Bd. XI, [3]2013, § 252 Rn. 2.

75   Das Sprachbild, im Geld verkörpere sich „geprägte Freiheit", verwendet das Bundesverfassungsgericht in BVerfGE 97, 350 (371) – Euro – und lehnt sich dabei an ein Wort Fjodor Dostojewskis an (*Fjodor Dostojewski*, Aufzeichnungen aus einem Totenhaus, 1994, S. 25).

76   Zum Einlösungsvertrauen des Geldes BVerfGE 97, 350 (372) – Euro.

77   Zur Entwicklung vgl. *F. Seitz/A. Halbmayr*, in: Görres-Gesellschaft (Hrsg.), Staatslexikon, [8]2018, Stichwort: Geld I. 1.

78   BVerfGE 97, 350 (371) – Euro.

79   *N. Luhmann*, Die Wirtschaft der Gesellschaft, [2]1996, S. 253.

80   *H.-J. Papier/F. Shirvani*, in: T. Maunz/G. Dürig, Grundgesetz, Art 14 GG Rn. 301.

81   *R. Freitag*, in: BeckOGK BGB, § 244 BGB Rn. 11; *S. Grundmann*, in: MüKoBGB, [7]2016, § 245 BGB Rn. 2.

82   Zum Nominalwertprinzip BVerfGE 50, 57 (92) – Besteuerung der Zinsen aus Einlagen bei Kreditinstituten nach dem Nennwert, BVerfGE 127, 1 (31) – Verlängerung der Spekulationsfrist bei der Veräußerung von Grundstücken; *R. Schmidt*, Geldwirtschaft im Weltfinanzsystem, in: J. Isensee/P. Kirchhof (Hrsg.), HStR Bd. XI, [3]2013, § 252 Rn. 49.

83   *H.-J. Papier/F. Shirvani*, in: T. Maunz/G. Dürig, Grundgesetz, 89. EL Oktober 2019, Art. 14 GG Rn. 301.

84   *R. Freitag,* in: BeckOGK BGB, 1.4.2020, § 244 BGB, § 11.

85   *S. Omlor,* in: J. v. Staudinger), Vorbemerkungen zu § 244-248 BGB, Neubearb. 2016, § 16 Rn. A38.

86   Art. 127 Abs. 1 S. 1 AEUV, Art. 88 S. 2 GG.

87   BVerfGE 70, 191 (201) – Fischereirechte; BVerfGE 97, 350 (370) – Euro; BVerfGE 105, 17 (30) – Sozialpfandbrief, BVerfGE 112, 93 (107) – Stiftung Erinnerung, Verantwortung, Zukunft.

88   BVerfGE 105, 17 (46) – Sozialpfandbrief.

89   Europäischer Rat, Außerordentliche Tagung v. 21.7.2020, Schlussfolgerungen, EUCO 10/20.

90   Art. 127 ff., Art. 123 ff. AEUV.

91   BGH v. 14.5.2019 – XI ZR 345/18, NJW 2019, 2920 Rn. 30.

92   *J.-H. Binder,* in: BeckOGK BGB, Mai 2020, § 488 BGB Rn. 2.

93   *R. Freitag,* in: J. v. Staudinger, BGB, 2015, § 488 BGB Rn. 1, 15, *J.-H. Binder,* in: BeckOGK BGB, Mai 2020, § 488 BGB Rn. 2; *K. P. Berger,* in: MüKoBGB, [8]2019, vor § 488 BGB Rn. 8, 10, 161 ff.

94   Zum Sonderfall der „Negativverzinsung" bei Anleihen vgl. *R. Freitag,* in: J v. Staudinger, BGB, § 488 BGB Rn. 51a.

95   *K. P. Berger,* in: MüKoBGB, § 488 BGB Rn. 154; *T. Fest,* in: MüKoHGB, [4]2019, N. Einlagengeschäft, Rn. 369.

96   *K. P. Berger,* in: MüKoBGB, § 488 BGB Rn. 154 m. w. N.; *M. Henssler,* in: MüKoBGB, § 700 BGB Rn. 17.

97   Zum Folgenden *M. Henssler,* in: MüKoBGB, [8]2020, § 700 BGB Rn. 15 ff.

98   *Vogel,* in: BeckOGK BGB, Stand 1.10.2020, § 808 BGB Rn. 64.

99   Zum Folgenden BGH v. 14.5.2019 – XI ZR 345/18, NJW 2019, 2920 Rn. 26.

100 BGH v. 14.5.2019 – XI ZR 345/18, NJW 2019, 2920 Rn. 30.

101 *C. Weber,* in: BeckOGK BGB, Stand 1.8.2020, § 488 BGB Rn. 226.

102 *R. Freitag,* in: J v. Staudinger), BGB, § 488 BGB Rn. 51a.

103 *T. Tröger,* Vertragsrechtliche Fragen negativer Zinsen auf Einlagen, NJW 2015, 657 (658).

104 Vgl. dazu unten zu C, D und E.

105 Vgl. zu diesem Problem der Gleichheit in der Zeit, einer „unechten Rückwirkung", einer Rückbewirkung von Rechtsfolgen *P. Kirchhof,* in: T. Maunz/G. Dürig, Grundgesetz, 81. EL September 2015, Art. 3 Abs. 1 GG Rn. 346 mit Darstellung der Rechtsprechung.

106 Zur rückwirkenden Gesetzgebung: BVerfGE 127, 31 (59) – Fünftelregelung; BVerfGE 127, 1 (21) – Gewinne aus privaten Grundstücksveräußerungsgeschäften; BVerfGE 127, 61 (67 f.) – Absenkung der Beteiligungsquote; BVerfGE 132, 302 (319) – Streubesitzbeteiligung; vgl. zum Ganzen *P. Kirchhof,* in: T. Maunz/G. Dürig, Grundgesetz, 81. EL September 2015, Art. 3 Abs. 1 GG Rn. 348.

107 Für die Verhältnismäßigkeitsabwägung BVerfGE 127, 1 (18 f.) – Gewinne aus privaten Grundstücksveräußerungsgeschäften; BVerfGE 127, 31 (48 f.) – Fünftelregelung; BVerfGE 127, 61 (67 f.) – Absenkung der Beteiligungsquote; BVerfGE 132, 302 (319) – Streubesitzbeteiligung; in der traditionellen Unterscheidung zwischen echter und unechter Rückwirkung gelten hier die Maßstäbe der echten Rückwirkung: BVerfGE 72, 200 (241) – Deutsch-schweizerisches Doppelbesteuerungsabkommen; BVerfGE 97, 67 (78 f.) – Schiffbauverträge; BVerfGE 127, 1 (17 ff.) – Gewinne aus privaten Grundstücksveräußerungsgeschäften; BVerfGE 127, 31 (47 ff.) – Fünftelregelung; BVerfGE 127,

61 (75) – Absenkung der Beteiligungsquote; die auf den Einzelfall bereits angewandte gesetzliche Rechtsfolgenanordnung darf grundsätzlich nicht rückwirkend zum Nachteil des Steuerpflichtigen verändert werden: BVerfGE 72, 200 (241) – Deutsch-schweizerisches Doppelbesteuerungsabkommen; BVerfGE 97, 67 (78 f.) – Schiffbauverträge; BVerfGE 127, 31 (47) – Fünftelregelung.

108 EuGH v. 20.10.1993 – C-10/92, ECLI:EU:C:1993:846, DB 1994, 26 – Balocchi; EuGH v. 21.2.2008 – C – 271/06, ECLI:EU:C:2008:105, DB 2008, 563 – Netto-Supermarkt.

109 *T. Tröger*, Vertragsrechtliche Fragen negativer Zinsen auf Einlagen, NJW 2015, 657 (658).

110 *K. P. Berger*, in: MüKoBGB, [8]2019, § 488 BGB Rn. 154.

111 BVerfGE 70, 191 (201) – Fischereirechte; BVerfGE 97, 350 (370) – Euro; BVerfGE 105, 17 (30) – Sozialpfandbrief; BVerfGE 112, 93 (107) – Stiftung Erinnerung, Verantwortung, Zukunft.

112 Vgl. Zinsstatistik der Deutschen Bundesbank: „Spareinlagen mit 3-monatiger Kündigungsfrist", Stand 2.11.2020; „MFI-Zinsstatistik (Bestände, Neugeschäft)", Stand 2.11.2020, mit weiteren Tabellen: https://www.bundesbank.de/de/statistiken/geld-und-kapitalmaerkte/zinssaetze-und-renditen/zinssaetze-und-renditen-772440 (10.5.2021); Statista: Entwicklung des durchschnittlichen Zinssatzes für Spareinlagen in Deutschland in den Jahren von 1975 bis 2019, durch die Deutsche Bundesbank, September 2020; Anlage 2.

113 Anlage 1; vgl. auch Anlage 12.

114 Vgl. o. zu A I 2; *I. Schnabel* im Gespräch, „In einer außergewöhnlichen Situation sind außergewöhnliche Maßnahmen erforderlich", in: PWP (4) 2020, 137 (139); ebd.; *Y. Mersch*: Ursachen der geldpolitischen Maßnahmen und deren Wirkung – eine Bestandsaufnahme, Rede auf der Euro Finance Week, FAROS Institutional Investors Forum, Frankfurt, 17.11.2016, https://www.ecb.europa.eu/press/key/date/2016/html/sp161117.de.html (10.5.2021).

115 *Y. Mersch*: Ursachen der geldpolitischen Maßnahmen und deren Wirkung – eine Bestandsaufnahme, Rede auf der Euro Finance Week, FAROS Institutional Investors Forum, Frankfurt, 17.11.2016, https://www.ecb.europa.eu/press/key/date/2016/html/sp161117.de.html (10.5.2021).

116 Vgl. *C. v. Weizsäcker*, Kapitalismus in der Krise?, in: PWP (2) 2015, S. 189 (199).

117 *C. v. Weizsäcker*, Kapitalismus in der Krise?, in: PWP (2) 2015, 189.

118 Jahresbericht des Sachverständigenrates zur Begutachtung der gesamtwirtschaftlichen Entwicklung von 2015/2016, S. 145 Rn. 315.

119 So insbes. *C. v. Weizsäcker*, Kapitalismus in der Krise?, PWP (2) 2015, 189.

120 Deutsche Bundesbank, Monatsbericht April 2017, S. 28.

121 *C. M. Reinhart*, The Return of Financial Repression, in: Banque de France, Public Debt, Monetary Policy and Financial Stability, Bd. 16, 2012, S. 37.

122 Zu den Auswirkungen des PSPP auf die Bilanzen der Geschäftsbanken und die Finanzierungsbedingungen der Mitgliedstaaten EuGH v. 11.12.2018 – C-493/17, ECLI:EU:C:2018:1000 – Weiss u. a.; vgl. auch BVerfGE 154, 17, Rn. 121 f. – Anleihenkaufprogramm der EZB (PSPP).

123 Art. 125 AEUV.

124 Art. 123, 124, 126 AEUV.

125 *R. Schmidt*, Geld, in: H. Kube/R. Mellinghoff/G. Morgenthaler/U. Palm/T. Puhl/C. Seiler (Hrsg.), Leitgedanken des Rechts, FS f. P. Kirchhof, Bd. II, 2013, § 138 Rn. 17.

126 *A. Manes*, Staatsbankrotte, 1919, S. 26.

127 *A. Manes*, Staatsbankrotte, 1919, S. 57.

128 *A. Manes*, Staatsbankrotte, 1919, S. 38.

129 *A. Manes*, Staatsbankrotte, 1919, S. 41.

130 *A. Manes*, Staatsbankrotte, 1919, S. 34.

131 Vgl. schon *A. Manes*, Staatsbankrotte, 1919, S. 89 f.

132 Vgl. *W. Höfling*, Staatsschuldenrecht, 1993, S. 13 f., 16 ff.; *H. Pünder*, Staatsverschuldung, in: J. Isensee/P. Kirchhof (Hrsg.), HStR Bd. V, ³2007, § 123 Rn. 15; *P. Kirchhof*, Die Staatsverschuldung als Ausnahmeinstrument, in: K. Grupp/U. Hufeld (Hrsg.), Recht – Kultur – Finanzen, FS f. R. Mussgnug, 2005, S. 131 (136); *H. Siekmann*, in: M. Sachs (Hrsg.), Grundgesetz, ⁸2018, Art. 109 GG Rn. 56 f.

133 *H.-P. Ullmann*, Der deutsche Steuerstaat, Geschichte der öffentlichen Finanzen, 2005, S. 13 ff.; *W. Höfling*, Staatsschuldenrecht, 1993, S. 15.

134 *J. W. v. Goethe*, Faust. Eine Tragödie, in: M. Holzinger (Hrsg.), Faust. Der Tragödie Zweiter Teil, Berliner Ausgabe, 2013, 1. Akt, Szene Kaiserliche Pfalz, Lustgarten.

135 *D. Hume*, Essay on Public Credit, 1752, S. 360 f.; *A. Smith*, Der Wohlstand der Nationen, Buch V Kap. 3, 1776 (1974), S. 798; *T. Jefferson/L. H. Butterfield/C. T. Cullen*, The Papers of Thomas Jefferson: March 1789 to November 1789, 1958, S. 393.

136 *I. Kant*, Zum ewigen Frieden (1795), in: Berlin-Brandenburgische Akademieausgabe Bd. 11, 2000, S. 196; *D. Ricardo*, Grundsätze der Politischen Ökonomie, Bd. 1, 1817 (1959), S. 233 ff.

137 *A. Manes*, Staatsbankrotte, 1919, S. 55 ff.

138 *P. Lippert*, Staatsverschuldung in Deutschland, Italien und Griechenland, 2014, S. 36; *E. Löschner*, Souveräne Risiken und internationale Verschuldung, 1983, S. 44 f.

139 *C. Reinhart/K. Rogoff*, This Time is different: Eight Centuries of Financial Folly, 2009, S. 232.

140 Anlage 11, auch 9.

141 *J. Burckhardt*: Weltgeschichtliche Betrachtungen, in: R. Marx (Hrsg.), 1963, S. 133.

142 *L. Müller, Fritz Schäffer*, in: P. M. Schmidhuber (Hrsg.), Beiträge zur politischen Ökonomie, 1989, S. 261; *H.-P. Ullmann*, Der deutsche Steuerstaat, Geschichte der öffentlichen Finanzen, 2005, S. 188 f.

143 *H.-P. Ullmann*, Der deutsche Steuerstaat, Geschichte der öffentlichen Finanzen, 2005, S. 189 f.

144 *H.-P. Ullmann*, Der deutsche Steuerstaat, Geschichte der öffentlichen Finanzen, 2005, S. 189 f.

145 *H.-P. Ullmann*, Der deutsche Steuerstaat, Geschichte der öffentlichen Finanzen, 2005, S. 190.

146 Vgl. auch *H.-P. Ullmann*, Der deutsche Steuerstaat, Geschichte der öffentlichen Finanzen, 2005, S. 191.

147 *J. M. Keynes*, The General Theory of Employment, Interest and Money, 1936, S. 211.

148 *J. M. Keynes*, The General Theory of Employment, Interest and Money, 1936, S. 211; BVerfGE 119, 96 (162 ff.) – Staatsverschuldung (Bundeshaushalt 2004).

149 *H. Pünder*, Staatsverschuldung, in: J. Isensee/P. Kirchhof (Hrsg.), HStR Bd. V, ³2007, § 123 Rn. 12.

150 *M. Friedman*, Die Gegenrevolution in der Geldtheorie (1970), in: P. Kalmbach (Hrsg.), Der Neue Monetarismus, 1973, S. 47 f.

151 Vgl. *H. Pünder*, Staatsverschuldung, in: J. Isensee/P. Kirchhof (Hrsg.), HStR Bd. V, ³2007, § 123 Rn. 9.

152 § 51 der Paulskirchenverfassung v. 28.3.1849, in: E. R. Huber (Hrsg.), Dokumente zur Deutschen Verfassungsgeschichte, Bd. I, ³1978, S. 380.

153 Art. 73 des Gesetzes betreffend die Verfassung des Deutschen Reiches v. 16.4.1871, in: D. Gosewinkel/J. Masing (Hrsg.), Die Verfassungen in Europa 1789-1949, 2006, S. 803.

154 *F. E. M. Saemisch*, Das Staatsschuldenwesen, in: G. Anschütz (Hrsg.), Handbuch des Deutschen Staatsrechts, Bd. II, 1932, S. 435 (438); ähnlich Art. 73 des Norddeutschen Bundes v. 26.7.1887, GBl. 1887, S. 1.

155 *H. Kube*, in: T. Maunz/G. Dürig, Grundgesetz, 2020, Art. 115 GG Rn. 37.

156 Gutachten zum Begriff der öffentlichen Investitionen, erstattet vom Wissenschaftlichen Beirat beim Bundesministerium der Finanzen, 26.4.1980, Schriftenreihe des Bundesministeriums der Finanzen, Heft 29, S. 17.

157 20. Gesetz zur Änderung des Grundgesetzes v. 2.5.1969, BGBl. I 357.

158 So schon *A. Hensel*, Der Finanzausgleich im Bundesstaat in seiner staatsrechtlichen Bedeutung, 1922, S. 169 ff.; *F. Terhalle*, Finanzwissenschaft, 1930, S. 538 f.

159 *H. Pünder*, Staatsverschuldung, in: J. Isensee/P. Kirchhof (Hrsg.), HStR Bd. V, ³2007, § 123 Rn. 4 m. N.

160 15. Gesetz zur Änderung des Grundgesetzes v. 8.6.1967, BGBl. I 581 (Änderung des Art. 109 Abs. 2 u. 3 GG); Gesetz zur Förderung der Stabilität und des Wachstums der Wirtschaft v. 8.6.1967, BGBl. I 582; 20. Gesetz zur Änderung des Grundgesetzes v. 12.5.1969, BGBl. I 357 (Novellierung des Art. 115 GG); vgl. BVerfGE 79, 311 (331) – Haushaltsgesetz 1981.

161 Vgl. § 1 des Gesetzes zur Förderung der Stabilität und des Wachstums der Wirtschaft v. 8.6.1967, BGBl. I 182.

162 Vgl. *A. Möller*, Kommentar zum Gesetz zur Förderung der Stabilität und des Wachstums der Wirtschaft, ²1969, § 1 Rn. 8 („magisches Vieleck"); *K. Stern/P. Münch/K.-H. Hansmeyer*, Gesetz zur Förderung der Stabilität und des Wachstums der Wirtschaft, Kommentar, 1967, S. 117 ff.

163 Vgl. *H. Pünder*, Staatsverschuldung, in: J. Isensee/P. Kirchhof (Hrsg.), HStR Bd. V, ³2007, § 123 Rn. 8 ff.; zur Grundsatzdiskussion vgl. Troeger-Gutachten, Kommission für die Finanzreform, Gutachten über die Finanzreform in der Bundesrepublik Deutschland, 1966; hierzu *K.-H. Friauf*, Öffentlicher Haushalt und Wirtschaft, in: VVDStRL 27 (1969), S. 14 ff.; *K. Vogel/C. Waldhoff*, Grundlagen des Finanzverfassungsrecht, 1999, Rn. 211 f.; Informationen zum politischen Hintergrund geben *U. Di Fabio/R. Mellinghoff*, Sondervotum zu BVerfGE 119, 96 ff. – Bundeshaushalt 2004, 155 (171 f); BVerfGE 79, 311 (335 f.) – Staatsverschuldung; *O. Gandenberger*, Öffentliche Verschuldung – II. Theoretische Grundlagen, in: Handwörterbuch der Wirtschaftswissenschaft, Bd. V, 1980, 480 (483 ff.); *W. Höfling*, Staatsschuldenrecht, 1993, S. 279 ff.; Sachverständigenrat zur Begutachtung der gesamtwirtschaftlichen Entwicklung, Staatsverschuldung wirksam begrenzen – Expertise im Auftrag des Bundesministers für Wirtschaft und Technologie, 2007, S. 37 ff.; relativierend *W. Heun*, Staatsverschuldung und Grundgesetz, Die Verwaltung 18 (1985), 1 (10 ff.).

164 § 12 des Gesetzes über die Bildung eines Sachverständigenrates zur Begutachtung der gesamtwirtschaftlichen Entwicklung – ursprünglich v. 20.8.1963, BGBl. 1963 I 685, zul. geänd. am 26.7.2020, BGBl. 2020 I 1327 (Art. 216, 1353).

165 Informationsdienst des Instituts der deutschen Wirtschaft, 50 Jahre Sachverständigenrat, 8.8.2013, S. 1 (vergleichende Tabelle).

166 Vierzig Jahre Sachverständigenrat 1963-2003, 2003, Vorwort; *C. M. Schmidt*, Sachverständigenrat – Auftrag und Arbeitsweise, Juni 2019, S. 1 ff. (Zit. S. 2), https://www.sachverstaendigenrat-wirtschaft.de/fileadmin/dateiablage/download/publikationen/2019_SVR-Auftrag_Arbeitsweise.pdf (10.5.2021); *C. M. Schmidt/B. Weigert*, Der Sachverständigenrat: gesetzlicher Auftrag und Arbeitsweise, Leibniz-Informationszentrum Wirtschaft, 2015, S. 159 ff.

167 Zur Diskussion vgl. *O. Blanchard*, Public Debt an Low Interest Rates, American Economic Review 2019, vol. 109 issue 4, pp. 1197-1129; *C.-L. Holtfrerich et al.*, Staatsschulden: Ursachen, Wirkungen und Grenzen, 2015, S. 38.

168 Art. 122 Abs. 2 S. 1 AEUV; vgl. auch Art. 109 Abs. 3 S. 2, Art. 115 Abs. 2 S. 3 ff. GG.

169 *B. Kempen*, in: R. Streinz (Hrsg.), EUV/AEUV, ³2018, Art. 122 AEUV Rn. 11; *U. Häde*, in: C. Calliess/M. Ruffert (Hrsg.), EUV/AEUV, ⁵2016, Art. 122 AEUV Rn. 12.

170 Art. 109 Abs. 3 S. 3 GG, vgl. auch Art. 115 Abs. 2 S. 4 GG.

171 BVerfGE 119, 96, Rn. 133 – Staatsverschuldung (Bundeshaushalt 2004) m. N. (2007); Anlage 10.

172 57. Gesetz zur Änderung des Grundgesetzes v. 29.7.2009, BGBl. I 2248.

173 Art. 109 Abs. 3 S. 1, 4, Art. 115 Abs. 2 S. 1 u. 2, Art. 143d GG.

174 Statistisches Bundesamt, Finanzen und Steuern. Schulden der öffentlichen Haushalte, Fachserie 14, Reihe 5, 2011, S. 23 f.; *A. Möller*, Genosse Generaldirektor, 1978, S. 485; *ders.*, Tatort Politik, 1982, S. 366 ff.; zur weiteren Entwicklung *E. Dönnebrink/M. Erhardt/F. Höppner/M. Sudhof*, Entstehungsgeschichte und Entwicklung des BMF-Konzepts, in: C. Kastrop/G. Meister-Scheufelen/M. Sudhof (Hrsg.), Die neuen Schuldenregeln im Grundgesetz. Zur Fortentwicklung der bundesstaatlichen Finanzbeziehungen, 2010, 22 (259).

175 Art. 126 Abs. 1 und 2 AEUV i. V. m. Art. 1 des Protokolls über das Verfahren bei einem übermäßigen Defizit v. 7.2.1992, ABl C191/84, zul. geänd. durch das Protokoll Nr. 1 zum Vertrag von Lissabon v. 13.12.2007, ABl C306/165.

176 Der in Art. 109 Abs. 2 GG zitierte Art. 104 des Vertrages zur Gründung der Europäischen Gemeinschaft ist heute Art. 126 AEUV.

177 Art. 109 Abs. 2 GG.

178 Vgl. dazu Sondervotum der Richter *U. Di Fabio* und *R. Mellinghoff*, BVerfGE 119, 96 (158 f.) – Bundeshaushalt 2004.

179 Vgl. auch BVerfGE 79, 311 (338) – Haushaltsgesetz 1981; BVerfGE 119, 96 (137 f.) – Bundeshaushalt 2004; Anlage 9–11.

180 *J. Isensee*, Steuerstaat als Staatsform, in: FS f. H.-P. Ipsen, 1977, S. 409; *K. Vogel*, Der Finanz- und Steuerstaat, in: J. Isensee/P. Kirchhof (Hrsg.), HStR II, ³2004, § 30 Rn. 69; *C. Waldhoff*, Grundzüge des Finanzrechts des Grundgesetzes, in: J. Isensee/P. Kirchhof (Hrsg.), HStR V, ³2007, § 116 Rn. 110; *H.-P. Ullmann*, Der deutsche Steuerstaat, 2005, S. 8, 15 f.; zu faktischen Verschiebungen insbesondere im Kommunalrecht zugunsten nichtsteuerlicher Einnahmen vgl. *E. Gawel*, Das Steuerstaatsgebot des Grundgesetzes, in: Der Staat 39 (2000), 209 (212 f.).

181 Anlage 9, 10, 11.

182 BVerfGE 154, 17, Rn. 8 – Anleihenkaufprogramm der EZB (PSPP).

183 Beschl. (EU) 2020, 440 der EZB v. 24.3.2020 zu einem bis März 2022 befristeten Notfallankaufprogramm (EZB/2020/17).

184 Bundesrechnungshof, Bericht zu den möglichen Auswirkungen der gemeinschaftlichen Kreditaufnahme der Mitgliedstaaten der Europäischen Union auf den Bundeshaushalt (Wiederaufbaufonds) v. 11.3.2021, S. 17.

185 Bundesrechnungshof, Bericht zu den möglichen Auswirkungen der gemeinschaftlichen Kreditaufnahme der Mitgliedstaaten der Europäischen Union auf den Bundeshaushalt (Wiederaufbaufonds) v. 11.3.2021, S. 16.

186 Ausschuss des Deutschen Bundestages für die Angelegenheiten der Europäischen Union, Ausschussdrucksache 19 (21), 112 v. 26.10.2020, Öffentliche Anhörung, Stellungnahme Prof. Dr. Heinemann, S. 10 f.; Bundesrechnungshof, Bericht zu den möglichen Auswirkungen der gemeinschaftlichen Kreditaufnahme der Mitgliedstaaten der Europäischen Union auf den Bundeshaushalt (Wiederaufbaufonds) v. 11.3.2021, S. 6, 25: 4 Bill. Euro, dazu aber BVerfG v. 15.5.2021 – 2 BvR 547/21, Rn. 90 ff. – Eigenmittelbeschluss e. A.

187 Europäische Kommission, Mitteilung, Der Europäische Grüne Deal, 11.12.2019, COM (2019), 640, S. 4, 13, 21 f.; s. a. Europäisches Parlament, Entschließung des Europäischen Parlaments v. 28.11.2019 zur Klimakonferenz der Vereinten Nationen 2019 in Madrid, COP 25, 2019/2712 (RSP).

188 Bautätigkeitsbericht der Stadt Heidelberg 2018, Entwicklung und räumliche Verteilung des Wohnungsbestandes im Stadtgebiet im langfristigen Vergleich, 2019, https://www.heidelberg.de/hd,Lde/HD.html, S. 29 (30): Ziegelhausen: 2200 (10.5.2021).

189 BVerfGE 154, 17, Rn. 7 – Anleihenkaufprogramm der EZB (PSPP) – monatliches Netto-Ankaufvolumen seit September 2019.

190 Bautätigkeitsbericht der Stadt Heidelberg 2018, Entwicklung und räumliche Verteilung des Wohnungsbestandes im Stadtgebiet im langfristigen Vergleich, 2019, https://www.heidelberg.de/hd,Lde/HD.html, S. 30 (10.5.2021).

191 BVerfGE 154, 17, Rn. 8 – Anleihenkaufprogramm der EZB (PSPP) – 2,088 Billionen Euro.

192 M. Draghi, Rede bei der Global Investment Conference v. 26.7.2012, https://www.ecb.europa.eu/press/key/date/2012/html/sp120726.en.html (25.2.2021).

193 Beschluss (EU) 2020/440 der Europäischen Zentralbank v. 24.3.2020, PSPP-Programm – ABl L 91/1, dort 750 Mrd. Euro mit Ermächtigung zur Erhöhung; vgl. auch Europäische Kommission, Mitteilung, Der Europäische Grüne Deal, 11.12.2019, COM 2019, 640, S. 4, 13, 21 f.; s. a. Europäisches Parlament, Entschließung des Europäischen Parlaments v. 28.11.2019 zur Klimakonferenz der Vereinten Nationen 2019 in Madrid, COP 25, 2019/2712 (RSP).

194 Exemplarisch zum Shortseller: D. Poelzig, Shortseller – Attacken im Aufsichts- und Zivilrecht, ZHR 2020, 697.

195 BVerfGE 89, 155 (185) – Maastricht.

196 BVerfGE 89, 155 (185) – Maastricht.

197 BVerfGE 123, 267 (359) – Lissabon.

198 BVerfGE 89, 155 (186) – Maastricht.

199 M. Heintzen, Staatshaushalt, in: J. Isensee/P. Kirchhof (Hrsg.), HStR V, ³2007, § 116 Rn. 37 f.

200 Vgl. C. Waldhoff, Grundzüge des Finanzrechts des Grundgesetzes, in: Isensee/P. Kirchhof (Hrsg.), HStR V, ³2007, § 116 Rn. 150 f.

201 Zum Begriff der Transparenz *M. Schneider*, Transparenztraum, 2013, S. 11 f.; *J. Bröhmer*, Transparenz als Verfassungsprinzip, 2004, S. 18 f.; *P. Kirchhof*, Transparenz des öffentlich-rechtlichen Rundfunks, 2017, S. 20 f.

202 *C. Waldhoff*, Grundzüge des Finanzrechts des Grundgesetzes, in: Isensee/P. Kirchhof (Hrsg.), HStR V, ³2007, § 116 Rn. 154.

203 BVerfGE 89, 155 (185) – Maastricht; BVerfGE 123, 267 (361) – Lissabon.

204 *F. Heinemann*, Next Generation EU: 750 Milliarden Euro suchen einen Sinn, in: Ifo-Schnelldienst 02/2021, S. 9 f.

205 Zu diesen Maßstäben BVerfGE 123, 267 (359) – Lissabon; BVerfGE 89, 155 (185) – Maastricht.

206 *E. Forsthoff*, Der Staat der Industriegesellschaft, 1971, S. 19 f., 109 ff.; *U. Di Fabio*, Verwaltungsentscheidung durch externen Sachverstand, VerwArch 81 (1990), S. 193 f.; *M. Burgi*, Funktionale Privatisierung und Verwaltungshilfe, 1999, S. 130 f.; *A. Nussberger*, Sachverständigenwissen als Determinante verwaltungsrechtlicher Einzelentscheidungen, AöR 129 (2004), S. 282 f.; *A. Voßkuhle*, Sachverständige Beratung des Staates, in: J. Isensee/P. Kirchhof (Hrsg.), HStR III, ³2005, § 43 Rn. 8 f., 17 f.

207 Vgl. zu diesen Kriterien der Beratung *A. Voßkuhle*, Sachverständige Beratung des Staates, in: J. Isensee/P. Kirchhof (Hrsg.), HStR III, ³2005, § 43 Rn. 17 f., 30.

208 *A. Voßkuhle*, Sachverständige Beratung des Staates, in: J. Isensee/P. Kirchhof (Hrsg.), HStR III, ³2005, § 43 Rn. 46.

209 Art. 1 des Protokolls über das Verfahren bei einem übermäßigen Defizit v. 7.2.1992 (ABl C 191/84), zul. geänd. durch das Protokoll Nr. 1 zum Vertrag von Lissabon v. 13.12.2007 (ABl C 306/165).

210 Anlagen 9, 10, 11.

211 Art. 126 Abs. 2 UAbs. 1–13 AEUV.

212 Statement on the support to Greece by Euro area Member States v. 11.4.2010, https://www.consilium.europa.eu/uedocs/cms_data/docs/pressdata/en/ec/113686.pdf (10.5.2021); Statement by the Eurogroup v. 2.5.2010, https://www.consilium.europa.eu/media/25673/20100502-eurogroup_statement_greece.pdf (10.5.2021).

213 Eurogroup statement v. 21.2.2012, https://www.consilium.europa.eu/media/25716/128075.pdf (31.3.2021).

214 Statement by the President of the Eurogroup on the S&P lowering Greek ratings to SD v. 27.2.2012, https://www.consilium.europa.eu/media/25714/128231.pdf (10.5.2021).

215 Europäische Kommission v. 18.7.2015 – ABl L 192/15.

216 Eurogroup statement on the ESM programme for Greece v. 14.8.2015, https://www.consilium.europa.eu/en/press/press-releases/2015/08/14/eurogroup-statement/pdf (10.5.2021).

217 Eurostat, Online-Datenbank, Staatsverschuldung seit 2007–2020: Entwicklung f. Länder D, F, J, E Defizit/Überschuss, Schuldenstand und damit zusammenhängende Daten (1.4.2020).

218 Rat der Europäischen Union v. 25.9.2017, ABl L 256/5.

219 Europäische Kommission v. 20.11.2019 – COM 2019 900 final, S. 4.

220 Die authentische deutsche Fassung des Vertrages lautet: „sowie eine dauerhaft finanzierbare Zahlungsbilanz". Diese wurde „berichtigt" durch das Protokoll des Verwahrers des Vertrags, der Regierung der Italienischen Republik v. 2.12.2011, s. BGBl. 2014 II 804; BVerfGE 132, 195 (245 f., Rn. 122) – ESM-Vertrag/Fiskalpakt.

221 Beschluss (EU) 2020/440 der Europäischen Zentralbank v. 24.3.2020 – ABl L 91/1, dort 750 Mrd. Euro mit Ermächtigung zur Erhöhung; EZB kündigt 750-Milliarden-Euro Pandemie-Notkaufprogramm (PEPP) an, Pressebericht der EZB v. 18.3.2020, https://www.ecb.europa.eu/press/pr/date/2020/html/ecb.pr200318_1~3949d6f266.en.html (10.5.2021), inzwischen 1,85 Billionen Euro.

222 Vgl. zur Tragfähigkeit der öffentlichen Finanzen in Deutschland als „etabliertes Frühwarnsystem" Bundesministerium der Finanzen, Tragfähigkeitsbericht 2020, (Fünfter Bericht) BMF40282, https://www.bundesfinanzministerium.de/Content/DE/Downloads/Broschueren_Bestellservice/2020-03-11-tragfaehigkeitsbericht.html (10.5.2021).

223 *F. Heinemann*, Drei Details der europäischen Corona-Pakete belegen den Abschied von der Maastrichter Finanzverfassung, IfO-Schnelldienst, 8/2020, S.25 (26).

224 *F. Heine*mann, Drei Details der europäischen Corona-Pakete belegen den Abschied von der Maastrichter Finanzverfassung, IfO-Schnelldienst, 8/2020, S.25 (26); European Commission, Debt Sustainability Monitor 2019, European Economy-Institutional Paper 120, Januar 2020.

225 *F. Heinemann*, Drei Details der europäischen Corona-Pakete belegen den Abschied von der Maastrichter Finanzverfassung, IfO-Schnelldienst, 8/2020, S.25 (26), European Commission, Europe's moment: Repair and prepare for the next generation, Communication from the Commission, COM 2020, 456.

226 Europäischer Rat, Außerordentliche Tagung v. 21.7.2020, Schlussfolgerungen, EUCO 10/20.

227 Insbesondere COM 2020, 445 (ergänzter Eigenmittelbeschluss), COM 2020, 441 (Aufbauinstrument) und COM 2020, 408 (Aufbau- und Resilienzfazilität).

228 Europäischer Rat, Außerordentliche Tagung v. 21.7.2020, Schlussfolgerungen, EUCO 10/20, S.2.

229 Europäische Kommission v. 14.1.2020, COM 2020, 21, S.1.

230 BVerfG v. 15.4.2021 – 2 BvR 547/21, Rn. 100f., 103, 111 – Eigenmittelbeschluss, e. A.

231 Vorschlag für einen Beschluss des Rates über das Eigenmittelsystem der Europäischen Union, Europäische Kommission v. 29.7.2020, 10025/20.

232 Deutscher Bundestag, Plenarprotokoll 19/218 v. 25.3.2021, S.27490.

233 BR-Drs. 235/21 (Beschluss).

234 BT-Drs. 19/26821, S.2.

235 *F. Schorkopf*, Die Europäische Union auf dem Weg zur Fiskalunion, NJW 2020, 3085 (3088).

236 EU-Kommission: „(…) as regards the obligation to balance the EU budget, the consistent interpretation over time of Article 310 AEUV is that the EU budget cannot be balanced by issuing public debt", zitiert nach Council of the European Union, Opinion of the legal service v. 24.6.2020, Proposals on Next Generation EU, 9062/20, Nummer 21; Bundesrechnungshof, Bericht zu den möglichen Auswirkungen der gemeinschaftlichen Kreditaufnahme der Mitgliedstaaten der Europäischen Union auf den Bundeshaushalt (Wiederaufbaufonds) v. 11.3.2021, S.20; *C. Waldhoff*, in: C. Calliess/M. Ruffert (Hrsg.), EUV/AEUV, ⁵2016, Art.311 AEUV Rn.14; *S. Magiera*, in: E. Grabitz/M. Hilf/M. Nettesheim (Hrsg.), Das Recht der Europäischen Union: EUV/AEUV, 71.EL August 2020, Art.311 AEUV Rn.38; *M. Niedobitek*, in: R. Streinz (Hrsg.), EUV/AEUV, ³2018, Art.311 AEUV Rn.16ff.; Nachweis des Schrifttums, das Kreditaufnahmen für unzulässig hält, BVerfG v. 15.4.2021 – 2 BvR 547/21, Rn. 92 – Eigenmittelbeschluss, e. A.;

vgl. auch BVerfGE 89, 155, (Ls. 9a u. S. 194 f.) – Maastricht; BVerfGE 123, 267 (293) – Lissabon: zu Art. 311 Abs. 1 AEUV und dessen Vorläufer Art. F Abs. 3 EUV; Art. 309 UAbs. 1 S. 2 sieht als Ausnahme vor, dass die Europäische Investitionsbank durch Gewährung von Darlehen und Bürgschaften bestimmte Vorhaben finanzieren darf.

237 *C. Waldhoff*, in: C. Calliess/M. Ruffert (Hrsg.), EUV/AEUV, [5]2016, Art. 311 AEUV Rn. 17.

238 Zu diesen auf Art. 308 EGV (jetzt Art. 352 AEUV) gestützten, durch Verordnung geregelten Anleihen *C. Waldhoff*, in: C. Calliess/M. Ruffert (Hrsg.), EUV/AEUV, [5]2016, Art. 311 AEUV Rn. 18.

239 *C. Waldhoff*, in: C. Calliess/M. Ruffert (Hrsg.), EUV/AEUV, [5]2016, Art. 311 AEUV Rn. 19.

240 Beschluss (EU) 2020/440 der Europäischen Zentralbank v. 24.3.2020, ABl L 91/1 (PEPP); Beschluss (EU) 2020/188 der Europäischen Zentralbank v. 3.2.2020 ABl L 39/13 (PSPP).

241 *C. M. Reinhart*, The Return of Financial Repression, in: Banque de France, Public Debt, Monetary Policy and Financial Stability, Bd. 16, 2012, S. 37 (42).

242 *M. Nettesheim*, in: E. Grabitz/M. Hilf/M. Nettesheim (Hrsg.), Das Recht der Europäischen Union: EUV/AEUV, 71. EL August 2020, Art. 288 AEUV Rn. 29.

243 *C. Gaitanides*, in: H. v. d. Groeben/J. Schwarze/A. Hatje (Hrsg.), Europäisches Unionsrecht, [7]2015, Art. 19 EUV Rn. 33.

244 Vgl. zum Acquis communautaire ABl der Europäischen Gemeinschaften 1972, L 73/3; ABl 1979, L 291/3; *C. Ohler*, in: E. Grabitz/M. Hilf/M. Nettesheim (Hrsg.), Das Recht der Europäischen Union: EUV/AEUV, 71. EL August 2020, Art. 49 EUV Rn. 44.

245 *M. Herdegen*, in: T. Maunz/G. Dürig, Grundgesetz, 91. EL April 2020, Art. 25 GG Rn. 36.

246 Art. 12, 48 EUV; *M. Nettesheim*, in: E. Grabitz/M. Hilf/M. Nettesheim (Hrsg.), Das Recht der Europäischen Union: EUV AEUV, 71. EL August 2020, Art. 288 AEUV Rn. 29.

247 Gesetz über Leitsätze für die Bewirtschaftung und Preispolitik nach der Geldreform v. 24.6.1948, Gesetz- und Verordnungsblatt des Wirtschaftsrates des Vereinigten Wirtschaftsgebietes, 1948, S. 39 f. (für das amerikanische und britische Besatzungsgebiet in Deutschland).

248 *L. Erhard*, Wohlstand für alle (1957), 2009, S. 32.

249 *L. Erhard*, Wohlstand für alle (1957), 2009, S. 32.

250 *L. Erhard*, Wohlstand für alle (1957), 2009, S. 32.

251 *L. Erhard*, Wohlstand für alle (1957), 2009, S. 33 f. (Zit. S. 38).

252 *L. Erhard*, Wohlstand für alle (1957), 2009, S. 44 f., 53 f.

253 *L. Erhard*, Wohlstand für alle (1957), [8]1964; *A. Müller-Armack*, Wirtschaftslenkung und Marktwirtschaft (1946), [2]1948; *F. Böhm*, Wirtschaftsordnung und Staatsverfassung, 1950; *F. A. von Hayek*, Die Verfassung der Freiheit (1960), [4]2005.

254 *M. Foucault*, Die Geburt der Biopolitik. Geschichte der Gouvernementalität II, Vorlesungen am Collège de France 1978/1979, [7]2019, S. 124 f., diese Entwicklung folgte unter Bezug auf *M. Weber*, Die protestantische Ethik und der „Geist" des Kapitalismus, 1905, Gesammelte Aufsätze zur Religionssoziologie, Bd. I, 1920, S. 17 f., und den Freiburger Ordo-Liberalismus (W. Eucken), *M. Foucault*, ebd., S. 150 f. m. Fn. 1, einem auch ideengeschichtlich eigenen deutschen Weg.

255 20. Gesetz zur Änderung des Grundgesetzes v. 12.5.1969, BGBl. I 357.
256 *F. Baumann*, Recht und Ökonomie aus Sicht der Wirtschaftswissenschaften, in: J. Haucap/O. Budzinski (Hrsg.), Recht und Ökonomie, 2020, S. 43 (44, 57, 71 f.); *R. H. Coase*, The Problem of Social Cost, Journal of Law & Economics 3, 1960, S. 1 f.; *S. Shavell*, Foundations of Economic Analysis of Law, Harvard University Press (Hrsg.), 2004; *M. Motta*, Competition Policy: Theory and Practice, Cambridge University Press (Hrsg.), 2004.
257 Zu diesem Kriterium vgl. *F. Baumann*, Recht und Ökonomie aus Sicht der Wirtschaftswissenschaften, in: J. Haucap/O. Budzinski (Hrsg.), Recht und Ökonomie, 2020, S. 43 (44, 64 f.).
258 Vgl. auch *F. Baumann*, Recht und Ökonomie aus Sicht der Wirtschaftswissenschaften, in: J. Haucap/O. Budzinski (Hrsg.), Recht und Ökonomie, 2020, 43 (46).
259 *P. Kirchhof/G. Kirchhof*, Das Recht auf unentgeltliche Sicherheit, Zur Sicherheitsgebühr bei Risikoveranstaltungen, 2020, S. 1 f. et passim.
260 So das Beispiel bei *R. H. Coase*, The Problem of Social Cost, Journal of Law und Economics 3, 1960; *F. Baumann*, Recht und Ökonomie aus Sicht der Wirtschaftswissenschaften, in: J. Haucap/O. Budzinski (Hrsg.), Recht und Ökonomie, 2020, S. 43 (50) mit weiteren Beispielen (Nachbarschaft von Arztpraxis und emittierendem Küchenbereich eines Konditors; chemisch emittierenden Industrieunternehmen und auf Reinlichkeit seiner zum Trocknen ausgehängten Ware bedachten Tuchhändlers; Neubau eines Wohnhauses, das vom Rauchabzug des Nachbarkamins gestört wird).
261 Zu diesem polizeirechtlichen Klassiker BGHZ 45, 23, dazu *B. Drews/G. Wacke/K. Vogel/ W. Martens*, Gefahrenabwehr, [9]1986, S. 669 m. N.
262 Vgl. auch *F. Baumann*, Recht und Ökonomie aus Sicht der Wirtschaftswissenschaften, in: J. Haucap/O. Budzinski (Hrsg.), Recht und Ökonomie, 2020, S. 43 (64 f.).
263 *D. Kahneman*, Thinking, Fast and Slow, 2012; *F. Baumann*, Recht und Ökonomie aus Sicht der Wirtschaftswissenschaften, in: J. Haucap/O. Budzinski (Hrsg.), Recht und Ökonomie, 2020, S. 43 (70 f.).
264 *P. Kirchhof*, Beherzte Freiheit, 2018, S. 58 f.
265 Vgl. im Einzelnen *J. Drexl*, Recht und Ökonomie aus Sicht der Rechtswissenschaft, in: J. Haucap/O. Budzinski (Hrsg.), Recht und Ökonomie, 2020, S. 11 (32 f.).
266 *A. Sen*, Die Welt teilen: Sechs Lektionen über Gerechtigkeit, [3]2020, S. 111.
267 Charta der Grundrechte der Europäischen Union v. 18.12.2000, ABl C 364/1, in der am 12.12.2007 unterzeichneten Fassung, ABl C 303/1; BGBl. 2008 II 1165, hier in der konsolidierten Fassung, ABl C 83, 389 v. 30.3.2010.
268 Der Begriff „Währungspolitik" ist weiter als der Begriff „Geldpolitik", der auch Vereinbarungen von Festkurssystemen für den Außenwert der Währung umfasst (Art. 138, 219 AEUV); zur Ungenauigkeit der Begrifflichkeit vgl. Art. 282 AEUV.
269 Vgl. BVerfGE 89, 155 – Maastricht; BVerfGE 97, 350 – Euro.
270 BVerfGE 89, 155 (205) – Maastricht; BVerfGE 97, 350 (370) – Euro; BVerfGE 129, 124 (181) – EFS; BVerfGE 132, 195, Rn. 115 – ESM-Vertrag/Fiskalpakt e. A.; BVerfGE 154, 17 – Anleihenkaufprogramm der EZB (PSPP).
271 *A. Blankenagel*, Zusammenfassung der Ergebnisse eines Kurzgutachtens zum Thema der negativen Zinsen, https://www.aequifin.com/de/ (10.5.2021).
272 *A. Blankenagel*, Zusammenfassung der Ergebnisse eines Kurzgutachtens zum Thema der negativen Zinsen, https://www.aequifin.com/de/ (10.5.2021).

273 Zum Machtbegriff H. *Arendt*, Macht und Gewalt, 1970, 45; *J. Habermas*, Philoso-phisch-politische Profile, [3]1982, S. 228 ff.

274 Eine Ausnahme gilt gegenüber den Banken durch die Mindestreservepflichten, Art. 127 Abs. 2 AEUV, Art. 19 ESZB/EZB-Satzung.

275 Zum Folgenden F. *Seitz*, Stichwort „Geld", in: Görres-Gesellschaft, Staatslexikon, Bd. II, [8]2010, zu I 2.

276 R. *Schmidt*, Geldwirtschaft im Weltfinanzsystem, in: J. Isensee/P. Kirchhof (Hrsg.), HStR Bd. XI, [3]2013, § 252 Rn. 24.

277 Vgl. Europäische Zentralbank, Monatsbericht, Juni 2013, S. 92; R. *Schmidt*, Geldwirt-schaft im Weltfinanzsystem, in: J. Isensee/P. Kirchhof (Hrsg.), HStR Bd. XI, [3]2013, § 252 Rn. 27, 29.

278 BVerfGE 131, 152 (218) – ESM, „Euro-Plus-Pakt", Unterrichtungspflicht nach Art. 23 Abs. 2 S. 2 GG; vgl. auch C. M. *Reinhart*, The Return of Financial Repression, in: Banque de France, Public Debt, Monetary Policy and Financial Stability, Bd. 16, 2012, S. 37.

279 B. *Kempen*, in: R. Streinz (Hrsg.), EUV/AEUV, [3]2018, Art. 119 AEUV Rn. 11.

280 B. *Kempen*, in: R. Streinz (Hrsg.), EUV/AEUV, [3]2018, Art. 120 AEUV Rn. 1; Y. E. *Yoo*, in: H. v. d. Groeben/J. Schwarze/A. Hatje (Hrsg.), Europäisches Unionsrecht, [7]2015, Art. 119 AEUV Rn. 5; H. *Wittelsberger*, in: H. v. d. Groeben/J. Schwarze/A. Hatje (Hrsg.), Europäisches Unionsrecht, [7]2015, Art. 120 AEUV Rn. 9; U. *Häde*, in: C. Cal-liess/M. Ruffert (Hrsg.), EUV/AEUV, [5]2016, Art. 119 AEUV Rn. 3.

281 Zur begrenzten Aufsichtsbefugnis des ESZB nach Art. 127 Abs. 5 u. 6 AEUV vgl. S. *Griller* in: E. Grabitz/M. Hilf/M. Nettesheim (Hrsg.), Das Recht der Europäischen Union: EUV/AEUV, 71. EL August 2020, Art. 127 AEUV Rn. 57 sowie Art. 14.4 der Satzung der ESZB; M. *Selmayr*, in: H. v. d. Groeben/J. Schwarze/A. Hatje (Hrsg.), [7]2015, Art. 127 AEUV Rn. 41; U. *Häde*, in: C. Calliess/M. Ruffert (Hrsg.), EUV/AEUV, [5]2016, Art. 127 AEUV Rn. 50; nach M. *Selmayr,* in: H. v. d. Groeben/J. Schwarze/A. Hatje (Hrsg.), Europäisches Unionsrecht, [7]2015, Art. 127 AEUV Rn. 42 ff., seien die unter-schiedlichen Regelungen der Mitgliedstaaten über die Bankenaufsicht Anlass für den Art. 127 Abs. 6 AEUV gewesen.

282 Art. 104a GG (Konnexitätsprinzip).

283 Art. 5 EUV; vgl. auch Art. 310 f., 119 f. AEUV.

284 BVerfGE 154, 17, Rn. 117 f. – Anleihenkaufprogramm der EZB (PSPP).

285 Vgl. BVerfGE 123, 267 (340 ff.) – Lissabon; BVerfGE 142, 123 (173) – OMT-Beschluss; P. *Müller*, in: H. v. Mangoldt/F. Klein/C. Starck, GG, [7]2018, Art. 38 GG Rn. 172 f.

286 Dazu F. *Schorkopf*, Wer wandelt die Verfassung?, JZ 2020, 740; M. *Nettesheim*, Das PSPP-Urteil des BVerfG – ein Angriff auf die EU?, NJW 2020, 1631 (1632 f.); U. *Hal-tern*, Ultra-vires-Kontrolle im Dienst europäischer Demokratie, NVwZ 2020, 817 ff.; M. *Ludwigs*, Das PSPP-Urteil des EuGH als Provokation der Eskalation, EWS 2019, 1; P. *Kirchhof*, Die Rechtsarchitektur der Europäischen Union, NJW 2020, 2057.

287 BVerfGE 126, 286 (306) – Honeywell/Mangold.

288 Europäischer Rat, Außerordentliche Tagung v. 21.7.2020, Schlussfolgerungen, EUCO 10/20, S. 1 f.

289 Zu dieser vgl. P. *Kirchhof*, Die Rechtsarchitektur der Europäischen Union, NJW 2020, 2057.

290 So B. *Ulrich*, Maskiert. Demaskiert, Die Zeit v. 23.7.2020, S. 3.

291 Seit *W. Hallstein*, Die echten Probleme der europäischen Integration, 1965, S. 9 („Integrationsfaktor erster Ordnung"); *T. Stein*, Richterrecht wie anderswo auch?, in: FS der Juristischen Fakultät zur 600-Jahr-Feier der Ruprecht-Karls-Universität Heidelberg, 1986, S. 619; *U. Everling*, Die Zukunft der Europäischen Gerichtsbarkeit in einer erweiterten Europäischen Union, EuR 1997, 398.

292 *P. M. Huber*, in: R. Streinz (Hrsg.), EUV/AEUV, ³2018, Art. 19 EUV Rn. 20; *B. W. Wegener*, in: C. Calliess/M. Ruffert (Hrsg.), EUV/AEUV, ⁵2016, Art. 19 EUV Rn. 37.

293 *T. v. Danwitz* EurVwR 2008, S. 213; *B. W. Wegener*, in: C. Calliess/M. Ruffert (Hrsg.), EUV/AEUV, ⁵2016, Art. 19 EUV Rn. 37.

294 EuGH, C-46/87, ECLI:EU:C:1989:337, Rn. 19 – Hoechst/Kommission (Vorbehalt des Gesetzes); EuGH, C-205-215/82, ECLI:EU:C:1983:233, Rn. 30 – Deutsche Milchkontor (Rechtssicherheit); EuGH, C-169/80, ECLI:EU:C:1981:171, Rn. 17 – Zollverwaltung/Gondrand Frères (Bestimmtheitsgrundsatz); EuGH, C-104/89 u. C-37/90, ECLI:EU:C:1992:217, Rn. 19 – Mulder u. a./Rat und Kommission (Vertrauensschutz); EuGH, C-265/87, ECLI:EU:C:1989:303, Rn. 21 – Schräder/Hauptzollamt Gronau (Verhältnismäßigkeit).

295 BVerfGE 89, 155 (156) – Maastricht; BVerfGE 134, 366 (385) – OMT – Vorlage an EuGH.

296 Zur Ultra-vires-Kontrolle und der Wahrung der Verfassungsidentität vgl. BVerfGE 89, 155 (188) – Maastricht; BVerfGE 123, 267 (353 f.) – Lissabon; BVerfGE 126, 286 (302 f.) – Mangold; BVerfGE 134, 366, Rn. 22 f. – OMT – Vorlage an EuGH; BVerfGE 140, 317, Rn. 42 f. – Europäischer Haftbefehl I; BVerfGE 142, 123, Rn. 136 ff. – OMT-Beschluss; BVerfGE 146, 216, Rn. 52 ff. – EZB; BVerfGE 151, 202, Rn. 121 – Europäische Bankenunion; BVerfGE 154, 17, Rn. 110 ff. – Anleihenkaufprogramm der EZB (PSPP).

297 BVerfGE 154, 17, Rn. 110 ff. – Anleihenkaufprogramm der EZB (PSPP).

298 BVerfGE 89, 155 (188) – Maastricht; BVerfGE 123, 267 (353 f.) – Lissabon.

299 BVerfGE 123, 267 (351 f., 435) – Lissabon; BVerfGE 129, 124 (180 f.) – EFS; BVerfGE 135, 317 (399, Rn. 159 ff.) – ESM-Vertrag; BVerfGE 142, 123 (208, Rn. 164) – OMT-Beschluss; BVerfGE 151, 202 (296, Rn. 140 f.) – Europäische Bankenunion; BVerfGE 154, 17, Rn. 106 – Anleihenkaufprogramm der EZB (PSPP).

300 Vgl. BVerfGE 123, 267 (352 ff., 389 ff., 413 ff.) – Lissabon; BVerfGE 129, 124 (131) – EFS; BVerfGE 132, 195 (238 f., Rn. 105) – ESM-Vertrag/Fiskalpakt e. A.; BVerfGE 134, 366 (394 f., Rn. 47) – OMT – Vorlage an EuGH; BVerfGE 142, 123 (208, Rn. 165) – OMT-Beschluss; BVerfGE 151, 202, Rn. 141 – Europäische Bankenunion; BVerfGE 154, 17, Rn. 106 – Anleihenkaufprogramm der EZB (PSPP).

301 BVerfGE 142, 123 (209, Rn. 166) – OMT-Beschluss; BVerfGE 151, 202, Rn. 142 – Europäische Bankenunion; BVerfGE 154, 17, Rn. 106 f. – Anleihenkaufprogramm der EZB (PSPP).

302 Vgl. BVerfGE 123, 267 (365) – Lissabon; BVerfGE 134, 366 (395 f., Rn. 49) – OMT – Vorlage an EuGH; BVerfGE 142, 123, Rn. 170 – OMT-Beschluss; BVerfGE 154, 17, Rn. 109 – Anleihenkaufprogramm der EZB (PSPP).

303 Vgl. BVerfGE 154, 17, Rn. 229, 232, 235 – Anleihenkaufprogramm der EZB (PSPP) m.w.N.; zum tauglichen Gegenstand einer nachfolgenden Vollstreckungsanordnung BVerfGE v. 29.4.2021 – 2 BvR 1651/15.

304 BVerfGE 123, 267 (370 f.) – Lissabon; BVerfGE 154, 17, Rn. 111 – Anleihenkaufprogramm der EZB (PSPP).

305 Vgl. BVerfGE 140, 317 (338, Rn. 44) – Identitätskontrolle.

306 BVerfGE 142, 123, Rn. 174, 205 f. – OMT-Beschluss, für die Durchführung des OMT-Programms nach den vom EuGH aufgestellten Maßgaben.

307 BVerfGE 142, 123, Rn. 210 – OMT-Beschluss.

308 Vgl. BVerfGE 154, 17, Rn. 106 f., 116 f. („schlechterdings") – Anleihenkaufprogramm der EZB (PSPP); BVerfGE 132, 195 f. – ESM-Vertrag/Fiskalpakt e. A.; BVerfGE 135, 317 f. – ESM; BVerfGE 134, 366 (417, Rn. 100) – OMT – Vorlage an EuGH; BVerfGE 142, 143 f. – OMT-Beschluss; BVerfGE 146, 216 – PSPP; vgl. auch BVerfGE 151, 202 – Europäische Bankenunion; EuGH, C-370/12, ECLI:EU:C:2012:756 – Pringle; EuGH, C-62/14, ECLI:EU:C:2015:400 – Gauweiler; EuGH, C-493/17, ECLI:EU:2018:1000 – Weiss.

309 BVerfGE 154, 17, Rn. 110 f. – Anleihenkaufprogramm der EZB (PSPP); dazu *M. Nettesheim*, Das PSPP-Urteil des BVerfG – ein Angriff auf die EU?, NJW 2020, 1631 (1632 f.); *U. Haltern*, Ultra-vires-Kontrolle im Dienst europäischer Demokratie, NVwZ 2020, 817; *F. Schorkopf*, Wer wandelt die Verfassung?, JZ 2020, 740; *M. Ludwigs*, Das PSPP-Urteil des EuGH als Provokation der Eskalation, EWS 2019, 1; *U. Hufeld*, Das PSPP-Urteil des BVerfG und die Statistik der Wirtschafts- und Währungsunion, JM 2020, 331; *J. Ipsen*, Das Bundesverfassungsgericht ultra vires, RuP 2020, 344; *C. Calliess*, Konfrontation statt Kooperation zwischen BVerfG und EuGH?, NVwZ 2020, 897; *H. Kube*, Affront oder Wegweisung? – Die EZB-Entscheidung des Bundesverfassungsgerichts, DVBl 2020, 1161; *P. Kirchhof*, Die Rechtsarchitektur der Europäischen Union, NJW 2020, 2057.

310 BVerfGE 89, 155 (190 f.) – Maastricht.

311 Art. 282 Abs. 3 S. 3 u. 4 AEUV.

312 BVerfGE 89, 155 (208) – Maastricht; so bereits im Regierungsentwurf zum Bundesbankgesetz, BT-Drs. 2, 2781, S. 24 f.

313 Als eine in Art. 88 S. 2 GG vorgesehene Modifikation des Demokratieprinzips BVerfGE 89, 155 (208) – Maastricht.

314 Vgl. aber Art. 114 Abs. 2 S. 1 GG (Bundesrechnungshof).

315 Zu den unterschiedlichen Begründungspflichten der Staatsgewalten *U. Kischel*, Die Begründung – Zur Erläuterung staatlicher Entscheidungen gegenüber dem Bürger, 2003.

316 Vgl. BVerfGE 154, 17, Rn. 119, 123 ff., 136 ff., 156 – Anleihenkaufprogramm der EZB (PSPP) – für das Zusammenwirken von EZB und EuGH.

317 Art. 282 Abs. 1 S. 1 u. 2 AEUV.

318 Vgl. *H. Siekmann*, Ziele, Aufgaben und Befugnisse des ESZB, Institute for Monetary und Financial Stability, Workingpaper No. 101 (2016), 7; vgl. für die Regeln der Qualifizierung: *H. Berger/K. Rübsamen*, in: dies. (Hrsg.), BBankG, [2]2014, § 2 BBankG Rn. 3.

319 Art. 282 Abs. 2 S. 1 u. 2 AEUV.

320 Leitlinie (EU) 2015/510 der Europäischen Zentralbank v. 19.12.2014 über die Umsetzung des geldpolitischen Handlungsrahmens des Eurosystems (EZB/2014/60), ABl der Europäischen Union v. 2.4.2015, L 91/3.

321 Art. 14.3 ESZB/EZB-Satzung.

322 Art. 28.2 der Satzung; zum Verteilungsschlüssel vgl. Art. 29.

323 Art. 33.2 der Satzung.

324 Zu ökonomischen Risiken einer Vergemeinschaftung der Haftung *A. Hansen/D. Meyer*, Das PSPP-Staatsanleiheprogramm – Empirische Daten und Regelwerk stellen das Urteil des BVerfG teilweise infrage, ifo-Schnelldienst 10/2020, 37 ff.

325 *H. Siekmann,* Ziele, Aufgaben und Befugnisse des ESZB, Institute for Monetary und Financial Stability, Workingpaper No. 101 (2016), S. 9.

326 Zu Verteilung und Ausgleich der monetären Einkünfte vgl. Art. 32, Art. 33 ESZB/ EZB-Satzung; dazu *J.-H. Binder,* Drohende Zentralbankinsolvenz? Haftungs- und Verlustszenarien im Europäischen System der Zentralbanken vor dem Hintergrund der aktuellen Diskussion, JZ 2015, 328 (331 f.); *U. Häde,* in: C. Calliess/M. Ruffert (Hrsg.), EUV/AEUV, [5]2016, Art. 282 AEUV Rn. 18.

327 Art. 129 Abs. 1 AEUV.

328 Art. 283 Abs. 1 AEUV; zum Rotationsprinzip Art. 10.2 ESZB/EZB-Satzung gem. Beschl. des Rats v. 21.3.2003 – 2003/223/EG, Nr. 1, ABl der Europäischen Union v. 1.4.2003, L 83/66; *U. Häde,* in: C. Calliess/M. Ruffert (Hrsg.), EUV/AEUV, [5]2016, Art. 283 AEUV Rn. 5 f.

329 Art. 283 Abs. 2 (1) AEUV.

330 Art. 11.6 ESZB/EZB-Satzung.

331 *U. Häde,* in: C. Calliess/M. Ruffert (Hrsg.), EUV/AEUV, [5]2016, Art. 283 AEUV Rn. 12.

332 Im Gegensatz dazu die ausdrückliche Ermächtigung bei der Nichteinhaltung der Mindestreservepflichten gem. Art. 19.1 ESZB/EZB-Satzung.

333 Ebenso Art. 2 ESZB/EZB-Satzung.

334 *U. Häde,* in: C. Calliess/M. Ruffert (Hrsg.), EUV/AEUV, [5]2016, Art. 119 AEUV Rn. 23; *M. Selmayr,* in: H. v. d. Groeben/J. Schwarze/A. Hatje (Hrsg.), Europäisches Unionsrecht, [7]2015, Art. 282 AEUV Rn. 32.

335 *U. Häde,* in: C. Calliess/M. Ruffert (Hrsg.), EUV/AEUV, [5]2016, Art. 119 AEUV Rn. 10; *B. Kempen,* in: R. Streinz (Hrsg.), EUV/AEUV, [3]2018, Art. 119 AEUV Rn. 16, 20, 25; *M. Selmayr,* in: H. v. d. Groeben/J. Schwarze/A. Hatje (Hrsg.), Europäisches Unionsrecht, [7]2015, Art. 282 AEUV Rn. 32 f.

336 Gesetz idF. v. 26.7.1957, BGBl. I 1957, S. 745.

337 *M. Selmayr,* in: H. v. d. Groeben/J. Schwarze/A. Hatje (Hrsg.), Europäisches Unionsrecht, [7]2015, Art. 282 AEUV Rn. 35; *U. Häde,* in: C. Calliess/M. Ruffert (Hrsg.), EUV/ AEUV, [5]2016, Art. 282 AEUV Rn. 37, Art. 119 AEUV Rn. 21.

338 Vgl. Art. 1 S. 2 Konsolidierte Fassung des Vertrags über die Arbeitsweise der Europäischen Union, Protokoll (Nr. 13) über die Konvergenzkriterien; ABl der Europäischen Union v. 26.10.2012, C 326/1; *M. Selmayr,* in: H. v. d. Groeben/J. Schwarze/A. Hatje (Hrsg.), Europäisches Unionsrecht, [7]2015, Art. 282 AEUV Rn. 35; zum Verbraucherpreisindex für Deutschland und seine Anpassung an veränderte Gewohnheiten (Wohnung, Verkehr, Reisen, Onlinehandel): Statistisches Bundesamt, Hintergrundpapier zur Revision des Verbraucherpreisindex für Deutschland 2019, 21.2.2019.

339 Vgl. *M. Selmayr,* in: H. v. d. Groeben/J. Schwarze/A. Hatje (Hrsg.), Europäisches Unionsrecht, [7]2015, Art. 282 AEUV Rn. 38.

340 Entscheidung des Rates v. 3.5.1998, 98/317/EG, ABl der Europäischen Union v. 11.5.1998, L 139/30 ff.

341 *M. Selmayr,* in: H. v. d. Groeben/J. Schwarze/A. Hatje (Hrsg.), Europäisches Unionsrecht, [7]2015, Art. 282 AEUV Rn. 40.

342 Das Ziel, „die Preisstabilität zu gewährleisten" im Englischen: „to maintain price stability", im Französischen: „de maintenir la stabilité des prix"; vgl. auch *M. Selmayr,* in: H. v. d. Groeben/J. Schwarze/A. Hatje (Hrsg.), Europäisches Unionsrecht, [7]2015, Art. 282 AEUV Rn. 40.

343 *M. Selmayr*, in: H. v. d. Groeben/J. Schwarze/A. Hatje (Hrsg.), Europäisches Unions-recht, [7]2015, Art. 282 AEUV Rn. 42.

344 Bank for International Settlements, BIS Working Paper No. 852, Average Inflation Targeting and the Interest Rate Lower Bound, April 2020, S. 5 ff.; Bank für Internationalen Zahlungsausgleich, 84. Jahresbericht, 29.6.2014, Kap. IV; ebenso *U. Palm*, Preisstabilität in der Europäischen Wirtschafts- und Währungsunion, 2000, S. 25 f.; *H. Siekmann*, in: M. Sachs (Hrsg.), Grundgesetz, [8]2018, Art. 88 GG Rn. 92; *M. Herdegen*, in: T. Maunz/G. Dürig, Grundgesetz, 93. EL 2020, Art. 28 GG Rn. 38 f.

345 Vgl. zur Kritik an der bisherigen alleinigen Bemessungsgrundlage bereits Sachverständigenrat zur Begutachtung der gesamtwirtschaftlichen Entwicklung, Jahresgutachten 2016/2017, Rn. 433 ff. m. w. N.

346 Zum Verbraucherpreisindex für Deutschland und seine Anpassung an veränderte Gewohnheiten (Wohnung, Verkehr, Reisen, Onlinehandel): Statistisches Bundesamt, Hintergrundpapier zur Revision des Verbraucherpreisindex für Deutschland 2019, 21.2.2019.

347 Deutsche Börse, Leitfaden zu den Aktienindizes der Deutschen Börse AG, Version 9.2.4, veröffentlicht am 26.6.2019.

348 *M. Selmayr*, in: H. v. d. Groeben/J. Schwarze/A. Hatje (Hrsg.), Europäisches Unions-recht, [7]2015, Art. 282 AEUV Rn. 33.

349 Deutsche Bundesbank, Das zweistufige System für die Verzinsung der Reserveguthaben und seine Auswirkungen auf Banken und Finanzmärkte, Monatsbericht Januar 2021, S. 61; vgl. auch Anlage 7.

350 *J. E. Stiglitz/J.-P. Fitoussi/M. Durand*, Jenseits des BIP: Was bei der wirtschaftlichen und sozialen Entwicklung wirklich zählt, 2020, 1.1. – dort nach *S. Kuznets*, "How to judge quality", The New Republic, Vol. 147 (1962), S. 29-32.

351 *J. E. Stiglitz/J.-P. Fitoussi/M. Durand*, Jenseits des BIP: Was bei der wirtschaftlichen und sozialen Entwicklung wirklich zählt, 2020, 1.1.

352 DIW-Prognose zum BIP in Deutschland bis 2022, veröffentlicht von Statista Research Department, 16.12.2020, erhoben durch das Statistische Bundesamt.

353 *J. E. Stiglitz/J.-P. Fitoussi/M. Durand*, Jenseits des BIP: Was bei der wirtschaftlichen und sozialen Entwicklung wirklich zählt, 2020, 1.1; im Anschluss an den Bericht der Stiglitz-Sen-Fitoussi-Kommission, Report on the Measurement of Economic Performance and Social Progress, 2009, Stiglitz/Sen/Fitoussi, 2020, dort S. 101 das Zitat von Robert Kennedy, Rede an der University of Kansas am 18.3.1968.

354 Zu Inhalt und politischen Reaktionen vgl. *U. Spörel*, Vortrag: „Zur aktuellen Debatte über die Messung von Wohlfahrt und Lebensqualität, Neuere Entwicklungen vier Jahre nach dem Bericht der Stiglitz-Kommission, 14.6.2013, https://www.statistik-berlin-brandenburg.de/home/pdf/kolloquien/2013/6_Spoerel_Wohlfahrtsmessung.pdf (10.5.2021).

355 Exemplarische Fortführung der Beispiele von *J. E. Stiglitz/J.-P. Fitoussi/M. Durand*, Jenseits des BIP: Was bei der wirtschaftlichen und sozialen Entwicklung wirklich zählt, 2020, Zitat dort 1.1.

356 *A. Sen*, Die Welt teilen: Sechs Lektionen über Gerechtigkeit, [3]2020, S. 6 f., 25 f.

357 *A. Sen*, Die Welt teilen: sechs Lektionen über Gerechtigkeit, [3]2020, S. 8 im Anschluss an *J. Maynard Keynes*, The Economic Consequences of the Peace (1919).

358 *A. Sen*, Die Welt teilen: Sechs Lektionen über Gerechtigkeit, [3]2020, S. 12.

359 *A. Sen*, Die Welt teilen: Sechs Lektionen über Gerechtigkeit, ³2020, S. 24 f.

360 *A. Sen*, Die Welt teilen: Sechs Lektionen über Gerechtigkeit, ³2020, S. 20 f.

361 Vgl. *A. Sen*, Die Welt teilen: Sechs Lektionen über Gerechtigkeit, ³2020, S. 36 f.

362 *J. E. Stiglitz/J.-P. Fitoussi/M. Durand*, Jenseits des BIP: Was bei der wirtschaftlichen und sozialen Entwicklung wirklich zählt, 2020, 1.3.1.

363 *N. Nicoll*, Gut leben ohne Wachstum, 2020, S. 15 f. et passim.

364 Bundesregierung, Regierungsbericht zur Lebensqualität in Deutschland 2016, S. 9.

365 Bundesregierung, Regierungsbericht zur Lebensqualität in Deutschland 2016, S. 151 m. w. N.

366 Bundesregierung, Regierungsbericht zur Lebensqualität in Deutschland 2016, S. 151.

367 Bundesregierung, Regierungsbericht zur Lebensqualität in Deutschland 2016, S. 17, 3 ff.

368 Bundesregierung, Regierungsbericht zur Lebensqualität in Deutschland 2016, S. 36.

369 Bundesregierung, Regierungsbericht zur Lebensqualität in Deutschland 2016, S. 153.

370 Bundesregierung, Regierungsbericht zur Lebensqualität in Deutschland 2016, S. 156.

371 Bundesregierung, Regierungsbericht zur Lebensqualität in Deutschland 2016, S. 86.

372 Bundesregierung, Regierungsbericht zur Lebensqualität in Deutschland 2016, S. 199.

373 Bundesregierung, Regierungsbericht zur Lebensqualität in Deutschland 2016, S. 165.

374 Bundesregierung, Regierungsbericht zur Lebensqualität in Deutschland 2016, S. 177.

375 OECD, How's Life? 2020: Measuring Well-being, Paris, S. 193 ff., 205 ff., 223 ff.

376 *R. Fücks*, Das Wachsen der Grenzen, in: Das Magazin der Heinrich-Böll-Stiftung, Grenzen des Wachstums/Wachstum der Grenzen, 2/2011, S. 4 ff.

377 *S. Sorrell*, Der Rebound-Effekt, in: Das Magazin der Heinrich-Böll-Stiftung, Grenzen des Wachstums/Wachstum der Grenzen, 2/2011, S. 32 f.

378 Zu diesem Bild und zum Folgenden *P. Sloterdijk*, Wie groß ist „Groß"? Wirklich nur eine Erde? Gedankenspiel über die Zukunft, in: Das Magazin der Heinrich-Böll-Stiftung, Grenzen des Wachstums/Wachstum der Grenzen, 2/2011, S. 12 f.

379 *P. Sloterdijk*, Wie groß ist „Groß"? Wirklich nur eine Erde? Gedankenspiel über die Zukunft, in: Das Magazin der Heinrich-Böll-Stiftung, Grenzen des Wachstums/Wachstum der Grenzen, 2/2011, S. 15.

380 *P. Sloterdijk*, Wie groß ist „Groß"? Wirklich nur eine Erde? Gedankenspiel über die Zukunft, in: Das Magazin der Heinrich-Böll-Stiftung, Grenzen des Wachstums/Wachstum der Grenzen, 2/2011, S. 16.

381 Generalversammlung der Vereinten Nationen, Transformation unserer Welt: Die Agenda 2030 für nachhaltige Entwicklung, 25.9.2015.

382 So die Präambel der Resolution der Generalversammlung der Vereinten Nationen, Transformation unserer Welt: Die Agenda 2030 für nachhaltige Entwicklung, 25.9.2015, A/RES/70/1.

383 Europäische Aktion für Nachhaltigkeit, 22.11.2016, COM 2016, 739, https://ec.europa.eu/info/strategy/international-strategies/sustainable-development-goals/eu-approach-sustainable-development_de (10.5.2021).

384 Art. 3 Abs. 3 EUV, Art. 119 Abs. 2 und Art. 282 Abs. 2 S. 2 AEUV und insbes. Art. 127 Abs. 1 AEUV.

385 Vgl. aber Art. 219 Abs. 4 AEUV (Verhandlungs- und Vertragsabschlusskompetenz der Mitgliedstaaten in internationalen Gremien).

386 *B. Kempen*, in: R. Streinz (Hrsg.), EUV/AEUV, ³2018, Art. 126 AEUV Rn. 1.

387 Art. 120, 121 AEUV.

388 BVerfGE 123, 267 (358, 360f.) – Lissabon; vgl. auch BVerfGE 89, 155 (200ff.) – Maastricht.

389 *B. Kempen,* in: R. Streinz (Hrsg.), EUV/AEUV, ³2018, Art. 126 AEUV Rn. 2.

390 *B. Kempen,* in: R. Streinz (Hrsg.), EUV/AEUV, ³2018, Art. 126 AEUV Rn. 2.

391 *B. Kempen,* in: R. Streinz (Hrsg.), EUV/AEUV, ³2018, Art. 126 AEUV Rn. 2, Art. 123 Rn. 1; *R. Bandilla,* in: E. Grabitz/M. Hilf/M. Nettesheim (Hrsg.), Das Recht der Europäischen Union: EUV/AEUV, 71. EL August 2020, Art. 126 AEUV Rn. 5 ff.; vgl. auch EuGH, C-370/12, ECLI: EU: C: 2012: 756 Rn. 143 – Pringle, Rn. 135 f.; *U. Palm,* in: E. Grabitz/M. Hilf/M. Nettesheim (Hrsg.), Das Recht der Europäischen Union: EUV/ AEUV, 71. EL August 2020, Art. 136 AEUV Rn. 60; *U. Häde,* in: C. Calliess/M. Ruffert (Hrsg.), EUV/AEUV, ⁵2016, Art. 125 AEUV Rn. 1.

392 *B. Kempen,* in: R. Streinz (Hrsg.), EUV/AEUV, ³2018, Art. 126 AEUV Rn. 4; vgl. auch *R. Bandilla,* in: E. Grabitz/M. Hilf/M. Nettesheim (Hrsg.), Das Recht der Europäischen Union: EUV/AEUV, 71. EL August 2020, Art. 126 AEUV Rn. 47; *U. Häde,* in: C. Calliess/M. Ruffert (Hrsg.), EUV/AEUV, ⁵2016, Art. 126 AEUV Rn. 8.

393 Art. 1 des Protokolls über das Verfahren bei einem übermäßigen Defizit v. 7.2.1992 (ABl C 191 S. 84), zul. geänd. durch das Protokoll Nr. 1 zum Vertrag von Lissabon vom 13.12.2007 (ABl C 306 S. 163 ff.; 181).

394 Art. 126 Abs. 3–13 AEUV.

395 Ein Vertragsverletzungsverfahren ist generell ausgeschlossen: Art. 126 Abs. 10 AEUV; zur Frage, ob andere Verfahren vor dem Gerichtshof, insbes. eine Untätigkeitsklage, möglich sind vgl. *B. Kempen,* in: R. Streinz (Hrsg.), EUV/AEUV, ³2018, Art. 126 AEUV Rn. 49; *U. Häde,* in: C. Calliess/M. Ruffert (Hrsg.), EUV/AEUV, ⁵2016, Art. 282 AEUV Rn. 60.

396 Vgl. im Einzelnen Art. 126 Abs. 2 UAbs. 1 S. 2 lit. a u. b AEUV.

397 Vgl. Verordnung (EG) Nr. 1467/97 über die Beschleunigung und Klärung des Verfahrens bei einem übermäßigen Defizit vom 8.11.2011, ABl. L 306 v. 23.11.2011, S. 33, insbesondere Art. 2 Abs. 3 ff., S. 35 ff.; *R. Bandilla,* in: E. Grabitz/M. Hilf/M. Nettesheim (Hrsg.), Das Recht der Europäischen Union: EUV/AEUV, 71. EL August 2020, Art. 126 AEUV Rn. 68; *J. Hamer,* in: H. v. d. Groeben/J. Schwarze/A. Hatje (Hrsg.), Europäisches Unionsrecht, ⁷2015, Art. 126 AEUV Rn. 107, 163.

398 Maßstab: Art. 126 Abs. 12 AEUV, zur Entwicklung *B. Kempen,* in: R. Streinz (Hrsg.), EUV/AEUV, ³2018, Art. 126 AEUV Rn. 6.

399 *B. Kempen,* in: R. Streinz (Hrsg.), EUV/AEUV, ³2018, Art. 126 AEUV Rn. 6.

400 Vgl. die Verordnungen aus dem Jahr 2011 (Sixpack), nachgewiesen bei *B. Kempen,* in: R. Streinz (Hrsg.), EUV/AEUV, ³2018, Art. 126 AEUV Rn. 13 ff., und die zwei weiteren Verordnungen (Twopack) aus dem Jahr 2013, nachgewiesen bei *B. Kempen,* in: R. Streinz (Hrsg.), aaO, Rn. 16.

401 Mitteilung der Kommission an das Europäische Parlament, den Rat und die Europäischer Zentralbank zu den Übersichten über die Haushaltsplanungen 2020: Gesamtbewertung v. 20.11.2019 – COM 2019, 900 final, S. 3.

402 Mitteilung der Kommission an das Europäische Parlament, den Rat und die Europäischer Zentralbank zu den Übersichten über die Haushaltsplanungen 2020: Gesamtbewertung v. 20.11.2019 – COM 2019, 900 final, S. 1.

403 BVerfGE 89, 155 (199) – Maastricht; BVerfGE 97, 350 (373) – Euro.

404 *H. Kube*, Rechtsfragen der völkervertraglichen Euro-Rettung, in: WM 2012, 245 (247); *R. Schmidt*, Geldwirtschaft im Weltfinanzsystem, in: J. Isensee/P. Kirchhof (Hrsg.), HStR Bd. XI, ³2013, § 252 Rn. 42.

405 Stellungnahme von Generalanwältin Kokott vom 26.10.2012 – C-370/12 – Pringle/ Irland Rn. 130.

406 Vgl. *U. Häde*, in: C. Calliess/M. Ruffert (Hrsg.), EUV/AEUV, ⁵2016, Art. 125 AEUV.

407 *F. Schorkopf*, Europas politische Verfasstheit im Lichte des Fiskalvertrages, ZSE 2010, 1 (18, 28).

408 *R. Schmidt*, Geldwirtschaft im Weltfinanzsystem, in: J. Isensee/P. Kirchhof (Hrsg.), HStR Bd. XI, ³2013, § 252 Rn. 45.

409 Stellungnahme von Generalanwältin Kokott vom 26.10.2012 und Urteil – C-370/12 – Pringle/Irland.

410 *B. Kempen*, in: R. Streinz (Hrsg.), EUV/AEUV, ³2018, Art. 125 AEUV Rn. 7.

411 *R. Schmidt*, Geldwirtschaft im Weltfinanzsystem, in: J. Isensee/P. Kirchhof (Hrsg.), HStR Bd. XI, ³2013, § 252 Rn. 42 m. Fn. 128; *B. Kempen*, in: R. Streinz (Hrsg.), EUV/ AEUV, ³2018, Art. 125 AEUV Rn. 6 („zu formalistisch").

412 EuGH, C-370/12, ECLI:EU:C:2012:756 – Pringle, Rn. 135 ff.; zustimmend: *U. Häde*, in: C. Callies/M. Ruffert (Hrsg.), ⁵2016, EUV/AEUV, Art. 125 AEUV Rn. 20 ff.; als zu formalistisch ablehnend: *B. Kempen*, in: R. Streinz (Hrsg.), EUV/AEUV, ³2018, Art. 125 AEUV Rn. 6 f.

413 Vgl. *R. Bandilla*, in: E. Grabitz/M. Hilf/M. Nettesheim (Hrsg.), Das Recht der Europäischen Union: EUV/AEUV, 71. EL August 2020, Art. 125 AEUV Rn. 31; differenzierend *U. Häde*, in: C. Calliess/M. Ruffert (Hrsg.), EUV/AEUV, ⁵2016, Art. 125 AEUV Rn. 11 f.

414 Vgl. auch BVerfGE 135, 317, Rn. 180 – ESM.

415 Vgl. *B. Smulders/J.-P. Keppenne*, in: H. v. d. Groeben/J. Schwarze/A. Hatje, Europäisches Unionsrecht, ⁷2015, Art. 125 AEUV Rn. 1.

416 *U. Häde*, in: C. Calliess/M. Ruffert (Hrsg.), EUV/AEUV, ⁵2016, Art. 125 AEUV Rn. 9; EuGH, C-370/12, ECLI:EU:C:2012:756, Rn. 136 ff., 142 – Pringle.

417 So jedenfalls bei „Stabilitätsmechanismen" (Art. 126 Abs. 3 AEUV) wie dem ESM: BVerfGE 131, 152 (216, 218 f.) – ESM, „Euro-Plus-Pakt", Unterrichtungspflicht nach Art. 23 Abs. 2 S. 2 GG; BVerfGE 135, 317, Rn. 180 – ESM.

418 Vgl. zu diesen Überlegungen in Interpretation des Art. 125 AEUV *U. Häde*, in: C. Calliess/M. Ruffert (Hrsg.), EUV/AEUV, ⁵2016, Art. 125 AEUV Rn. 11; *R. Bandilla*, in: E. Grabitz/M. Hilf/M. Nettesheim (Hrsg.), Das Recht der Europäischen Union: EUV/ AEUV, 71. EL August 2020, Art. 125 AEUV Rn. 31; vgl. auch die in die Verfahren der Art. 121–126 AEUV eingebettete (Art. 134 Abs. 1 AEUV) Ermächtigung zu einem „Stabilitätsmechanismus" in Art. 136 Abs. 3 AEUV.

419 Europäischer Rat, Außerordentliche Tagung, Schlussfolgerungen v. 21.7.2020, EUCO 10/20, S. 5 f.

420 *U. Häde*, in: C. Calliess/M. Ruffert (Hrsg.), EUV/AEUV, ⁵2016, Art. 123 AEUV Rn. 5; *R. Bandilla*, in: E. Grabitz/M. Hilf/M. Nettesheim (Hrsg.), Das Recht der Europäischen Union: EUV/AEUV, 71. EL August 2020, Art. 123 AEUV Rn. 3.

421 Art. 18.1 EZB/ESZB-Satzung.

422 *R. Schmidt*, Geldwirtschaft im Weltfinanzsystem, in: J. Isensee/P. Kirchhof (Hrsg.), HStR Bd. XI, ³2013, § 252 Rn. 33.

423 BVerfGE 132, 195, Rn. 174 – ESM e. A.

424 Art. 126 AEUV i. V. m. Art. I des Protokolls über das Verfahren bei einem übermäßigen Defizit vom 7.2.1992, ABl C 191/84, zul. geänd. durch das Protokoll Nr. 1 zum Vertrag von Lissabon v. 13.12.2007, ABl C 306/163.

425 Vgl. im Einzelnen Sachverständigenrat, Die gesamtwirtschaftliche Lage angesichts der Corona-Pandemie, Sondergutachten, 22.3.2020 (Feld, Truger, Wieland), Rn. 182 f.

426 Vgl. Beschluss (EU) 20/440 der Europäischen Zentralbank v. 24.3.2020 – EZB/2020/17, dort 750 Mrd. Euro mit Ermächtigung zur Erhöhung.

427 BVerfGE 154, 17 – Anleihenkaufprogramm der EZB (PSPP).

428 Dazu P. Kirchhof, Die Rechtsarchitektur der Europäischen Union, NJW 2020, 2057.

429 Beschluss (EU) 2020/440 der Europäischen Zentralbank v. 24.3.2020 – EZB/2020/17, ABl L 91, EZB.

430 BVerfG v. 15.4.2021 – 2 BvR 547/21, Rn. 100 f. – Eigenmittelbeschluss.

431 BVerfG v. 15.4.2021 – 2 BvR 547/21, Rn. 101 – Eigenmittelbeschluss.

432 BVerfG v. 15.4.2021 – 2 BvR 547/21, Rn. 101 – Eigenmittelbeschluss; der Beschluss (EU) 2020/440 kündigt ein 750-Milliarden-Euro Pandemie-Notkaufprogramm (PEPP) an; Pressebericht der EZB v. 18.3.2020, https://www.ecb.europa.eu/press/pr/date/2020/html/ecb.pr200318_1~3949d6f266.en.html (10.5.2021), inzwischen ein Paket über 1,85 Billionen Euro: Der nächste langfristige Haushalt der EU und Next Generation EU: Wichtige Fakten und Zahlen vom 11.11.2020, S. 1 ff.

433 Zurückhaltend: BVerfGE 132, 195, Rn. 196 f. – ESM e. A.; BVerfGE 135, 317, Rn. 243 f. – ESM SKSV; BVerfGE 134, 366, Rn. 100 – OMT – Vorlage an EuGH; BVerfGE 142, 123 ff., Rn. 65 ff., 176 f. – OMT-Beschluss; BVerfGE 154, 17, Rn. 121 f. – Anleihenkaufprogramm der EZB (PSPP).

434 Zum Rechtsschutz gegen die Maßnahmen der EZB (Nichtigkeitsklage nach Art. 263 Abs. 4 AEUV, Rechtsschutz gegen Rechtsakte mit Verordnungscharakter, Schadensersatzklage, Feststellungsklage zum VG, Verfassungsbeschwerde) vgl. A. Blankenagel, Zusammenfassung der Ergebnisse eines Kurzgutachtens zum Thema der negativen Zinsen, https://www.aequifin.com/de/ (10.5.2021).

435 W. Cremer, in: C. Calliess/M. Ruffert (Hrsg.), EUV/AEUV, ⁵2016, Art. 263 AEUV Rn. 50 f. m. N.

436 Art. 51 Abs. 1 S. 1 GRCh: „ausschließlich bei der Durchführung des Rechts der Union".

437 Vgl. Art. 4 Abs. 2 S. 1 EUV, Art. 23 Abs. 1 GG.

438 Vgl. Präambel, Abs. 3 GRCh; Präambel Abs. 6 EUV.

439 Art. 51 Abs. 1 S. 1 GRCh; zur Handhabung des Subsidiaritätsprinzips im Rahmen des Grundsatzes der beschränkten Einzelermächtigung: BVerfGE 89, 155 (210 f.) – Maastricht; zur „Zuständigkeitsprärogative" bei Ausübung der Zuständigkeiten: Art. 5 Abs. 1 S. 2, Abs. 3 EUV, dazu C. Calliess, in: C. Callies/M. Ruffert, EUV/AEUV, 5. Aufl. 2016, Art. 5 EUV Rn. 19 ff.; zum Subsidiaritätsprinzip im Rahmen der Staatslehre: J. Isensee, Ziele und Grenzen staatlichen Handelns, in: J. Isensee/P. Kirchhof (Hrsg.), HStR Bd. IV, ³2006, 473 Rn. 65 ff.

440 BVerfGE 152, 152, Rn. 48 – Recht auf Vergessen I.

441 BVerfGE 152, 216, Rn. 41 f. – Recht auf Vergessen II, dort auch zu den Ausnahmen Rn. 63 f.; E. Klein, Kompetenzielle Würdigung und verfassungsprozessuale Konsequenzen der „Recht auf Vergessen"-Entscheidungen, DÖV 2020, 341 (348 f.); A. Edenharter, Die EU-Grundrechte-Charta als Prüfungsmaßstab des Bundesverfassungsgerichts, DÖV 2020, 349.

442 BVerfGE 152, 216 Rn. 42 ff. – Recht auf Vergessen II, es gelten für die Gültigkeitsprüfung dieser europarechtlichen Normen wiederum der Ultra-vires-Vorbehalt und die Identitätsgarantie, Rn. 49.

443 BVerfG v. 1.12.2020 – 2 BvR 1845/18, Rn. 37 – Überstellung eines Straftäters nach Rumänien; BVerfGE 152, 216, Rn. 59 – Recht auf Vergessen II.

444 BVerfG v. 1.12.2020 – 2 BvR 1845/18, Rn. 37 – Überstellung eines Straftäters nach Rumänien; BVerfGE 152, 216, Rn. 59 – Recht auf Vergessen II.

445 Vgl. BVerfG v. 1.12.2020 – 2 BvR 1845/18, Rn. 37 – Überstellung eines Straftäters nach Rumänien.

446 Vgl. auch A. *Blankenagel*, Zusammenfassung der Ergebnisse eines Kurzgutachtens zum Thema der negativen Zinsen, https://www.aequifin.com/de/ (10.5.2021).

447 EuGH – C-10/92, ECLI:EU:C 1993, 846 – Balocchi; EuGH – C271/06, ECLI:EU:C 2008, 105 – Netto-Supermarkt.

448 Vgl. BVerfGE 140, 338, Rn. 44 – Identitätskontrolle; BVerfG v. 1.12.2020 – 2 BvR 1845/18, Rn. 38 – Überstellung eines Straftäters nach Rumänien.

449 Art. 6 Abs. 3 EUV, BVerfG v. 1.12.2020 – 2 BvR 1845/18, Rn. 37 – Überstellung eines Straftäters nach Rumänien.

450 Art. 14 Abs. 2 S. 2 GG, Art. 17 Abs. 1 S. 3 GRCh.

451 *C. Kreuter-Kirchhof*, Personales Eigentum im Wandel, 2017, S. 51 f.

452 Vgl. BVerfGE 24, 367 (389) – Hamburger Deichordnungsgesetz; BVerfGE 104, 1 (8 f.) – Baulandumlegung.

453 § 903 BGB.

454 BVerfGE 45, 142 (179) – Kaufpreisanspruch; BVerfGE 51, 193 (216 f.) – Warenzeichen; BVerfGE 70, 278 (286) – Steuerlicher Erstattungsanspruch; BVerfGE 78, 58 (71) – Ausstattungsschutz; BVerfGE 79, 174 (191) – Erbbaurecht; BVerfGE 83, 201 (208 f.) – Vorkaufsrecht; BVerfGE 89, 1 (6) – Mieterrecht; BVerfGE 112, 93, Rn. 46 – Stiftung Erinnerung, Verantwortung, Zukunft; vgl. auch BVerfGE 70, 191 (199) – Fischereirechte, st. Rspr.

455 BVerfGE 45, 142 – Kaufpreisanspruch; BVerfGE 83, 201 – Vorkaufsrecht; BVerfGE 89, 1 – Mieterrecht; BVerfGE 105, 17, Rn. 43 f. – Sozialpfandbriefe.

456 BVerfGE 45, 142 – Kaufpreisanspruch; BVerfGE 83, 201 – Vorkaufsrecht; BVerfGE 89, 1 – Mieterrecht; BVerfGE 105, 17, Rn. 43 f. – Sozialpfandbriefe, st. Rspr.

457 BVerfGE 93, 121 (137) – Vermögensteuer; BVerfGE 97, 350 (370) – Euro; BVerfGE 115, 97 (110) – Obergrenze für Einkommen- und Gewerbesteuer.

458 *O. Meyer*, Deutsches Verwaltungsrecht, 1924, Bd. I, S. 245 f., 316; BVerfGE 115, 97 (111) – Obergrenze für Einkommen- und Gewerbesteuer.

459 BVerfGE 115, 97 (111) – Obergrenze für Einkommen- und Gewerbesteuer.

460 *Th. Hobbes*, De Cive (1642), 1983, S. 27.

461 Dazu und zum Folgenden *C. Kreuter-Kirchhof*, Personales Eigentum im Wandel, 2017, S. 51 f.

462 *J. Locke*, Zweite Abhandlung über die Regierung (1690), aus dem Englischen v. H. J. Hoffmann, überarb. v. I. Siep, 2007.

463 *J. Locke*, Zweite Abhandlung über die Regierung (1690), aus dem Englischen v. H. J. Hoffmann, überarb. v. I. Siep. 2007, § 44, § 30.

464 *J. Locke*, Zweite Abhandlung über die Regierung (1690), aus dem Englischen v. H. J. Hoffmann, überarb. v. I. Siep. 2007, § 87; *C. Kreuter-Kirchhof*, Personales Eigentum im Wandel, 2017, S. 54 f.

465 *J. Locke*, Zweite Abhandlung über die Regierung (1690), aus dem Englischen v. H. J. Hoffmann, überarb. v. I. Siep. 2007, § 31, § 46.

466 *J. Locke*, Zweite Abhandlung über die Regierung (1690), aus dem Englischen v. H. J. Hoffmann, überarb. v. I. Siep. 2007, § 27; *C. Kreuter-Kirchhof*, Personales Eigentum im Wandel, 2017, S. 57.

467 *J. Locke*, Zweite Abhandlung über die Regierung (1690), aus dem Englischen v. H. J. Hoffmann, überarb. v. I. Siep. 2007, § 36.

468 Vgl. im Einzelnen *C. Kreuter-Kirchhof*, Personales Eigentum im Wandel, 2017, S. 62 f.

469 BVerfGE 30, 292 (335) – Erdölbevorratung; BVerfGE 31, 229 (239) – Schulbuchprivileg; BVerfGE 50, 290 (340) – Mitbestimmung m. N.

470 Gesetz über Leitsätze für die Bewirtschaftung und Preispolitik nach der Geldreform v. 24.6.1948, Gesetz- und Verordnungsblatt des Wirtschaftsrates des Vereinigten Wirtschaftsgebietes, 1948, S. 39 f. (für das amerikanische und britische Besatzungsgebiet in Deutschland).

471 *I. Kant*, Metaphysik der Sitten, Eintheilung der Rechtslehre, Berlin-Brandenburgische Akademie-Ausgabe, Kants Werke, Bd. VI, 1968, S. 237.

472 *I. Kant*, Metaphysik der Sitten, Eintheilung der Rechtslehre, Berlin-Brandenburgische Akademie-Ausgabe, Kants Werke, Bd. VI, 1968, S. 238.

473 *W. Kersting*, Eigentumsfreiheit und soziale Gerechtigkeit, in: Bitburger Gespräche, Jahrbuch 2004/I, 43 (54); *D. Hecker*, Eigentum als Sachherrschaft, 1990, S. 193.

474 *G. W. F. Hegel*, Grundlinien der Philosophie des Rechts, in: G. W. F. Hegel, Werke 7, ⁴1995, § 243, S. 389, § 49, S. 112.

475 *G. W. F. Hegel*, Grundlinien der Philosophie des Rechts, in: G. W. F. Hegel, Werke 7, ⁴1995, § 40, S. 98 f., § 43, S. 104.

476 *C. Kreuter-Kirchhof*, Personales Eigentum im Wandel, 2017, S. 98.

477 Das Sprachbild, im Geld verkörpere sich „geprägte Freiheit", verwendet das Bundesverfassungsgericht in BVerfGE 97, 350 (371) – Euro.

478 *C. Kreuter-Kirchhof*, Personales Eigentum im Wandel, 2017, S. 139 f.

479 *C. Kreuter-Kirchhof*, Personales Eigentum im Wandel, 2017, S. 312 f.

480 *C. Kreuter-Kirchhof*, Personales Eigentum im Wandel, 2017, S. 346 f.

481 *C. Kreuter-Kirchhof*, Personales Eigentum im Wandel, 2017, S. 325 f.; *M. Lehmann*, Entmaterialisierung, Entgrenzung und Recht, ARSB: Archiv für Rechts- und Sozialphilosophie 98 (2019), 263 (277 f.).

482 *N. Geiger/K. Prettner/J. A. Schwarzer*, Die Auswirkungen der Automatisierung auf Wachstum, Beschäftigung und Ungleichheit, Perspektiven der Wirtschaftspolitik, 2018, 594.

483 *R. Watson*, 50 Ideen der Zukunft, 2014, S. 108.

484 *R. Watson*, 50 Ideen der Zukunft, 2014, S. 108.

485 *M. Lehmann*, Entmaterialisierung, Entgrenzung und Recht, ARSP: Archiv für Rechts- und Sozialphilosophie 98 (2019), 263 (264, 270).

486 *M. Lehmann*, Entmaterialisierung, Entgrenzung und Recht, ARSP: Archiv für Rechts- und Sozialphilosophie, 98 (2019), 263 (265).

487 *C. Kreuter-Kirchhof*, Personales Eigentum im Wandel, 2017, S. 16 f.

488 *D. Hecker*, Eigentum als Sachherrschaft, 1990, S. 204 f.

489 Virginia Bill of Rights vom 12. Juni 1776, in: D. Gosewinkel/J. Masing, Die Verfassungen in Europa 1789-1949, 2006, S. 131.

490 Präambel der Verfassung vom 3. September 1791, in: D. Gosewinkel/J. Masing, Die Verfassungen in Europa 1789-1949, 2006, S. 165.

491 *U. Flosmann*, Eigentumsbegriff und Bodenordnung im historischen Wandel, 1976, S. 44 ff.

492 Vgl. im Einzelnen *C. Kreuter-Kirchhof*, Personales Eigentum im Wandel, 2017, S. 20 m. N.

493 Vgl. *W. Pauly*, Die Verfassung der Paulskirche und ihre Folgewirkungen, in: J. Isensee/P. Kirchhof (Hrsg.), HStR I, ³2003, § 3 Rn. 1.

494 § 164 der Verfassung des Deutschen Reiches vom 28. März 1849, in: D. Gosewinkel/J. Masing, Die Verfassungen in Europa 1789-1949, 2006, S. 760 (778).

495 Verfassung des Deutschen Reiches vom 11. August 1919, in: D. Gosewinkel/J. Masing, Die Verfassungen in Europa 1789-1949, 2006, S. 806.

496 Art. 153 Abs. 1 S. 2, Abs. 3 WRV.

497 So *C. Schmid*, 8. Sitzung des Unterausschusses bei den Beratungen des Herrenchiemseer Entwurfs vom 7.10.1948, Deutscher Bundestag/Bundesarchiv (Hrsg.), Der parlamentarische Rat 1948-1949 – Akten und Protokolle, Bd. 5/I, 1993, S. 198.

498 *T. H. Kaufmann*, Deutscher Bundestag/Bundesarchiv (Hrsg.), Der parlamentarische Rat 1948-1949 – Akten und Protokolle, Bd. 5/I, 1993, S. 208.

499 BVerfGE 24, 367 (400) – Hamburger Deichordnungsgesetz.

500 *H. v. Mangoldt*, Deutscher Bundestag/Bundesarchiv (Hrsg.), Der parlamentarische Rat 1948-1949 – Akten und Protokolle, Bd. 5/II, 1993, S. 725.

501 *H. v. Mangoldt*, Deutscher Bundestag/Bundesarchiv (Hrsg.), Der parlamentarische Rat 1948-1949 – Akten und Protokolle, Bd. 5/II, 1993, S. 730.

502 *H. v. Mangoldt*, Deutscher Bundestag/Bundesarchiv (Hrsg.), Der parlamentarische Rat 1948-1949 – Akten und Protokolle, Bd. 5/II, 1993, S. 724.

503 *H. v. Mangoldt*, Deutscher Bundestag/Bundesarchiv (Hrsg.), Der parlamentarische Rat 1948-1949 – Akten und Protokolle, Bd. 5/II, 1993, S. 733.

504 Unabhängigkeitserklärung der Vereinigten Staaten vom 4. Juli 1776, in: D. Gosewinkel/J. Masing, Die Verfassungen in Europa 1789-1949, 2006, S. 136.

505 Virginia Bill of Rights vom 12. Juni 1976, § 1, in: D. Gosewinkel/J. Masing, Die Verfassungen in Europa 1789-1949, 2006, S. 134.

506 *H. Hofmann*, Vielfalt, Sicherheit und Solidarität statt Freiheit, Gleichheit, Brüderlichkeit, in: J. Bizer/H.-J. Koch (Hrsg.), Sicherheit, Vielfalt, Solidarität, FS f. E. Denninger, 1998, 101 (113).

507 *H. Hofmann*, Vielfalt, Sicherheit und Solidarität statt Freiheit, Gleichheit, Brüderlichkeit, in: J. Bizer/H.-J. Koch (Hrsg.), Sicherheit, Vielfalt, Solidarität, FS f. E. Denninger, 1998, 101 (112 f.).

508 *H. Arendt*, Die Freiheit, frei zu sein (1967), 2018, S. 27; *H. Hofmann*, Vielfalt, Sicherheit und Solidarität statt Freiheit, Gleichheit, Brüderlichkeit, in: J. Bizer/H.-J. Koch (Hrsg.), Sicherheit, Vielfalt, Solidarität, FS f. E. Denninger, 1998, S. 101 (112 f.).

509 *G. Robbers*, Sicherheit als Menschenrecht, 1987, S. 84 f.; *W. Rudolf*, Die Französische Menschenrechtserklärung und ihre Wirkungen in Deutschland, in: E. Denninger (Hrsg.), Kritik und Vertrauen, FS f. P. Schneider, 1990, S. 430 f.

510 *H. Hofmann*, Vielfalt, Sicherheit und Solidarität statt Freiheit, Gleichheit, Brüderlichkeit, in: J. Bizer/H.-J. Koch (Hrsg.), Sicherheit, Vielfalt, Solidarität, FS f. E. Denninger, 1998, 101 (112 f.).

511 Deutsche Bundesakte vom 8.6.1815, in: D. Gosewinkel/J. Masing (Hrsg.), Die Verfassungen in Europa 1789-1949, 2006, 740 (742) Art. 2;

512 Gesetz betreffend die Verfassung des Deutschen Reiches vom 16.4.1871, in: D. Gosewinkel/J. Masing, Die Verfassungen in Europa 1789-1949, 2006, 783 (784), Präambel.

513 J. Isensee, Gemeinwohl im Verfassungsstaat, in ders./P. Kirchhof (Hrsg.), HStR IV, ³2006, § 71 Rn. 79; ders., Das Grundrecht als Abwehrrecht und staatliche Schutzpflicht, in ders./P. Kirchhof (Hrsg.), HStR IX, ³2011, § 191 Rn. 268.

514 Vgl. BVerfGE 100, 226 (271) – Denkmalschutz; BVerfGE 149, 86, Rn. 70 – Hofabgabeklausel.

515 BVerfGE 50, 290 (340) – Mitbestimmung; BVerfGE 143, 246 (323) – Atomausstiegsgesetz; BVerfGE 149, 86, Rn. 70 – Hofabgabeklausel.

516 H.-G. Vogel, Negativzinsen im Einlagegeschäft der Kreditinstitute, BKR 2018, 45.

517 D. Dziadkowski, Vollverzinsung im Steuerrecht bei Dauerniedrigzins, DStR 2016, 2304 (2305); H.-G. Vogel, Negativzinsen im Einlagegeschäft der Kreditinstitute, BKR 2018, 45.

518 BVerfGE 97, 350 (371) – Euro; H.-J. Papier/F. Shirvani, in: T. Maunz/G. Dürig, Grundgesetz, April 2018, Art. 14 GG Rn. 299; J. Wieland, in: H. Dreier (Hrsg.), Grundgesetz, Bd. I, ²2004, Art. 14 GG Rn. 69.

519 BVerfGE 105, 17 (30) – Sozialpfandbriefe; B.-O. Bryde, in: I. v. Münch/P. Kunig, Grundgesetz, Bd. I, ⁶2012, Art. 14 GG Rn. 24; J. Wieland, in: H. Dreier (Hrsg.), Grundgesetz, Bd. I, ²2004, Art. 14 GG Rn. 69; O. Depenheuer/J. Froese, in: H. v. Mangoldt/F. Klein/C. Starck, Kommentar zum Grundgesetz, Bd. I, ⁷2018, Art. 14 GG Rn. 116.

520 Vgl. auch O. Depenheuer/J. Froese, in: H. v. Mangoldt/F. Klein/C. Starck, Kommentar zum Grundgesetz, Bd. I, ⁷2018, Art. 14 GG Rn. 116.

521 Zum Maßstab vgl. BVerfGE 129, 124 (173) – Griechenlandhilfe und Euro-Rettungsschirm u. Hinw. auf BVerfGE 89, 155 (174) – Maastricht; BVerfGE 97, 350 (376) – Euro; zur Prüfkompetenz des BVerfG: BVerfGE 132, 195, Rn. 96 – ESM und Fiskalvertrag e. A.; BVerfGE 135, 317, Rn. 131 – ESM, jew. als allenfalls in Grenzfällen in Betracht kommende Ausnahme von der Regel, dass das BVerfG im Verfassungsbeschwerdeverfahren wirtschafts- und finanzpolitische Maßnahmen nicht überprüfe; zum Problem H.-J. Papier/F. Shirvani, in: T. Maunz/G. Dürig, Grundgesetz, 83. EL April 2018, Art. 14 GG Rn. 390; R. Wendt, in: Sachs (Hrsg.), Grundgesetz, ⁸2018, Art. 14 GG Rn. 40 f.; H.-G. Dederer, in: W. Kahl/C. Waldhoff/C. Walter (Hrsg.), Bonner Kommentar zum Grundgesetz, August 2020, Art. 14 GG Rn. 185.

522 BVerfGE 93, 121 (137) – Vermögensteuer; BVerfGE 87, 153 (169) – Grundfreibetrag im Einkommensteuerrecht; H.-G. Dederer, in: W. Kahl/C. Waldhoff/C. Walter (Hrsg.), Bonner Kommentar zum Grundgesetz, August 2020, Art. 14 GG Rn. 170 f., 177 f.; R. Wendt, in: Sachs (Hrsg.), Grundgesetz, ⁸2018, Art. 14 GG Rn. 40 f.

523 BVerfGE 105, 252 (277) – Informationstätigkeit der Bundesregierung; H. D. Jarass, in: ders./B. Pieroth, Grundgesetz, ¹⁶2020, Art. 14 GG Rn. 19; R. Wendt, in: M. Sachs (Hrsg.), Grundgesetz, ⁸2018, Art. 14 GG Rn. 44.

524 Zur Diskussion, ob Vermögen als solches eine konkrete Rechtsposition darstellt, vgl. H.-G. Dederer, in: W. Kahl/C. Waldhoff/C. Walter (Hrsg.), Bonner Kommentar zum Grundgesetz, Art. 14 GG Rn. 170 f., 177 f.; O. Depenheuer/J. Froese, in: H. v. Mangoldt/F. Klein/C. Starck, Kommentar zum Grundgesetz, Bd. I, ⁷2018, Art. 14 GG Rn. 163; J. Wieland, in: H. Dreier (Hrsg.), Grundgesetz, Bd. I, ²2004, Art. 14 GG Rn. 62; B.-O. Bryde, in: I. v. Münch/P. Kunig, Grundgesetz, Bd. I, ⁵2000, Art. 14 GG Rn. 23.

525 *H.-J. Papier/F. Shirvani*, in: T. Maunz/G. Dürig, Grundgesetz, 83. EL April 2018, Art. 14 GG Rn. 301.

526 BVerfGE 69, 272 (300 f.) – Beitragsfreie Krankenversicherung; BVerfGE 100, 1 (32 f.) – Rentenanwartschaften der DDR (Systementscheidung); BVerfGE 149, 86, Rn. 71 – Alterssicherung Landwirte; st. Rspr.

527 BVerfGE 25, 371 (407) – Aktien; BVerfGE 31, 229 (239) – Urheberrechte; BVerfGE 36, 281 (290 f.) – Patentrechte; BVerfGE 53, 257 (288 f.) – Sozialversicherungsrechtliche Ansprüche; BVerfGE 53, 336 (348 f.) – Öffentlich-rechtliche Erstattungsansprüche; BVerfGE 89, 1 (5 ff.) – Besitzrechte des Mieters; BVerfGE 143, 246, Rn. 252 – Atomausstiegsgesetz; BVerfGE 149, 86, Rn. 72 – Alterssicherung Landwirte.

528 BVerfGE 31, 229 (240) – Urheberrechte; BVerfGE 50, 290 (339) – Mitbestimmung; BVerfGE 52, 1 (30) – Kleingarten; BVerfGE 100, 226 (241) – Denkmalschutz; BVerfGE 102, 1 (15) – Altlasten; BVerfGE 143, 246, Rn. 216 – Atomausstiegsgesetz, st. Rspr.

529 BVerfGE 100, 226 (241) – Denkmalschutz; BVerfGE 143, 246, Rn. 216 – Atomausstiegsgesetz.

530 BVerfGE 50, 290 (340) – Mitbestimmung; BVerfGE 143, 246, Rn. 216 – Atomausstiegsgesetz, st. Rspr.

531 BVerfGE 45, 142 (179) – Kaufpreisanspruch; BVerfGE 51, 193 (216 f.) – Warenzeichen; BVerfGE 70, 278 (286) – Steuerlicher Erstattungsanspruch; BVerfGE 78, 58 (71) – Ausstattungsschutz; BVerfGE 79, 174 (191) – Erbbaurecht; BVerfGE 83, 201 (209) – Vorkaufsrecht; BVerfGE 89, 1 (6) – Mieterrecht; BVerfGE 112, 93 (107) – Stiftung Erinnerung, Verantwortung, Zukunft; vgl. auch BVerfGE 70, 191 (199) – Fischereirechte, st. Rspr.

532 Grundlegend zur Funktion des grundrechtlichen Eigentums *O. Depenheuer/J. Froese*, in: H. v. Mangoldt/F. Klein/C. Starck, Grundgesetz, Bd. I, [7]2018, Art. 14 GG Rn. 11, 116 ff.; *B.-O. Bryde*, in: I. v. Münch/P. Kunig, Grundgesetz, Bd. I, [5]2000, Art. 14 GG Rn. 13 ff.; *J. Wieland*, in: H. Dreier (Hrsg.), Grundgesetz, Bd. I, [2]2004, Art. 14 GG Rn. 78 ff.; *H.-J. Papier/F. Shirvani*, in: T. Maunz/G. Dürig, Grundgesetz, 83. EL April 2018, Art. 14 Rn. 206 ff.

533 *K. Vogel*, Der Finanz- und Steuerstaat, in: J. Isensee/P. Kirchhof (Hrsg.), HStR II, [3]2004, § 30 Rn. 55.

534 *J. G. Hoffmann*, Die Lehre von den Steuern, 1840, S. 28.

535 *L. v. Stein*, Lehrbuch der Finanzwissenschaft, 1885, Th II, Abt. H.1, S. 133.

536 *O. Mayer*, Deutsches Verwaltungsrecht, 1924, Bd. 1, S. 316; *C. Waldhoff*, Grundzüge des Finanzrechts des Grundgesetzes, in: J. Isensee/P. Kirchhof (Hrsg.), HStR V, [3]2007, § 116 Rn. 85.

537 Vgl. im Einzelnen *P. Kirchhof*, Die Steuern, in: J. Isensee/ders. (Hrsg.), HStR V, [3]2007, § 118 Rn. 84 f.

538 *J. Isensee*, Steuerstaat als Staatsform, in: FS f. H.-P. Ipsen, 1977, S. 409; *K. Vogel*, Der Finanz- und Steuerstaat, in: J. Isensee/P. Kirchhof (Hrsg.), HStR II, [3]2004, § 30 Rn. 65; *C. Waldhoff*, Grundzüge des Finanzrechts des Grundgesetzes, in: J. Isensee/P. Kirchhof (Hrsg.), HStR V, [3]2007, § 116 Rn. 110.

539 *F. K. Mann*, Steuerpolitische Ideale, 1937, S. 119 f.

540 *F. K. Mann*, Steuerpolitische Ideale, 1937, S. 42 m. N.

541 *H.-P. Ullmann*, Der deutsche Steuerstaat, 2005, S. 8, 15 f. S. 15.

542 *J. Isensee*, Steuerstaat als Staatsform, in: FS f. H.P. Ipsen, 1977, S. 409 f.

543 *J. J. Moser*, Von der Landeshoheit in Cameral-Sachen, 1773, Neudruck 1967, S. 107f.

544 *C. v. Rotteck*, Stichwort „Eigentum", in: ders./C. Welcker (Hrsg.), Das Staats-Lexikon – Encyklopädie der sämmtlichen Staatswissenschaften für alle Stände, Bd. IV, 1846, 211 (214).

545 *K. Vogel*, Gesetzgeber und Verwaltung, VVDStRL 24 (1966), 125 (147 ff.).

546 Art. 104a ff. GG.

547 BVerfGE 145, 171 (199) – Kernbrennstoffsteuer; *C. Waldhoff*, Grundzüge des Finanz-rechts des Grundgesetzes, in: J. Isensee/P. Kirchhof (Hrsg.), HStR V, ³2007, § 116 Rn. 84; zu faktischen Verschiebungen insbesondere im Kommunalrecht zugunsten nichtsteuerlicher Einnahmen vgl. *E. Gawel*, Das Steuerstaatsgebot des Grundgesetzes, Der Staat 39 (2000), 209 (212).

548 BVerfGE 145, 171 (193 f.) – Kernbrennstoffsteuer; BVerfGE 120, 1 (26) – Abfärberege-lung (für die GewSt); vgl. auch BVerfGE 14, 105 (111) – Branntweinmonopol; BVerfGE 21, 12 (26) – Allphasenumsatzsteuer; BVerfGE 31, 8 (16) – Glücksspielautomat; BVerfGE 37, 38 (45) – USt bei Kleinunternehmen; BVerfGE 40, 56 (60 ff.) – Vergnügungssteuer-gesetz; BVerfGE 42, 38 (40 ff.) – Vergnügungssteuer für den Betrieb von Spielapparaten; BVerfGE 69, 174 (183 f.) – Getränkesteuer; BVerfGE 93, 121 – Vermögensteuer.

549 *P. Kirchhof*, Nichtsteuerliche Abgaben, in: J. Isensee/ders. (Hrsg.), HStR V, ³2007, § 119 Rn. 17 f.

550 *P. Kirchhof*, Nichtsteuerliche Abgaben, in: J. Isensee/ders. (Hrsg.), HStR V, ³2007, § 119 Rn. 69 f. m. N.

551 *P. Kirchhof*, Nichtsteuerliche Abgaben, in: J. Isensee/ders. (Hrsg.), HStR V, ³2007, § 119 Rn. 110 f.

552 BVerfGE 79, 311 (329) – Maastricht; BVerfGE 123, 195, Rn. 138 – Lissabon; BVerfGE 154, 17, Rn. 104 f. – Anleihenkaufprogramm der EZB (PSPP).

553 *H. Pünder*, Staatsverschuldung, in: J. Isensee/P. Kirchhof (Hrsg.), HStR V, ³2007, § 123 Rn. 55.

554 Art. 109 Abs. 3 S. 1 GG.

555 Art. 109 Abs. 2 nennt noch den Art. 104 des Vertrages zur Gründung der Europäischen Gemeinschaft; ihm entspricht heute der Art. 126 AEUV.

556 Art. 109 Abs. 3 S. 2 GG; Art. 122 AEUV.

557 BVerfGE 58, 300 (335) – Nassauskiesung; BVerfGE 74, 203 (214) – Arbeitslosengeld.

558 BVerfGE 143, 246 (268) – Atomausstieg.

559 BVerfGE 143, 246 (268) – Atomausstieg.

560 BVerfGE 33, 1 (10 ff.) – Strafgefangene; BVerfGE 33, 125 (158 ff.) – Facharztbeschluss; BVerfGE 33, 303 (307, 346) – Numerus clausus; BVerfGE 34, 165 (192 f.) – Hessische Förderstufe; BVerfGE 41, 251 (259 f.) – Speyer-Kolleg; BVerfGE 45, 400 (417 f.) – Ober-stufenreform in Hessen; BVerfGE 47, 46 (78 f.) – Sexualkundeunterricht; BVerfGE 49, 89 (126) – Kalkar (Schneller Brüter); BVerfGE 58, 257 (268) – Schulausschluss; BVerfGE 101, 1 (34) – Hennenhaltung; BVerfGE 139, 19, Rn. 60 ff. – Höchstaltersgrenze für Beamte m.w.N; zur Konkretisierung der Wesentlichkeitsthese *F. Ossenbühl*, Vorrang und Vorbehalt des Gesetzes, in: J. Isensee/P. Kirchhof (Hrsg.), HStR Bd. V, ³2007, § 101 Rn. 52 ff.

561 *F. Ossenbühl*, Vorrang und Vorbehalt des Gesetzes in: J. Isensee/P. Kirchhof (Hrsg.), HStR Bd. V, ³2007, § 101 Rn. 4 ff.

562 O. *Mayer*, Deutsches Verwaltungsrecht I, [3]1924, Nachdruck 1969, 65 – Die „Herrschaft des Gesetzes" besteht in „seiner Rechtssatz schaffenden Kraft, seinem Vorrang und seinem Vorbehalt"; *F. Ossenbühl*, Vorrang und Vorbehalt des Gesetzes, in: J. Isensee/P. Kirchhof (Hrsg.), HStR Bd. V, [3]2007, § 101 Rn. 1.

563 EuGH v. 21.9.1989 – C-46/87 u. 227/88, ECLI:EU:C:1989:337, Rn. 19 – Hoechst AG/ Kommission EU.

564 EuGH v. 9.11.2010 – C-92-93/09, ECLI:EU:C:2010:662, Slg. 2010, 1-11063, Rn. 66 – Schecke und Eifert.

565 Vgl. im Einzelnen *T. Kingreen*, in: C. Calliess/M. Ruffert (Hrsg.), EUV/AEUV, [5]2016, Art. 52 GRCh Rn. 62.

566 Vgl. auch Art. 80 Abs. 1 GG für die Rechtsverordnung im Sinne des GG.

567 BVerfGE 31, 275 (290) – Bild- und Tonträger; BVerfGE 70, 191 (201 f.) – Fischereirecht; BVerfGE 143, 246, Rn. 69 – Atomausstiegsgesetz; BVerfGE 149, 86, Rn. 79 – Hofabgabeklausel.

568 BVerfGE 42, 263 (256 f.) – Contergan; BVerfGE 58, 300 (351) – Nassauskiesung.

569 Für die Enteignung: BVerfGE 24, 367 (394) – Hamburgisches Deichordnungsgesetz; BVerfGE 52, 1 (27) – Kleingarten; BVerfGE 83, 201 (211) – Vorkaufsrecht; BVerfGE 143, 246, Rn. 245 – Atomausstiegsgesetz; für die Inhalts- und Schrankenbestimmung mit substanzentziehender Wirkung: BVerfGE 58, 137 (149 f.) – Pflichtexemplar; BVerfGE 79, 174 (192) – Straßenverkehrslärm; BVerfGE 83, 201 (212) – Vorkaufsrecht; BVerfGE 100, 226 (244) – Denkmalschutz; BVerfGE 143, 246, Rn. 258 f – Atomausstiegsgesetz.

570 BVerfGE 105, 279 (303) – Osho-Bewegung; BVerfGE 110, 177 (191) – Aufenthaltsbeschränkungen für Spätaussiedler; BVerfGE 113, 63 (76) – Verfassungsschutzbericht, „Junge Freiheit"; BVerfGE 116, 202 (222) – Berliner Vergabegesetz; BVerfGE 153, 182, Rn. 215 – Versorgungsausgleich; *R. Wendt*, in: M. Sachs (Hrsg.), Grundgesetz, [8]2018, Art. 14 GG Rn. 40.

571 *P. Kirchhof*, Verwalten durch mittelbares Einwirken, 1975, S. 187 ff., 270 ff.

572 BVerfGE 129, 124 (178) – EFS.

573 Art. 23 Abs. 1 S. 3 i. V. m. Art. 79 Abs. 3 GG; zur Belastungswirkung des Wechsels: Anlage 12.

574 Vgl. BVerfGE 129, 124 (179) – EFS.

575 BVerfGE 145, 171 (193 f.) – Kernbrennstoffsteuer; BVerfGE 120, 1 (26) – Abfärberegelung (für die GewSt); vgl. auch BVerfGE 14, 105 (111) – Branntweinmonopol; BVerfGE 21, 12 (26) – Allphasenumsatzsteuer; BVerfGE 31, 8 (16) – Glücksspielautomat; BVerfGE 37, 38 (45) – USt bei Kleinunternehmen; BVerfGE 40, 56 (60 ff.) – Vergnügungssteuergesetz; BVerfGE 42, 38 (40 ff.) – Vergnügungssteuer für den Betrieb von Spielapparaten; BVerfGE 69, 174 (183 f.) – Getränkesteuer; BVerfGE 93, 121 – Vermögensteuer.

576 BVerfGE 129, 124 – EFS; BVerfGE 154, 17 – Anleihekaufprogramm der EZB (PSPP).

577 Vgl. Art. 106 GG; zum Negativzins in einer steuerlichen Bemessungsgrundlage: H. Kube/E. Reimer (Hrsg.), Das negative Vorzeichen im Steuerrecht, HFSt Bd. 17, 2021 i. E.

578 *A. Wagner*, Finanzwissenschaften, 2. Theil: Theorie der Besteuerung, Gebührenlehre und allgemeine Steuerlehre, [2]1890, 36 (38) (Abgaben wegen eines „geleisteten Dienstes" und wegen einer von dem Einzelnen verursachten Ausgabe; *K. Vogel*, Vorteil und Verantwortlichkeit. Der doppelgliedrige Gebührenbegriff des Grundgesetzes, in: H. J. Faller/P. Kirchhof/E. Träger (Hrsg.), FS f. W. Geiger, 1989, 518 (524f.).

579 *D. Wilke*, Gebührenrecht und Grundgesetz, 1973, S. 105, 109.

580 *D. Wilke*, Gebührenrecht und Grundgesetz, 1973, S. 100 f.

581 *K. Vogel*, Vorteil und Verantwortlichkeit. Der doppelgliedrige Gebührenbegriff des Grundgesetzes, in: H. J. Faller/P. Kirchhof/E. Träger (Hrsg.), FS f. W. Geiger zum 80. Geburtstag, 1989, 518 (525 f.).

582 *A. Wagner*, Finanzwissenschaften, 2. Theil, Theorie der Besteuerung, Gebührenlehre und allgemeine Steuerlehre, ^{2}1890, S. 38.

583 Zu den Grenzen *K.-H. Friauf*, Zur Problematik des Rechtsgrundes und der Grenzen der polizeilichen Zustandshaftung, in: K. Vogel (Hrsg.), FS f. G. Wacke, 1972, S. 293f.

584 *D. Wilke*, Gebührenrecht und Grundgesetz, 1973, S. 100 f.

585 *K. Vogel*, Vorteil und Verantwortlichkeit. Der doppelgliedrige Gebührenbegriff des Grundgesetzes, in: H. J. Faller/P. Kirchhof/E. Träger (Hrsg.), FS f. W. Geiger zum 80. Geburtstag, 1989, 518 (525 f.).

586 *R. Wendt,* Die Gebühr als Lenkungsmittel, 1975, S. 49 f.

587 BVerfGE 118, 1 (31) – Rückmeldegebühr – lässt offen, ob Leistungen Dritter – anderer, nicht die Gebühr fordernder öffentlicher Träger oder privater Leistungserbringer – überhaupt eine Gebühr und deren Bemessung rechtfertigen können.

588 *H. Krüger*, Die Auflage als Instrument der Wirtschaftsverwaltung, DVBl. 1955, S. 518 (520).

589 BVerfGE 108, 1 (18) – Rückmeldegebühr unter Hinw. auf BVerfGE 50, 217 (226, 230 f.) – Gebührenmaßstäbe; BVerfGE 79, 1 (28) – Urheberrecht.

590 BVerfGE 82, 159 (181) – Absatzfonds; BVerfGE 91, 186 (203f.) – Kohlepfennig; BVerfGE 92, 91 (113) – Feuerwehrabgaben; BVerfGE 98, 83 (100) – Landesabfallabgaben; BVerfGE 101, 141 (147) – Ausgleichsfonds; BVerfGE 108, 186 (217) – Altenpflegeabgabe; BVerfGE 110, 370 (384 ff.) – Klärschlamm-Entschädigungsfonds; BVerfGE 145, 171, Rn. 105 f. – Kernbrennstoffsteuer.

591 BVerfGE, aaO; zu den Kriterien der fehlenden finanzverfassungsrechtlichen Kompetenz, der gleichheitserheblichen Sonderlast und der Haushaltsflüchtigkeit der Erträge aus Sonderabgaben vgl. auch *P. Kirchhof*, Nichtsteuerliche Abgaben, in: J. Isensee/P. Kirchhof (Hrsg.), HStR Bd. V, ^{3}2007, § 119 Rn. 69 f.

592 BGH v. 14.5.2019 – XI ZR 3345/18, NJW 2019, 2920, Rn. 26 f.

593 Für Art. 14 GG vgl. BVerfGE 70, 191 (201) – Fischereirechte; BVerfGE 97, 350 (370) – Euro; BVerfGE 105, 17 (30) – Sozialpfandbrief; BVerfGE 112, 93 (107) – Stiftung Erinnerung, Verantwortung, Zukunft; ausdrücklich auch Art. 17 GRCh (Das Recht, ihr rechtmäßig erworbenes Eigentum zu besitzen, zu nutzen, darüber zu verfügen und es zu vererben. Niemandem darf sein Eigentum entzogen werden).

594 BVerfGE 95, 96 (130 f.) – Mauerschützen; BVerfGE 133, 168, Rn. 55 f. – Verständigung im Strafprozess; BVerfGE 140, 317, Rn. 55 f. – Europäischer Haftbefehl.

595 BVerfGE 95, 96 (130 f.) – Mauerschützen; BVerfGE 133, 168, Rn. 55 – Verständigung im Strafprozess; BVerfGE 140, 317, Rn. 55 – Europäischer Haftbefehl.

596 BVerfGE 45, 187 (253 f.) – Lebenslange Freiheitsstrafe; BVerfGE 120, 224 (253 f.) – Geschwisterbeischlaf; BVerfGE 133, 168, Rn. 55 – Verständigung im Strafprozess; BVerfGE 140, 317, Rn. 55 – Europäischer Haftbefehl; BVerfGE 105, 135, NJW 2002, 1779 – Vermögensstrafe nach § 43 StGB.

597 Vgl. Art. 153 ff. Leitlinie (EU) 2015/510 der EZB v. 19.12.2014, ABl 91/3 (71) und die dort genannten Verordnungen; *A. Blankenagel*, Zusammenfassung der Ergebnisse eines Kurzgutachtens zum Thema der negativen Zinsen, https://www.aequifin.com/de/ (10.5.2021).

598 Deutsche Bundesbank Eurosystem, https://www.bundesbank.de/de/aufgaben/geld-politik/offenmarktgeschaefte/gezielte-laengerfristige-refinanzierungs-geschaefte-iii/verzinsung-802764 (10.5.2021); vgl. auch Anlage 7.

599 BVerfGE 154, 17, Rn. 173 – Anleihenkaufprogramm der EZB (PSPP).

600 BVerfGE 105, 279 (303) – Osho-Bewegung; BVerfGE 110, 177 (191) – Aufenthaltsbeschränkungen für Spätaussiedler; BVerfGE 113, 63 (76) – Verfassungsschutzbericht, „Junge Freiheit"; BVerfGE 116, 202 (222) – Berliner Vergabegesetz; BVerfGE 153, 182, Rn. 215 – Versorgungsausgleich; *R. Wendt*, in: M. Sachs (Hrsg.), Grundgesetz, [8]2018, Art. 14 GG Rn. 40; zur Intensität der Einlagelast: Anlage 12.

601 Zu den Kriterien (Geeignetheit, Erforderlichkeit, Zumutbarkeit) eines allgemeinen Verhältnismäßigkeitsgrundsatzes als Maß aller Freiheitseingriffe vgl. BVerfGE 67, 157 (173) – Briefkontrolle G 10; BVerfGE 120, 378 (427) – Automatisierte Kennzeichenerfassung; BVerfGE 141, 220, Rn. 93 – Bundeskriminalamtsgesetz; BVerfGE 150, 244, Rn. 82 – Automatisierte Kraftfahrzeugkennzeichnungskontrolle, st.Rspr.

602 BVerfGE 30, 292 (335) – Erdölbevorratung; BVerfGE 126, 112 (135) – Rettungsdienst; zur Entwicklung BVerfGE 7, 377 – Apothekenurteil; BVerfGE 152, 274, Rn. 121 – Gesetz mit berufsregelnder Tendenz.; *R. Breuer*, Freiheit des Berufs, in: J. Isensee/P. Kirchhof (Hrsg.), HStR Bd. VIII, [3]2010, § 170 Rn. 55; *ders.*, Berufsregelung und Wirtschaftslenkung, in: J. Isensee/P. Kirchhof (Hrsg.), HStR Bd. VIII, [3]2010, § 171 Rn. 96 ff.; *H.-P. Schneider*, Berufsfreiheit, in: D. Merten/H.-J. Papier (Hrsg.), Handbuch der Grundrechte in Deutschland und Europa, Bd. V, 2003, § 113 Rn. 82 ff.

603 Zu den Kriterien – hier einer kompetenzrechtlichen Verhältnismäßigkeit mit materiellem Gehalt – vgl. BVerfGE 67, 157 (173) – Briefkontrolle G 10; BVerfGE 120, 378 (427) – Automatisierte Kennzeichenerfassung; BVerfGE 141, 220, Rn. 93 – Bundeskriminalamtsgesetz; BVerfGE 150, 244, Rn. 82 – Automatisierte Kraftfahrzeugkennzeichnungskontrolle, st.Rspr; zur Intensität der Last: Anlage 8.

604 BVerfGE 58, 137 (149 f.) – Pflichtexemplar; BVerfGE 79, 174 (192) – Straßenverkehrslärm; BVerfGE 83, 201 (212) – Vorkaufsrecht; BVerfGE 100, 226 (244) – Denkmalschutz; BVerfGE 143, 246, Rn. 258 f. – Atomausstiegsgesetz.

605 BVerfGE 100, 226 (244, 246 f.) – Denkmalschutz; BVerfGE 143, 246, Rn. 260 – Atomausstiegsgesetz.

606 BVerfGE 143, 246, Rn. 260 – Atomausstiegsgesetz.

607 BVerfGE 102, 1 (17 f., 21) – Altlasten; BVerfGE 143, 246, Rn. 261 – Atomausstiegsgesetz.

608 BVerfGE 143, 246, Rn. 245 f. – Atomausstiegsgesetz.

609 BVerfGE 24, 367 (394) – Hamburgisches Deichordnungsgesetz; BVerfGE 52, 1 (27) – Kleingarten; BVerfGE 83, 201 (211) – Vorkaufsrecht; BVerfGE 143, 246, Rn. 245 – Atomausstiegsgesetz.

610 Vgl. BVerfGE 100, 226 (240) – Denkmalschutz; BVerfGE 102, 1 (16) – Altlasten; BVerfGE 143, 246, Rn. 245 – Atomausstiegsgesetz.

611 BVerfGE 143, 246, Rn. 246 f. – Atomausstiegsgesetz.

612 Im Anschluss an BVerfGE 104, 1 (10) – Baulandumlegung; BVerfGE 126, 331 (359) – Ausschluss nicht auffindbarer Miterben.

613 BVerfGE 110, 141 (167) – Kampfhunde; die Sicherstellung und Beschlagnahme von Gegenständen zu Beweiszwecken, BVerfGE 117, 550 (557) – Durchsuchung einer Rechtsanwaltskanzlei.

614 BVerfGE 58, 300 (330 f.) – Nassauskiesung.

615 Zur Entziehung deliktisch erworbenen Eigentums als Nebenfolge einer strafrechtlichen Verurteilung, BVerfGE 110, 1 (24 f.) – Erweiterter Verfall; vgl. auch BVerfGE 22, 387 (422 f.) – Versorgungsrechte von Hinterbliebenen; BVerfGE 143, 246, Rn. 254 – Atomausstiegsgesetz.

616 BVerfGE 143, 246, Rn. 256 – Atomausstiegsgesetz.

617 BVerfGE 70, 191 (201) – Fischereirechte; BVerfGE 97, 350 (370) – Euro; BVerfGE 105, 17 (30) – Sozialpfandbrief; BVerfGE 112, 93 (107) – Stiftung Erinnerung, Verantwortung, Zukunft.

618 Zu Begriff und Erscheinungsformen vgl. BGHZ 159, 280 f.; BGHZ 167, 252 f.; BGHZ 168, 1 f.

619 Zum Recht auf Glück vgl. die Amerikanische Declaration of Independence vom 4. Juli 1776: "We hold these Truths to be self-evident, that all Men are created equal, that they are endowed by their Creator with certain unalienable Rights, that among these are Life, Liberty, and the Pursuit of Happiness", in: M. Urofsky/P. Finkelman (Hrsg.), Documents of American Constitutional and Legal History, Bd. I, ²2002, 55; „Wir halten folgende Wahrheiten für klar und keines Beweises bedürfend, nämlich: dass alle Menschen gleich geboren, dass sie von ihrem Schöpfer mit gewissen unveräußerlichen Rechten begabt sind, dass zu diesen Leben, Freiheit und das Streben nach Glückseligkeit gehöre.", Übersetzung aus D. Gosewinkel/J. Masing (Hrsg.), Die Verfassungen in Europa 1789–1949, 2006, S. 136; zur Gleichheit im Glücksstreben siehe *P. Kirchhof,* Allgemeiner Gleichheitssatz, in: J. Isensee/P. Kirchhof (Hrsg.), HStR, Bd. VI, ³2010, § 181 Rn. 12.

620 Vgl. *Stanislas,* Comte de Clermont-Tonnerre, Analyse raisonnée de la constitution française. Décrétée par l'Assemblée Nationale. Des années 1789, 1790 et 1791, ²1791, 23.

621 Seit BVerfGE 1, 14 (52) – Südweststaat; BVerfGE 1, 14 (52) – Südweststaat, BVerfGE 17, 319 (330) – Bayerische Bereitschaftspolizei; BVerfGE 24, 236 – Aktion Rumpelkammer; BVerfGE 42, 374 (388) – Pfandleihgewerbe; BVerfGE 51, 1 (23) – Rentenauszahlung; BVerfGE 75, 108 (157) – Künstlersozialversicherungsgesetz; BVerfGE 76, 256 (329) – Beamtenversorgung; BVerfGE 82, 159 (180) – Absatzfonds; BVerfGE 83, 89 (107 f.) – Hundert-Prozent-Grenze im Beihilferecht; BVerfGE 83, 341 – Bahá'í; BVerfGE 84, 239 (268) – Kapitalertragsteuer; BVerfGE 90, 226 (239) – Kirchensteuer-Hebesatz; BVerfGE 93, 1 – Kruzifix; BVerfGE 93, 319 (348 f.) – Wasserpfennig; BVerfGE 93, 386 (397) – Auslandszuschlag; BVerfGE 94, 315 (326) – Zwangsarbeit; BVerfGE 102, 370 – Zeugen Jehovas; BVerfGE 103, 310 (318) – Beschäftigungszeiten öffentlicher Dienst (MfS/AfNS); BVerfGE 104, 356 – Schächtverbot; BVerfGE 105, 279 – Warnung vor „Jugendsekten"; BVerfGE 108, 52 (67 f.) – Barunterhaltsanspruch; BVerfGE 108, 282 – Kopftuchverbot; BVerfGE 109, 96 (123) – Alterssicherung für Landwirte; BVerfGE 110, 94 (112) – Spekulationsteuer; BVerfGE 114, 258 (297 f.) – Private Altersvorsorge für Beamte; BVerfGE 115, 51 (61 f.) – Analoge Anwendung des § 79 Abs. 2 S. 3 BVerfGG; BVerfGE 123, 1 (23) – Spielgerätesteuer; die Formel wird auch im Erfordernis eines „vernünftigen, einleuchtenden Grundes" vereinfacht BVerfGE 76, 256 (329) – Beamtenversorgung; BVerfGE 90, 226 (239) – Bemessung des Arbeitslosengeldes; BVerfGE 108, 52 (67 f.) – Barunterhaltsanspruch; BVerfGE 123, 1 (23) – Spielgerätesteuer, st. Rspr.; BVerfGE 145, 106, Rn. 101 – Nicht genutzte Verluste einer Kapitalgesellschaft; BVerfGE 152, 274 (97) – Erstausbildungskosten; BVerfGE 153, 358 Rn. 94 f. – Versorgungsausgleich, st. Rspr.

622 Vgl. EuGH, C 117/76, ECLI:EU:C:1977:160, Slg. 1977, 1753, 1769 f. – Ruckdeschel u. a./Hauptzollamt Hamburg-St. Annen; *R. Streinz*, in: ders. (Hrsg.), EUV/AEUV, ³2018, Art. 20 GRCh Rn. 1; *M. Rossi*, in: C. Calliess/M. Ruffert (Hrsg.), EUV/AEUV, ⁵2016, Art. 20 GRCh Rn. 2; BVerfGE 153, 358 (397 f., Rn. 94 f.) – Versorgungsausgleich.

623 BVerfG v. 1.12.2020 – 2 BvR 1845/18, Rn. 37 – Überstellung eines Straftäters nach Rumänien; EuGH, C-15/95, Slg. 1997, I-1983, Rn. 25 – EARL; EuGH, C-292/97, Slg. 2000, I-2760, Rn. 39 – Karlsson; EuGH, C-127/07, Slg. 2008, I-9921, Rn. 23 ff. – Arcelor Atlantique et Lorraine; EuGH, C-101/12, EU:C:2013:661, Rn. 77 – Schaible/Land Baden-Württemberg; *N. Petersen*, Deutsches und Europäisches Verfassungsrecht II, 2019, § 5 Rn. 2 f.; *S. Hölscheidt*, in: J. Meyer/S. Hölscheidt (Hrsg.), Charta der Grundrechte der Europäischen Union, ⁵2019, Art. 20 Rn. 3.; *H. Jarass*, Charta der Grundrechte der EU, ⁴2021, Art. 51 GRCh Rn. 16.

624 Art. 51 Abs. 1 S. 1 GRCh.

625 Art. 13 Abs. 1 UAbs. 2 EUV.

626 *H. Jarass*, Charta der Grundrechte der EU, ⁴2021, Art. 51 GRCh Rn. 16, 17; zur Bindung des deutschen Verfassungsstaates auch bei Maßnahmen, die nur mittelbare oder faktische Wirkungen entfalten vgl. BVerfGE 153, 182, Rn. 215 – Vorsorgeausgleich.

627 BVerfGE 3, 58 (135) – Beamtenurteil; BVerfGE 4, 144 (155) – Abgeordnetenentschädigung; BVerfGE 12, 326 (333) – Richterbesoldung Nordrhein-Westfalen; BVerfGE 19, 101 (115) – Zweigstellensteuer für Wareneinzelhandelsunternehmen; BVerfGE 23, 135 (143) – Waisenrente; BVerfGE 42, 64 (72) – Zwangsversteigerung (Michelstadt); BVerfGE 55, 72 (90) – Präklusion (Vereinfachungsnovelle); BVerfGE 117, 330 (353) – Alimentationsprinzip; BVerfGE 118, 79 (102) – Treibhausgas-Emissionsberechtigung, st. Rspr.

628 BVerfGE 88, 87 (96) – Transsexuelle (Namensrecht); BVerfGE 111, 176 (184) – Erziehungsgeld an Ausländer; BVerfGE 129, 49 (69) – Mediziner-Bafög; BVerfGE 138, 136, Rn. 122 – Verschonung des Betriebsvermögens im Erbschaftsteuerrechtrecht; BVerfGE 153, 538, Rn. 95 – Vorsorgeausgleich; vgl. im Übrigen *P. Kirchhof*, in: T. Maunz/G. Dürig, Grundgesetz, September 2015, Art. 3 Abs. 1 GG Rn. 268, 436.

629 EuGH – C-127/07, ECLI:EU:C:2008:728, Slg. 2008, I-9921, Rn. 23 ff. – Arcelor Atlantique et Lorraine; EuGH – C-101/12, ECLI:EU:C:2013:661, Rn. 77 – Schaible/Land Baden-Württemberg.

630 *A. Sen*, Die Idee der Gerechtigkeit, 2009, deutsch 2010, S. 41 f.

631 BVerfGE 75, 108 (157) – Künstlersozialversicherungsgesetz; vgl. auch BVerfGE 76, 256 (329) – Beamtenversorgung; BVerfGE 78, 249 (287) – Fehlbelegungsabgabe; BVerfGE 84, 239 (268) – Zinsurteil; BVerfGE 93, 319 (348 f.) – Wasserpfennig; BVerfGE 110, 412 (432) – Teilkindergeld; BVerfGE 112, 268 (279) – Kinderbetreuungskosten; BVerfGE 127, 146 – doppelte Haushaltsführung; BVerfGE 145, 106, Rn. 101 – Nicht genutzte Verluste einer Kapitalgesellschaft; BVerfGE 152, 274, Rn. 97 – Erstausbildungskosten.

632 BVerfGE 89, 346 (353) – Ausbildungsfreibetrag.

633 BVerfGE 9, 201 (206) – Scheineheliche Kinder; ähnlich BVerfGE 1, 264 (75) – Bezirksschornsteinfeger; BVerfGE 3, 58 (135 f.) – Beamtenurteil; BVerfGE 4, 7 (18) – Investitionshilfe; BVerfGE 103, 310 (319) – Beschäftigungszeiten im öffentlichen Dienst.

634 BVerfGE 27, 142 (150) – Kinderzuschlag für „Enkelpflegekinder"; BVerfGE 39, 318 (329) – Kinderzuschuss in der Rente; BVerfGE 82, 60 (82 f.) – Steuerfreies Existenzminimum; BVerfGE 93, 121 (134 f.) – Vermögenssteuer; BVerfGE 96, 1 (9) – Weihnachtsfreibetrag;

BVerfGE 101, 297 (310) – Häusliches Arbeitszimmer; BVerfGE 105, 73 (124 f.) – Rentenbesteuerung; BVerfGE 116, 164 (183) – Tarifbegrenzung gewerblicher Einkünfte; BVerfGE 117, 1 (31 f.) – Erbschaftsteuer; BVerfGE 125, 175 (225) – Hartz IV.

635 *G. Radbruch*, FS f. Laun, 1948, 157 (165 ff.).

636 *F. C. v. Savigny*, Vom Beruf unserer Zeit für Gesetzgebung und Rechtswissenschaft, 1892, 18.

637 BVerfGE 82, 60 (84) – Steuerfreies Existenzminimum; BVerfGE 89, 329 (337) – Unzulässigkeit einer Richtervorlage (§ 12 ErbStG 1974); vgl. BVerfG DStR 2015, 31 Rn. 69 – Verschonung des Betriebsvermögens im Erbschaftsteuerrecht: § 19 Abs. 1 ErbStG als „Klammernorm".

638 BVerfGE 84, 239 (271) – Zinsbesteuerung; BVerfGE 93, 121 (136) – Vermögensteuer; BVerfGE 98, 83 (100) – Landesrechtliche Abfallabgabe; BVerfGE 98, 106 (125) – kommunale Verpackungssteuer; BVerfGE 99, 280 (290) – Aufwandsentschädigung-Ost; BVerfGE 101, 151 (155) – Umsatzsteuerbefreiung (GmbH & Co. KG); BVerfGE 105, 73 (186) – Rentenbesteuerung; BVerfGE 107, 27 (847) – Doppelte Haushaltsführung; BVerfGE 120, 1 (29) – Abfärberegelung; BVerfGE 121, 108 (119) – Wählervereinigung; BVerfGE 121, 317 (362 f., 374) – Rauchverbot in Gaststätten; BVerfGE 122, 210 (231) – Pendlerpauschale.

639 *F. Schorkopf*, in: E. Grabitz/M. Hilf/M. Nettesheim (Hrsg.), Das Recht der Europäischen Union: EUV/AEUV, 71. EL 2020, Art. 7 AEUV Rn. 11; *T. Mann*, Interprofessionelle Zusammenarbeit Freier Berufe im Lichte des verfassungsrechtlichen Kohärenzgebots, DStR-Beih 2015, 28 (29); *J. A. Kämmerer*, Interprofessionelle Zusammenarbeit und europarechtliche Kohärenzdas., DStR-Beih. 2015 33 (35); *B. Grzeszick*, Rechtsetzung im demokratischen Verfassungsstaat, VVDStRL 71, 2011, 49 (74 f.); *A. Hatje*, in: J. Schwarze/C. Müller-Graff (Hrsg.), Europäische Rechtseinheit durch einheitliche Rechtsetzung, EuR-Beih 1 (1978), S. 7; *P. Dieterich*, Systemgerechtigkeit und Kohärenz, 2014, S. 212.

640 BVerfGE 6, 84 (91) – Sperrklausel; BVerfGE 85, 148 (157) – Wahlprüfungsumfang; BVerfGE 95, 335 (353) – Überhangmandate (ohne Ausgleich oder Verrechnung); BVerfGE 121, 266 (295) – Landeslisten; BVerfGE 124, 1 (18) – Nachwahl (Dresden); BVerfGE 131, 336 (336 f.) – Negatives Stimmgewicht.

641 BVerfGE 89, 155 (206 ff.) – Maastricht.

642 BVerfGE 142, 319, Rn. 74 – Ärztliche Zwangsbehandlung; BVerfGE 152, 68, Rn. 127 – Sanktionen im Sozialrecht – jew. für das Sozialrecht.

643 BVerfGE 142, 319, Rn. 68 – Ärztliche Zwangsbehandlung; BVerfGE 152, 68, Rn. 127 – Sanktionen im Sozialrecht.

644 Art. 3 Abs. 3 UAbs. 1 S. 1 EUV, Art. 127 Abs. 1 S. 3 AEUV, zudem Art. 119 Abs. 1 und 2, Art. 120 AEUV.

645 Vgl. Art. 3 Abs. 3 UAbs. 1 S. 1 EUV.

646 *G. Dürig*, in: T. Maunz/G. Dürig, Grundgesetz, 13. EL 1973, Art. 3 Abs. 1 Rn. 128.

647 *G. Dürig*, in: T. Maunz/G. Dürig, Grundgesetz, 13. EL 1973, Art. 3 Abs. 1 Rn. 128 ff.

648 BVerfGE 84, 239 (271) – Zinsbesteuerung; BVerfGE 93, 121 (136) – Vermögensteuer; BVerfGE 98, 83 (100) – Landesrechtliche Abfallabgabe; BVerfGE 98, 106 (125) – kommunale Verpackungssteuer; BVerfGE 99, 280 (290) – Aufwandsentschädigung-Ost; BVerfGE 101, 151 (155) – Umsatzsteuerbefreiung (GmbH & Co. KG); BVerfGE 105, 73 (186) – Rentenbesteuerung; BVerfGE 107, 27 (847) – Doppelte Haushaltsführung; BVerfGE 120, 1 (29) – Abfärberegelung; BVerfGE 121, 108 (119) – Wählervereinigung;

BVerfGE 121, 317 (362 f., 374) – Rauchverbot in Gaststätten; BVerfGE 122, 210 (231) – Pendlerpauschale.

649 Siehe etwa MiFID II Fortschritte bei Product Governance, BABinJournal Februar 2019 – https://www.bafin.de/SharedDocs/Veroeffentlichungen/DE/Fachartikel/2019/fa_bj_1902_Product_Governance.html (Stand: 10.5.2021).

650 Gesetz zur Neuregelung der Rechtsverhältnisse bei Schuldverschreibungen aus Gesamtemissionen und zur verbesserten Durchsetzbarkeit von Ansprüchen von Anlegern aus Falschberatung v. 31.7.2009, BGBl. I 2512.

651 Deutsche Bundesbank, „Anzahl der Wertpapierdepots in Deutschland von 2007 bis 2019", BSPP. M. BG 64.1000&listed.

652 R. Inderst/A. Hackethal, Auswirkungen der Regulatorik auf kleinere und mittlere Banken am Beispiel der deutschen Genossenschaftsbanken, Gutachten im Auftrag des Bundesverbandes der Deutschen Volksbanken und Raiffeisenbanken BVR, 2015, S. 114.

H.
Anlagen

1. Netto-Zinseinnahmen privater Haushalte 2010–2019

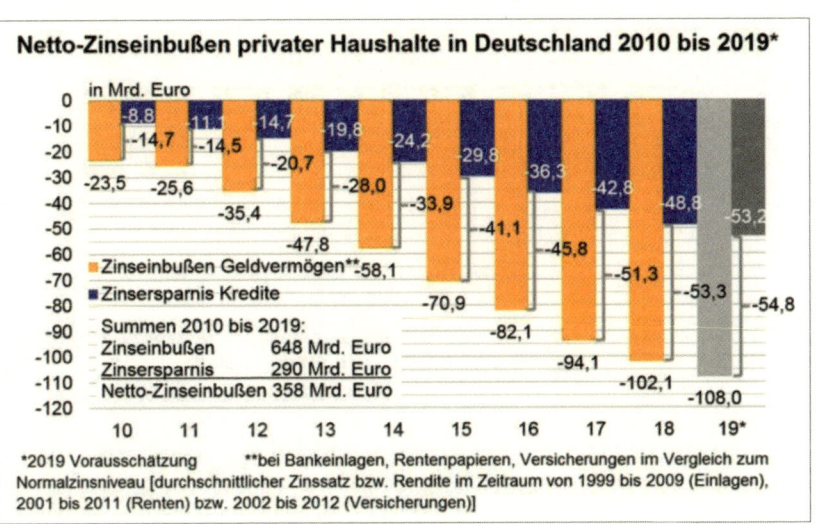

Quelle: DZ Bank AG
(abgerufen auf https://dzresearchblog.dzbank.de)

2. Zinsentwicklung 2007–2021

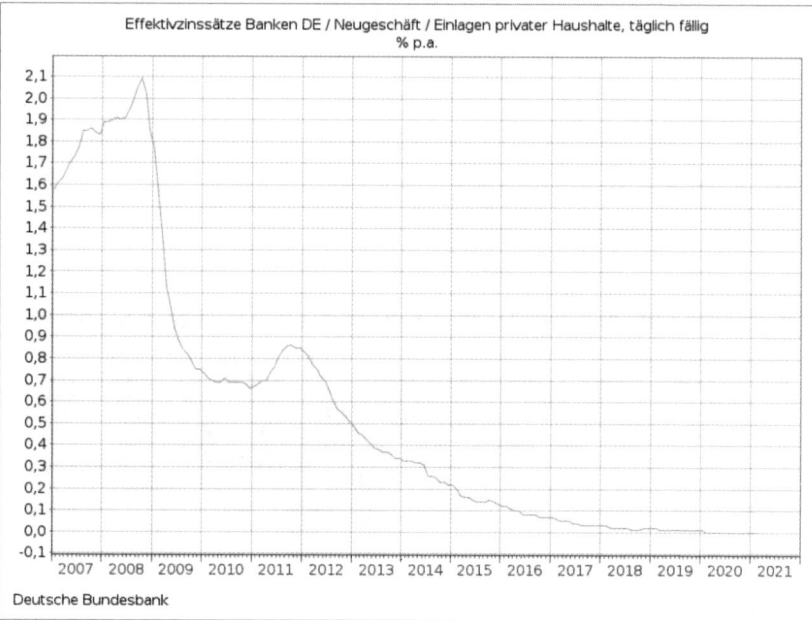

Effektivzinssätze Banken DE / Neugeschäft / Einlagen privater Haushalte, täglich fällig
% p.a.

Deutsche Bundesbank

Quelle: Deutsche Bundesbank, ESZB Statistiken
(abgerufen auf www.bundesbank.de, dort Zeitreihen Datenbanken)

3. Entwicklung des privaten Geldvermögens 2007–2021

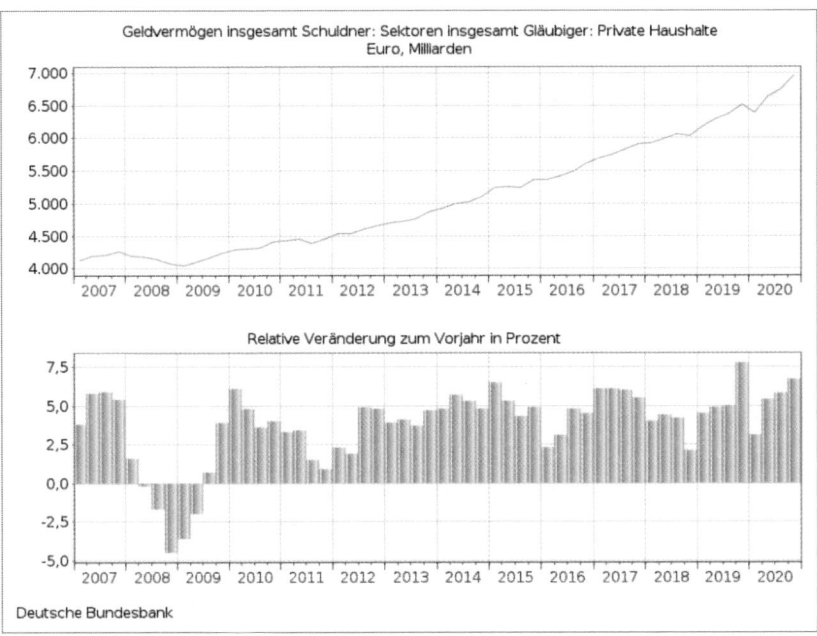

Quelle: *Deutsche Bundesbank, ESZB Statistiken*
(abgerufen auf www.bundesbank.de, dort Zeitreihen Datenbanken)

4. Sparquoten privater Haushalte im Vergleich zu angelegtem Geldvermögen

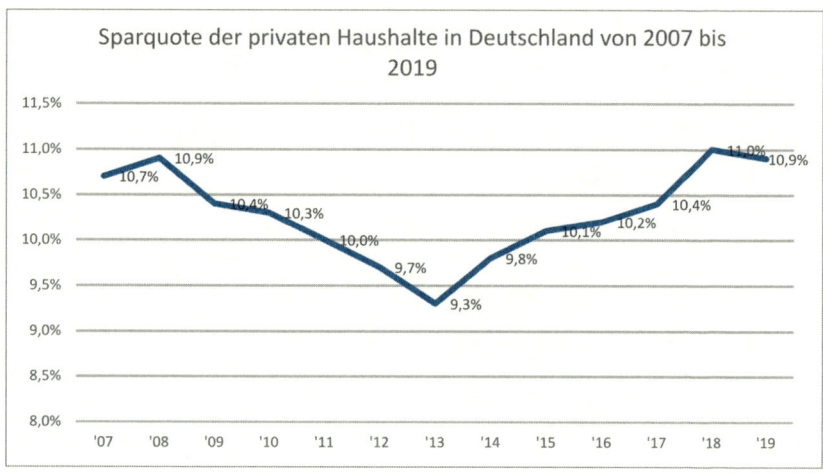

Quelle Statistisches Bundesamt (Destatis)
(abgerufen auf www.destatis.de)

5. Verteilung des Nettovermögens der privaten Haushalte und die Aufteilung dieses Vermögens in seine Bestandteile

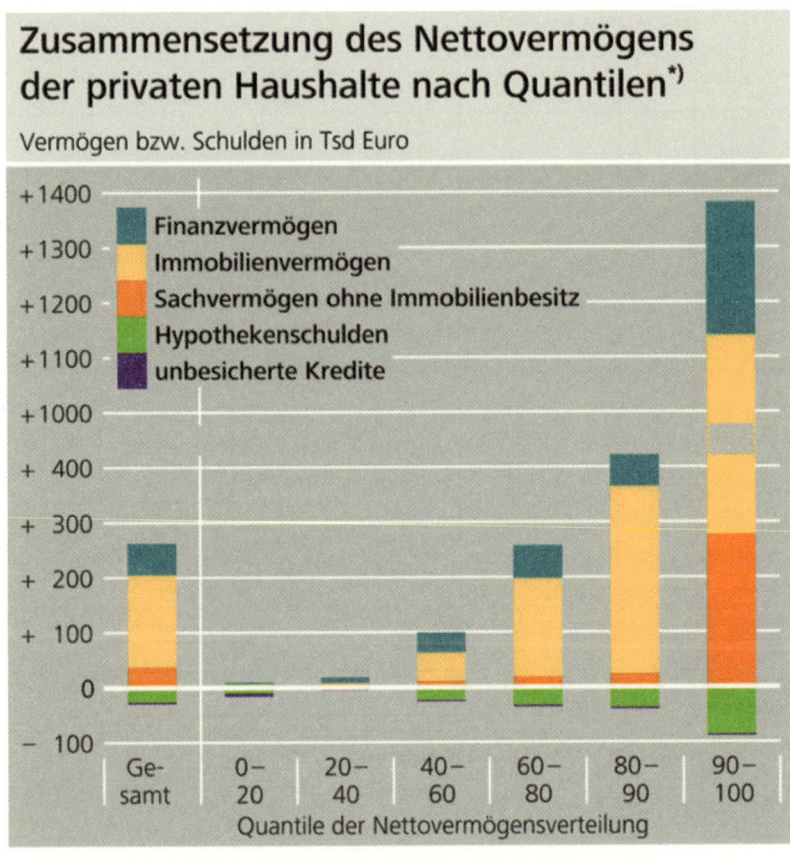

Zusammensetzung des Nettovermögens der privaten Haushalte nach Quantilen*)

Vermögen bzw. Schulden in Tsd Euro

- Finanzvermögen
- Immobilienvermögen
- Sachvermögen ohne Immobilienbesitz
- Hypothekenschulden
- unbesicherte Kredite

Quantile der Nettovermögensverteilung

Quelle: Deutsche Bundesbank, ESZB Statistien (abgerufen auf www.bundesbank.de, Schmidt/Le Blanc, Forschungszentrum der Deutschen Bundesbank, Private Haushalte und ihre Finanzen (PHF) – Pressegespräch zu den Ergebnissen der dritten Erhebungswelle (2017))

6. Entwicklung von Unternehmensgewinnen, Vermögenseinkommen, Arbeitnehmerentgelten

Jahr	Unternehmensgewinne der privaten Haushalte		Arbeitnehmerentgelte		Vermögenseinkommen der privaten Haushalte	
	in Mrd. Euro	in Prozent zum Vorjahr	in Mrd. Euro	in Prozent zum Vorjahr	in Mrd. Euro	in Prozent zum Vorjahr
2000	131,0		1.117,4		296,9	
2001	126,5	-3,4	1.135,0	1,6	329,3	10,9
2002	129,7	2,5	1.142,2	0,6	312,5	-5,1
2003	129,8	0,1	1.145,9	0,3	337,3	7,9
2004	135,7	4,5	1.150,0	0,4	343,1	1,7
2005	142,0	4,7	1.149,0	-0,1	364,5	6,2
2006	149,7	5,4	1.169,9	1,8	396,8	8,9
2007	150,0	0,2	1.204,4	3,0	415,8	4,8
2008	161,8	7,8	1.251,2	3,9	425,5	2,3
2009	137,3	-15,1	1.258,0	0,5	404,7	-4,9
2010	155,5	13,2	1.295,4	3,0	385,4	-4,8
2011	170,5	9,7	1.352,2	4,4	393,4	2,1
2012	174,9	2,6	1.405,9	4,0	397,0	0,9
2013	186,1	6,4	1.446,6	2,9	383,0	-3,5
2014	193,9	4,2	1.503,9	4,0	377,1	-1,6
2015	196,0	1,1	1.564,8	4,0	372,2	-1,3
2016	196,3	0,2	1.625,1	3,9	383,4	3,0
2017	203,7	3,8	1.694,7	4,3	397,4	3,7
2018	207,9	2,0	1.771,3	4,5	402,1	1,2
2000-2018[1]		2,6		2,6		1,7
2010-2018[1]		3,7		4,0		0,5

Tabelle 5.4: Primäreinkommen der privaten Haushalte

[1] jahresdurchschnittliche Erhöhung (geometrisches Mittel)
Quelle: VGR; Statistisches Bundesamt; eigene Berechnungen.

Quelle: Deutscher Gewerkschaftsbund/VGR/Statistisches Bundesamt

7. Kredit- und Subventionsprogramme des ESZB 2020/2021

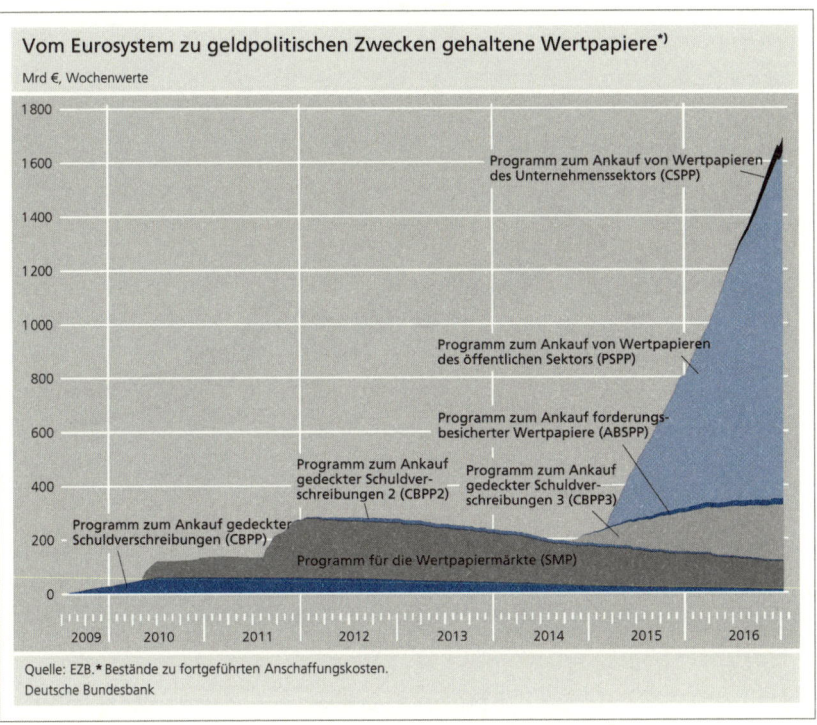

Quelle: Deutsche Bundesbank, ESZB Statistiken
(Monatsbericht Januar 2017, Anleihekäufe des Eurosystems und der Wechselkurs des Euro, S. 32)

8. Zinsmargen der Banken in der Gegenwart

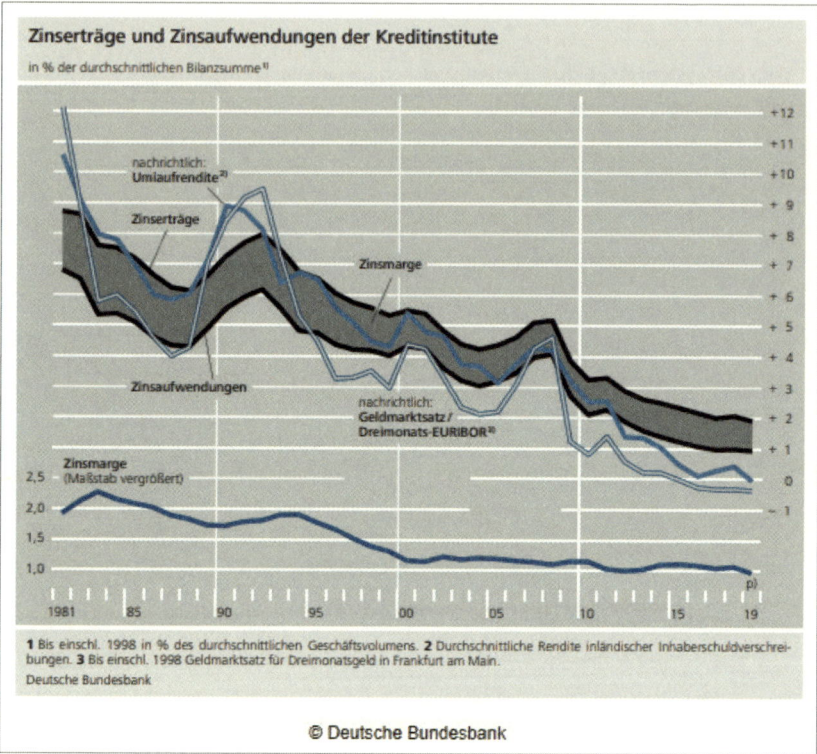

Quelle: Deutsche Bundesbank/ESZB Statistiken
(abgerufen auf www.kreditvergleich.net/statistiken)

9. Staatsverschuldung der Eurostaaten in % zum BIP 2012–2018

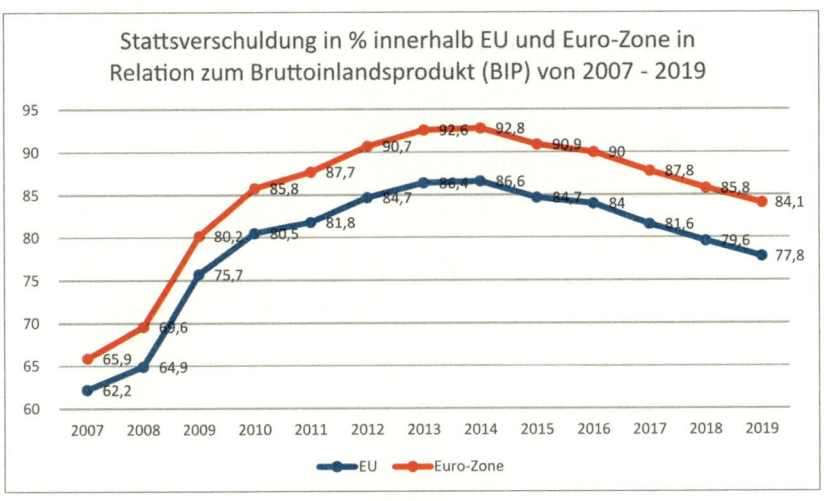

Quelle: Statista
(abgerufen auf https://ec.europa.eu/eurostat)

10. Staatsverschuldung Deutschlands pro Jahr in % BIP

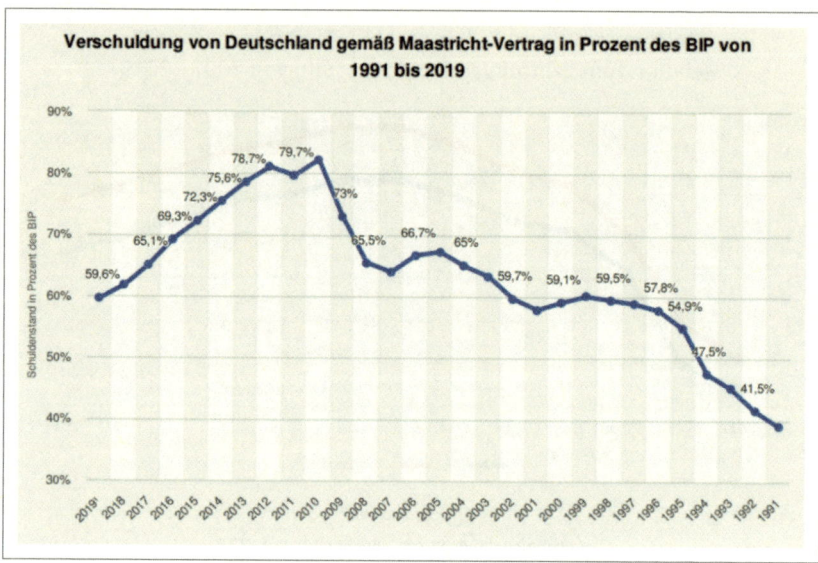

*Quelle: Deutsche Bundesbank, ESZB Statstiken
(abgerufen auf www.bundesbank.de, dort Zeitreihen Datenbanken)*

11. Staatsverschuldung in den Mitgliedstaaten im 3. Quartal 2020 in Relation zum BIP

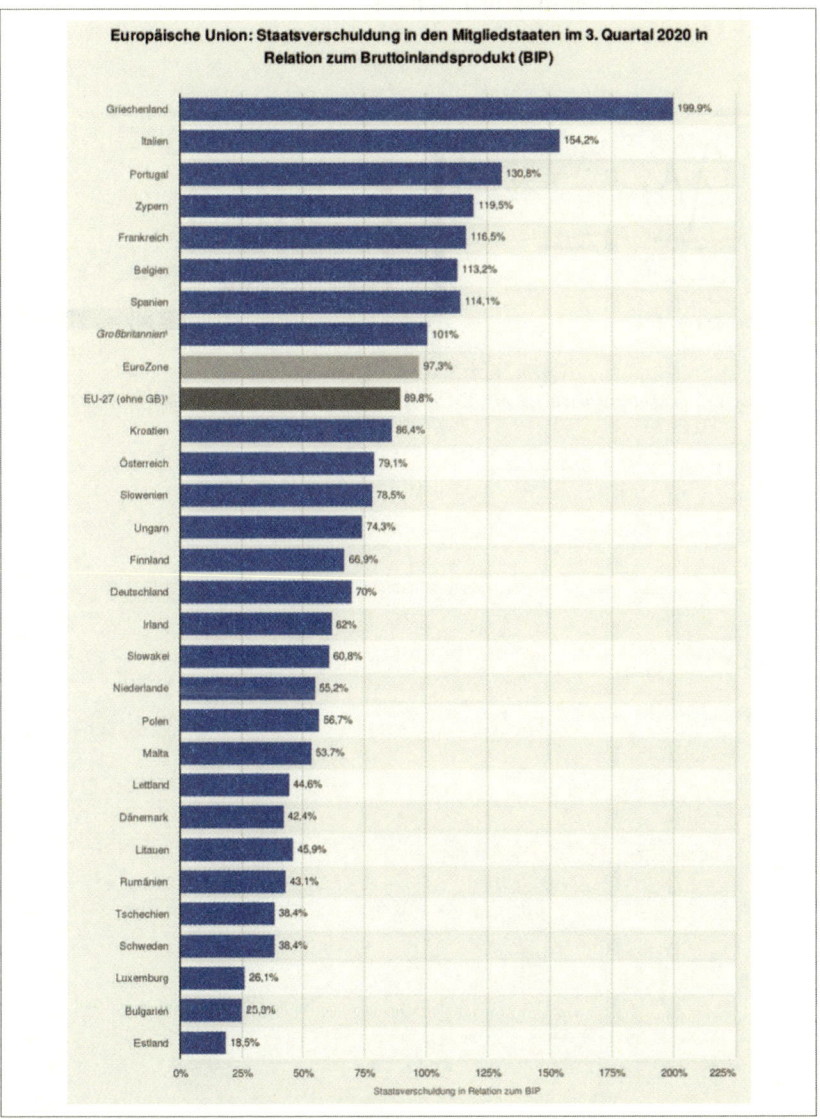

Quelle: Statista
(abgerufen auf https://ec.europa.eu/eurostat)

12. Auswirkungen von Negativzins/Niedrigzins

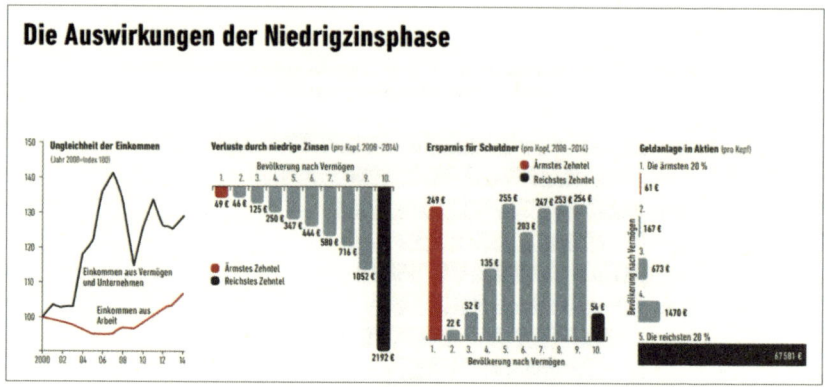

Quelle: F.A.Z.-Grafik/Andreas Niebel
(abgerufen auf https://www.faz.net, C- Siedenbiedel, Die große Unverteilung, 13.7.2015)